U0898056

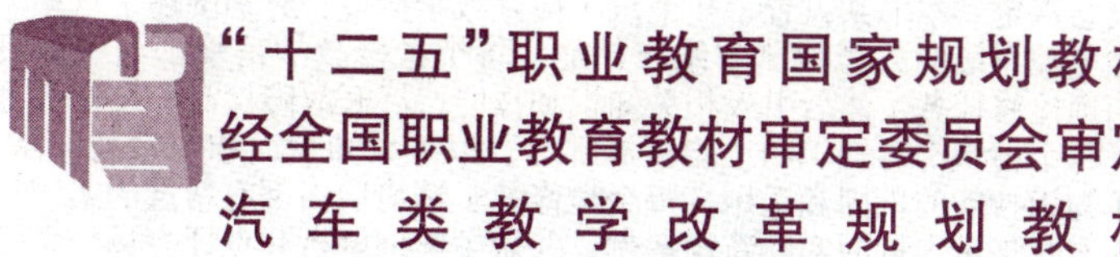

汽车车身电控系统检测与修复

第 2 版

主　编　罗富坤　高　云
副主编　罗富生
参　编　谷　鹏　王悬悬　贾海舰

机 械 工 业 出 版 社

本书是“十二五”职业教育国家规划教材，经全国职业教育教材审定委员会审定。本书共设置了9个汽车检修教学情境，分别阐述了汽车车身典型电控系统的故障检测与维修技能，每个检修教学情境都由引例开始，明确检修任务，然后引入相关知识和技能，展开故障检测和维修任务实施。每个情境都有知识和技能拓展部分，以扩大知识面和丰富技能点。为便于知识技能的巩固和运用，每个检修教学情境后面都有精选的案例分析，编者收集了大量的实际新颖案例，并做了案例解析和点评。每个学习情境都设有任务工单，以记录学习和任务完成情况，达到巩固知识、交流技能和教学评估等目的。

本书可作为高职高专、中职中专、高等技工学校、技师学院、成人院校的汽车检测与维修、汽车运用与维修等专业的教材，亦可供汽车类维修技术服务人员学习参考。作者建议在实际教学过程中，可根据具体教学环境进行增减或精选教学内容。

本教材配有电子课件，凡使用本书作为教材的教师可登录机械工业出版社教育服务网 www. cmpedu. com 注册后下载。咨询邮箱：cmpgaozhi@ sina. com。咨询电话：010-88379375。

图书在版编目（CIP）数据

汽车车身电控系统检测与修复/罗富坤，高云主编. —2版. —北京：机械工业出版社，2016.8（2018.7重印）

“十二五”职业教育国家规划教材 经全国职业教育教材审定委员会审定 汽车类教学改革规划教材

ISBN 978-7-111-54211-7

Ⅰ.①汽… Ⅱ.①罗…②高… Ⅲ.①汽车-车体-电子系统-控制系统-检测-高等职业教育-教材②汽车-车体-电子系统-控制系统-维修-高等职业教育-教材 Ⅳ.①U472.41

中国版本图书馆CIP数据核字（2016）第154809号

机械工业出版社（北京市百万庄大街22号 邮政编码100037）

策划编辑：葛晓慧 责任编辑：葛晓慧 张 茜

责任印制：常天培 责任校对：李锦莉

北京京丰印刷厂印刷

2018年7月第2版·第3次印刷

184mm×260mm·20.5印张·512千字

标准书号：ISBN 978-7-111-54211-7

定价：49.80元

凡购本书，如有缺页、倒页、脱页，由本社发行部调换

电话服务	网络服务
服务咨询热线：010-88379833	机 工 官 网：www.cmpbook.com
读者购书热线：010-88379649	机 工 官 博：weibo.com/cmp1952
	教育服务网：www.cmpedu.com
封面无防伪标均为盗版	金 书 网：www.golden-book.com

前 言

现代汽车车型复杂、装备水平高、新技术含量高，在维修作业时，如果没有诊断数据、技术流程、电路图、装配图以及新型维修设备和手段等相关技术的支持，仅凭经验已无从下手。本书借鉴了德国双元制职业教育模式，“基于工作过程——以行动为导向”的职业教育思路，以“案例引导——任务驱动”为指导思想编写而成。内容精练，结构新颖，符合职业教育认知规律，能激发学员兴趣，且好学易上手。

本书共设置了9个汽车检修教学情境，分别阐述了汽车车身典型电控系统的故障检测与维修技能，每个检修教学情境都由引例开始，明确检修任务，然后引入相关知识和技能，展开故障检测和维修任务实施，并增加了知识和技能拓展部分，以扩大知识面和丰富技能点。为便于知识技能的巩固和运用，每个检修教学情境后面都有精选的案例分析，编者收集了大量的实际新颖案例，并做了案例解析和点评。每个学习情境都设有任务工单，以记录学习和任务完成情况，达到巩固知识、交流技能和教学评估等目的。

本书注重理论基础知识与检修实践技能相结合，具有较强的专业学习和实用参考价值；许多新思路、新知识、新技能都有所体现；内容先进、图文并茂，具有较强的实用性。

本书的主要特点是：引入诚信汽车修理厂的汽车维修技师参与编写、审核工作，引用典型检修案例作为学习任务，由案例分析引导，以故障现象为出发点，综合运用仪器诊断和人工诊断方法，重点阐述了汽车车身电控系统的故障检修思路、零部件的检测、维护、调整等实用操作技能。精简了基础理论知识，突出了实用技能。

本书由罗富坤、高云任主编，罗富生任副主编，参与编写的还有谷鹏、王悬悬和贾海舰。

本书在编写过程中，参考了大量国内外相关著作和文献资料，在此一并向有关译者、作者、编者表示真诚的感谢。

由于作者水平有限，书中不妥或错误之处在所难免，恳请读者批评指正。

编　者

目　　录

学习情境1　汽车空调系统调节不良

学习单元1　汽车空调系统不制冷

学习目标

1）熟悉汽车空调系统的功用、类型、组成和结构特点。

2）掌握汽车空调制冷系统的工作原理。

3）掌握汽车空调制冷系统的故障诊断方法与检修技能。

4）掌握常用故障诊断设备和维修工具的使用方法和技巧。

5）按照职业岗位的要求文明生产、安全操作。

工作任务

一、任务情境

在汽车空调的使用过程中，经常会遇到空调系统不制冷、制冷量小或系统噪声太大等故障，导致汽车空调系统不能正常地工作，失去空气调节和制冷的作用。本节的主要任务就是检测和诊断汽车空调系统的常见故障，使其恢复使用功能和良好的技术状态。

二、任务分析

造成汽车空调制冷系统不能正常工作的原因一般有两个：一是机械故障，即压缩机、冷凝器、蒸发器、膨胀阀等的故障所致；二是电路故障，如鼓风机控制电路和压缩机电磁离合器控制电路的故障等所致。要排除这些故障，应该先熟悉以下相关知识。

相关知识

一、汽车空调概述

汽车空调系统是实现对车厢内空气进行制冷、加热、换气和空气净化的装置。它可以为乘车人员提供舒适的乘车环境，降低驾驶人的疲劳强度，提高行车安全。空调装置已成为衡量汽车功能是否齐全的标志之一。

1. 汽车空调系统的分类

（1）按功能分　可分为单一式和组合式两种。单一式是指制冷、暖风各自独立，自成系统，一般用于大、中型客车上。组合式是指制冷、暖风合用一个鼓风机、一套操纵机构。这种结构又分为制冷、暖风，两种方式可单独或同时工作，多用于轿车。

（2）按驱动方式分　可分为非独立式汽车空调系统和独立式汽车空调系统两种。非独立式汽车空调系统的空调制冷压缩机由汽车本身的发动机驱动，汽车空调系统的制冷性能受汽车发动机工况的影响较大，工作稳定性较差；尤其是低速时制冷量不足，而在高速时制冷量过剩，并且消耗功率较大，影响发动机动力性。这种类型的汽车空调系统一般用于制冷量相对较小的中、小型汽车。

独立式汽车空调系统的空调制冷压缩机由专用的空调发动机（也称副发动机）驱动，汽车空调系统的制冷性能不受汽车主发动机工况的影响，工作稳定，制冷量大，但由于加装了一台发动机，不仅成本增加，而且体积和质量增加。这种类型的汽车空调系统多用于大、中型客车。

2. 汽车空调系统的组成

汽车安装空调系统的目的是为了调节车内空气的温度、湿度，改善车内空气的流动性，并且提高空气的清洁度。汽车空调系统主要由以下几部分组成，如图 1-1 所示。

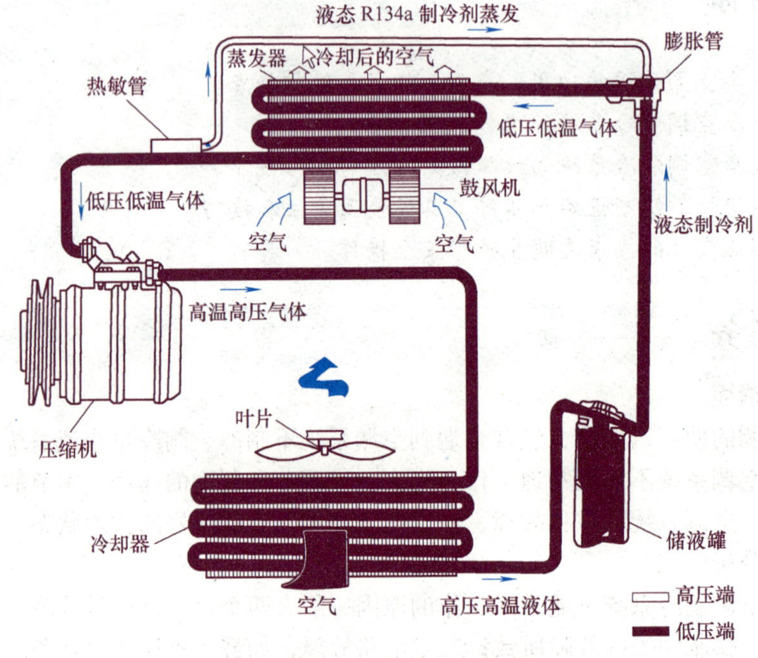

图 1-1　汽车空调系统的结构

（1）制冷系统　对车室内的空气或由外部进入车室内的新鲜空气进行冷却或除湿，使车室内的空气变得凉爽舒适。

（2）暖风系统　主要用于取暖，对车室内的空气或由外部进入车室内的新鲜空气进行加热，达到取暖、除湿的目的。

（3）通风系统　将外部新鲜空气吸进车室内，起通风和换气作用。通风对防止风窗玻璃起雾也起着良好作用。

（4）空气净化系统　除去车室内空气中的尘埃、臭味、烟气及有毒气体，使车室内的空气变得清洁。

（5）控制系统　对制冷和暖风系统的温度、压力进行控制，同时对车室内空气的温度、风量、流向进行控制，完善了空调系统的正常工作。

二、汽车空调制冷系统

（一）汽车空调制冷系统的工作原理

汽车空调制冷系统由压缩机、冷凝器、储液干燥器、膨胀阀、蒸发器和鼓风机等组成。

如图1-2所示为汽车空调制冷系统的工作原理，各部件之间采用铜管（或铝管）和高压橡胶管连接成一个密闭系统。制冷系统工作时，制冷剂以不同的状态在这个密闭系统内循环流动，每个循环有四个基本过程。

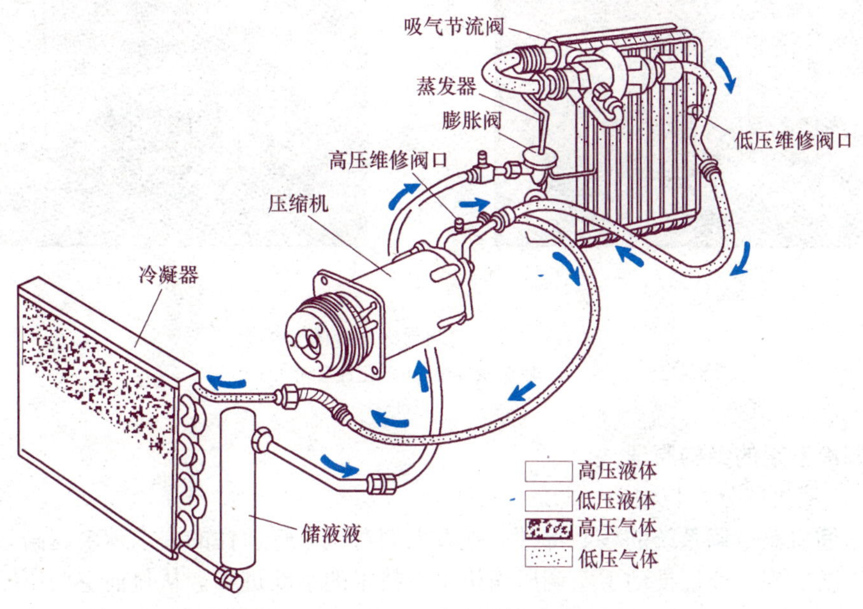

图1-2 汽车空调制冷系统的工作原理

1. 压缩过程

压缩机吸入蒸发器出口处的低温低压的制冷剂蒸气，把它压缩成高温高压的蒸气后排出压缩机。

2. 放热过程

高温高压的过热制冷剂蒸气进入冷凝器，由于压力及温度的降低，制冷剂蒸气冷凝成液体，并放出大量的热。

3. 节流过程

温度和压力较高的液态制冷剂通过膨胀装置后体积变大，压力和温度急剧下降，以雾状（细小液滴）排出膨胀装置。

4. 吸热过程

雾状制冷剂进入蒸发器，因为此时制冷剂沸点远低于蒸发器内温度，故液态制冷剂蒸发成蒸气。在蒸发过程中大量吸收周围的热量，而后低温低压的制冷剂蒸气又进入压缩机。

上述过程周而复始地进行下去，便可达到降低蒸发器周围空气温度的目的。

（二）汽车空调制冷系统的分类

汽车空调制冷系统分为两类，一类是膨胀阀系统，另一类是孔管系统，如图1-3所示。它们的差别是所用的节流膨胀装置的结构不同，储液干燥器的安装位置不同。汽车空调膨胀阀系统的特征是：只要驾驶人一开动空调，电磁离合器就总是啮合，从不断开，压缩机始终处于运行状态，依靠吸气节流阀或靠绝对压力阀把蒸发器温度控制在0℃左右。汽车空调孔管系统的特征是：电磁离合器时而接合，时而断开，压缩机根据车室内外温度时而运行，时

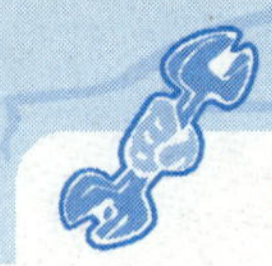

而停止运行，因此又称为循环离合器系统。循环离合器系统也有使用膨胀阀的，但只是作为一种节流装置。膨胀阀系统即传统空调系统。

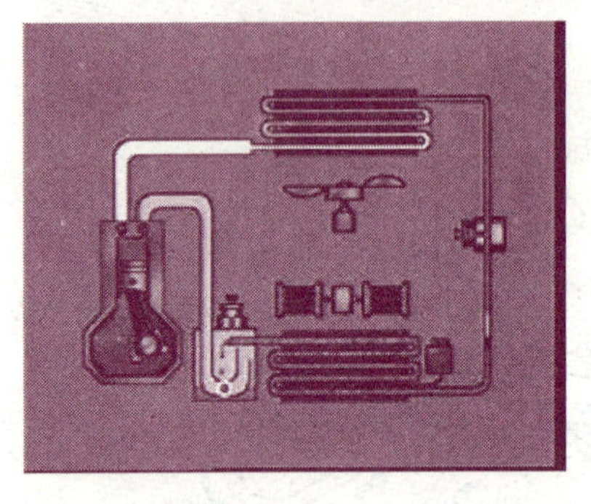

a)

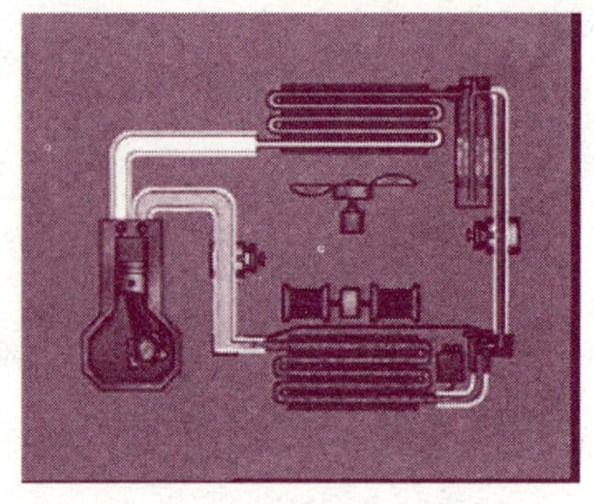

b)

图 1-3　汽车空调制冷系统的分类

a）膨胀阀系统　b）孔管系统

三、制冷系统的结构原理

（一）压缩机的分类与构造

空调压缩机是空调系统的核心部件。随着人们对汽车舒适性的要求越来越高，各种新式空调系统不断出现，这也推动了空调压缩机制造技术的不断进步。从目前空调压缩机的发展趋势来看，结构紧凑、高效节能以及微振低噪等特点是空调压缩机制造技术不断追求的目标。

空调压缩机的功能是借助外力（例如发动机动力）维持制冷剂在制冷系统内的循环，吸入来自蒸发器的低温、低压的制冷剂蒸气，压缩制冷剂蒸气使其温度和压力升高，并将制冷剂蒸气送往冷凝器，在热量吸收和释放的过程中实现热交换。

根据工作原理的不同，空调压缩机可以分为定排量压缩机和变排量压缩机。

（1）定排量空调压缩机　定排量空调压缩机的排气量可随着发动机的转速的提高而成比例的提高，不能根据制冷的需求而自动改变功率输出，而且对发动机油耗的影响比较大。它的控制一般通过采集蒸发器出风口处的温度信号，当温度达到设定的温度时，压缩机电磁离合器松开，压缩机停止工作。当温度升高后，电磁离合器接合，压缩机开始工作。

（2）变排量空调压缩机　变排量空调压缩机可以根据设定的温度自动调节功率输出；空调控制系统不采集蒸发器出风口处的温度信号，而是根据空调管路内压力的变化信号控制压缩机的压缩比来自动调节出风口温度。在制冷的全过程中，压缩机始终是工作的，制冷强度的调节完全依赖装在压缩机内部的压力调节阀来控制。当空调管路内高压端的压力过高时，压力调节阀缩短压缩机内活塞行程以减小压缩比，这样就会降低制冷强度。当高压端压力下降到一定程度，低压端压力上升到一定程度时，压力调节阀增大活塞行程以提高制冷强度。

根据工作方式的不同，压缩机一般可以分为往复式和旋转式，常见的往复式压缩机有曲轴连杆式和轴向活塞式，常见的旋转式压缩机有旋转叶片式和涡旋式。

（1）曲轴连杆式压缩机（图 1-4）　这种压缩机的工作过程可以分为 4 个，即压缩、排气、膨胀、吸气。曲轴旋转时，通过连杆带动活塞往复运动，由气缸内壁、气缸盖和活塞顶

面构成的工作容积便会发生周期性变化，从而在制冷系统中起到压缩和输送制冷剂的作用。

曲轴连杆式压缩机是第1代压缩机，它应用比较广泛，制造技术成熟，结构简单，而且对加工材料和加工工艺要求较低，造价比较低；适应性强，能适应较宽的压力范围和制冷量要求，可维修性强。但是曲轴连杆式压缩机也有一些明显的缺点，例如无法实现较高转速，体积和质量均较大，不容易实现轻量化；排气不连续，气流容易出现波动，而且工作时有较大的振动。由于曲轴连杆式压缩机的上述特点，已经很少有小排量压缩机采用这种结构形式，曲轴连杆式压缩机目前大多应用在客车和货车的大排量空调系统中。

（2）轴向活塞式压缩机　轴向活塞式压缩机可以称为第2代压缩机，常见的有摇板式或斜板式压缩机（图1-5），这是汽车空调压缩机中的主流产品。

图1-4　曲轴连杆式压缩机

图1-5　斜板式压缩机

斜板式压缩机的主要部件是主轴和斜板。各气缸以压缩机主轴为中心圆周布置，活塞的运动方向与压缩机的主轴平行。大多数斜板式压缩机的活塞被制成双头活塞，例如轴向6缸压缩机的3缸在压缩机前部，另外3缸在压缩机后部。双头活塞在相对的气缸中一前一后地滑动，一端活塞在前缸中压缩制冷剂蒸气时，另一端活塞就在后缸中吸入制冷剂蒸气。各缸均配有高、低压气阀，另有一根高压管，用于连接前、后高压腔。斜板与压缩机主轴固定在一起，斜板的边缘安装在活塞中部的槽中，活塞槽与斜板边缘通过钢球轴承支承。当主轴旋转时，斜板也随着旋转，斜板边缘推动活塞作轴向往复运动。如果斜板转动一周，前、后两个活塞各完成压缩、排气、膨胀、吸气一个循环，相当于两个气缸工作。如果是轴向6缸压缩机，缸体截面上均匀分布3个气缸和3个双头活塞，当主轴旋转一周，相当于6个气缸的作用。

斜板式压缩机比较容易实现小型化和轻量化，而且可以实现高转速工作。它的结构紧凑、效率高、性能可靠，在实现了可变排量控制之后，目前广泛应用于汽车空调。

（3）旋转叶片式压缩机（图1-6）　旋转叶片式压缩机的气缸形状有圆形和椭圆形两种。在圆形气缸中，转子的主轴与气缸的圆心有一个偏心距，使转子紧贴在气缸内表面的吸、排气孔之间。在椭圆形气缸中，转子的主轴和椭圆中心重合。

转子上的叶片将气缸分成几个空间，当主轴带动转子旋转一周时，这些空间的容积不断发生变化，制冷剂蒸气在这些空间内也发生体积和温度上的变化。旋转叶式压缩机没有吸气阀，因为叶片能完成吸入和压缩制冷剂的任务。如果有两个叶片，则主轴旋转一周有两次排气过程。叶片越多，压缩机的排气波动就越小。

（4）涡旋式压缩机（图 1-7）　这种压缩机可以称为第 4 代压缩机。涡旋式压缩机结构主要分为动静式和双公转式两种。目前动静式压缩机的应用最为普遍，它的工作部件主要由动涡轮与静涡轮组成，动、静涡轮的结构十分相似，都是由端板和端板上伸出的渐开线型涡旋齿组成，两者偏心配置且相差 180°，静涡轮静止不动，而动涡轮在专门的防转机构的约束下，由曲柄轴带动偏心轴回转平动，即无自转，只有公转。

图 1-6　旋转叶片式压缩机

图 1-7　涡旋式压缩机

涡旋式压缩机具有很多优点，例如压缩机体积小、质量小，驱动动涡轮运动的偏心轴可以高速旋转；因为没有了吸气阀和排气阀，涡旋压缩机运转可靠，而且容易实现变转速运动和变排量；多个压缩腔同时工作，相邻压缩腔之间的气体压差小，气体泄漏量少，容积效率高。涡旋式压缩机以其结构紧凑、高效节能、微振低噪以及工作可靠等优点，在小型制冷领域获得越来越广泛的应用，也因此成为压缩机技术发展的主要方向之一。

（二）冷凝器

汽车空调制冷系统中的冷凝器是一种由管子与散热片组合起来的换热器。其作用是将压缩机排出的高温、高压制冷剂蒸气进行冷却，使其凝结为高压液态制冷剂。

汽车空调系统冷凝器均采用风冷式结构，其冷凝原理是：使外界空气强制通过冷凝器的散热片，将高温的制冷剂蒸气的热量带走，使之成为液态制冷剂。制冷剂蒸气所放出的热量被周围空气带走，排到大气中。

汽车空调系统冷凝器的结构形式主要有管片式、管带式和鳍片式三种。

（1）管片式冷凝器　它由铜质或铝质圆管套上散热片组成，如图 1-8a 所示。片与管组装后，经胀管工艺处理，使散热片与散热管紧密接触，使之成为冷凝器总成。这种冷凝器结构比较简单，加工方便，但散热效果较差；一般用在大中型客车的制冷装置上。

（2）管带式冷凝器　它由多孔扁管与 S 形散热带焊接而成，如图 1-8b 和图 1-9 所示。管带式冷凝器的散热效果比管片式冷凝器好一些（一般可高 10% 左右），但工艺复杂，焊接难度大，且材料要求高；一般用在小型汽车的制冷装置上。

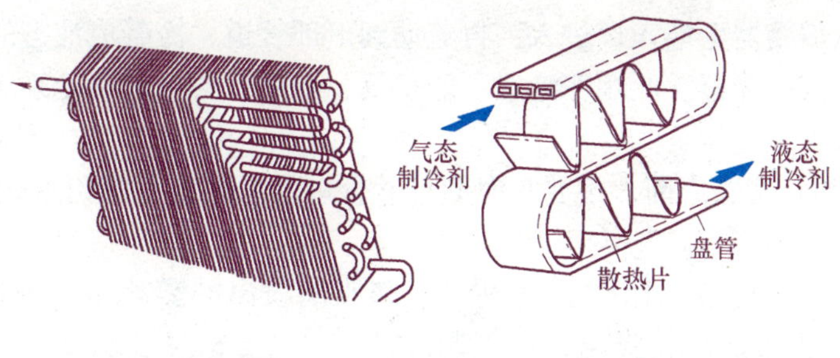

图 1-8　冷凝器

a）管片式冷凝器　b）管带式冷凝器

图 1-9　管带式冷凝器实物

（3）鳍片式冷凝器　它是在扁平的多通管道表面直接加工成鳍片状散热片，然后装配成冷凝器，如图 1-10 所示。由于散热鳍片与管子为一个整体，因而不存在接触热阻，故散热性能好。另外，管、片之间无须复杂的焊接工艺，加工性好，节省材料，而且抗震性也特别好，是目前较先进的汽车空调冷凝器。

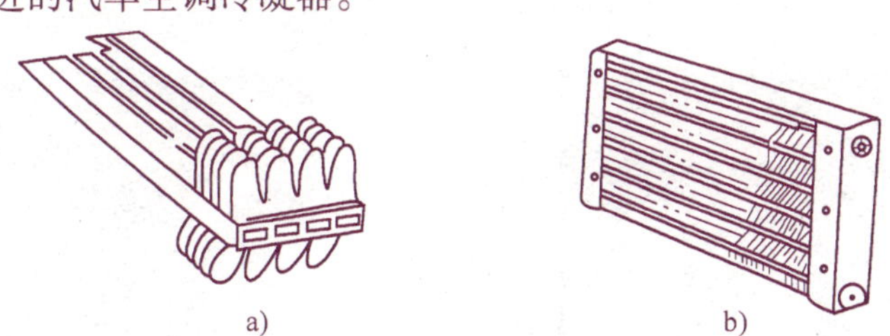

图 1-10　鳍片式冷凝器

a）散热片形状　b）冷凝器外形

对于轿车，冷凝器一般安装在发动机散热器之前，利用发动机冷却风扇吹来的新鲜空气和行驶中迎面吹来的空气流进行冷却。对于一些大、中型客车和一些小型客、货车，则把冷凝器安装在车厢两侧或车厢后侧和车厢的顶部。当冷凝器远离发动机散热器时，在冷凝器旁都必须安装辅助冷却风扇进行强制风冷，加速冷却。

在安装冷凝器时，需注意以下两点：

1）在连接冷凝器的管接头时，要注意哪个是进口、哪个是出口。从压缩机输来的高压

制冷剂蒸气必须从冷凝器上端入口进入，再流动到下部管道，冷凝成液态的制冷剂则沿下方出口流出而进入储液干燥器。此顺序绝对不能接反，否则，会引起制冷系统压力升高、冷凝器胀裂的严重事故。

2）在未装连接管接头之前，不要长时间打开管口的保护盖，以免潮气进入。

（三）蒸发器

蒸发器也是一个换热器，如图 1-11 所示。膨胀阀喷出的雾状制冷剂在蒸发器内蒸发，吸收蒸发器空气中的热量使其降温，达到制冷的目的。空调制冷系统工作时，鼓风机将空气吹过蒸发器，空气与蒸发器内的制冷剂进行热交换。

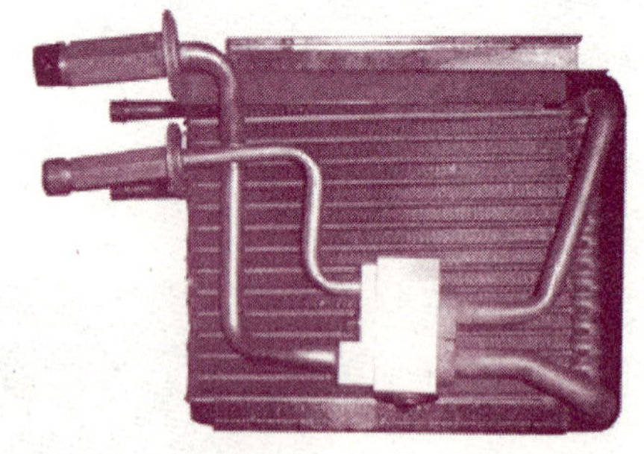

图 1-11　蒸发器

（四）汽车空调其他部件

1. 节流装置

膨胀阀也称节流阀，是组成汽车空调制冷系统的主要部件，安装在蒸发器入口处，如图 1-12 所示，是汽车空调制冷系统的高压与低压的分界点。其功用是：把来自储液干燥器的高压液态制冷剂节流减压，调节和控制进入蒸发器中的液态制冷剂量，使之适应制冷负荷的变化；同时，可防止压缩机发生液击现象（即未蒸发的液态制冷剂进入压缩机后被压缩，极易引起压缩机阀片的损坏）和蒸发器出口蒸气异常过热。

汽车空调制冷系统采用的感温式膨胀阀（也叫热力膨胀阀）有两种类型：外平衡膨胀阀和内平衡膨胀阀。它利用装在蒸发器出口处的感温包来感知制冷剂蒸气的过热度（过热度是指蒸气实际温度高于蒸发温度的数值），由此来调节膨胀阀开度的大小，从而控制进入蒸发器的液态制冷剂流量。感温包和蒸发器出口管接触，蒸发器出口温度降低时，感温包、毛细管和薄膜上腔内的液体体积收缩，膨胀阀阀口将闭合，借以限制制冷剂进入蒸发器。蒸发器出口温度升高时，膨胀阀计量口将开启，借以增加制冷剂流量，其安装位置如图 1-13 所示。

图 1-12　膨胀阀

图 1-13　膨胀阀的安装位置：安装在蒸发器的入口处

（1）外平衡式膨胀阀（图 1-14）　膨胀阀的上部有一个膜片，膜片上方有一条细管式感温包，膜片下方也有一条平衡管通蒸发器出口，通过蒸发器出口的压力与温度自动调节膨胀阀的开度。

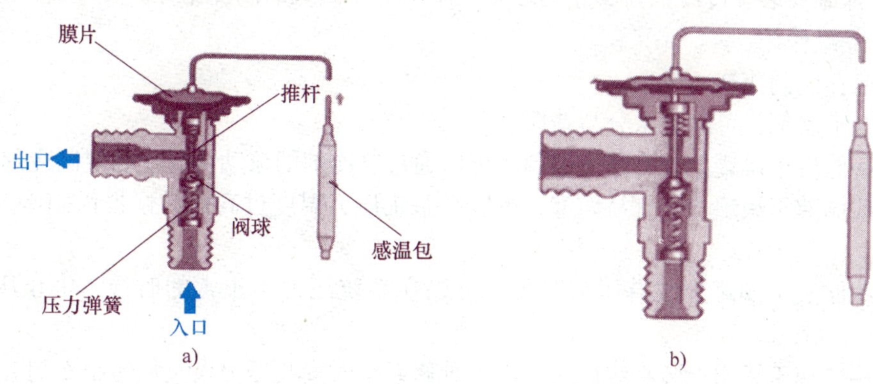

图 1-14 外平衡式膨胀阀

a）热负荷大，制冷剂流量大 b）热负荷小，制冷剂流量小

（2）内平衡式膨胀阀（图 1-15） 内平衡式膨胀阀的结构与外平衡式膨胀阀大同小异，不同之处在于没有平衡管，膜片下方的压力直接来自于蒸发器入口。

（3）H 形膨胀阀（图 1-16） H 形膨胀阀中也有一个膜片，膜片的左方有一个热敏杆。H 形膨胀阀具有结构简单、工作可靠的特点，现在在汽车上的应用越来越广。

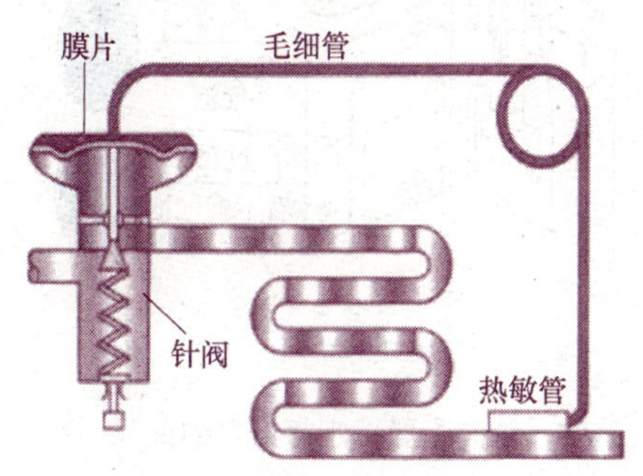

图 1-15 内平衡式膨胀阀

图 1-16 H 形膨胀阀

（4）孔管（膨胀管） 用于孔管式的制冷循环，其作用与膨胀阀基本相同，只是将调节制冷剂流量的作用取消了。孔管的节流孔径是固定的，出、入口都有滤网，由于节流管没有运动件，具有结构简单、成本低、可靠、节能等优点，其结构如图 1-17 所示。

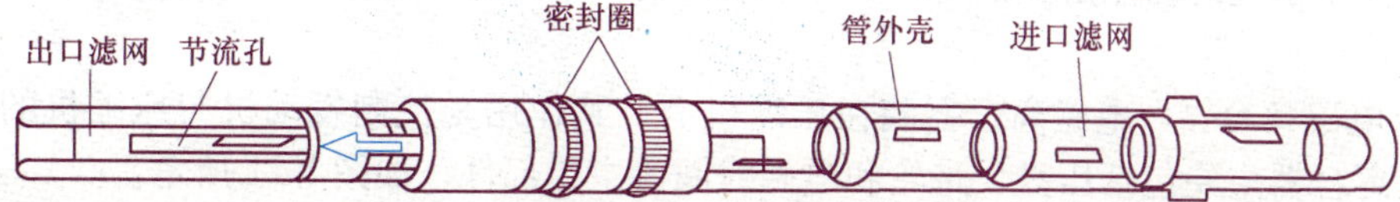

图 1-17 孔管（膨胀管）

2. 储液干燥器

储液干燥罐安装在冷凝器与膨胀阀之间，用于膨胀阀式的制冷循环。

储液干燥罐作用：

1）暂时存储制冷剂。

2）内含干燥剂，可除去水分与杂质。

3）有些储液干燥罐上装有观察玻璃，可以通过制冷剂的流动情况，确定制冷剂的量。

4）有些储液干燥罐上装有易熔塞，可以在系统压力温度过高的时候提供制冷剂，保护制冷系统。

5）有些储液干燥罐上装有压力开关，可以在系统压力不正常的时候，中止压缩机工作。

6）有些储液干燥罐上装有维修阀，用于维修系统时安装压力表及加注制冷剂。

干燥的目的是防止水分在制冷系统中造成冰堵。水分主要来自新添加的润滑油和制冷剂中所含的微量水分。当制冷剂混合物通过节流装置时，由于压力和温度下降，水分便容易析出凝结成冰，从而造成使系统堵塞的冰堵故障。储液干燥罐中的干燥剂如图1-18所示，储液干燥罐观察窗口内的显示状态如图1-19所示。

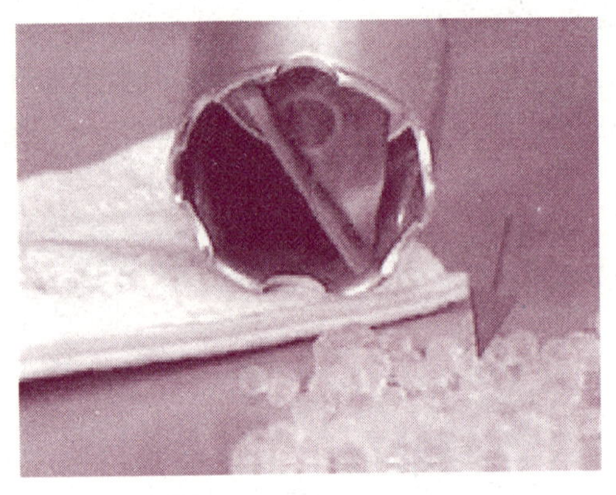

图1-18 储液干燥罐中的干燥剂

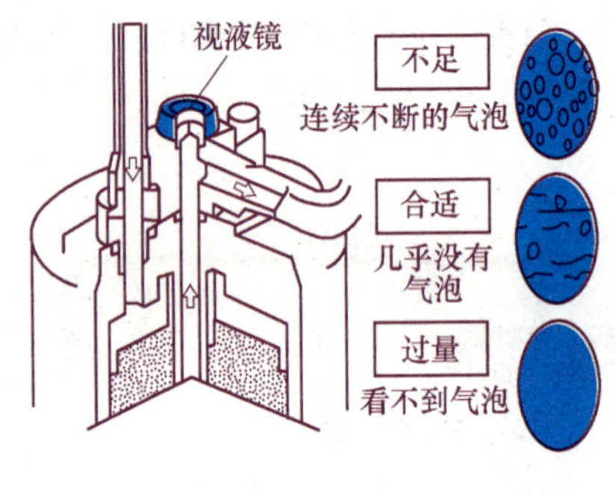

图1-19 储液干燥罐观察窗口内的显示状态

3. 集液器

集液器安装在蒸发器与压缩机之间，用于孔管式的制冷循环。

集液器的作用是将制冷剂进行气液分离，另外，也具有与储液干燥罐相同的作用，如图1-20所示。

4. 空调控制系统

空调控制系统的功能是保证空调制冷系统的正常运行，同时保证空调系统工作时发动机的正常运行。

（1）电磁离合器 电磁离合器装在压缩机上，其作用是控制发动机与压缩机的动力传递。电磁离合器主要包括压盘、带轮和电磁线圈等主要部件，如图1-21所示。

（2）蒸发器的温度控制（图1-22） 蒸发器温度开关安装在蒸发器中间，当蒸发器表面温度低于某个设定值时，温度开关自动切断压缩机电磁离合器电路。

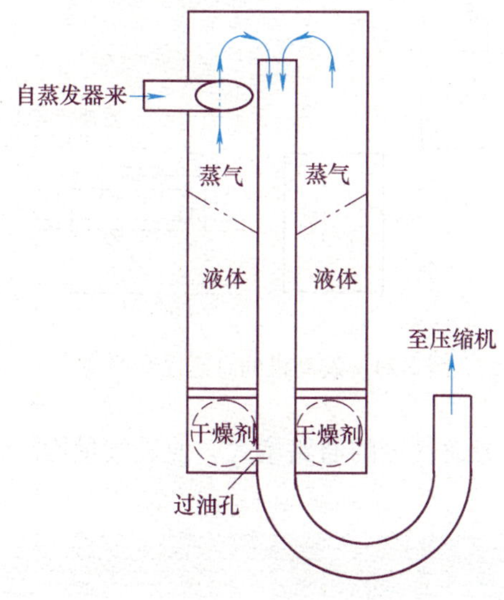

图1-20　集液器

图1-21　电磁离合器

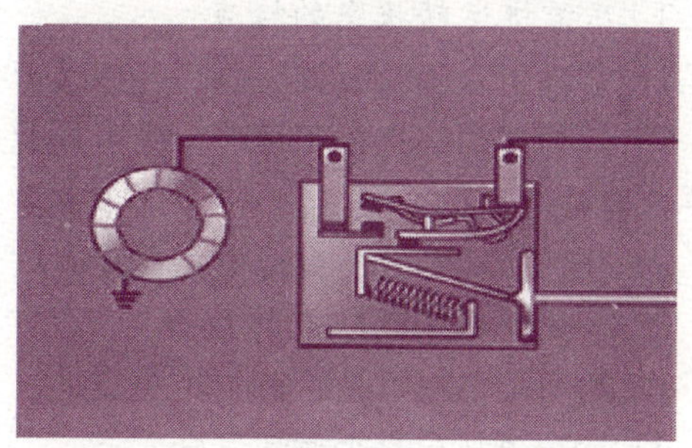

图1-22　蒸发器的温度控制

另外一种温度控制方式是将热敏电阻安装在蒸发器表面，当蒸发器表面温度低于某个设定值时，热敏电阻阻值变化，从而给空调控制器一个低温信号，空调控制继电器切断压缩机电磁离合器电路。

(3) 冷凝器风扇控制　很多发动机冷却液与空调冷凝器是用同一个风扇进行冷却的。风扇不仅受发动机冷却液温度控制，也由空调开关信号及制冷系统的压力来控制。

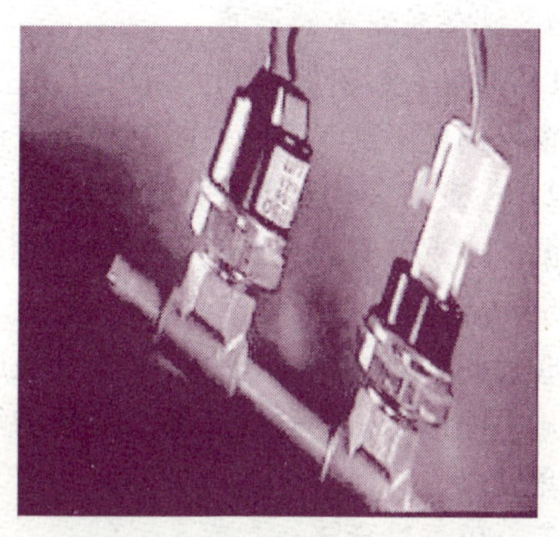

图1-23　制冷循环压力控制

(4) 制冷循环压力控制　空调制冷循环系统中如果出现压力异常，将会造成系统的损坏。如果压力过低，说明制冷剂过少，会使压缩机缺油而损坏，如果压力过高，可能会造成系统部件损坏。因此，通常在系统中安装了监测管路压力的高压开关与低压开关，如图 1-23 所示。

低压开关与压缩机串联，在制冷剂泄漏而导致润滑变差，压缩机超长时间工作时，低压开关切断电路保护压缩机。

高压开关与压缩机串联，在压力过高时切断压缩机工作电路。

高压开关与风扇电路串联，在压力过高时风扇高速运转，以保证散热效果。

（5）发动机的怠速提升控制（图 1-24）

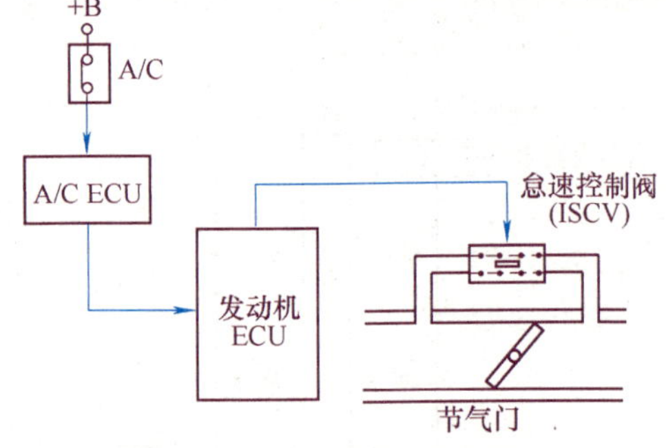

图 1-24　发动机的怠速提升控制

当接通空调开关 A/C 后，发动机的控制单元接收到空调开启的信号便控制怠速控制阀将怠速旁通气道的通路增大，使进气量增加，提高怠速。

任务实施

汽车空调系统不制冷的检查方法

一、感官检查法

1. 压缩机运转状态的检查

1）传动带是否断裂或松弛。若传动带太松就会打滑，加速磨损而不能传递动力。

2）压缩机内部是否有噪声。噪声可能是由于损坏的内部零件造成的，压缩机内部磨损就不能有效地进行压缩。

3）压缩机离合器是否打滑。

2. 冷凝器及风扇状态的检查

1）冷凝器散热片是否被尘土覆盖。

2）冷凝器风扇是否运转良好。

3. 鼓风机风扇运转状态的检查

鼓风机在低、中、高三档速度下运转时，若有异响或电动机运转不良，则应进行维修或更换。

4. 制冷剂液量的检查

1）通过观察窗如看到大量的气泡，说明制冷剂不足。若向冷凝器泼水使其冷却后，再观察窗口仍见不到气泡，说明制冷剂过量，如图 1-19 所示。

2）检查各装置连接处和接缝是否有油污。若在连接处和接缝有油污，表明该处有制冷剂泄漏，应重新紧固或更换零件（可用检漏仪）。

5. 其他检查

暖通阀和热控风阀是否关闭，其他风阀调节是否正常。若压缩机离合器不能吸合、鼓风机风扇不能运转，冷凝器风扇不能转动等，应先检查电气系统，如继电器、传感器、电路、控制单元等。

二、仪表检查法

仪表检查法利用压力表查找故障位置。首先关紧压力表的高压端和低压端开关，在停机状态下将制冷剂加注软管连接在压缩机相应的维修阀上，并利用制冷剂装置中的制冷剂压力，排出软管中的空气。此时，高、低压端读数应处于平衡状态（约600kPa）起动发动机，维持1 500r/min，鼓风机转速设在最高档，冷气设在最大位置。正常读数为：制冷剂为R134a时，低压150～250kPa，高压1 300～1 500kPa。

1）高压侧与低压侧压力表指示值低，通过观察孔可见气泡。

原因：制冷循环漏气；制冷剂没有定期补充。

处理：用测漏仪测漏，并进行修理，补充制冷剂。

2）低压侧压力表指示负压，高压侧指示比正常值低，储液罐前、后管路有温差，严重时，储液罐管路前、后有结霜现象。

原因：膨胀阀或低压管阻塞，储液罐或高压管路阻塞；膨胀阀压力减小，针阀完全关闭。

处理：清除或更换相关部件和储液罐，若压力包漏气，应更换膨胀阀。

3）高、低压侧压力表指示值均比标准高。

原因：制冷剂填充过量。

处理：排出多余制冷剂，使压力达标。

4）在高、低压侧压力表指示值均比正常值高，但停机后，高压侧压力急骤降至约200kPa。

原因：制冷循环中混入空气（抽真空不彻底或填充时有空气进入）。

处理：重新抽空加注，如仍有上述症状，更换储液罐及压缩机油。

5）高、低压侧压力表指示值均比正常值高，低压侧管路形成霜冻或深度冷凝。

原因：膨胀阀失效（针阀开启过宽）。膨胀阀压力包与蒸发器连接断开。

处理：检查并重新接好压力包和更换膨胀阀。

6）低压侧压力高，高压侧压力低，停机后，两侧压力立即趋于平衡。

原因：压缩机阀、活塞环损坏，不能有效地压缩。

处理：更换压缩机。

7）在低压侧与高压侧，压力表指示值波动。

原因：由于干燥器超饱和，制冷剂中的潮气不能去除，使膨胀阀中的针阀冻结而引起冰堵。当制冷剂不再循环时，冰被周转热量解冻后再冻结成冰，这一过程反复循环，因而造成压力表指示值波动。

处理：更换储液罐及压缩机油（重新抽真空并加注制冷剂）。

知识与技能拓展

制冷剂的加注

制冷剂的加注工作分为两种：一种是系统内部制冷剂不足，需要补充；另外一种是制冷系统中的制冷剂完全漏光，需要重新加注，重新加注前应先对系统进行抽真空作业。下面介绍重新加注制冷剂的步骤。

1）分别连接歧管压力表上的三根软管，蓝色管接系统低压，红色管接系统高压，中间的黄色管接真空泵，如图1-25所示。

2）打开歧管压力表上的高、低压阀门，开启真空泵抽真空，抽真空的时间一般不低于

20min，使得歧管压力表低压侧显示为真空7.35kPa或更高，保证系统内空气与水汽完全被抽出，如图1-26所示。

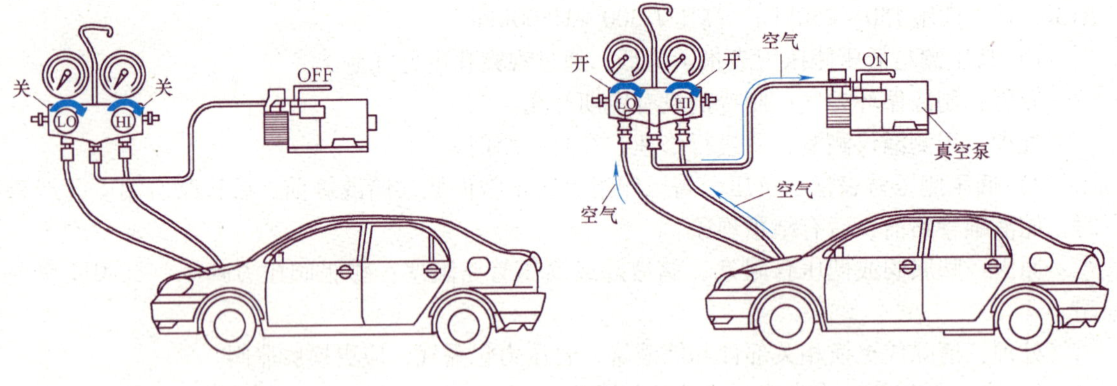

图1-25　连接真空泵　　图1-26　抽真空

3）先关闭歧管压力表上的高、低压阀门，再关闭真空泵，如图1-27所示。

4）检查系统密封性能：真空泵停止后，高压与低压两侧的阀门关闭5min，歧管压力表上的读数应该保持不变（不会升高），如图1-28所示。

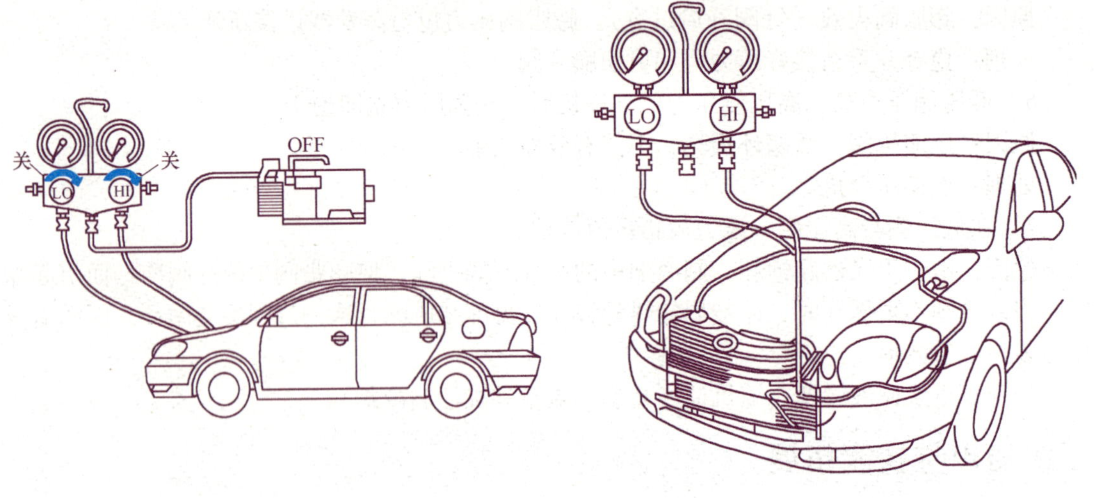

图1-27　关闭真空泵和阀门　　图1-28　检查系统密封性

5）安装制冷剂罐（图1-29）。先拆下真空泵，将中间黄色软管的一端与制冷剂罐注入阀的接头连接起来，逆向旋转开启阀升起针阀，安装制冷剂罐，顺时针转动手柄在制冷剂罐上钻一个孔。再逆时针退出手柄，并顶开歧管压力表上的空气驱除阀放出空气（图1-30），

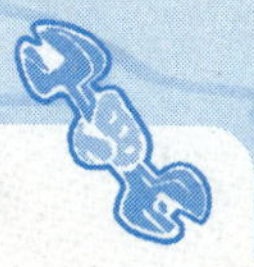

直到制冷剂从阀门放出。

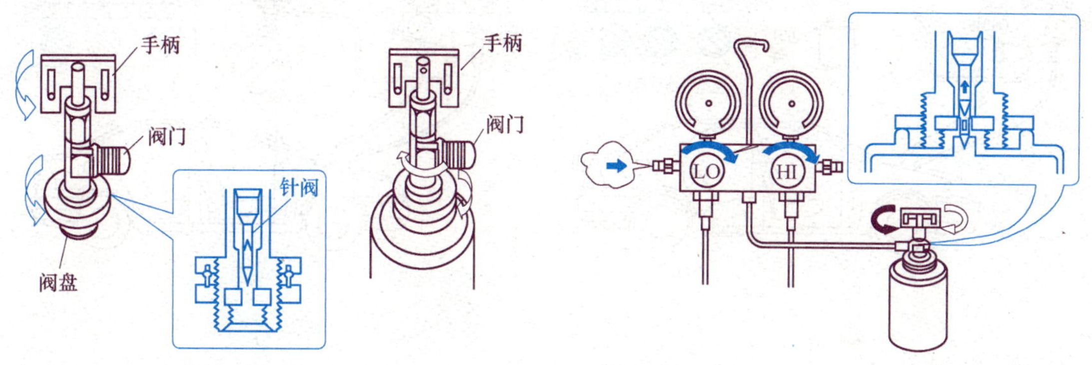

图1-29　安装制冷剂罐　　图1-30　排除空气

6）从高压侧加注制冷剂（图1-31）。不起动发动机，打开高压侧阀门，从高压侧加注制冷剂，直到低压表指示0.1MPa，加注后关闭高压开关阀门。

7）从低压侧加注制冷剂（图1-32）。关闭高压阀门后，起动发动机并运行空调，打开低压阀门，加注规定量的制冷剂。

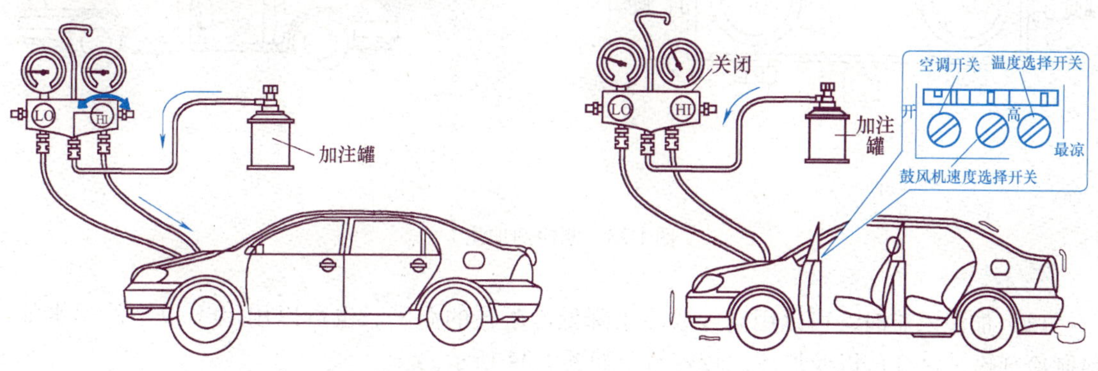

图1-31　高压侧加注制冷剂　　图1-32　低压侧加注制冷剂

8）加注条件：①发动机转速为1 500r/min；②鼓风机速度控制开关处于高位；③A/C开关打开；④温度选择最冷；⑤完全打开所有车门，如图1-33a所示。

9）注意事项：低压侧加注制冷剂时，制冷剂罐不可以倒置，不能使液态制冷剂进入压缩机，不要加注过量的制冷剂。另外，更换制冷剂罐时，关闭所有阀门；更换后，注意排除维修管内的空气，如图1-33b所示。

10）根据歧管压力表的压力检查制冷剂的加注量：在达到规定制冷剂量的同时，压力表的压力也应该达到规定值，如图1-33c所示。高压侧读数应为1.4～1.6MPa，低压侧读数应为0.15～0.25MPa。

11）制冷剂加注完毕后，要求先关闭低压阀门并关闭发动机，再将歧管压力表从维修阀门和制冷剂阀门上拆除，如图1-33d所示。

a)　b)　c)　d)

图 1-33　制冷剂加注 1

12）加注困难时，可以用空气或冷水降低冷凝器的温度。也可以用 40℃以下的温水加热制冷剂罐，这样可以使加注比较容易，如图 1-34 所示。

13）检测制冷剂的加注量是否适合，空调系统运转是否正常：通过观察孔检查加注量、检查系统是否漏气和空调系统的制冷状况，如图 1-35 所示。

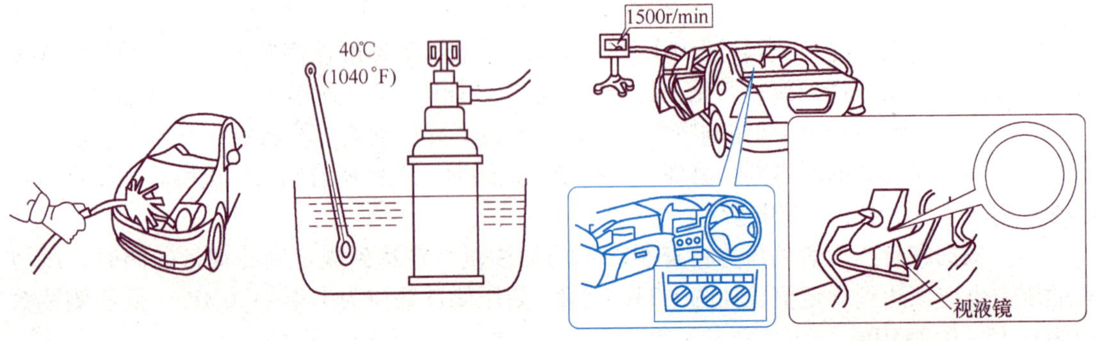

图 1-34　制冷剂加注 2

图 1-35　制冷剂加注检测

案例解析

故障现象：一辆雷克萨斯 LS400 轿车空调系统不制冷。客户反映：早、晚空调制冷，其他时间不制冷，A/C 灯开始闪烁时空调就不制冷了。

故障诊断：

一般空调系统制冷量不足或不制冷，有以下几方面的原因：

1）空调系统有制冷剂泄漏，系统压力低。

2）压缩机缺油、磨损过度，系统压力低。

3）空调系统制冷剂过多或空气压力高、热交换差。

4）电风扇不转，冷却液温度高。冷凝器、蒸发器脏污，热交换差。

5）空调系统膨胀阀损坏，系统工作不正常。

6）空调系统中有水分，储液干燥器失效，压缩机间歇性工作。

故障排除：

1）起动发动机，打开空调，系统有制冷，但工作 30min 后压缩机就不工作了，这时候自动空调仪表上的 A/C 灯在闪烁。关闭发动机 40min 后，再次起动发动机，空调系统又开始工作了。

2）读取故障码：A—日照传感器故障，B—车外温度传感器故障，C—内循环伺服电动机故障，D—压缩机同步感应器故障。

3）经过清除故障码并试车后，重新检查，故障码依然存在。

4）检查空调系统管路检视窗，发现空调系统不缺制冷剂，冷凝器也不脏，电风扇也工作正常。更换日照传感器、车外温度传感器、内外循环伺服电动机、清洁同步感应器后，测量电阻在正常范围，重新安装试车，问题还存在。

经过分析，可能是空调系统内部有水分或者空调系统内部管路有堵塞，储液干燥器失效，使压缩机到储液干燥器之间压力过高，造成压缩机离合器打滑，同步感应器检测到这一现象，把它转变成电信号传递给 A/C 控制单元，控制单元接收到这一信息后，断开压缩机离合器电源，并让 A/C 灯闪烁。

拆洗蒸发器外表，清洁冷凝器内部，更换膨胀阀和储液干燥器，重新抽空并加制冷剂后系统恢复正常。

观察与思考

一、思考题

1. 汽车空调制冷系统常见故障有哪些？
2. 如何检查和排除汽车空调系统不制冷故障？

二、实习观察项目

1. 学生自己根据制冷系统的结构和工作原理进行检测和诊断，发现问题及时处理。
2. 指导教师模拟制冷系统的故障，让学员进行故障检测、诊断并排除故障。
3. 对汽车制冷系统进行常规检查和维护。

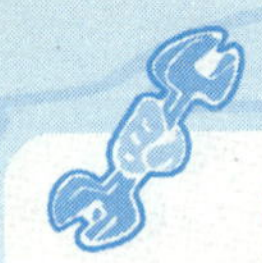

学习单元2　自动空调系统的检修

学习目标

1）掌握汽车自动空调制冷系统的组成和工作过程。

2）掌握汽车自动空调制冷系统的故障诊断方法与检修技能。

工作任务

一、任务情境

现在大部分汽车都采用了自动空调系统，即微机控制自动空调系统。自动空调系统利用温度传感器随时监测车内温度及车外环境温度的变化，并把检测到的信号送给空调电子控制单元（ECU），空调ECU按预先编制好的程序对信号进行处理，并通过执行器对风机转速、出风温度、送风方式及压缩机工作状况等进行调节，从而使车内温度、湿度及空气流量始终保持在驾驶人设定的水平上。

在汽车自动空调的使用过程中，经常会遇到空调系统不制冷、制冷量小或系统噪声太大等故障，导致汽车空调系统不能正常工作，失去空气调节和制冷的作用。本节的主要任务就是要检测和诊断汽车自动空调系统的常见故障，使其恢复使用功能和良好的技术状态。

二、任务分析

汽车自动空调制冷系统不能正常工作的原因一般有两个：一是机械故障，即压缩机、冷凝器、蒸发器、膨胀阀等故障所致；二是电路或电控系统故障，如鼓风机控制电路、压缩机电磁离合器控制电路或电控元件失效等故障。要排除这些故障，应该先熟悉以下相关知识。

相关知识

一、概述

自动空调系统不仅能按照乘员的需要送出温度和湿度最适宜的空气，而且可以根据设定的目标自动调节风速、风量及送风方式，大大简化了乘员的操作。该系统多用在高级轿车上。

自动空调系统一般具有以下几种功能：

（1）空调控制　包括温度自动控制、风量控制、运转方式的自动控制、换气量控制等，满足车内乘员对空调舒适性的要求。

（2）节能控制　包括压缩机运转工况的控制、换气量的最佳控制以及随温度变化的换气切换、转入经济运行、根据车内、外温度自动切断压缩机电源等控制。

（3）故障自诊断　空调系统发生故障时，ECU将故障用故障码存储起来，以便在需要修理时能指示故障的部位。

（4）故障、安全报警　包括制冷剂不足报警、制冷压力高压或低压报警、离合器打滑报警、各种控制器件的故障判断报警等，报警警告直到修复为止。

（5）显示　包括显示给定的温度、控制温度、控制方式、运转方式的状况以及运转的

时间等。

微型计算机控制的自动空调系统如图1-36所示，它由电子控制系统、配气系统和面板控制三部分组成。

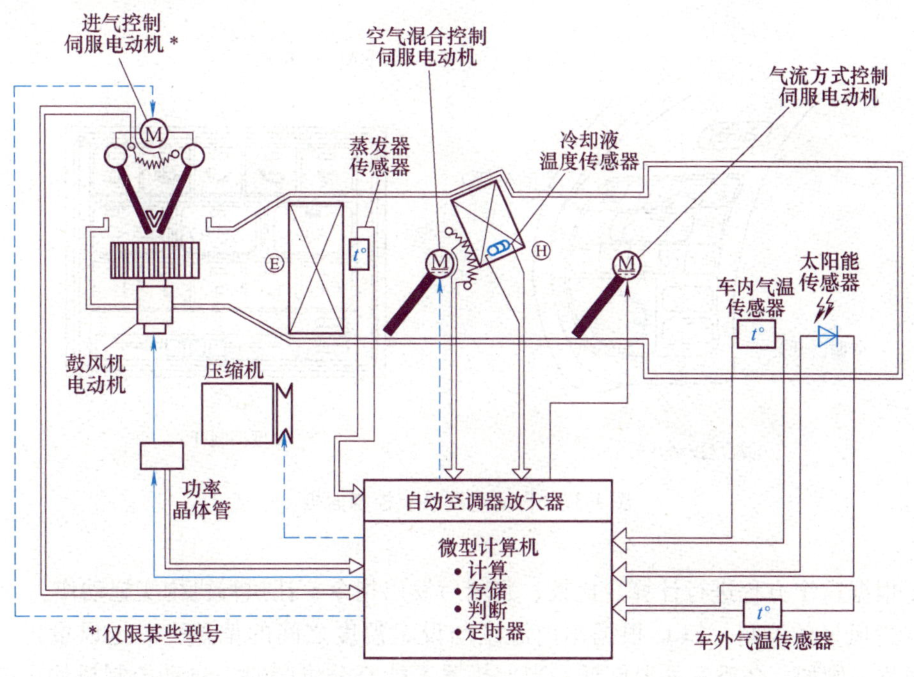

图1-36　自动空调系统

配气系统已在前面介绍过。电子控制系统主要由传感器、ECU和执行器三部分组成，ECU可以接受和计算各种传感器输入的信号，能够根据环境的变化迅速发出信号，控制各执行器的动作。传感器信号主要有三种，一是驾驶人面板设定的温度信号和功能选择信号；二是车内温度传感器、车外温度传感器、日照传感器等各种传感器输入的信号；三是空气混合风门的位置反馈信号。执行器信号有三种：一是向驱动各种风门的伺服电动机或真空驱动器输送的信号；二是控制风机转速的电压调节信号；三是控制压缩机开停信号。现代自动空调的执行器已不再使用电磁真空阀和真空电动机操纵各个风门，而是通过电子控制单元（ECU）控制各个部件上的伺服电动机。即通过触摸按钮向ECU输入各种信号，ECU通过计算、分析、比较，发出指令，控制伺服电动机动作，打开所需的风门，按照输入的预设温度，控制温度门的位置。伺服电动机比真空阀和真空电动机的工作可靠性高，控制机构简单。

自动空调系统控制面板如图1-37所示，由温度控制开关和各功能选择键组成。当按下AUTO（自动设置）开关，微型计算机控制空调系统根据乘员选定的温度和功能自动选择运行方式，满足所需要的温度。当然，根据汽车使用中的复杂情况，可用手动控制键取代自动调定。

自动空调的控制原理如下：

微型计算机的控制是根据温度平衡方程式进行的。驾驶人输入设定的调温键电阻为 K，车内温度的电阻为 A，车外温度的电阻为 B，吹出口温度电阻为 C，阳光照射、环境、节能修正量的温度电阻为 D，则其温度平衡方程式为

$$K = A + B + C + D$$

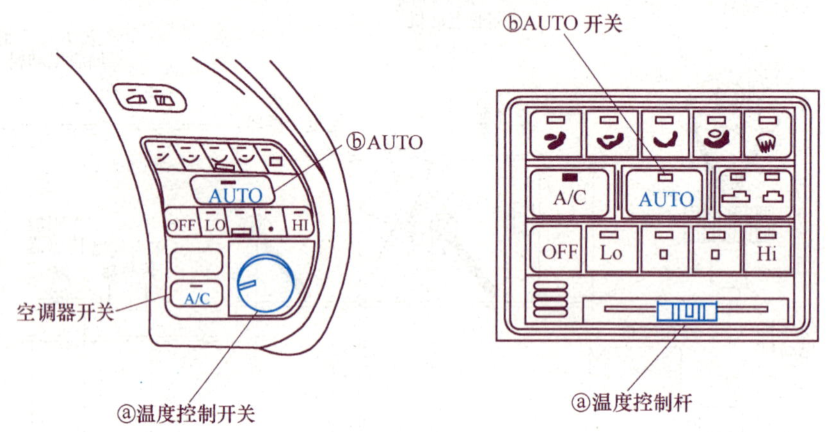

图 1-37　自动空调系统控制面板

ECU 根据这个方程进行计算、比较、判断后发出指令，让执行机构实施动作。

（1）送风量的控制　ECU 根据车内温度与设定温度之间的偏差，对送风量进行连续、无级地调节。例如，冬季车外温度低，当加热器不能充分供暖时，自动控制机构中断送风。当加热器加热空气，车内温度上升至一定温度后，又开始送风。

（2）车外新鲜空气与车内空气的自动切换控制　在炎热的夏季，车外温度较高，为迅速降低车内温度可暂时关闭车外新鲜空气通道。当车内温度下降到一定值时，自动控制机构使车外新鲜空气与车内空气按一定比例混合进入车内。当需要除霜时，一般引入车外新鲜空气加热，再将其由除霜风口送出。

（3）压缩机和加热器工作的控制　例如室外温度低到 10℃以下时，ECU 自动切断压缩机工作电路，吸进外界空气到车内进行温度调节。当夏季室外温度高于 30℃时，微型计算机会关闭热水阀，让风机高速运行，增加送风量。当室外温度高于 35℃时，ECU 便会切断车外空气，定期切换一次外气。

（4）空气混合风门的控制　对于使用容积可调式压缩机的制冷系统，当压缩机节能输出会引起蒸发器温度上升时，ECU 会自动调节空气混合风门的位置，保持输出空气温度不变。

二、自动空调系统的工作原理

自动空调系统有温度控制、鼓风机转速控制、进气控制、气流方式控制（出气控制）、压缩机控制、自诊断等功能。

（一）温度控制

温度控制系统由车内温度传感器、车外温度传感器、日照传感器、蒸发器温度传感器和冷却液温度传感器、温度设定电阻器、自动空调控制 ECU 和空气混合控制伺服电动机组成，

如图 1-38 所示。其中，太阳能传感器采用光敏二极管，其余 4 种温度传感器采用负热变的热敏电阻。

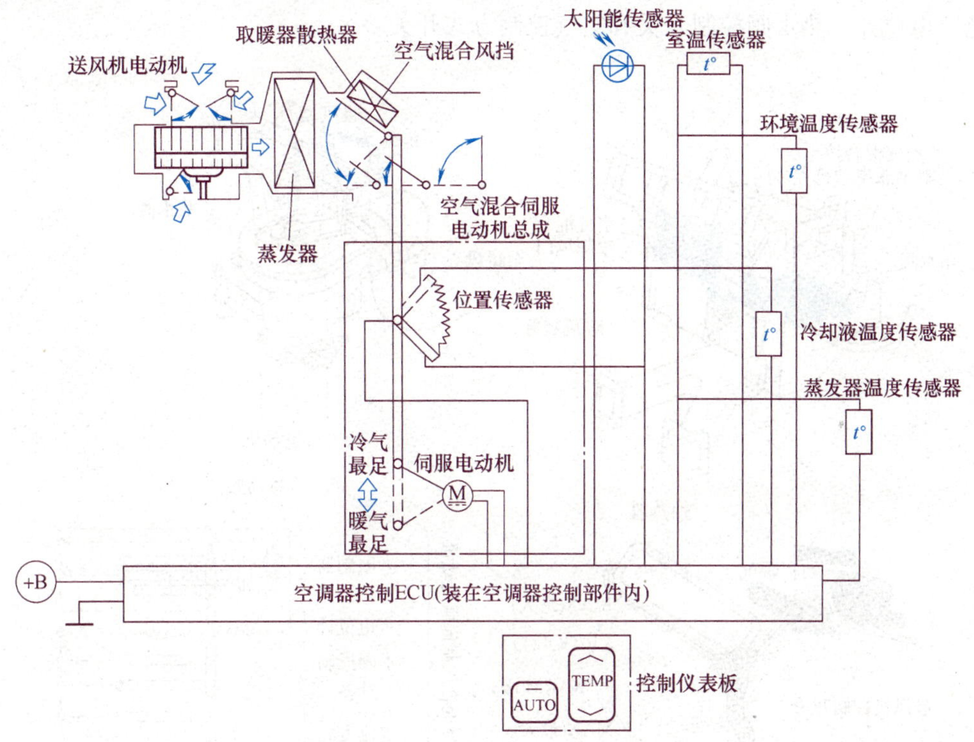

图 1-38　温度控制系统的组成

下面主要介绍温度设定电阻器和空气混合控制伺服电动机的结构与工作原理。

（1）温度设定电阻器　如图 1-39 所示，温度设定电阻器一般安装在控制面板内，与温度控制杆相连接。当控制杆设定在较低温度位置时，电阻值变大，变化的电阻信号输入 ECU。

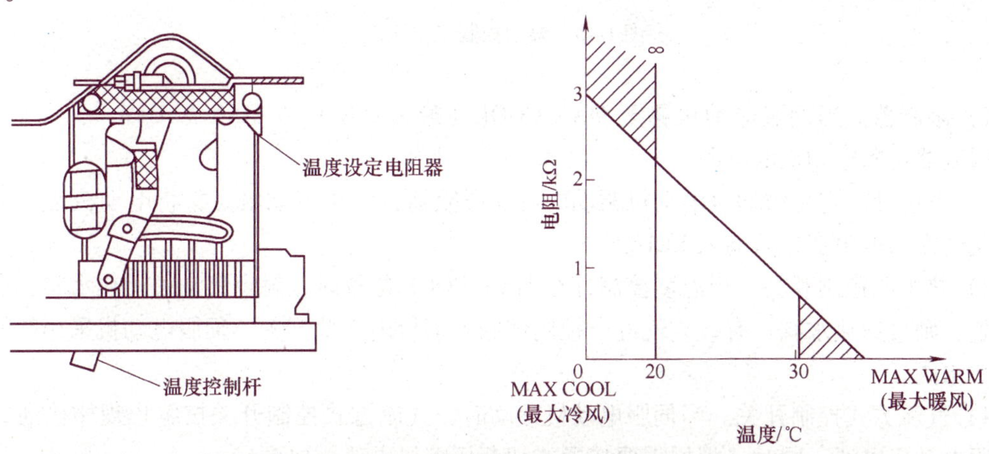

图 1-39　温度设定电阻器

（2）空气混合控制伺服电动机　如图1-40所示，空气混合控制伺服电动机安装在暖气装置的底部，通过连杆可操纵空气混合控制风门和鼓风机转速控制开关。伺服电动机内置有限制器、电位计、热水阀控制开关和空气控制方式开关。

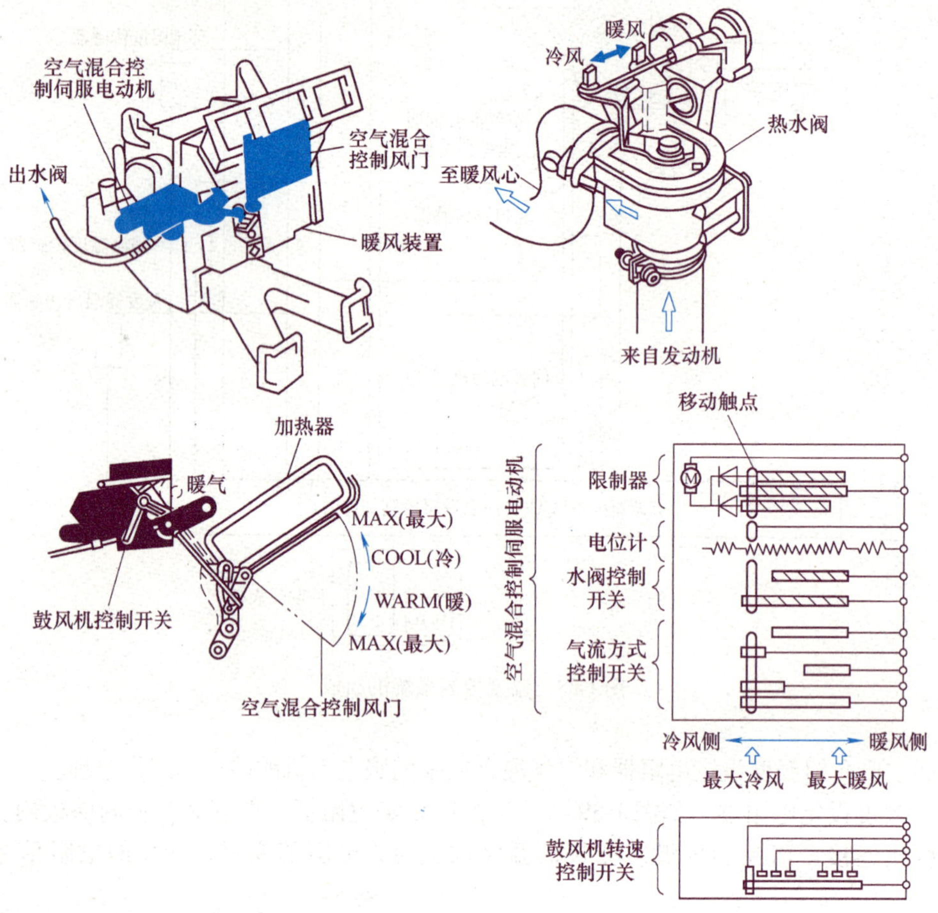

图1-40　温度控制工作原理

1）限制器。当伺服电动机移至MAX COOL（最大冷风）或MAX WARM（最大暖风）时，限制器切断电动机的电源。

2）电位计。它是由伺服电动机驱动的可变电阻器，利用滑动触点，将电动机运动的位置变化转变为电阻变化后输入ECU。

3）热水阀控制开关。当温度控制杆在MAX COOL位置时，触点移动关闭热水阀；在其他位置，则接通热水阀。有些空气混合控制伺服电动机内无此开关，伺服电动机采用拉线开关式热水阀。

4）气流方式控制开关。当伺服电动机移动时，气流方式控制开关按编程规律接通或切断伺服电动机电源。同时，根据需要接通或切断压缩机电磁阀电源。

5）鼓风机转速控制开关。这是由伺服电动机驱动的滑动开关。随着空气混合控制风门连接的转换连杆的移动，鼓风机转速控制开关自动控制鼓风机的转速。

（二）鼓风机转速控制

1. 系统组成

鼓风机转速控制系统主要由冷却液温度传感器、蒸发器传感器、鼓风机电阻器、功率晶体管、ECU、鼓风机电动机，面板控制开关等组成，如图1-41所示，其中，功率晶体管的作用是根据ECU的BLW端子输出的鼓风机驱动信号，改变流至鼓风机电动机的电流，从而改变风机的转速。在雷克萨斯LS400汽车中，功率晶体管内有一个熔点为114℃的温控熔丝，保护晶体管不致因电流过大而损坏。

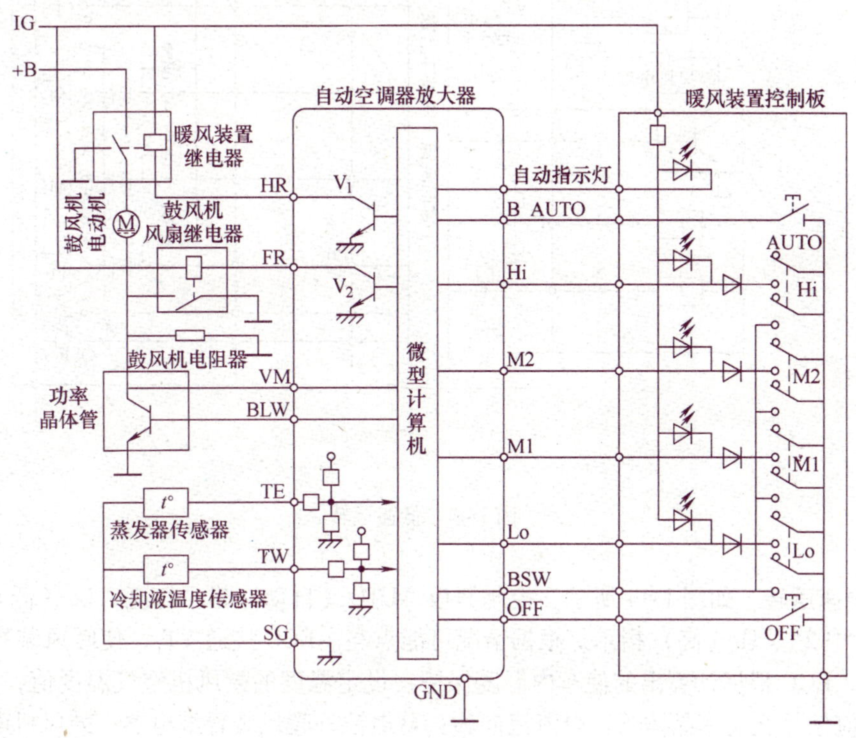

图1-41　鼓风机转速控制电路

2. 工作过程

（1）自动控制　与温度控制类似，根据使车内温度保持在设定温度的鼓风机空气温度自动控制鼓风机转速。当控制面板上AUTO（自动）开关接通时，ECU根据使车内温度保持在设定温度的鼓风机空气温度控制鼓风机转速，其自动控制工作过程如图1-42所示。

1）低速运转。如图1-43所示，控制面板AUTO（自动）和Lo（低速）两个指示灯均亮。ECU接通VT_1，使暖风装置继电器接合。电流方向为蓄电池—暖气装置继电器—鼓风机电动机—鼓风机电阻器—搭铁，电动机低速运转。

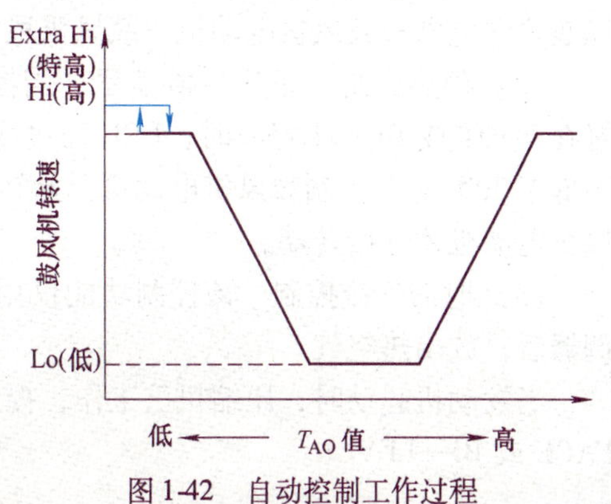

图1-42　自动控制工作过程

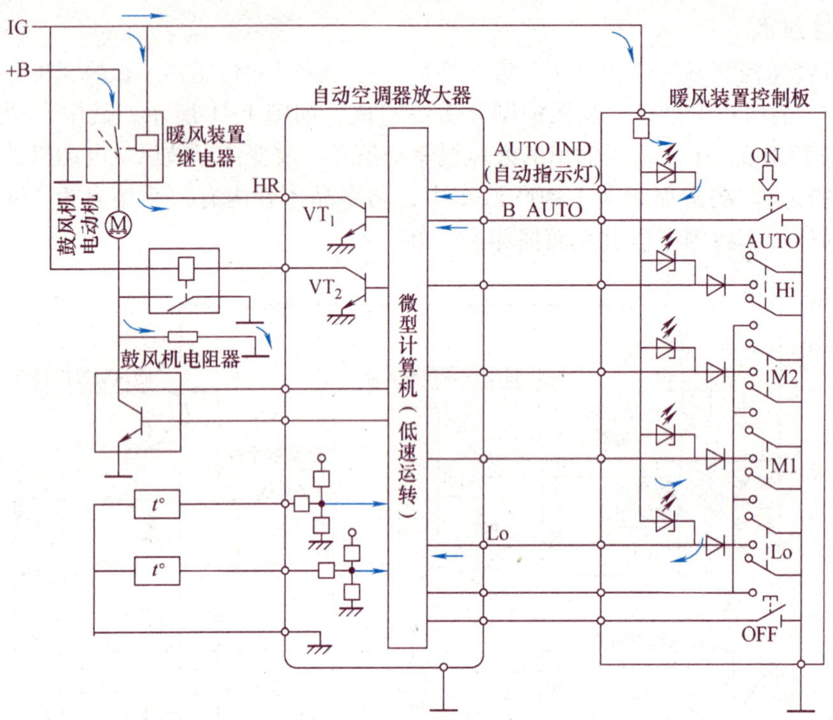

图 1-43　低速运转

2）中速运转。如图 1-44 所示，控制面板 AUTO（自动）指示灯亮，Lo（低）、M_1（中 1）、M_2（中 2）、Hi（高）指示灯根据情况可能点亮。ECU 接通 VT_1，使暖风装置继电器接合。同时，ECU 根据计算出的使车内温度保持在设定温度的鼓风机空气温度值，从 BLW 端子输出相应信号至功率晶体管。电流流向为：蓄电池—暖风装置继电器—鼓风机电动机—功率晶体管和鼓风机电阻器—搭铁，电动机中速旋转。ECU 从与功率晶体管相连的 VM 端子接收反馈信号，检测鼓风机的实际转速信号，依此校正鼓风机驱动信号。

3）特高速度运转。如图 1-45 所示，控制面板 AUTO（自动）和 Hi（高速）指示灯亮，ECU 接通。VT_1 和 VT_2 使暖风装置继电器和鼓风机继电器闭合。电流流向为：蓄电池—暖风装置继电器—鼓风机电动机—鼓风机风扇继电器—搭铁，鼓风机以特高速度运转。

（2）预热控制　如图 1-46 所示，当控制面板 AUTO（自动）开关接通，且气流方式设置在 FOOT 或 BI—LEVEL 时，ECU 通过冷却液温度传感器检测发动机冷却液的温度，当其不低于 30℃时，控制鼓风机电动机开始转动。有些车型在冷却液的温度不低于 40℃时，鼓风机电动机才开始转动。

（3）时滞气流控制　该控制功能仅用于降温，以方便在炎热阳光下久停的汽车起动空调器后，放出热空气。

当发动机起动时，压缩机已工作，控制面板 AUTO（自动）开关接通，气流方式设置在 FACE 或 BI—LEVEL。

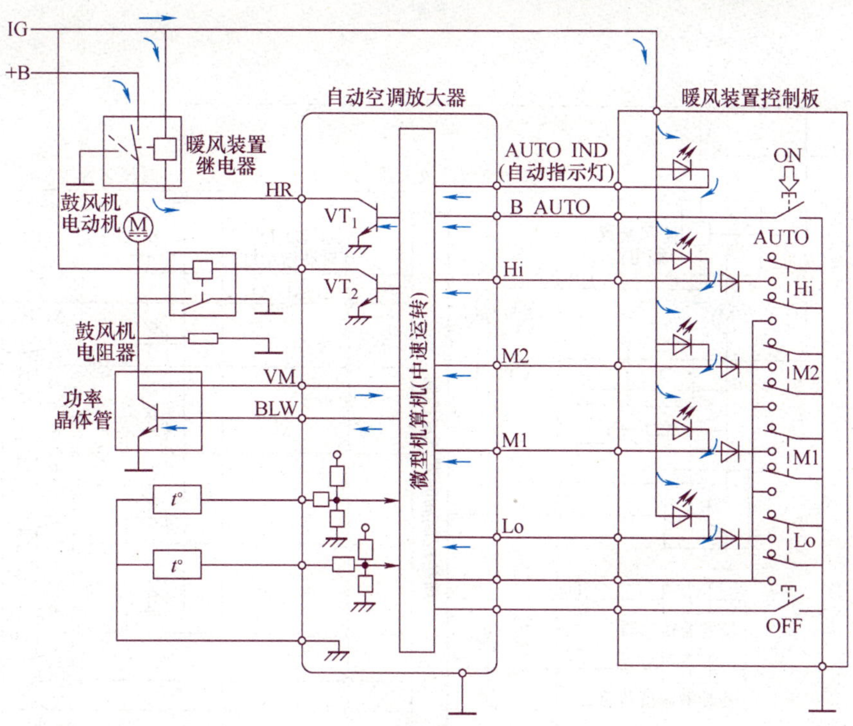

图1-44　中速运转

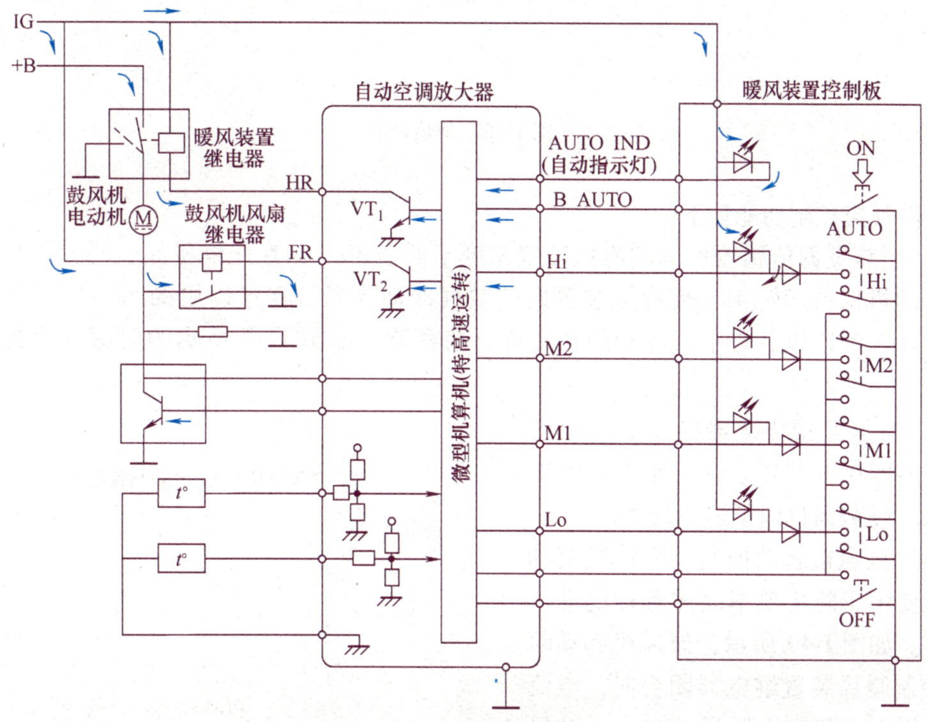

图1-45　特高速运转

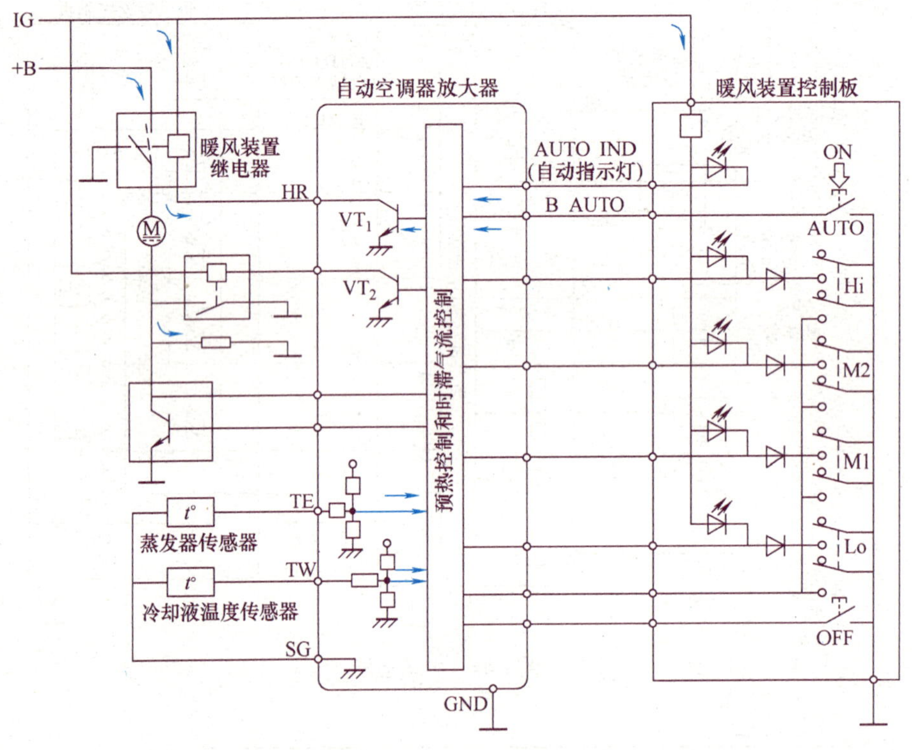

图 1-46　预热控制

时滞气流控制功能如下：

1）当蒸发器传感器检测到冷风装置温度不低于 30℃，在压缩机接通时，ECU 控制鼓风机电动机保持运转 4s，使冷风装置内的空气冷却降温。在这以后的 5s，ECU 使鼓风机低速运转，使冷风装置中已冷却的空气送至乘客舱。如图 1-47 所示为时滞气流控制示意图。

2）当蒸发器传感器检测到冷风装置内的温度在 30℃以下时，如图 1-48 所示，ECU 使鼓风机以低速运转 5s。

（4）鼓风机起动控制　鼓风机起动控制主要用于防止功率晶体管被起动电流损坏。如图 1-49 所示，鼓风机起动时 ECU 控制暖风装置继电器闭合时，电流经鼓风机电动机和电阻器流过，电动机低速运转 2s 后，ECU 才通过 BLW 端子

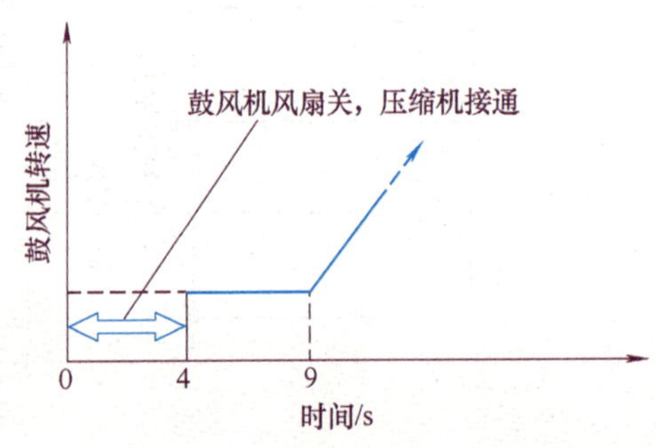

图 1-47　时滞气流控制（温度不低于 30℃时）

向功率晶体管输出驱动信号，从而防止功率晶体管被起动电流损坏。

（5）手动控制　ECU 根据控制面板手动开关的操纵信号，将鼓风机驱动信号送至功率晶体管，相应控制鼓风机的转速。

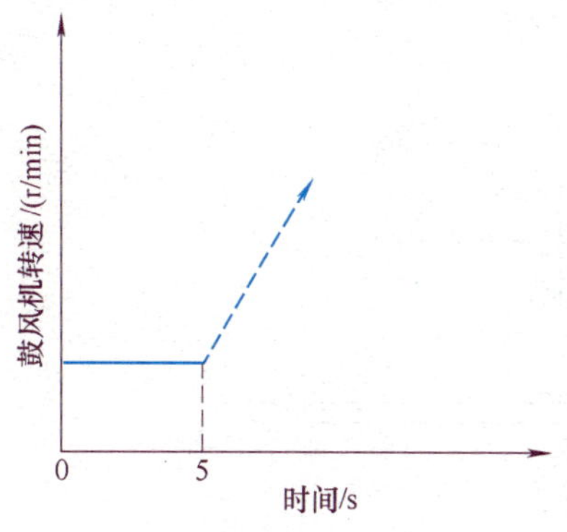

图 1-48　时滞气流控制
（温度低于 30℃时）

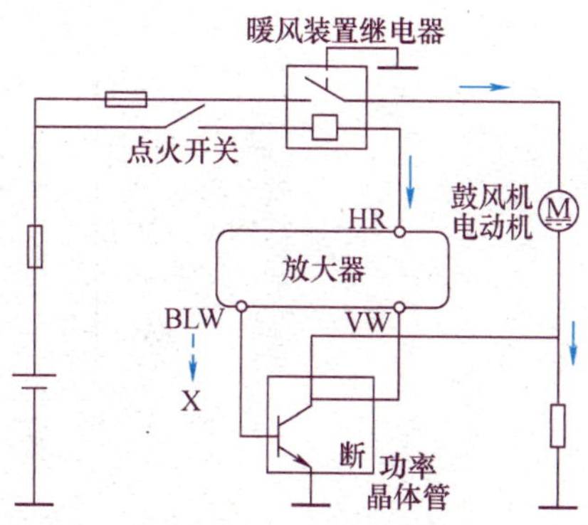

图 1-49　鼓风机起动控制

（三）气流方式控制

1. 系统组成

气流方式控制系统主要由面板功能控制开关、ECU、气流方式控制伺服电动机及温度控制的各类温度传感器等组成。ECU 根据使车内温度保持在设定温度的鼓风机空气温度值自动控制出气方式。

2. 工作过程

（1）面板功能控制　控制面板 AUTO（自动）开关接通时，ECU 根据使车内温度保持在设定温度的鼓风机空气温度值按图 1-50a、b 所示方式进行控制。

1）当使车内温度保持在设定温度的鼓风机空气温度已从低变高时，原来气流方式控制伺服电动机内移动触点位于 FACE 位置。如图 1-51 所示，ECU 接通 VT_1，这样使驱动电路输入信号端 B 端电路通过 VT_1 搭铁，信号为 0；A 端电路断路，信号为 1。根据内部程序图可知，输出电路中，D 端信号为 0，即电流由 D 端输出，由 C 端流回，驱动电动机旋转，内部触点由 FACE 位置移动到 FOOT 位置，电动机停转，输出风口的出气方式由 FACE 方式转为 FOOT 方式。同时，ECU 接通 VT_2，使位于面板的 FOOT 指示灯亮。

2）当使车内温度保持在设定温度的鼓风机空气温度已从高变中时，原来气流方式控制电动机内的移动触点位于 FOOT 位置。如图 1-52 所示，ECU 接通 VT_3，使驱动电路中 A 端电路通过 VT_3 搭铁，信号为 0；B 端电路断路，信号为 1。根据内部程序图可知，相应输出端 C 端信号为 1，D 端信号为 0，电流由 C 端输出，经电动机流回 D 端，电动机旋转，带动滑动触点由 FOOT 位置运动至 BI—LEVEL 位置，电动机停转，输出风口的出气方式由 FOOT 方式转变为 BI—LEVEL 方式。同时，ECU 使面板的 BI—LEVEL 指示灯亮。

a)

b)

图 1-50　气流方式控制

a）气流控制方式原理　b）气流控制方式电路

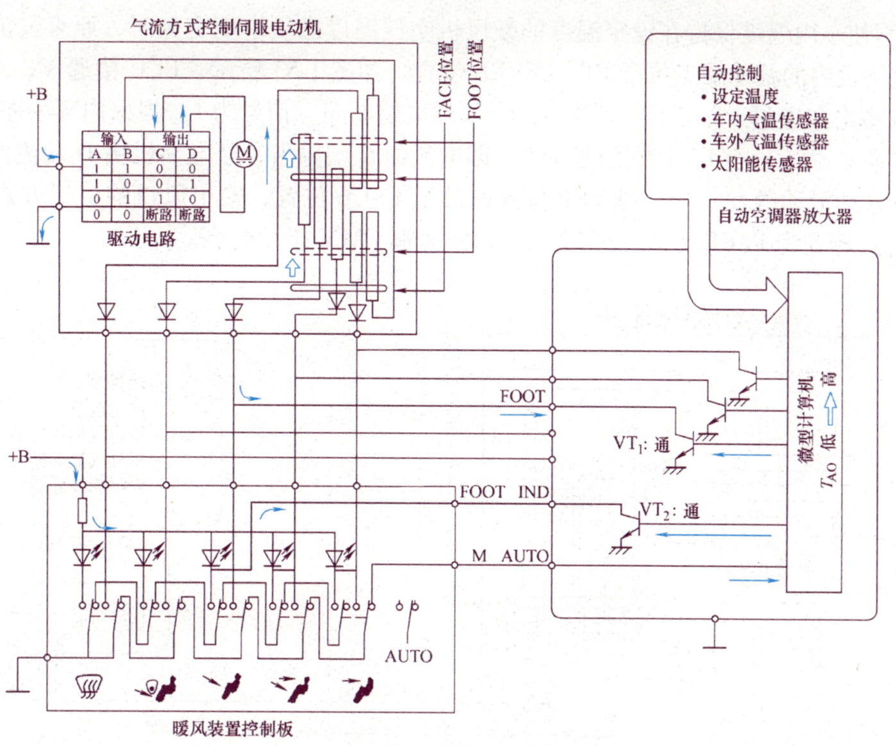

图 1-51　鼓风机空气温度从低变高时

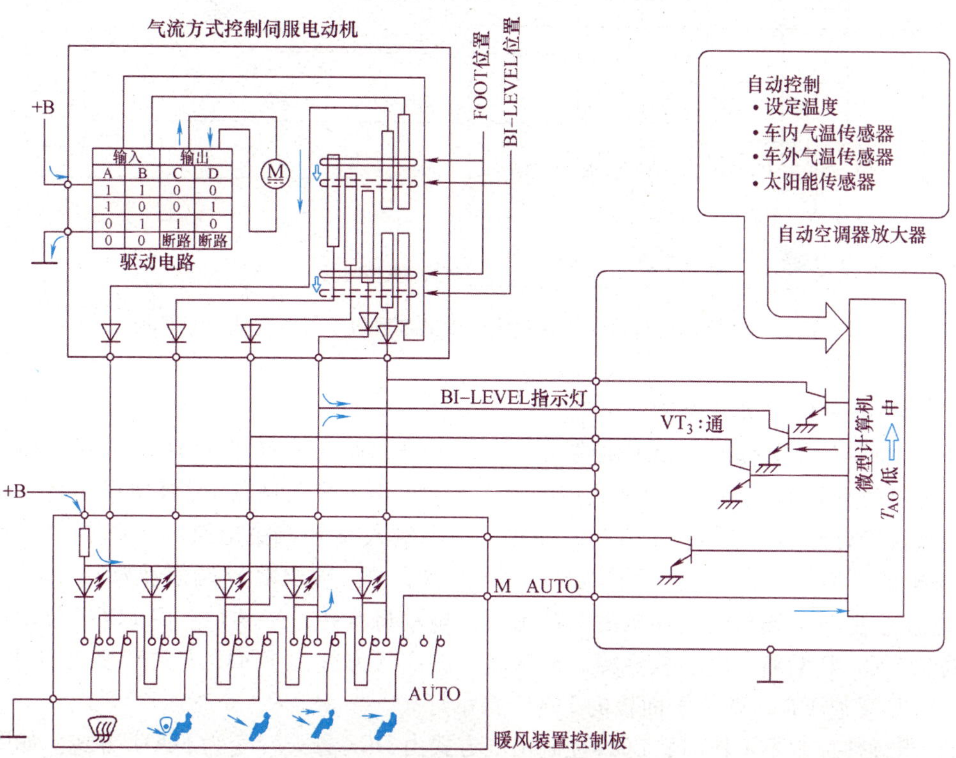

图 1-52　鼓风机空气温度从高变中时

3）当使车内温度保持在设定温度的鼓风机空气温度已从中度变低时，原来气流方式控制伺服电动机内的移动触点位于 BI—LEVEL 位置。如图 1-53 所示，ECU 接通 VT_4，使驱动电路中 A 端电路通过 VT_4 搭铁，信号为 0；B 端电路断路，信号为 1。根据内部程序图可知，此时输出端 C 端信号为 1，D 端信号为 0，即电流经 C 端输出，经电动机由 D 端流回，电动机旋转，带动滑动触点由 BI—LEVEL 位置移动至 FACE 位置，输出风口的出气方式由 BI—LEVEL 方式转变为 FACE 方式。同时，ECU 使面板 FACE 指示灯亮。

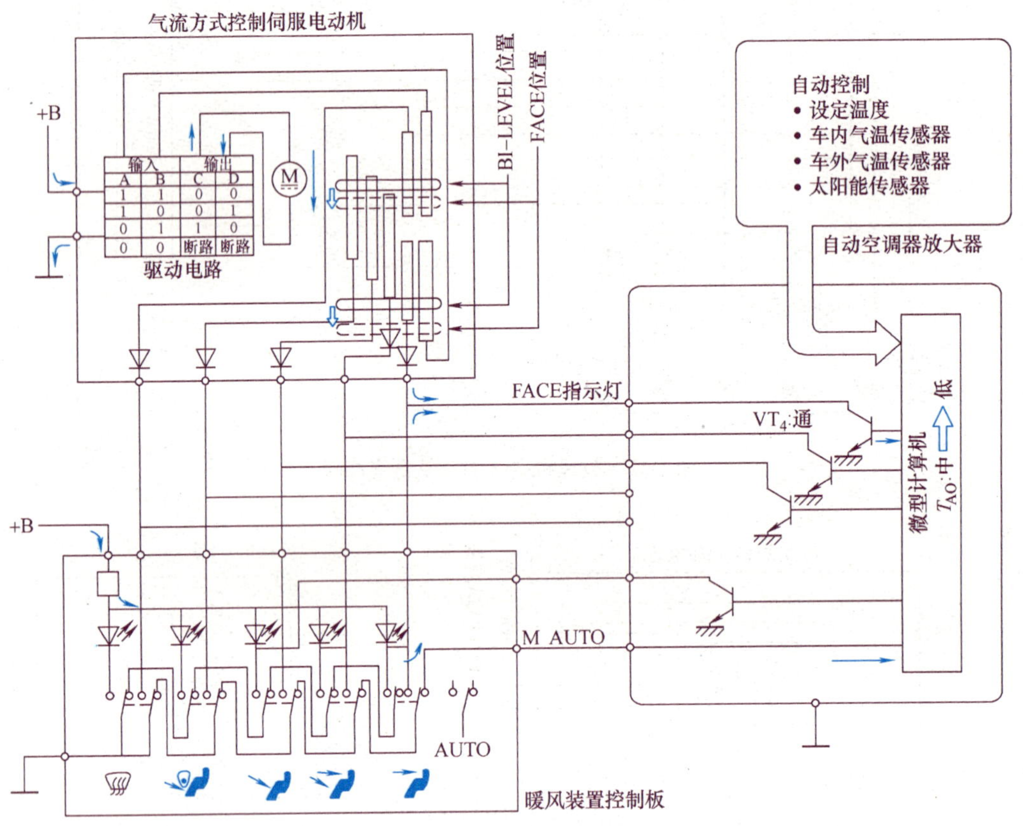

图 1-53　使车内温度保持在设定温度的鼓风机空气温度从中变低时

（2）DEF—FOOT 方式控制

1）当预热控制工作时，ECU 控制出气方式由 FOOT 方式转变为 DEF 方式。如图 1-54 所示，控制过程如下：起始气流方式控制伺服电动机内的移动触点位于 FOOT 位置，ECU 根据冷却液温度传感器的信号接通 VT_3，使驱动电路输入端 B 端由电路经 VTS 搭铁，信号为 0；A 端电路不通，信号为 1。根据内部程序图可知，相应输出端 D 端信号为 1，C 端信号为 0，即电流可由 D 端输出经电动机由 C 端流回，电动机旋转，带动触点由 FOOT 位置移动到 DEF 位置，C、D 断路，电动机停转，输出风口的出气方式由 FOOT 方式转变为 DEF 方式。同时，ECU 接通 VT_2，使位于面板的 FOOT 指示灯亮。

2）当预热控制不工作时，ECU 控制出气方式由 DEF 方式转变为 FOOT 方式。如图 1-55 所示，ECU 根据冷却液温度传感器信号接通 VT_1，使驱动电路信号输入端 A 端电路经 VT_1

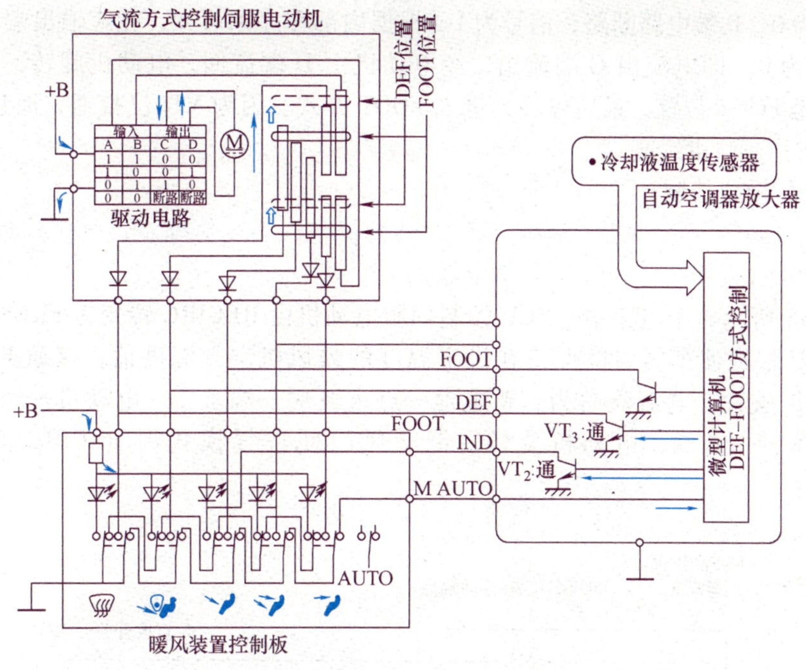

图 1-54　预热控制工作时的电路

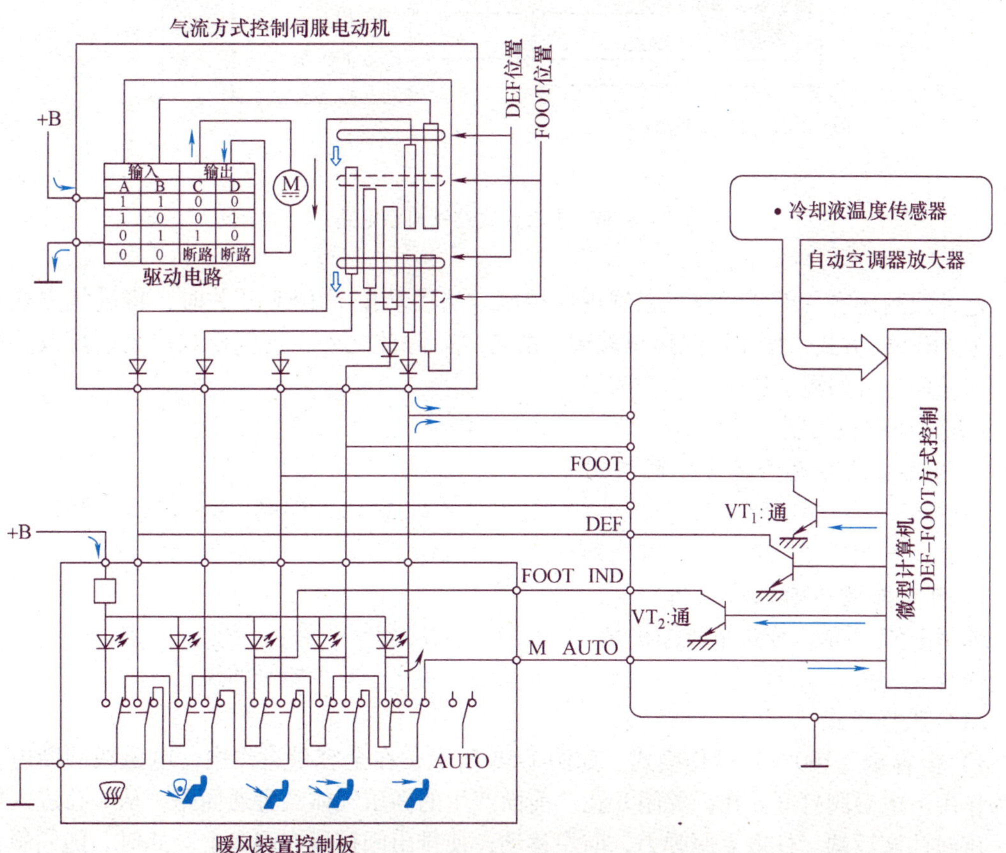

图 1-55　预热控制不工作时的电路

搭铁，信号为 0；B 端电路断路，信号为 1。根据内部程序图可知，相应输出端 C 端信号为 1，D 端信号为 0，即电流由 C 端流出，经电动机由 D 端流回，电动机旋转，带动触点由 DEF 位置移至 FOOT 位置，最后停转，进入 FOOT 方式。因为 VT_2 已接通，而且继续接通，面板上 FOOT 指示灯继续亮。

（四）进气模式控制

ECU 根据使车内温度保持在设定温度的鼓风机空气温度值确定进气模式选择 RECIRC（车内循环空气）或 FRESH（车外新鲜空气）。

在图 1-56 所示典型电路中，ECU 控制伺服电动机由 RECIRC 转变为 FRESH 的工作过程如下：ECU 根据使车内温度保持在设定温度的鼓风机空气温度值，接通 FRS 晶体管，从而使触点 B 搭铁，电流流向为：蓄电池—点火开关—端子①—电动机—触点 B—端子③—FRS 晶体管—搭铁，电动机旋转，带动风门使进气模式由 RECIRC 方式改变为 FRESH 方式。

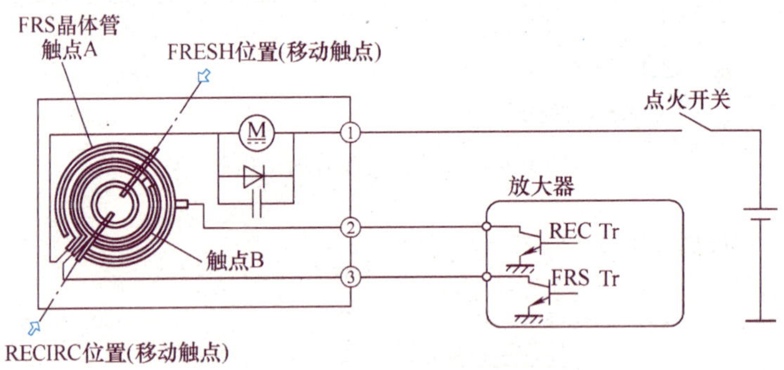

图 1-56　进气模式控制典型电路

这种控制还有一种新鲜空气强制进气控制。当手动按下 DEF 开关时，将进气方式强制转变为 FRESH 方式，便于清除风窗玻璃上的雾气。除此之外，进气模式控制还可改变新鲜空气与循环空气的混合比例。

（五）压缩机控制

1. 压缩机电磁离合器通断的控制

将控制面板的 AUTO（自动）开关接通时，ECU 自动接通电磁离合器，压缩机工作。ECU 根据车外温度或蒸发器温度与设定温度进行比较，反复进行控制接通或者切断。

2. 可变排量压缩机的控制

如图 1-57 所示，变排量压缩机是在压缩机后端增加了一套可变排量机构，能根据空调系统的冷气负荷或电动机的负荷控制压缩机排量的变化，减少能量的损耗。

（1）工作模式

1）全容量（100%）运作模式。如图 1-58 所示，在全容量运作中，电磁线圈断电，在弹力作用下电磁阀打开 a 孔，关闭 b 孔。前面产生的高压气体经旁通回路，从 a 孔进入电磁阀，压向柱塞后端。柱塞克服弹力，向左移动，使排出阀挤压在阀盘上。此时，随同斜盘工作的后部 5 个活塞在气缸内产生高压，参与工作，于是压缩机 10 个气缸工作。在压缩机后

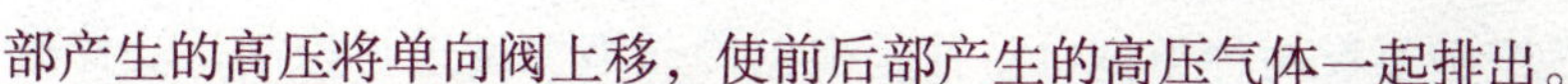

部产生的高压将单向阀上移，使前后部产生的高压气体一起排出。

2）半容量（50%）运作模式。如图1-59所示，当电磁线圈通电流时，电磁阀切断前面高压气体旁通回路，柱塞在弹簧力作用下被推回右侧，排出阀与阀盘分离，后部5个气缸不能产生高压，不参加工作，压缩机只是半容量运转。单向阀在前后压差的作用下，关闭后部高压气体的排出通道。

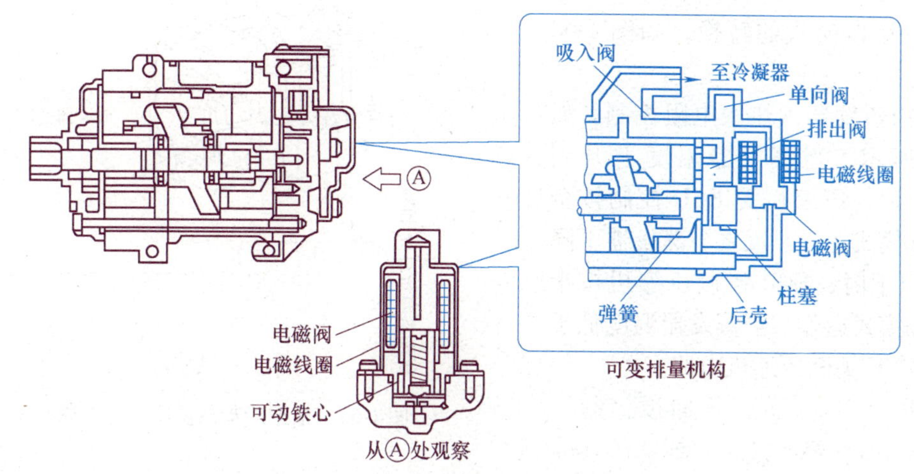

图1-57　变排量压缩机

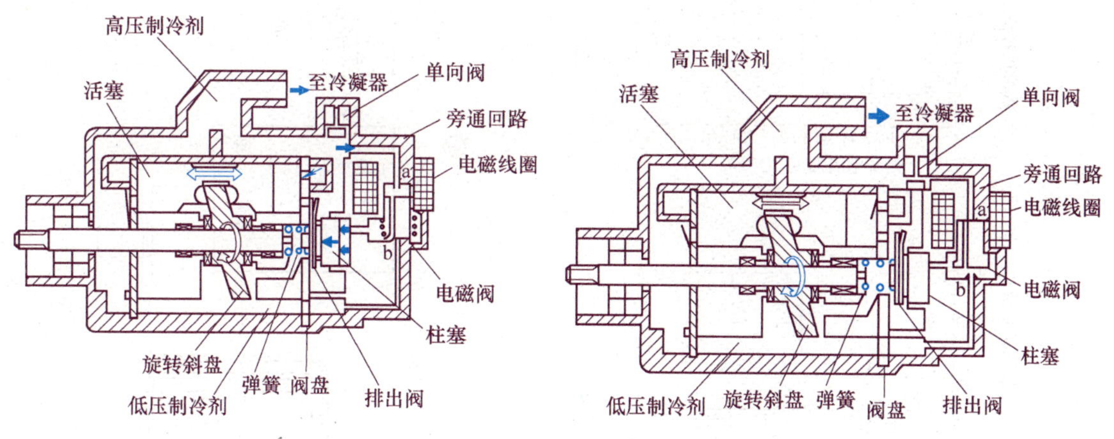

图1-58　全容量运作模式

图1-59　半容量运作模式

3）压缩机停止运作模式。压缩机不工作时，高、低端压力平衡，在弹簧力的作用下柱塞被推向右侧，单向阀因高压下降而落下，关闭后部高压通道。排出阀和单向阀处于半容量运作位置，便于下次起动，不会引起振动。

（2）控制系统　控制系统主要有两种类型：一种是根据冷却液温度进行控制，一种是由热敏电阻进行控制。

1）根据冷却液温度进行控制。当发动机冷却液温度较高过热时，ECU 根据冷却液温度传感器信号控制电磁线圈的电流通断，即可实现压缩机全容量向半容量运作模式的转换，如图 1-60 所示。

2）由蒸发器内热敏电阻控制。如图 1-61 所示，当蒸发器温度上升到 40℃以上时，压缩机受 ECU 控制按全容量运作模式运作。反之，蒸发器下降到 40℃以下时，ECU 控制压缩机按半容量运作模式运作。当蒸发器温度低于 3℃时，ECU 关断压缩机电路。

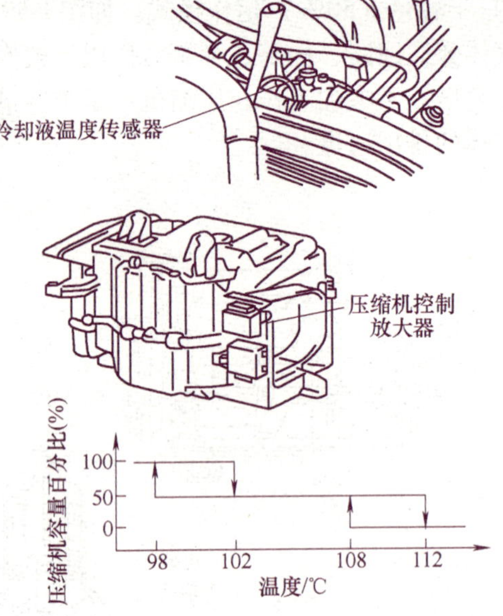

图 1-60　根据冷却液温度进行控制

此外，ECU 也可根据面板控制开关选择 ECON（经济模式）或 A/C（非经济模式）以及蒸发器的温度结合控制压缩机运转的转换，如图 1-62 所示。

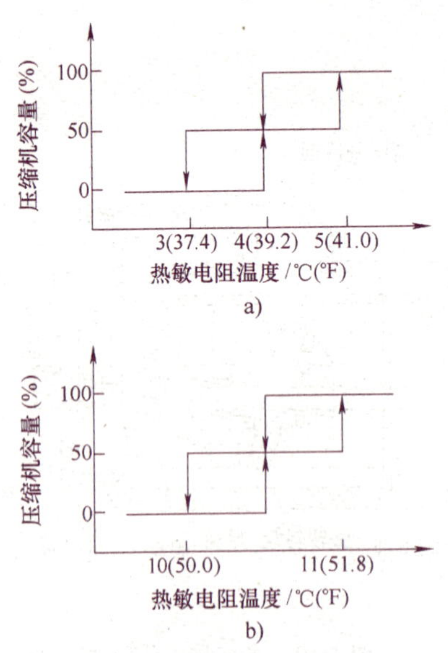

图 1-61　蒸发器热敏电阻控制型

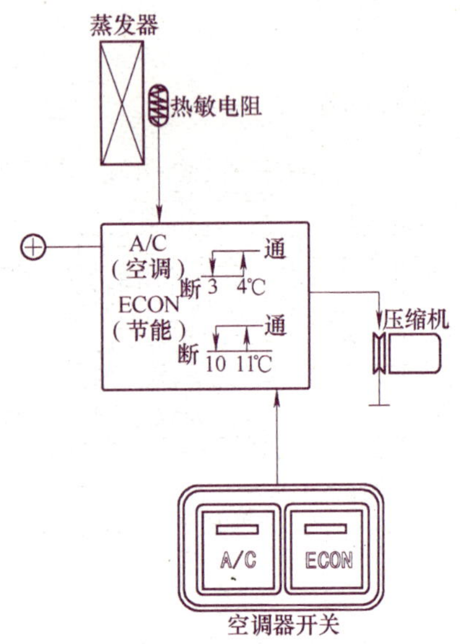

图 1-62　空调器模式选择

任务实施

空调自动控制系统的故障诊断（以雷克萨斯 LS300 汽车空调系统为例）

（1）故障码读取

1）在按住温度控制按钮和鼓风机按键左边（向下键）的同时打开点火开关，进入指示灯检查。指示灯将闪亮，同时发出蜂鸣声。按下 OFF 按键，取消指示灯检查。指示灯检查完成后，空调系统自动进入故障码检查模式，储存的故障码将按顺序显示在温度显示板上。

2）按下 MODE 按键左边一次，显示一个故障码。在显示故障的时候，如果发出蜂鸣声，表示故障码是现在的。在显示故障时，如果没有蜂鸣声，表示故障码是过去的，按下 OFF 按键退出自诊断系统。

3）故障码内容（表 1-1）。

表 1-1　雷克萨斯 LS300 汽车空调系统故障码内容

故障码	故障部位	故障码	故障部位
00	无故障	22	压缩机锁止传感器电路故障
11	车内温度传感器电路断路或短路	23	压力开关电路故障
12	环境温度传感器电路断路或短路	31	空气混合风挡位置传感器电路故障
13	蒸发器温度传感器电路断路或短路	32	进风挡位置传感器电路故障
14	冷却液温度传感器电路断路或短路	41	空气混合风挡位置传感器信号没有变化
21	日照传感器电路断路或短路	42	进风挡位置传感器信号没有变化

注：1. 如果车内温度低于 -20℃或更低时，即使系统正常，故障码 11 也可能出现。

2. 如果环境温度低于 -50℃或更低时，即使系统正常，故障码 12 也可能出现。

3. 如果在黑暗地方进行检查，即使空调系统正常，故障码 21 也会出现。

（2）故障码清除　从仪表板左侧下方熔丝盒内拔出 ECU-B 熔丝 10s 或更长时间，即可清除故障码。

（3）驱动器检查

1）空调系统进入故障码模式，按下鼓风机按键的左边，每隔 1s 各模式风挡、电动机和继电器将被驱动。按下 MODE 按键的左边，一次显示一个数码并进入分步检查（表 1-2）。

表 1-2　驱动器的检查显示状态

分步号	显示数码	状态				
		鼓风机电动机转速	气流出口	进气风挡	电磁离合器	空气混合风挡
1	20	OFF	面部	新鲜空气	不啮合	冷侧(0% 开度)
2	21	小	↑	↑	↑	↑
3	22	中	↑	↑	啮合	↑
4	23	↑	↑	新鲜/内循环	↑	↑
5	24	↑	↑	内循环	↑	冷/热(50% 开度)
6	25	↑	双向	↑	↑	
7	26	↑	脚部	↑	↑	热侧(100% 开度)
8	27	↑	↑	↑	↑	↑
9	28	↑	脚部/除霜	↑	↑	↑
10	29	大	除霜	↑	↑	↑

2）用手检查气流和温度，每次显示的数码变化时会发出蜂鸣声。按下 OFF 按键，取消

驱动器检查模式。

知识与技能拓展

汽车空调系统的维护

1. 汽车空调系统的使用

空调系统的操作使用是比较方便的，但是否正确使用，对机组的性能及其使用寿命、发动机的稳定性、发动机能耗、乘员的舒适性都有很大的影响。为此，驾驶人一定要注意以下几点：

1）夏日应避免使汽车直接在阳光下暴晒，尽可能把汽车停在荫凉处。

2）夏日长时间停车后，车厢内温度很高，在这种情况下，应先开窗、开通风扇（即空调不开，只开鼓风机），将车内的热空气赶出车厢，再关门窗后开空调。

3）超车时，若本车空调无超速自动停转装置，则应关闭空调。超速空调开关一般安装在加速踏板下面，可先试一下，若突然重重地踩下加速踏板，空调能停止工作（压缩机停转），则说明有此装置。

4）长距离上坡行驶时，应暂时关闭压缩机，避免散热器“开锅”。

5）使用空调时，若鼓风机开在低速档，冷气温控开关不宜调得过低。因为这样做不仅达不到使车内温度进一步降低的目的（蒸发器易结霜），而且容易出现压缩机液击现象。

6）膨胀阀的过热度一般出厂时已调定好，不宜再自行调整。必须重新调整时，应由空调专业技术人员进行调整。

7）应该经常清洗冷凝器（用压缩空气或冷水冲，不可用热蒸气直喷）。

8）冬季不使用制冷压缩机，但也应该定期开动压缩机，避免压缩机轴封处因油封干裂而泄漏，也避免转轴因油封干裂而咬死。

9）在空调运行时，若听到空调装置有异响（如压缩机异响、鼓风机异响、管子爆裂等）或发生其他异常情况，应立即关闭空调，并及时请有关维修人员检修。

2. 汽车制冷系统的检查和维护

空调系统的使用寿命首先取决于正确的维护。维护作业需要十分小心，必须严格按照使用说明书的规定认真检查、维护。即使天气很冷，每隔一段时间也要让制冷压缩机运转几分钟。因为压缩机如果长时间不运转，突然再使用时，由于压缩机油封、衬垫之类零件变干或发硬，很容易开裂，致使制冷剂泄漏。同时，压缩机的主要零件（例如斜盘式压缩机的旋转斜盘和滚珠，往复活塞式压缩机的活塞与气缸、曲轴与轴承等）的表面粗糙度要求很高，很需要润滑油进行润滑。如果压缩机长久不运转，零件摩擦表面的润滑油会变干，或者润滑油会把零件粘在一起，在压缩机零件再运动时，开始阶段就会出现润滑不足或没有润滑，产生故障。压缩机停止运转的时间的长短与空调系统的故障是成正比的，所以一定要认真检查、定期维护空调系统。

空调系统的维护项目和内容没有固定的标准，根据空调系统的各零件的不同作用及各自的结构特点，建议进行以下项目的检查和维护（仅供参考）。

（1）每季度需进行一次检查和维护的

1）管路、接头。检查管路接头有无渗漏或油污，各个软管和管道是否有裂纹、老化、变脆、压伤、压扁、损坏等现象。

2）制冷剂数量。从检视窗观察或用歧管压力表检测，判断制冷剂的数量。实行多放少补的原则。

3）冷凝器。检查冷凝器散热片是否完好，清理冷凝器散热片上的垃圾，保证冷却空气流动畅通。

4）蒸发器。清除蒸发器芯和进、出风口的污垢，检查排泄系统是否能畅通地将水分排出车外。

5）热力膨胀阀。检查热力膨胀阀的外部是否有结霜或结冰现象，如有，则需检查制冷系统内水分的含量是否超标。

6）压缩机。压缩机除经常检查其冷冻润滑油的数量外，每季度需对其支架的固定状况、油封的密封状况、电磁离合器的工作状态以及带轮的运转状况进行一次检查。

（2）每3个季度需进行一次检查和维护的

1）储液干燥器。检查储液罐内干燥剂的工作状态是否良好，必要时予以更换。

2）鼓风机。检查鼓风机叶片是否有损伤，运转是否正常。

案例解析

故障现象：一辆奥迪100轿车的自动空调系统在开关接通的情况下，鼓风机能工作，但是空调系统不制冷。

故障诊断：通过观察，发现空调压缩机的电磁离合器不吸合，但发动机工作正常。检查电磁离合器电路的电阻值，电阻值符合规定值；检查空调控制单元的输出端没有输出信号。此时，用V. A. G. 1552故障阅读仪读取发动机控制系统和空调控制系统的故障码，均无故障码。

故障排除：用V. A. G. 1552故障阅读仪读取空调控制单元的数据流，发动机的转速数据为零。由于发动机工作正常，因此发动机控制单元接收的发动机转速信号应该正常，检查发动机控制单元和空调控制单元之间的通信电路，发现两者之间的专用通信线的接脚变形造成链路断路，修复接插件后故障排除。

观察与思考

一、思考题

1. 自动空调系统常见故障有哪些？

2. 怎样读取自动空调系统的故障码？

二、实习观察项目

1. 按自动空调的结构以及工作原理对自动空调系统进行常规检查，并按自动空调的诊断方法进行故障码的读取，进行故障检测、诊断并排除故障。

2. 对自动空调系统进行常规检查和维护。

学习情境 2　电动车窗失灵

学习单元 1　电动门窗系统的检修

学习目标

1）熟悉汽车电动车窗的功用、类型、组成和结构特点。
2）掌握汽车电动车窗的拆装方法与调试维护工艺。
3）掌握汽车电动车窗的故障诊断方法与检修技能。
4）掌握常用故障诊断设备和维修工具的使用方法和技巧。
5）按照职业岗位的要求文明生产、安全操作。

工作任务

一、任务情境

在汽车使用过程中，经常会遇到门窗不能升降，或某个门窗在一个或两个方向都不能运动，导致汽车门窗不能打开或关闭，失去防盗、密封等作用。本节的主要任务就是要检测和诊断电动门窗的常见故障，使其恢复使用功能和良好的技术状态。

二、任务分析

造成电动门窗不能关闭的原因一般有两个：一是电路故障，即配电设施或电器故障所致（配电设施或电器包括开关、熔丝、继电器、搭铁接点等）；二是门窗机械传动机构卡滞或润滑不良，导致门窗不能运动。要排除这些故障，应该先熟悉以下相关知识。

相关知识

一、电动门窗升降系统的组成及原理

许多高档轿车，用电动门窗取代传统的手摇式车窗。电动车窗升降系统的电动机广泛采用的是永磁式电动机，也有一些车型采用双磁场式电动机。电动车窗升降系统一般由主控开关（主开关）、分控开关（门窗开关）及各个门窗的升降器等组成。

玻璃的升降运动可以由驾驶人操纵主控开关控制全车的门窗升降，也可以由各车门上设置的分控开关分别操纵各门窗玻璃的升降。门窗升降器一般由电动机、减速器、传动机构及托架等组成。门窗升降器的传动机构有绳轮式和交叉臂式两种。图 2-1 所示为绳轮式电动门窗升降器，图 2-2 所示为交叉臂式电动门窗升降器。

主控开关对全车电动升降门窗系统进行总的操纵，其结构如图 2-3 所示。

只有当点火开关在 RUN 或 ACC 位置时，分控开关才能起作用，如图 2-4 所示。

有些车型的电动门窗升降系统采用双磁场绕组电动机，如图 2-5 所示。

其原理是：电动机有两个绕向相反的励磁绕组，一个是上升绕组，一个是下降绕组，每次工作时，给其中一个励磁绕组通电，电动机的旋转方向是由励磁绕组决定，且电动机本身是搭铁的。

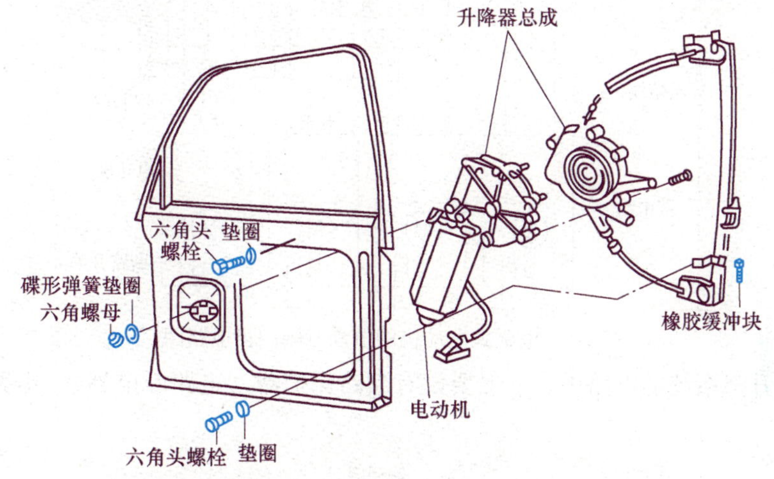

图 2-1　绳轮式电动门窗升降器

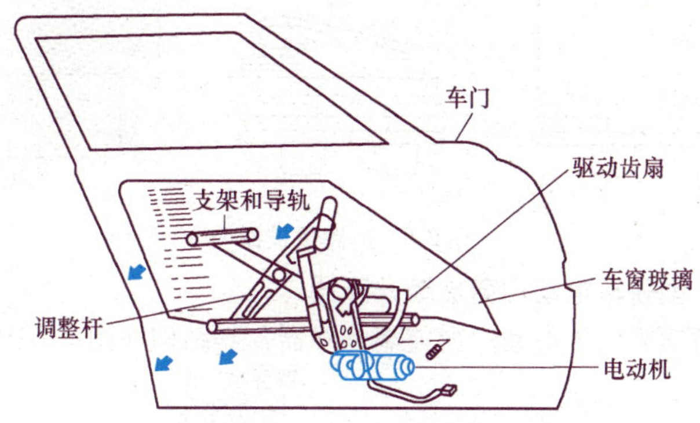

图 2-2　交叉臂式电动门窗升降器

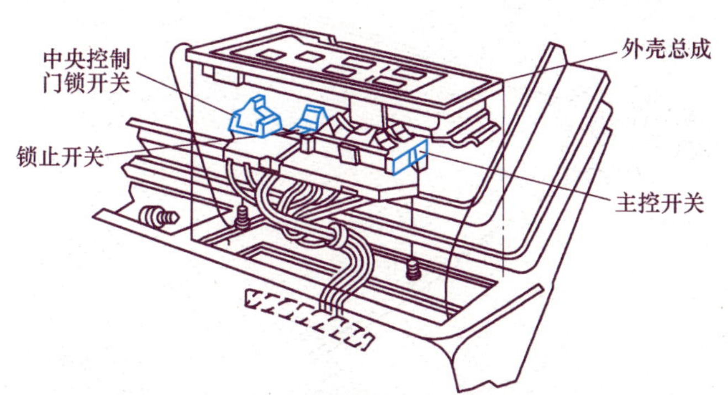

图 2-3　主控开关对全车电动升降门窗系统进行总的操纵

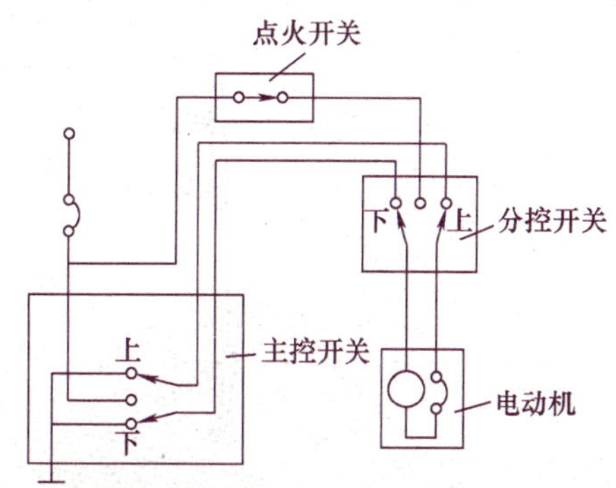

图 2-4　电动门窗的主控开关、分控开关与点火开关的控制关系

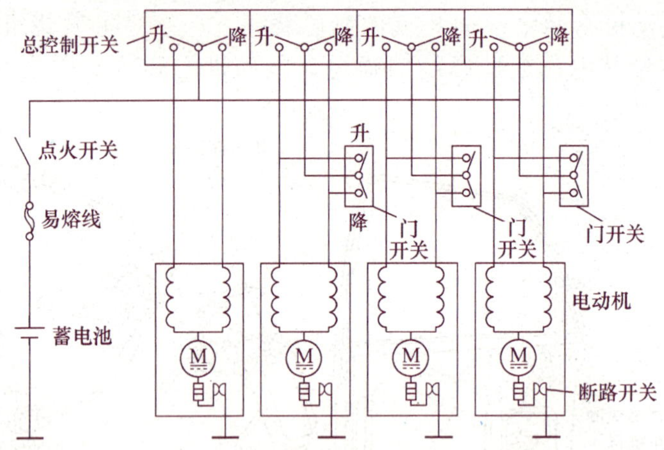

图 2-5 电磁式电动机的电动升降门窗电路图

电动门窗升降系统的电路中，一般要设有断路保护器（电路断电器）。电路保护器如图 2-6 所示。

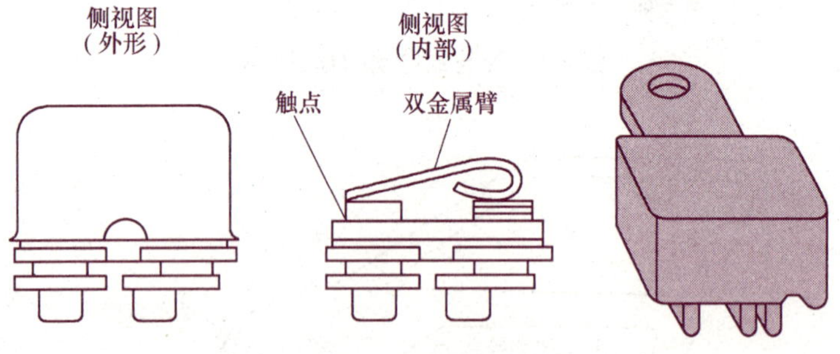

图 2-6 电路保护器

二、桑塔纳 2000 型轿车电动门窗玻璃升降器

桑塔纳 2000 型轿车采用了电动门窗玻璃升降器，其结构如图 2-7 所示。

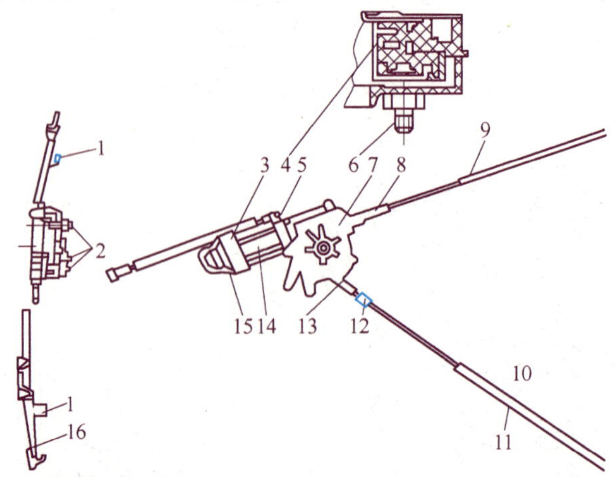

图 2-7 桑塔纳 2000 型轿车电动门窗玻璃升降器的结构

1—支架安装位置 2—电动机安装位置 3—固定架 4—联轴缓冲器 5—电动机 6—卷丝筒 7—盖板 8—调整弹簧 9—绳索结构 10—玻璃安装位置 11—滑动支架 12—弹簧套筒 13—安装缓冲器 14—铭牌 15—均压孔 16—支架结构

电动门窗玻璃升降器组合开关如图 2-8 所示，它位于手动变速杆前面的平台上。点火开关置于 ON 位置时，可使用按键式组合开关方便地控制 4 扇门窗玻璃的升降。后排座位的乘客还可以使用安装在左、右车门上的按键开关进行单独操作。

组合开关上的 4 个按键分别控制各自相应的门窗玻璃的升降，中间黄色开关为后门窗玻璃升降总开关，可以控制后门窗玻璃升降器开关。

驾驶人门窗玻璃升降的操作与其他车门有所不同，只需要点一下下降键，门窗玻璃即可一降到底；如需中途停下，点一下上升键就可以了。

当点火开关关闭时，延时继电器会工作 1min，在此期间门窗玻璃仍可起开关作用，然后自动切断（地线）。

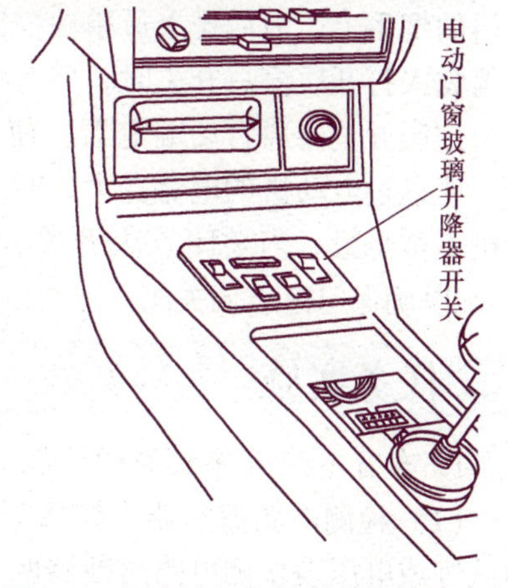

图 2-8　电动门窗玻璃升降器组合开关

电动门窗升降器的电路如图 2-9 所示。

图 2-9　电动门窗升降器的电路

电路中左侧 5 个开关由驾驶人控制，布置在驾驶座位附近。右侧两个开关布置在后排两车门的把手上，由后排乘员单独控制。但是，这两个开关受控于驾驶人控制的后窗总开关。当驾驶人打开后窗总开关时，所有乘员都能控制门窗玻璃的升降。

控制开关接通自动继电器，使电动机转动，门窗玻璃开始升降动作。若某门窗玻璃卡滞，使通过电动机的电流变大、时间变长，则过热保护断路器会自动断开电路，从而保护电动机不被烧毁。当关闭点火开关、拔下点火钥匙时，延迟继电器继续向电动机供电 10～20s，以确保门窗玻璃关闭。

任务实施

1. 车窗不能升降故障的检测方法

（1）检测电路熔断器　如果全车所有的门窗升降都出现故障，应首先检测电路熔断器。用试灯或电压表检测电路熔断器两边的电压。如果两边都有电压，电路熔断器是好的。如果电路熔断器的输入端有电压而输出端没有，则该电路熔断器损坏。如果电压没有加到电路熔断器的输入端上，则蓄电池供电回路开路。断路器因电流过大断开后，一般可以自行恢复或人工恢复；若不能恢复，更换新件即可。

（2）检测电动机　断开电动机的线束插接器（线束插接器只有两个端子），将其中的一个端子用一根跨接线接蓄电池的正极，而将另一个端子用一根线搭铁：如果电动机旋转，把跨接线对调，当极性反过来后，该电动机应反转。如果电动机在一个或两个方向上都不旋转，则电动机有故障，应维修或更换。

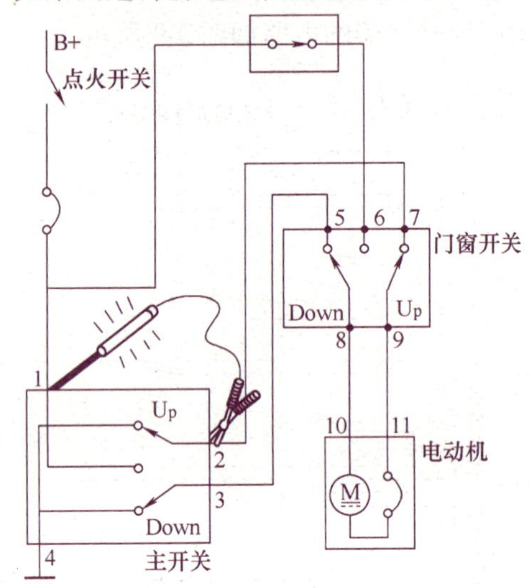

图 2-10　检测主控开关的试灯连接方法

（3）检测主控开关　如果电动机运转正常，故障出在控制电路，为此要检测主控开关。在主开关端子 1 和端子 2 之间接试灯，如图 2-10 所示。

当主控开关在 OFF（关闭）位置时，试灯应亮。如果灯不亮，则到主控开关的电路或主控开关搭铁电路有断路。

检查搭铁端子 4 的连接是否可靠。如果连接可靠，则继续检测。

如果试灯在跨接端子 1 和端子 2 时亮，把开关设置到 Up 档，试灯应熄灭。在端子 1 和端子 3 之间重复这样的检测，此时要把开关设置到 Down 档。

（4）检测门窗开关　如果主控开关是好的，再检测门窗开关。在端子 6 上应有蓄电池电压，否则，应检查点火开关是否闭合，检查从端子 6 到电路熔断器之间的电路：将试灯跨接在端子 8 和 6 之间，如图 2-11 所示，试灯应亮。若点火开关在 Down 档时试灯熄灭，把试灯跨接到端子 6 和 9 之间，检测 Up 档。

（5）检测接触电阻、检查机械传动机构　如果车窗的升降速度比正常情况时慢，表明

接触电阻或机械连杆机构有故障。这时，可采用检测电压降的方法查找产生接触电阻的原因：接触电阻可能存在于开关电路、搭铁回路或电动机中。例如，搭铁点锈蚀或开关接触点松动、有间隙，都会产生附加电阻，造成接触不良故障。

如果是机械故障，则应检查连杆机构是否弯曲、卡滞或障碍干涉。

2. 故障原因分析与任务实施

汽车门窗玻璃升降器工作不良的原因有两个：电路故障或机械传动故障。

(1) 电路故障

1) 故障现象：玻璃升降器不工作。当点火开关置于 ON 位置时，玻璃升降器全部或某个不工作。

2) 故障原因：电源电路故障，熔丝熔断、电动机损坏、开关损坏、传动系统卡滞。

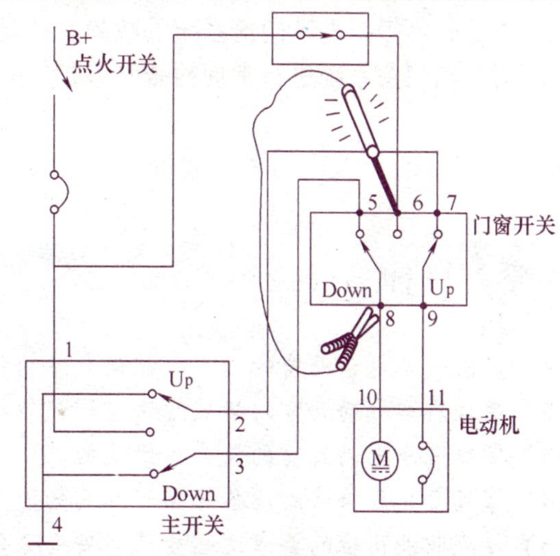

图 2-11　检测分控开关的试灯连接方法

3) 故障排除：若全部电动机不工作，应检查电源电路。先查电源，再查搭铁、熔丝。

若部分电动机或只有某电动机不工作，则应检查该部分的电路、开关、电动机。可用短路法逐渐确定故障元件，必要时，拆下电动机检查，或直接接通 12V 电源进行试转。若电动机转动，则该电动机没问题；若电动机不转，则更换电动机。

故障诊断时，可结合电路图先熟悉电路连接的特点。若打开开关，电动机皆没有声响、没有动作，应先检查电源的供电情况。若某个门窗不动作，可直接查该门窗电动机，再查该门窗电路及其相关配电元件。

(2) 机械故障

1) 故障现象：打开开关，开关和电动机都有动作声响，即电路良好、电动机正常，升降器不动作。

2) 故障原因：通常是机械故障造成，如钢丝拉绳断开、跳槽，滑动支架断裂或支架的传动钢丝夹松动移位。

3) 故障排除：打开车门内饰，拆检玻璃升降器，排查卡滞点，润滑传动机构或更新故障件。

通过故障原因分析、查找相关技术资料和咨询，确定故障部位或部件后，就可以制定维修方案，按照技术要求和操作规程实施任务，排除故障，恢复汽车门窗的技术状态。

观察与思考

一、思考题

1. 电动门窗的常见故障有哪些？
2. 如何检测、诊断电动门窗的故障？

二、实习观察项目

1. 按电路图和技术操作规程对电动门窗系统的元件进行检测，发现问题及时处理。
2. 指导教师模拟电动门窗系统的故障，让学习者进行故障检测、诊断并排除故障。
3. 对电动门窗系统进行常规检查和维护。

学习单元2 电动天窗系统的检修

学习目标

1）熟悉汽车电动天窗的功用、组成和结构特点。
2）掌握汽车电动天窗的拆装方法与调试维护工艺。
3）掌握汽车电动天窗的天窗检修技能。
4）掌握常用故障诊断设备和维修工具的使用方法和技巧。
5）按照职业岗位的要求文明生产、安全操作。

工作任务

一、任务情境

汽车天窗可改善车厢内通风换气状况，其外形如图2-12所示。如果在打开或者关闭天窗时发出异响，或电动天窗不动作，该如何进行处理?

图2-12 汽车天窗外形

二、任务分析

如果电动天窗不动作或关闭时发出异响，则需要了解和掌握电动天窗的结构、工作原理及工作过程，然后才能有效地进行故障诊断和排除。

相关知识

一、汽车电动天窗的功能

点火开关打开后，天窗通过旋转开关来开闭，或者通过推、拉开关来倾斜和关闭。在点火开关关闭后，天窗仍然可以开关。

1. 自动关闭功能

当关闭点火开关大约4s后，天窗会自动关闭。在天窗完全关闭前按动按钮（任何方向），此功能会被取消，玻璃会停留在开启位置上。如果想关闭天窗，无须打开点火开关，只需按动关闭按钮（开关前部）即可，操作方式可以是手动的或全自动的。

2. 防夹功能

天窗在全自动关闭过程中，遇到障碍物后会自动返回，直到障碍物消除再关闭。在点火开关关闭后，天窗的自动关闭过程中，此项功能依然有效。

二、天窗的特点

1）天窗前部的控制模块可使天窗玻璃停留在全闭、倾斜通风或外倾打开位置，并使天窗具有自动关闭和防夹的功能。

2）在天窗电动机内设定有一个压力感应装置，当天窗在移动过程中遇到过大的阻力或者处于超负荷状态时，压力感应器会在6s内自动断电，以保护天窗各部件的完好和不受损坏。

3）电动型天窗开关为双位摇杆型，电动操作天窗。

4）天窗在经历过安装或熔丝被移动等断电事件后，都必须重新做一次编程。否则，天窗的全自动操作、自动关闭和防夹功能等将暂时无法实现，而只能用手动操作的方式来控制天窗。

5）天窗上框架内侧近玻璃板处装配有密封条，用以对玻璃板和天窗上框架之间的间隙进行密封。

6）天窗上框架翻边的沟槽内装有密封胶条，用以对天窗上框架和车顶盖之间的间隙进行密封。

三、电动天窗的组成

电动天窗主要由天窗组件、滑动机构、驱动机构和控制系统等组成，如图2-13所示。

1. 天窗组件

它包括天窗框架、天窗玻璃、遮阳板、导流槽、排水槽等部分。

2. 电动天窗驱动机构

它主要由电动机、传动机构、滑动螺杆等组成，如图2-14所示。工作时，电动机驱动传动机构使天窗滑移开启或倾斜开启。驱动电动机正转则车顶玻璃向前滑动，驱动电动机反转则车顶玻璃向后滑动。

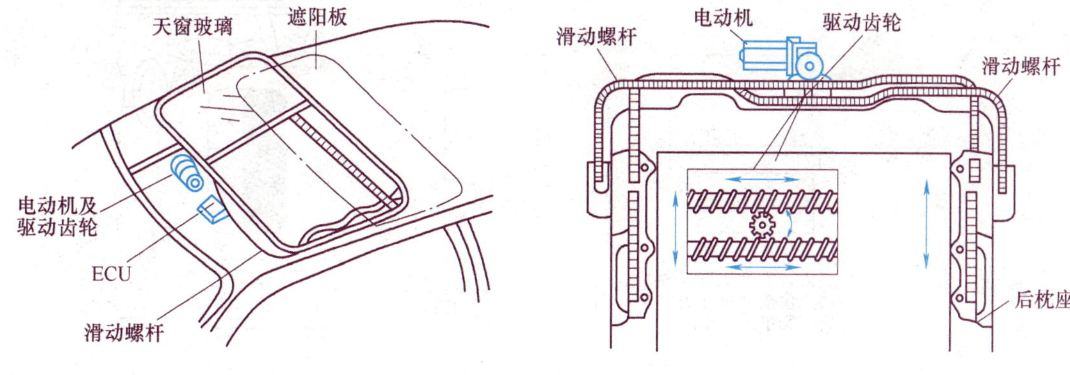

图2-13 电动天窗的组成

图2-14 电动天窗驱动机构

3. 电动天窗控制系统

它包括天窗控制开关、电子控制单元（ECU）、继电器、限位开关等。

1）天窗控制开关有滑动开启和倾斜开启两种功能。滑动开关有滑动打开、滑动关闭和断开3个位置。倾斜开关也有斜升、斜降和断开3个位置。

2）电动天窗控制单元和中央控制单元之间为电气相连，点火开关关闭后或车门未开时，通过中央门锁可方便地关闭电动天窗。用点火开关钥匙关闭电动天窗时，必须在关闭所有车窗后将钥匙位于“中央门锁锁止”位置；如果所有的车窗都关闭，点火开关钥匙必须在“中央门锁锁止”的位置上保持1s以上。出于安全考虑，电动天窗不能由无线电遥控关闭。

3）限位开关依靠凸轮来检测车顶玻璃所处的位置。限位开关安装在天窗玻璃处于全关闭位置前约200mm时停止的位置，天窗玻璃到达此位置便会立即停止滑动。一旦松开限位开关或再次推动滑动开关时，天窗玻璃便会完全关闭。

四、电动天窗的工作原理和工作过程

（1）工作原理　电动天窗的工作原理与电动车窗系统基本相同，是利用开启和关闭两个继电器来改变电动机电流的方向，使驱动电动机实现正反转，使天窗实现不同状态下的工作。

（2）工作过程　电动天窗的工作过程如图2-15所示。

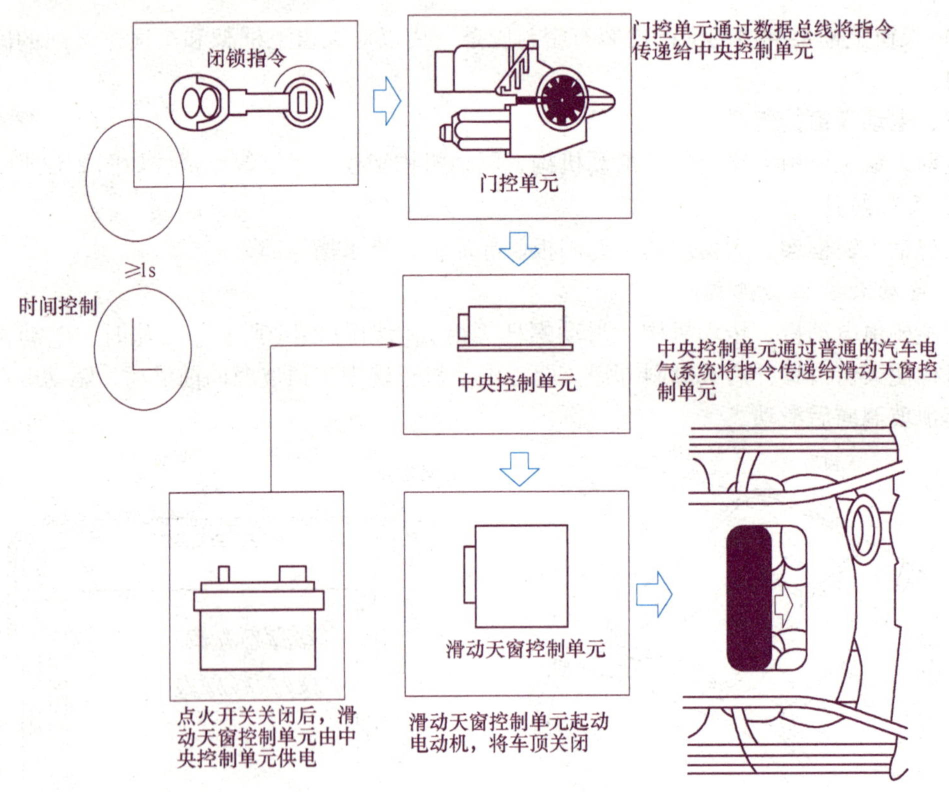

图2-15　电动天窗的工作过程

任务实施

1. 电动天窗开关的更换

（1）拆卸

1）抓住开关前、后两侧。

2）将开关向下拉，使开关和电动机上的开关支架分离。

3）断开开关上的电气插接器。

4）从汽车上拆卸开关。

（2）安装

1）将电气插接器连接到开关上。

2）将开关推入电动机开关支架上的开关孔内，使两者卡紧。此时应注意：开关上带有条纹的部分应朝向汽车前方。

（3）用力将开关按入电动机上的开关支架，使总成固定。

2. 天窗电动机的更换

（1）拆卸

1）拆卸天窗开关。

2）拆卸顶盖内饰。

3）将电动机和控制模块的白色插接器断开，使两者分离。

4）拆卸两个紧固天窗电动机和天窗上框架的螺钉。

5）向下拉电动机，将天窗电动机从天窗框架上拆卸下来。

（2）安装

1）将电动机的输出轴插入天窗上框架的齿轮中。

2）安装两个紧固天窗电动机和天窗框架的螺钉。

3）连接电动机和控制模块的白色插接器。

4）将天窗开关插接器穿过电动机上的开关支架方孔。

5）将天窗开关与开关插接器相连接，接通电源，检验天窗是否能正常工作。

3. 天窗控制模块的更换

（1）拆卸

1）拆卸天窗开关。

2）拆卸顶盖内饰。

3）将控制模块从车身线束上断开。

4）将电动机和控制模块的白色插接器断开。

5）用力向下拉控制模块，使之与车顶盖脱胶分离。

（2）安装

1）连接电动机和控制模块的白色插接器。

2）撕去控制模块上的粘胶保护纸。

3）将控制模块贴在车辆前进方向左侧的车顶盖内表面上。

4）将天窗开关与开关插接器相连接，接通电源，检验天窗是否能正常工作。

4. 天窗内固定框的更换

（1）拆卸

1）拆卸天窗内固定框架和天窗上框架上的 16 个螺钉，如图 2-17 所示。

2）通过车门开口，从车辆上拆卸天窗内固定框架。

（2）安装

1）调整天窗上框架总成，使之处于车顶盖开孔的中间位置。

2）将天窗遮阳板固定框架放入车内，并向上推。

3）按图 2-16 所示安装 16 个螺钉，将天窗内固定框架装在天窗上框架上。

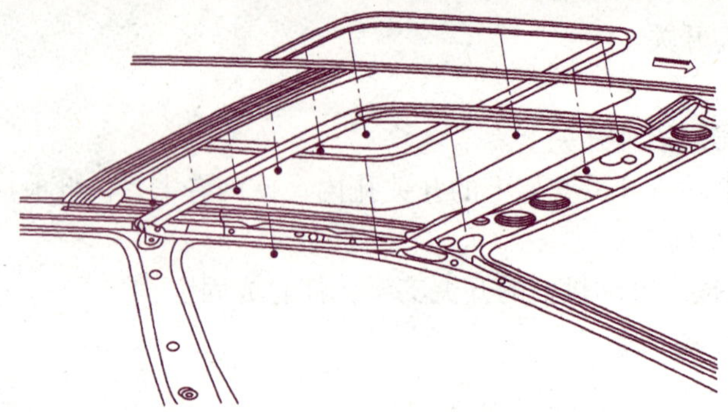

图 2-16　天窗框架螺钉拆卸和安装示意图

5. 拆卸天窗上框架总成

1）拆卸天窗内固定框架。

2）将天窗上框架总成从车顶盖开孔中取出。

知识与技能拓展

一、电动天窗的故障排除

各种车型电动天窗的电路大同小异，工作原理基本相同，主要由电源继电器、天窗控制开关、限位开关、驱动电动机和天窗控制继电器等组成。图 2-17 所示为电动天窗控制电路图。

电动天窗如出现不动作故障，可实施如下的检查。

1. 熔断元件的检查

检查熔断元件是否熔断。如熔断元件已熔断，在更换新熔断元件之前，还要检查电路中是否有短路的地方。

2. 电源继电器的检查

电源继电器是天窗主继电器，主要应检查其内线圈是否有断路现象，当线圈中有电流通过时，其动合触点是否能通过闭合接通。

3. 天窗控制开关和限位开关的检查

对天窗控制开关和限位开关主要是检查它们的通、断性能。当其接通时，应能可靠地闭合；当其断开时，应能可靠地分断。

4. 天窗驱动电动机的检查

可将天窗驱动电动机从配线插接器上分离，直接施加正向或反向蓄电池电压，观察其运转状况。如果直接通电后驱动电动机不转，或虽转动但电动机发热严重，或驱动齿轮旋转方向与规定方向不符，这都说明电动机有问题，应进行修理或更换新件。

5. 天窗控制继电器的检查

先对天窗控制继电器周围相关配线及插接器进行检查，确认无误后，再用万用表测量相应端子与搭铁之间、相应端子之间的导通情况。如果与所要求的状态不符，则说明天窗控制继电器内部有问题，应更换新件。

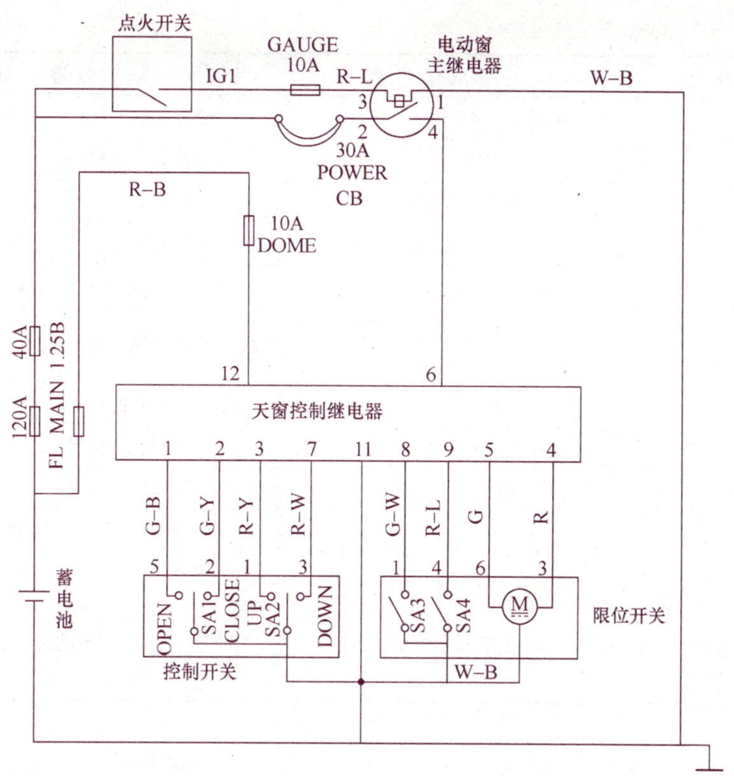

图 2-17　电动天窗控制电路图

二、其他天窗故障排除

天窗如出现其他故障可根据表 2-1 中的故障现象分析故障原因，从而找出排除故障的方法。

表 2-1　电动天窗常见故障现象、原因及排除方法

序号	故障现象	故障原因	排除方法
1	漏水（玻璃板与密封胶条之间）	密封胶条受污染	清洗密封胶条
		玻璃板下部积留了尘粒	清洗玻璃板下部
		密封胶条损坏	更换密封胶条
		车顶有积水时打开天窗	清除积水
2	漏水（后拐角密封胶条和玻璃板之间密封不严）	锁止滑座限位器、升降器损坏	更换
3	漏水（框架和车顶之间不密封）	操作不规范，造成密封胶条损坏	改正安装方法
		车顶和密封胶条之间有污物	安装之前先进行清洗
4	玻璃板能翘起，但不能完全打开	玻璃板的前端和密封胶条粘到一起	清洗密封胶条。若胶条被损坏，需要进行更换
5	天窗后部不能完全关闭或打开困难	锁止滑座损坏	更换锁止滑座

（续）

序号	故障现象	故障原因	排除方法
6	玻璃板运行不稳	齿轮安装不到位	重新安装使齿轮能正确到位
		齿轮安装错误	正确安装齿轮
7	玻璃板滑动时受到阻碍	止停器安装错误	正确安装止停器
		障碍物阻碍机械部分的运动	清除障碍物
8	天窗开启和关闭时运动速度缓慢	机械部分变形或损坏	清洗、维护机械部分或更换机械部分
		电压不足，不能支持天窗电动机正常工作	检查电源及控制电路
9	异响	车顶开孔太小	增加开孔的尺寸
		玻璃板与密封胶条之间有异响	给密封胶条涂滑石粉
10	电动机虽能运转，但玻璃板不能移动	电动机的驱动轴损坏	更换电动机
		电动机驱动轴与齿轮啮合不好	重新安装，使电动机驱动轴与齿轮能正确啮合
11	天窗在打开过程中或在全开位置时，电动机发出“咔哒、咔哒”声	电动机的驱动轴与齿轮啮合不好	重新安装，使电动机驱动轴复位

案例解析

故障现象：一辆赛欧轿车，当电动天窗处于打开状态时，在颠簸的路面上行驶若不按天窗开关，天窗却会自行动作。

故障诊断：首先考虑天窗控制开关或开关控制电路是否存在短路，检查线束后，没有发现破损等异常现象。更换控制开关后试车，故障仍旧存在，判断是天窗控制模块内部电路故障。在更换天窗控制模块后试车，故障仍未消失。仔细分析故障现象，故障只有在天窗打开时才会出现，并且自行动作的方向只向关闭的方向动作，于是判定是控制天窗自动关闭这一线束出现问题。

故障排除：因为该天窗系统有一个特殊功能：天窗控制模块会一直检测反映关闭点火开关状态的电压信号，当发现电压信号时，天窗控制模块会控制天窗电动机自动关闭天窗。据此，仔细检查从F16熔丝到天窗控制模块之间的信号电路，最终发现该模块上的B4端子电路虚接。处理完毕后试车，天窗系统工作恢复正常。

观察与思考

一、思考题

1. 如何检测电动天窗的故障？
2. 如何更换电动天窗？

二、实习观察项目

1. 电动天窗如出现“异响”故障，试分析故障产生的原因和排除方法。
2. 如何改装或加装天窗系统？

学习情境 3　电动座椅和电动后视镜失调

学习单元 1　电动座椅失调的检修

学习目标

1）熟悉汽车电动座椅电动后视镜的功用、类型、组成和结构特点。
2）掌握汽车电动座椅电动后视镜的拆装方法与调试维护工艺。
3）掌握汽车电动座椅电动后视镜的故障诊断方法与检修技能。
4）掌握常用故障诊断设备和维修工具的使用方法和技巧。
5）按照职业岗位的要求文明生产、安全操作。

工作任务

一、任务情境

一辆帕萨特轿车的驾驶人座椅位置不能调整。电动座椅和电动后视镜一样，一般为独立的电路系统。本节的任务就是要对电动座椅、电动后视镜等独立电路系统进行故障诊断和检修，从而排除故障。

二、任务分析

在不同驾驶人驾驶汽车时，电动座椅应能够实现自动调节座椅的位置，并让 ECU 记忆，以便下次驾驶时直接按恢复键恢复原位。如果 ECU 不能够记忆驾驶人座椅的位置数据，或座椅位置不能调整，则需要对电动座椅进行故障诊断和检修。因此，需要熟悉电动座椅的工作原理、故障诊断检修的一般思路和方法等相关知识。

相关知识

电动座椅是指汽车座椅空间位置的调整由电动机来完成，即实现座椅的自动滑动，从而改变座椅的前垂直、后垂直、前后倾斜、头枕和腰垫等位置的变化，以满足不同驾驶人的舒适性需要，减轻驾驶人的疲劳强度。

电动座椅由座椅、电动机（多个）、传动机构、开关等组成。图 3-1 所示为电动座椅元件位置图。

1. 电动机

电动座椅用的电动机为直流双向式，可正反转。根据电动座椅的功能，一般配置多个电动机（常见电动座椅装有 6 个），以满足不同位置和方向的调整需要。

2. 传动机构

电动座椅通过传动机构改变座椅的空间位置。

（1）高度调整机构（图3-2）　由蜗杆轴、蜗轮、心轴等组成。调整时，蜗杆轴在电动机的驱动下带动蜗轮转动，从而保证轴旋进或旋出，实现座椅的上升与下降。

（2）纵向调整机构（图3-3）　由蜗轮、齿条、导轨等组成，齿条装在导轨上。调整时，电动机转矩传至两侧的蜗轮，通过齿轮，经导轨上的齿条带动座椅前后移动。

（3）靠背倾斜调整机构　由两个调整齿轮与连杆组成。调整时，电动机带动两端的调整齿轮转动，调整齿轮与连杆联动，通过连杆的动作达到调整靠背倾斜度的目的。

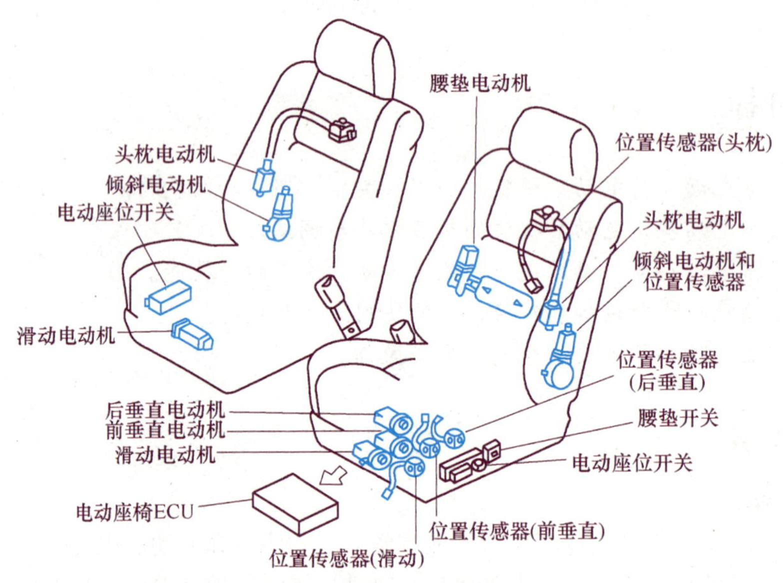

图3-1　电动座椅元件位置图

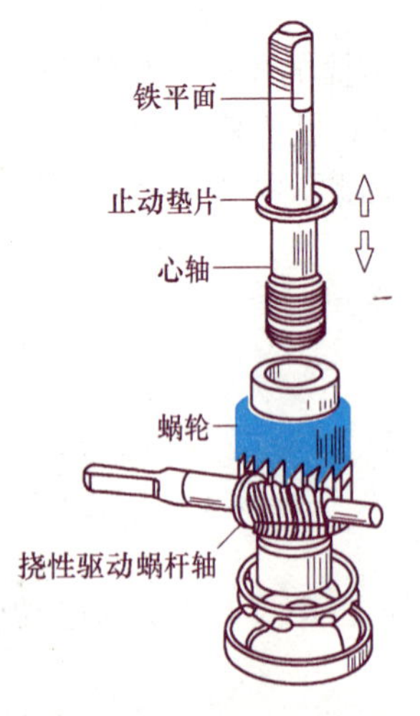

图3-2　高度调整机构

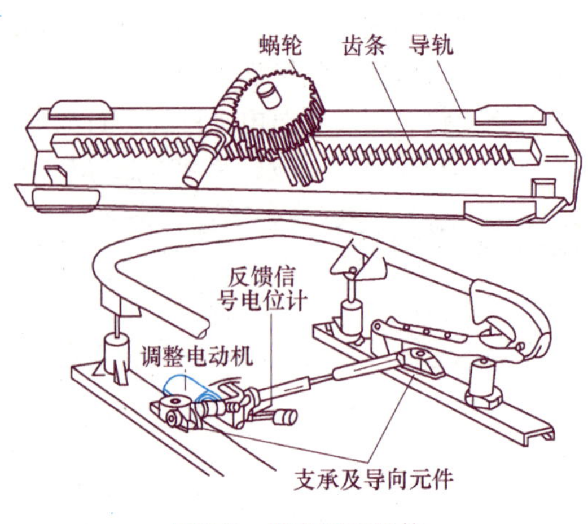

图3-3　纵向调整机构

3. 电子控制电路

电动座椅电子控制电路如图3-4所示。

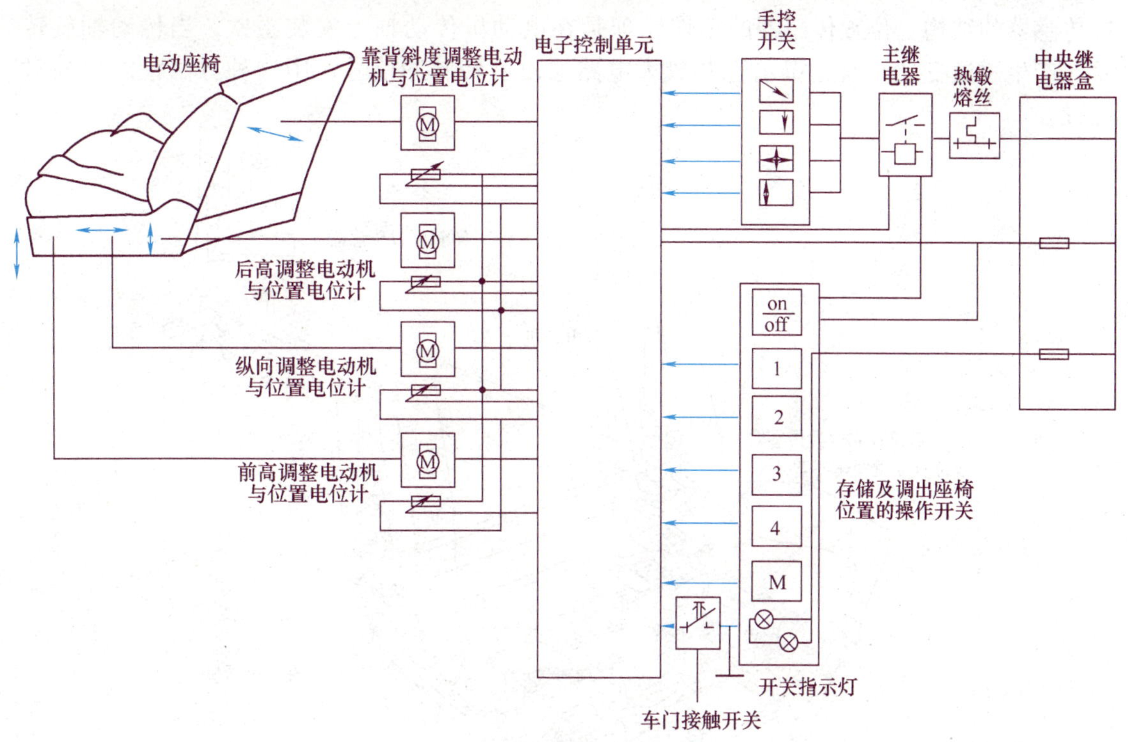

图3-4　电动座椅电子控制电路

存储装置用4个电位计来传感座椅的调定位置。其中，电位计有一根螺杆驱动一个滑块在电阻丝面上滑动。传给电子控制装置的电压信号决定于滑块的位置。当座椅位置调定后，驾驶人只要按下存储器的按钮，电子控制装置就把这些电压信号储存起来，作为以后重新调整座椅位置时的基准。

4. 驾驶位置记忆系统

现代汽车为更好地适应驾驶人的驾驶习惯，设置了驾驶位置记忆系统。记忆系统能存储两个人的驾驶位置，即尽管是两个人交替行驶，通过开关的单独控制，也能记忆其驾驶位置。驾驶位置记忆系统存储的内容包括驾驶座椅的前后、上下、倾斜以及靠枕的位置，驾驶人用安全带扣环的上下位置，转向盘的倾斜和伸缩滑动，左右后视镜的角度。现以座椅的电动调整记忆系统为例，讲述驾驶人位置记忆系统。

（1）存储操作　首先按动各部位的操作开关，选定自己的驾驶位置。一边按SET开关，一边按存储及返回开关，则ECU就记忆各部位的调整位置。为安全起见，这种操作只有在点火开关在ON位置，且自动变速器的变速杆在P位时才能实现。

（2）复位操作　点火开关在ON位置，且变速杆位置为P时，按存储及返回开关的1或2，则存储的状态就复位。当变速杆处在P以外的位置时，上述复位动作被禁止；另外，座椅的复位动作在踩下制动踏板的情况下也被禁止。总之，要防止在行驶过程中，由于不小心出现使这些部位产生变化的因素，进而妨碍安全驾驶。

（3）位置传感器　电动座椅的位置调整是通过电动机实现的，为检测各部位的位置，相应部位设置有传感器。图 3-5 所示为电动座椅位置传感器的安装位置，图 3-6 所示为位置传感器的结构。位置传感器的工作原理是在电动机传动轴上安装磁铁，当传动轴旋转时，产生磁通变化，通过霍尔管及放大电路输出旋转脉冲信号，用这种方法检测出相对位置。

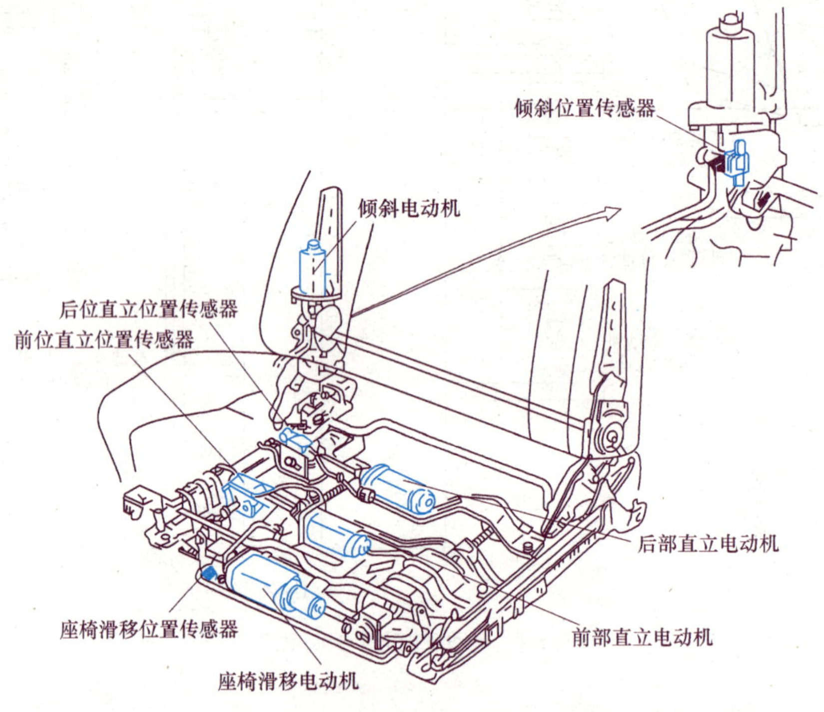

图 3-5　电动座椅位置传感器的安装位置

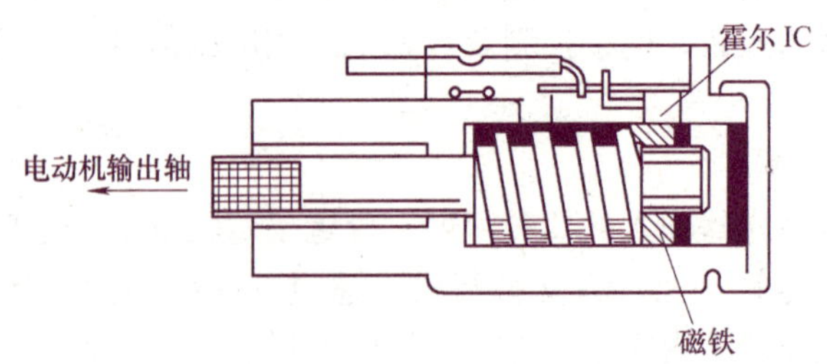

图 3-6　位置传感器的结构

任务实施

电动座椅不动作

（1）故障现象　电动座椅不能自动调节。

（2）故障主要原因及处理方法

1）ALT 熔丝烧断，此时应更换熔丝。

2）门控继电器损坏或电路断路，应检查电路连接情况，检查继电器的工作情况。

3）电动座椅开关损坏。检查方法：将线束从开关上拔出，用欧姆表检查开关在各操作位置时的通断情况，看是否和动作要求一致。

（3）故障诊断方法　打开点火开关，若一点反应都没有，应先查电源，再查搭铁、熔丝。若有反应，只是移动不到位或根本不移动，应检查电动机。可拆下电动机，用两根导线直接连接蓄电池正、负极，观察是否能动作。若不动作，则说明电动机已损坏，应更换电动机。

知识与技能拓展

电动座椅失去记忆

（1）故障现象　电控座椅不能移动到原设置位置。

（2）故障主要原因及处理方法

1）电子控制单元（ECU）故障，可用替换比较法检查 ECU 是否故障，即用同型号无故障 ECU 进行替换比较。

2）电控座椅电路或电器故障，包括开关、继电器、熔丝、电动机、导线接触不良等。建议先检查电源和搭铁点，然后检查配电设施或执行电动机等。

（3）故障诊断方法　先从故障现象出发，结合电路图判断故障点，并在汽车上找到故障部位，逐一排查故障。如果电源供电良好，可直接检查故障点。比如座椅不动作，可先检查电动机，然后检查电动机前、后的电路和配电设施。

案例解析

案例：宝来 1.8L 电动座椅故障

故障现象：一辆 2003 年宝来 1.8L 轿车，行驶里程为 13 万 km，驾驶人电动座椅无记忆功能，手动也无法进行调整。车主反映该故障已修理了几次，最后确定是座椅调节控制单元损坏。

故障诊断：座椅调节控制单元已经从市场买到，只要装上就可以。该车座椅带有记忆功能，带座椅和后视镜的 8 自由度调节记忆功能。座椅和后视镜的调节位置被存储在座椅调节控制单元存储器内，每个存储器按钮 1、2 和 3 都可以记忆某一个人的不同位置。换驾驶人时，按下相应的按钮，座椅和后视镜将自动移动到所设定位置。存在存储器中不同按钮的调整也可以通过遥控钥匙实现，记忆系统任何时候都可以用红色开关关闭，此时座椅可以通过开关手动调整。接车后按动开关，座椅无反应。

连接 V. A. G1552，选择地址码 36，进入座椅调节控制单元读取故障码为 01008——紧急切断开关无操作/偶然。根据故障现象，该故障码不会造成座椅调节功能的完全丧失。在车主的一再要求下，更换了客户购买的座椅调节控制单元并匹配，但是故障依然存在。按动开关，能听到座椅调节控制单元内部继电器闭合的声音，造成这种故障现象的主要原因为座椅调节控制单元搭铁或供电不良。

观察电路图 3-7，T2b/2 是搭铁线。取下 T2b 插头，用万用表一端接蓄电池的正极，另一端接插头 T2b/2，测量电压为 12.56V，说明搭铁正常。T2b/1 是相线，量取 T2b/1 的电压为 8.9V，电压不正常。利用灯泡检查，发现灯泡不亮。直接给 T2b/1 提供电压，座椅调节功能正常，由此说明 T2b/1 电源电压不良。根据电路查找 T6g 红色插头，发现在座椅下方。量取 T2b/1 与 T6g/3 之间的红蓝线电压正常，根据电路图，发现 T6g/3 红白线与 S44 熔丝相连，S44 是座椅调节熔丝，装在附加熔丝支架上。取下 S44，更换相同规格的熔丝，试车发现座椅调节功能恢复正常。量取损坏熔丝的电阻为 34.6Ω，新熔丝的电阻为 0.6Ω。取下有故障的熔丝的外壳，发现熔丝内部触点烧蚀，造成接触电阻变大，导致供给座椅调节控制单元的电压不足，无法驱动电动机运转，从而使得座椅调节功能失调。

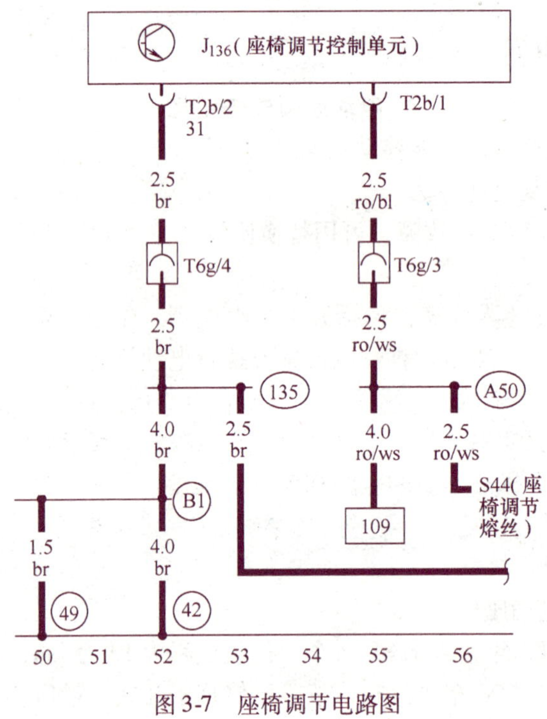

图 3-7　座椅调节电路图

故障排除：更换熔丝 S44，故障排除。

观察与思考

一、思考题

电动座椅失去记忆的故障如何检测？

二、实习观察项目

1. 学生按电路图和技术操作规程对电动座椅进行综合检测，发现问题及时处理。
2. 指导教师模拟设置电动座椅故障，让学员进行故障检测、诊断并排除故障。

学习单元 2　电动后视镜失调的检修

学习目标

1. 熟悉汽车电动后视镜的功用、类型、组成和结构特点；
2. 掌握汽车电动后视镜的拆装方法与调试维护工艺。

工作任务

一、任务情境

装有电动后视镜的别克轿车，在调整操作中，左、右后视镜均不动作。

二、任务分析

造成电动后视镜不动作的原因一般有两个：一是电路故障，即配电设施或电器故障所致（配电设施或电器包括开关、熔丝、继电器、搭铁接点等）；二是电动后视镜电动机损坏，导致电动后视镜不能动作。要排除这些故障，应该先熟悉以下相关知识。

相关知识

1. 电动后视镜的组成

在每个后视镜的背后都有两个可逆永磁电动机，一个电动机控制垂直方向的倾斜运动，另一个电动机控制水平方向的倾斜运动。电动后视镜如图3-8所示。

电动后视镜控制电路主要由点火开关、RADIO No. 2熔断器、后视镜控制开关、左右调节开关、左侧与右侧后视镜电动机组成。

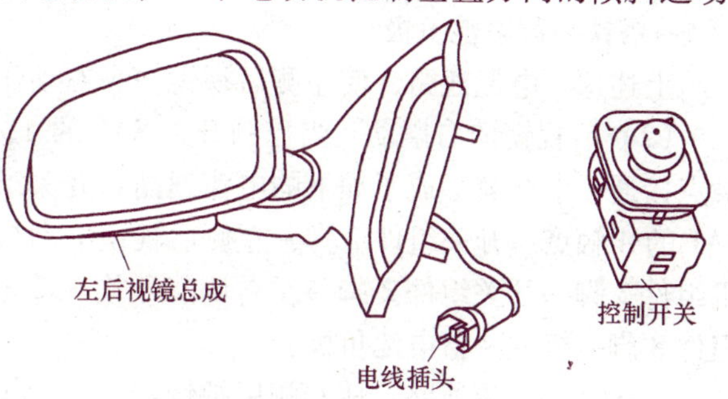

图3-8　电动后视镜

2. 电动后视镜的电路

电动后视镜的电路主要由开关组件、左右4个电动机、熔丝以及相关电路组成，如图3-9所示。

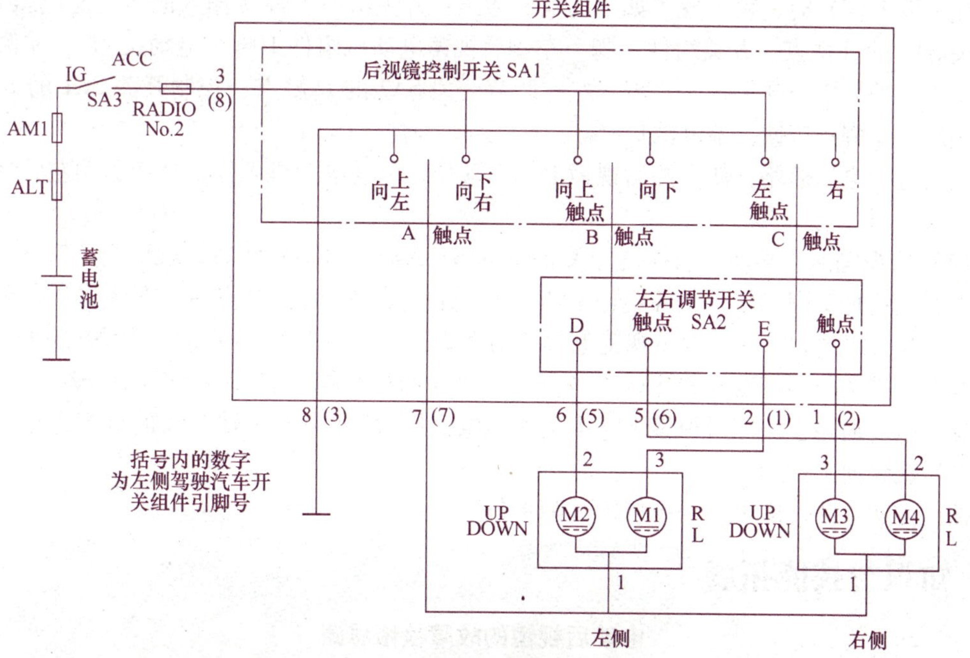

图3-9　电动后视镜电路图

任务实施

电动后视镜的检测

电动后视镜的电源通路为蓄电池正极→ALT 熔断器→AM1 熔断器→点火开关 SA3→RADIONO. 2 熔断器→控制开关组件 3 脚，如图 3-9 所示。

（1）后视镜向左摆动 汽车左、右两侧后视镜的工作原理基本相同，下面以左侧后视镜为例进行分析。

当左右调节开关 SA2 的 *D*、*E* 触点拨向左侧时，就分别与左侧的开关触点接通，则左侧后视镜处于被控状态。当控制开关 SA1 的 *A*、*C* 触点拨向左侧时，就分别与左侧的开关触点接通，由此就形成了如下的电流通路：控制开关组件 3 脚（输入的蓄电池正极电压）→控制开关 SA1 的 *C* 触点→左右调节开关的 *E* 触点→开关组件的 2 脚→左侧后视镜电动机组件 3 脚→电动机 M1→左侧后视镜电动机组件 1 脚→开关组件 7 脚→控制开关 *A* 触点→开关组件 8 脚→搭铁→蓄电池负极。

上述这一电流通路，使左侧后视镜左、右动作电动机驱动后视镜向左摆动。

（2）后视镜向右摆动 当控制开关 SA1 的 *A*、*C* 触点拨向右侧时，就分别与右侧的开关触点接通，由此就形成了如下的电流通路：开关组件 3 脚（输入的蓄电池电压）→控制开关 SA1 的 *A* 触点→开关组件 7 脚→左侧后视镜电动机组件 1 脚→电动机 M1→左侧后视镜电动机组件 3 脚→开关组件 2 脚→左右调节开关 SA2 的 *E* 触点→控制开关 SA1 的 *C* 触点→开关组件 8 脚→搭铁→蓄电池负极。

上述这一电流通路，使左侧后视镜左、右动作，电动机中有与上述相反的电流流过，从而驱动后视镜向右摆动。

（3）后视镜向下摆动 当控制开关 SA1 的 *B*、*A* 触点拨向右侧（此时 SA2 的 *D*、*E* 触点在左侧，以下同）时，就形成了如下的电流通路：开关组件 3 脚（输入的蓄电池电压）→控制开关 SA1 的 *A* 触点→开关组件 7 脚→左侧后视镜电动机组件 1 脚→电动机 M2→左侧后视镜电动机组件 2 脚→开关组件 6 脚→左右调节开关 SA2 的 *D* 触点→控制开关 SA1 的 *B* 触点→开关组件 8 脚→搭铁→蓄电池负极。

上述这一电流通路，使左侧后视镜上、下动作，驱动电动机工作，从而驱动左后视镜向下摆动。

（4）后视镜向上摆动 当控制开关 SA1 的 *B*、*A* 触点拨向左侧时，就形成了如下的电流通路：开关组件 3 脚（输入的蓄电池电压）→控制开关 SA1 的 *B* 触点→左右调节开关 SA2 的 *D* 触点→开关组件 6 脚→左侧后视镜电动机组件 2 脚→电动机 M2→左侧后视镜电动机组件 1 脚→开关组件 7 脚→控制开关 SA1 的 *A* 触点→开关组件 8 脚→搭铁→蓄电池负极。

这一电流通路使左侧后视镜上、下动作，电动机 M2 中有与上述相反的电流通过，从而驱动左后视镜向上摆动。

按此方法检测，即可找到系统的故障部位。

知识与技能拓展

电动后视镜的故障检修思路

电动后视镜的常见故障有：电动后视镜都不工作或电动后视镜部分功能不正常。

其主要原因有：保险装置或电路断开，开关、电动机有故障等。

如果电动后视镜都不工作，往往是由于熔丝或电源电路、搭铁电路短路或接触不良造成的，也可能是控制开关有故障。因此，可以先检查保险装置是否正常，然后检查控制开关接线头部有无脱落、松动、锈蚀，电源电路或搭铁电路是否正常，最后检修控制开关。

如果电动后视镜部分功能不正常，往往是由于个别电动机或控制开关对应部分有故障，或对应电路、插接点接触不良造成的。可以先检查电动机的运转情况，再检查开关和电路连接情况。

此种方法也可运用到其他电路，总之，检修故障时要有明确的诊断思路。

案例解析

故障现象：一辆别克轿车在一次电气维修后，出现左右后视镜均不工作的现象。

故障诊断：该车电动后视镜系统主要由控制开关、左右后视镜、左右驱动电动机和配线等组成。工作时，操纵控制开关可分别控制左、右两侧后视镜上下或左右运动。将后视镜选择开关左转（逆时针）或右转（顺时针），可使左右后视镜处于驾驶人的最佳视线范围内。每个电动机后视镜总成设有两个可正反转的电动机，一个用来驱动后视镜上下运动，一个用来驱动后视镜左右运动。每个电动机带有一个自动复位电路断路器，当后视镜到达行程极限位置时，自动复位电路断路器便将电路切断，使电动机停止转动。根据电动机后视镜的结构和工作原理，可推断故障主要原因可能是：电动后视镜熔丝熔断，后视镜控制开关有故障，控制开关至电动后视镜之间有短、断路故障，左右后视镜两个电动机均损坏或被卡死。

先检查电动后视镜熔丝（10A），未熔断。用万用表电压档（50V）测量熔丝输入和输出端电压，均为12V（蓄电池电压）。将电动后视镜控制开关至左右后视镜的插接器拔出，用万用表电压档测量控制开关侧的输入和输出电压：点火开关置于ON位置，将后视镜开关转到左或右的位置，电压为零，即没有输出电压。用短路线将输入电源与电动后视镜电动机直接相连，后视镜电动机运转正常，从而说明电动后视镜电动机无故障，故障应在电动后视镜控制开关上。

故障排除：由于这种控制开关拆修后不易全部恢复正常状态，所以，可换用同型号的控制开关，之后左右后视镜工作恢复正常，故障排除。

观察与思考

一、思考题

1. 电动座椅失去记忆的故障如何检测？

2. 电动后视镜的故障如何检测？

二、实习观察项目

1. 按电路图和技术操作规程对电动座椅和电动后视镜进行综合检测，发现问题及时处理。

2. 指导教师模拟设置电动座椅和电动后视镜故障，让学习者进行故障检测、诊断并排除故障。

学习情境4　电子巡航系统和防碰撞系统功能异常

学习单元1　电子巡航系统的检修

学习目标

1）熟悉汽车电子巡航系统的功用、组成和结构特点。
2）掌握汽车电子巡航系统的使用与故障自诊断方法。
3）掌握汽车电子巡航系统的故障诊断与检修技能。

工作任务

一、任务情境

奥迪 A6 轿车装备了电子巡航系统。在车辆运行时，如何使用电子控制巡航系统？或系统故障指示灯闪亮时，该如何处理？

二、任务分析

使用电子巡航系统时需要起动、设定、解除等操作，运行时需要注意电子巡航系统故障指示灯是否正常，一旦故障指示灯闪亮，就需要及时检修。为了更好地操作使用、调整维护和检修电子巡航系统，先熟悉以下相关知识。

相关知识

一、汽车巡航控制系统

（一）汽车巡航控制系统的作用

汽车巡航控制系统（Cruise Control System，CCS）。一般又称为巡航行驶装置、速度控制（Speed Control）系统、自动驾驶（Auto Drive）系统、恒速行驶系统或巡行控制系统等。

驾驶汽车在高速公路上长时间行驶时，打开自动操纵开关后，巡航控制系统将根据行车阻力自动增减节气门开度，使汽车行驶速度保持一定，并且可以避免驾驶人频繁踩加速踏板，减轻了驾驶人的疲劳强度。由于巡航控制系统能自动地维持车速，避免了不必要的加速踏板的人为变动，也进而改善了汽车的燃料经济性和发动机的排放性能。

汽车巡航控制系统自 1961 年在美国首次应用以来，已经广泛普及。在美国大多数轿车上均装用了巡航控制系统。我国一汽—大众生产的奥迪 A6 轿车也装用了汽车巡航控制系统。

（二）系统的功能及优点

1. 巡航控制系统的功能

（1）基本功能

1）车速设定。当按下车速设置开关后，就能存储该时间点的行驶速度，并能保持这一速度行驶。

2）消除功能。当踩下制动踏板时，上述功能立即消失，但上述设置速度继续存储。

3）恢复功能（Resume Function）。当按恢复开关（Resume Switch）时能恢复原来存储的车速。

除了以上三种基本功能，如果需要可增加以下功能：

1）滑行（Coast）。持续按下开关进行减速，以离开开关时的速度做巡航行驶。

2）加速（Acc）。持续按下开关进行加速，以不操纵开关时的车速进行巡航行驶。

3）速度微调升高。在巡航速度行驶中，当操纵开关以 ON—OFF（接通—断开）方式变换时，使车速稍稍上升。

（2）故障保险功能

1）低速自动消除功能。当车速小于 40km/h 时，存储的车速消失，并且不能再恢复此速度。

2）制动踏板消除功能。在制动踏板上装有两种开关，一个用于对 ECU 的信号消除，另一个是直接使执行元件停止工作。

3）各种开关消除功能。除了利用制动踏板的消除功能外，还有驻车制动、离合器（M/T）、调速杆（A/T）等操作开关的消除功能。

2. 巡航控制系统的优点

综合其功能作用，巡航控制系统主要具有以下的优点：

（1）提高汽车行驶时的舒适性　特别是在郊外或高速公路上行驶，这种优越性更为显著。另外，当汽车以一定的速度行驶时，减轻了驾驶人的疲劳程度。

（2）节省燃料，具有一定的经济性和环保性　在同样的行驶条件下，对一个有经验的驾驶人来说，可节省燃料 15%。这是因为在使用了该系统以后，可使汽车的燃料供给与发动机功率处于最佳的配合状态，并减少了废气的排放。

（3）保持汽车车速的稳定　汽车无论是在上坡、下坡、平路上行驶，或是在风速变化的情况下行驶，只要在发动机功率允许的范围内，汽车的行驶速度保持不变。

（三）汽车巡航控制系统的发展与现状

汽车巡航控制系统已有 30 多年的发展历史，主要经历了机械控制系统、晶体管控制系统、模拟计算机控制系统和数字微型计算机控制系统 4 个阶段。数字微型计算机自 1981 年起开始应用到巡航控制系统，目前应用广泛。

数字微型计算机巡航控制系统的电路框图如图 4-1 所示。驾驶人利用控制开关可将保持恒速、减速、恢复原速和加速等命令输入计算机。当驾驶人操纵保持恒速开关时，计算机记忆调节后的车速，开始进行恒速行车控制。

记忆车速和实际车速都输入到计算机的比较电路中，比较电路的输出信号经过补偿电路、执行部件、发动机和变速器后就可以变换为驱动力。巡航控制系统中有专用的单片机和专用的 IC 模块，单片机完成车速运算、记忆、比较、补偿、保持和异常诊断等信号的处理，专用的 IC 模块具有处理微机的再起动、输入、输出与电源通断和自诊断等功能。

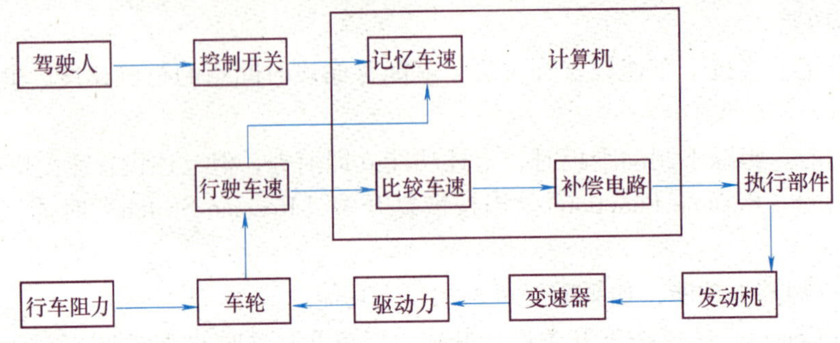

图4-1　数字微型计算机巡航控制系统的电路框图

二、巡航控制系统的结构与工作原理

巡航控制系统由传感器、操作开关、执行器和巡航控制ECU等组成。传感器和开关将信号送入巡航控制ECU，ECU根据这些信号计算节气门应有的开度，并给执行器发出信号，自动调节节气门开度。

（一）操作开关

操作开关主要用于设置巡航车速或将其重新设置为另一车速，以及取消巡航控制等。它主要包括主开关、控制开关和退出巡航开关。

1. 主开关

主开关（MAIN）是巡航控制系统的主电源开关，多数采用按键方式。每次将其推入，该系统的电源就接通或关闭，如图4-2所示。主开关接通时，如将点火开关关闭，主开关也关闭；即使点火开关再次接通，主开关仍保持关闭。

2. 控制开关

手柄式控制开关是一个自动回位型开关，它有5种控制功能：SET（设置）、COAST（减速）、RES（恢复）、ACC（加速）和CANCEL（取消）。其中，SET和COAST模式共用一个开关，RES和ACC模式共用另一个开关。当沿箭头方向操作开关时，开关接通；而松开时，则关断。

3. 退出巡航控制开关

退出巡航控制开关包括取消开关、停车灯开关、驻车制动开关、离合器开关和空档起动开关。当其中任一开关接通时，巡航控制将被自动取消。但当CCS取消瞬间的车速不低于35km/h时，此车速存储于巡航控制ECU中；当接通RES开关时，最后存储的车速就会自动恢复。

（1）驻车制动开关　当拉起驻车制动操纵杆时，驻车制动器开关就接通，将取消信号传送至巡航控制ECU。同时，驻车制动指示灯亮。

（2）空档起动开关　当变速杆置于自动变速器的P位或N位时，空档起动开关即接通，将取消信号传送至巡航控制ECU。

（3）离合器开关　当踩下离合器踏板时，离合器开关即接通，将取消信号传送至巡航控制ECU。

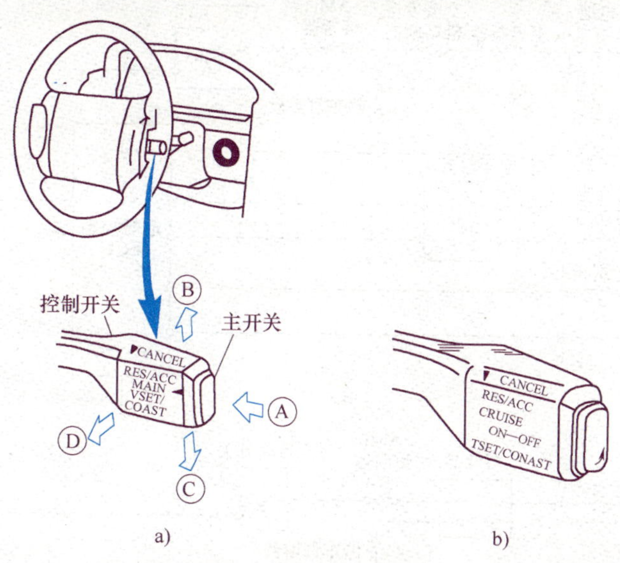

图 4-2　巡航系统操作开关

a）丰田雷克萨斯 LS400 汽车的巡航系统操作开关　b）丰田佳美汽车的巡航系统操作开关

(4) 停车灯开关　停车灯开关实际上由两个开关组成，如图 4-3 所示，当踩下制动踏板时，两个开关同时工作。

开关 A 闭合，电流经其流过停车灯开关，使停车灯亮。同时，蓄电池电压经过这个开关施加在巡航控制 ECU 上，使其判明制动器处于工作状态。所以，巡航控制 ECU 取消 CCS 的工作，开关 B 断开，执行器得不到巡航控制 ECU 的信号，从而停止工作。

（二）传感器

1. 车速传感器

车速传感器可给巡航控制 ECU 提供一个与汽车实际车速成比例的交变振荡脉冲信号。车速传感器的类型有磁脉冲式、霍尔式、光电式、磁阻式等，该传感器与发动机电控系统共用。

2. 节气门位置传感器

节气门位置传感器可给巡航控制 ECU 提供一个与节气门位置成正比的电信号。该传感器与发动机电控系统共用。

3. 节气门控制摇臂传感器

节气门控制摇臂传感器可给巡航控制 ECU 提供节气门摇臂位置的电信号，目前采用较多的是滑线电位计式节气门控制摇臂传感器。当节气门控制摇臂转动时，电位计随之转动，便输出一个与控制摇臂位置成比例且连续变化的电信号。

（三）巡航控制 ECU

巡航控制 ECU 由处理器芯片（CPU）、A/D、D/A、IC 及输出重置驱动和保护电路等模块组成。ECU 接收来自车速传感器和各种开关的信号，按照存储的程序进行处理。当车速偏离设定的巡航车速时，给执行器一个电信号，控制执行器的动作，使实际车速与设定车速相一致。巡航控制系统 ECU 框图如图 4-4 所示。

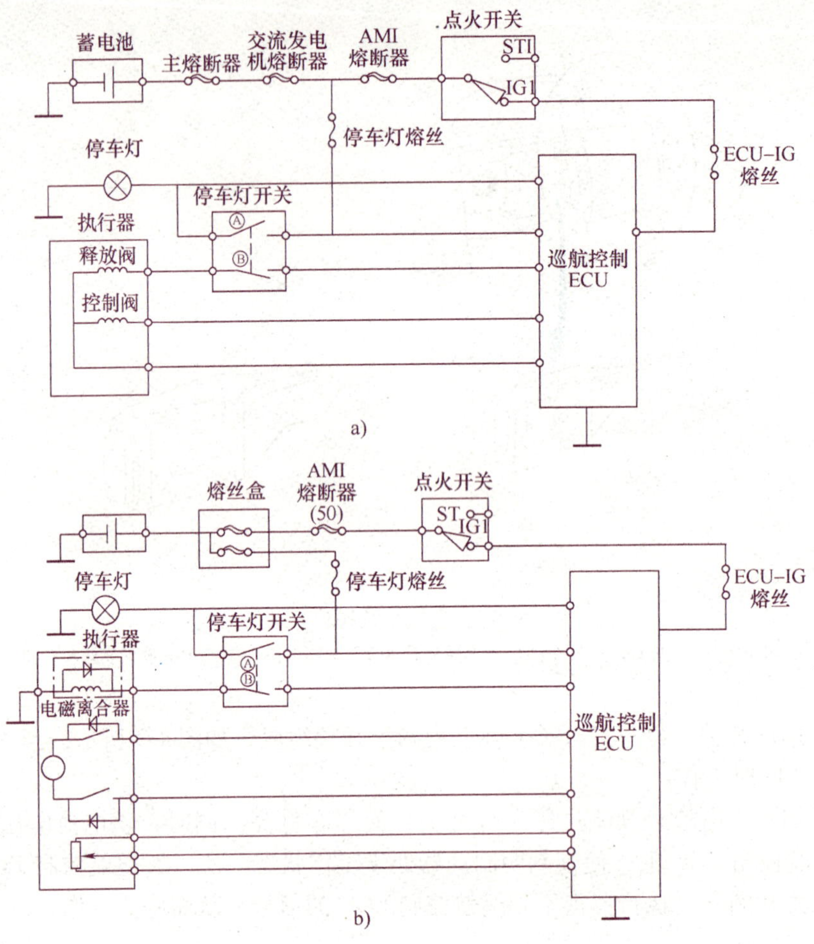

图 4-3　停车灯开关电路

a）Cressida 真空驱动型执行器　b）陆地巡洋舰电动机驱动型执行器

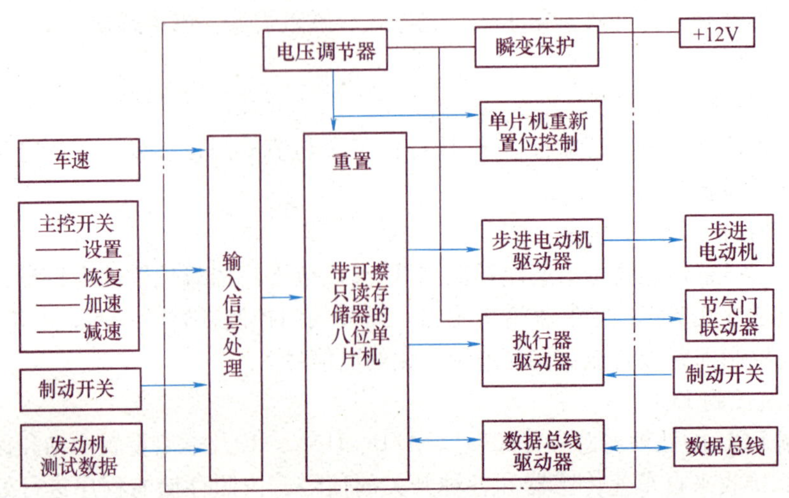

图 4-4　巡航控制系统 ECU 框图

汽车在巡航控制状态时，一般当车速低于40km/h时，ECU将取消巡航控制，这样使汽车在制动、转弯时巡航控制不起作用。当车速超过设定车速6~8km/h时，ECU将巡航控制取消。当汽车的减速度大于2m/s及汽车的制动灯开关动作等情况时，ECU也自动取消巡航控制，以确保行车安全。巡航控制ECU具有以下控制功能。

1. 匀速控制功能

ECU将实际车速与设定车速进行比较，若实际车速高于设定车速，控制执行器将节气门开度适当减小；若实际车速低于设定车速，控制执行器将节气门开度适当增大。

2. 设定功能

当主开关接通，车辆在巡航控制车速范围（40~200km/h）内行驶时，若SET/COAST开关接通后松开，巡航控制ECU便将此车速存储于ECU存储器内，并使车辆保持这个速度行驶。

3. 滑行功能

当车辆以巡航控制模式行驶时，若SET/COAST开关接通后不松开，执行器就会关小节气门开度，使车辆减速。ECU将开关松开时的车速存储于ECU存储器内，并保持此车速行驶。

4. 加速功能

当车辆以巡航控制模式行驶时，若SET/ACC开关接通，执行器就会将节气门开度适当增大，使车辆加速。ECU将开关松开时的车速存储于ECU存储器内，并保持此车速行驶。

5. 恢复功能

只要车速没有降至40km/h以下，用任何一个以手动的方法取消开关，将巡航控制模式取消后，接通RES/ACC开关即可恢复设定车速。车速一旦处于40km/h以下，设定车速就不能恢复，因为存储器中的车速已被清除。

6. 车速下限控制功能

车速下限是巡航控制所能设定的最低车速，约为40km/h，巡航控制车速不能低于这个速度。当车辆以巡航控制模式行驶时，若车速降至40km/h以下，巡航控制就会自动取消，设置在存储器内的车速也被清除。

7. 车速上限控制功能

车速上限是巡航控制所能设定的最高车速，约为200km/h。当车辆以巡航控制模式行驶时，操作ACC开关也不能使车速超过200km/h。

8. 手动取消功能

当车辆以巡航控制模式行驶时，如下列信号中任何一个传送至巡航控制ECU，巡航控制就会取消：真空驱动执行器内的释放阀和控制阀同时关断；电动机驱动执行器关断执行器内的电磁离合器。

9. 自动取消功能

当车辆以巡航控制模式行驶时，若出现伺服调速电动机或安全电磁阀晶体管驱动电流过大，伺服电动机始终朝节气门打开方向转动时，存储器中设置的车速被清除，安全电磁阀离合器断电，巡航控制方式取消，主控开关同时关闭。

在巡航控制行驶期间，若出现车速下降到低于40km/h，巡航控制系统的电源中断时间超过5ms，巡航控制也被取消，但存储器中设定的速度没有被取消，巡航控制功能可用SET

或 RES 开关恢复。

10. 自动变速器控制功能

在车辆以超速档上坡行驶时，车速降至超速档切断速度（设定车速减去 2km/h）时，ECU 自动取消超速档并增加驱动力，防止车速继续降低。当车速升至超速档恢复速度（设定车速减去 2km/h）时，约 6s 后巡航控制 ECU 恢复超速档。

11. 迅速降速和迅速升速控制功能

当实际车速与设定车速相差不足 5km/h 时，每次迅速（在 0.6s 以内）操纵 SET/COAST 开关，可将设定车速降低约 1.65km/h。当实际车速与设定车速相差不足 5km/h 时，每次迅速（在 0.6s 以内）操纵 RES/ACC 开关，可将设定车速提高约 1.65km/h。

12. 诊断功能

巡航控制系统发生故障时，ECU 确定故障并使组合仪表上的指示灯闪烁，以提醒驾驶人；同时，ECU 存储相应的故障码。故障码可通过指示灯读取。

（四）执行器

执行器将 ECU 输出的电流或电压信号转变为机械运动，进而控制节气门的开度，最终达到控制车速的目的。目前使用的执行器有两种类型，一种是真空驱动型，另一种是电动机驱动型。前者由负压操纵节气门，后者由电动机操纵节气门。

1. 真空驱动型执行器

真空驱动型执行器可用于发动机进气歧管真空度控制：当进气歧管负压太低时，用真空泵提高负压进行控制。真空驱动型执行器的工作原理如图 4-5 所示。

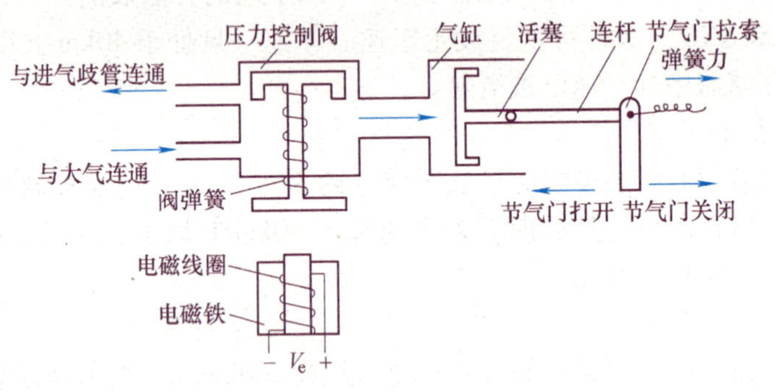

图 4-5 真空驱动型执行器的工作原理

执行器活塞连杆与节气门拉杆相连，当活塞连杆对节气门拉杆无作用时，弹簧力使节气门关闭。当节气门的输入信号 V_e 对电磁阀线圈通电时，压力控制阀阀芯克服阀弹簧力下移，执行器活塞气缸与进气歧管连通。由于进气歧管内为真空，于是执行器气缸压力迅速下降，执行器活塞带动节气门拉杆向左运动，从而使节气门平顺渐进地打开。活塞上的作用力随气缸中平均压力的变化而变化，而气缸中的平均压力则通过快速通断压力控制阀来控制。执行器的输入信号是一个脉冲信号，当 V_e 为高电位时，电磁铁通电；当 V_e 为低电位时，电磁铁断电。因此气缸中的平均压力（即节气门开度）与压力控制阀控制信号 V_e 的占空比成正比。

选择执行器时，应使节气门执行器的频率响应与车速传感器的频率响应基本一致，以保证整个巡航控制的协调进行。

2. 电动机驱动型执行器

电动机驱动型执行器由电动机、电磁离合器和电位计组成，其结构如图 4-6 所示。

电动机根据来自 ECU 的信号，顺时针或逆时针转动，从而改变节气门的开度。节气门已完全打开或关闭后，若电动机继续转动，就会损坏。因此，电动机安装了两个限位开关，用于控制电动机的运转。

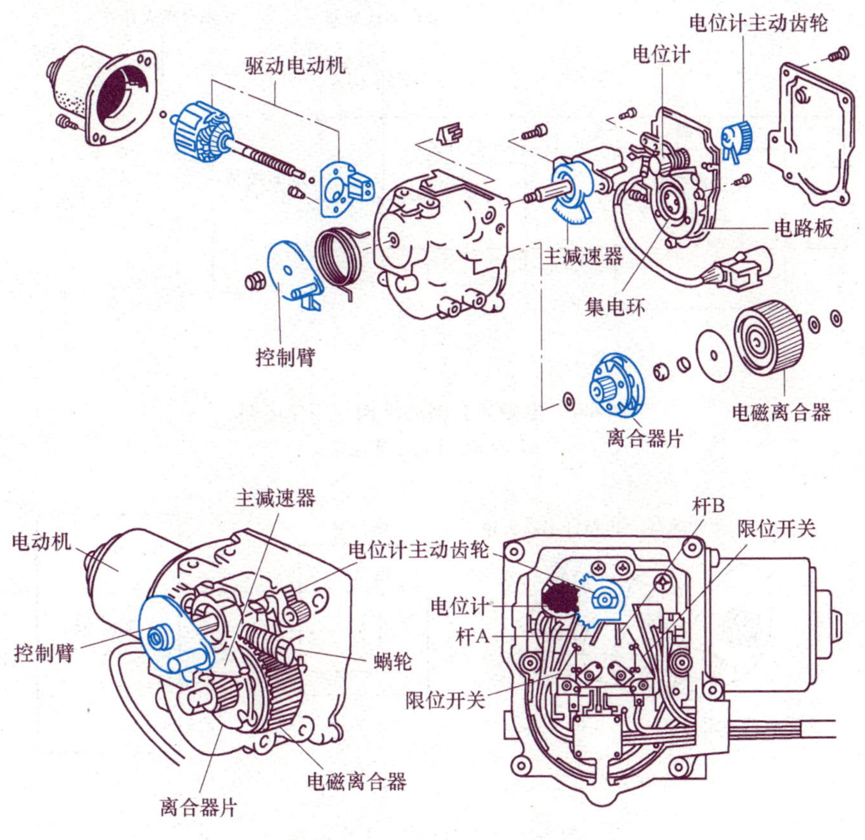

图 4-6　电动机驱动型执行器的组成

电磁离合器用于控制电动机和节气门拉索的接合和分离，其结构与工作电路如图 4-7 所示。

当 ECU 给执行器发出控制信号时，电磁离合器接合，电动机通过拉索转动节气门。在巡航控制系统工作时或驾驶人按动任一取消开关时，巡航控制 ECU 接收到此信号即做出反应，将电磁离合器分离，阻止电动机转动节气门，取消巡航控制。

电位计的结构及其工作电路如图 4-8，当巡航控制系统车速设定时，电位计将节气门开度转换为电信号，送入巡航控制 ECU，ECU 将此数据存储于存储器中，行车中 ECU 根据此数据控制节气门的开度，使实际车速与设定的车速相符。

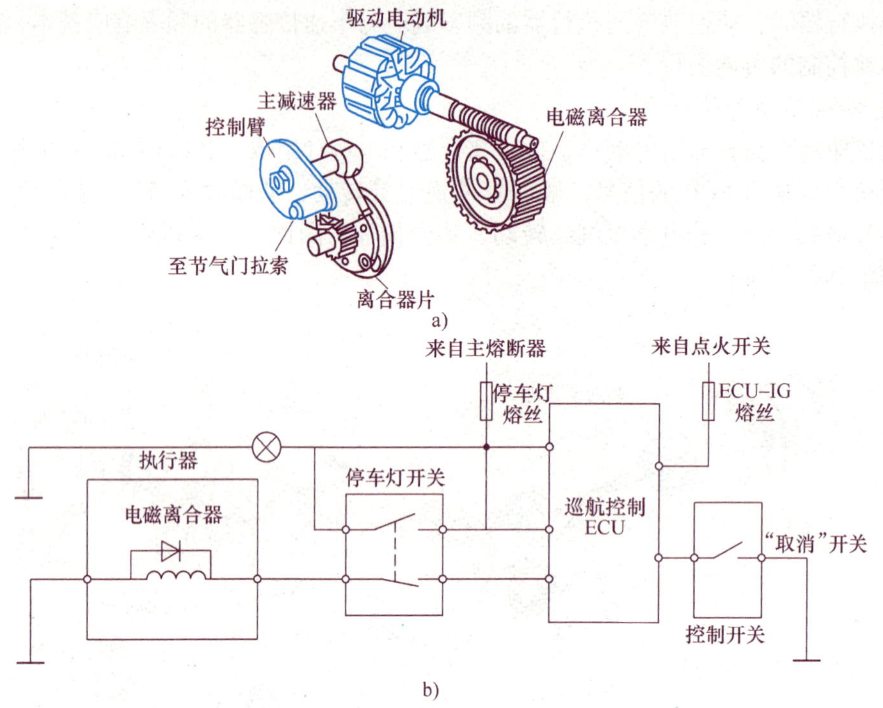

图 4-7　电磁离合器的结构与工作电路

a）结构　b）工作电路

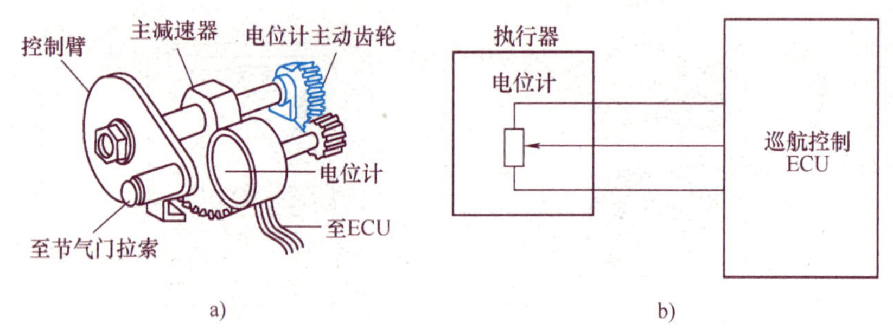

图 4-8　电位计及其工作电路

a）结构　b）工作电路

任务实施

奥迪 A6 轿车电子巡航控制系统

奥迪 A6 轿车装备了电子巡航控制系统，利用该系统无须踩加速踏板即可使轿车按需要的恒定车速（巡航车速）行驶（车速高于 40km/h 时，该系统方起作用），尤其长途行驶时，该系统可减轻驾驶人的疲劳程度。下陡坡行驶时，应及时换入低档，以免轿车超过允许车速。但是应该注意，在车辆密集的道路上或劣质路面上行驶时，切勿使用车速控制系统。电子巡航控制系统打开后，车速高于 40km/h 时，切不可不踩离合器踏板即将变速杆移入空档，否则，可能使发动机超速运转而导致损坏。

一、操作方法

用转向信号灯/前照灯变光操纵杆上的滑动开关 A 及按钮 B 即可操纵该系统，如图 4-9 所示。

1. 起动车速控制系统

将滑动开关 A 置于 EIN 位置即可接通车速控制系统。

2. 设定巡航车速

系统起动后，轿车达到所需车速时，按一下按钮 B（FIX），即可使轿车以此车速持续行驶。

设定巡航车速后，仍可按常规方法用加速踏板进行加速；松开加速踏板后，系统又将车速恢复至设定的巡航车速。

若加速后，车速超过巡航车速 10km/h，并以此车速持续行驶 5min 以上，则必须重新设定巡航车速。

3. 降低巡航车速

按下按钮 B 可降低设定的巡航车速。

每按一次按钮 B，车速降低 1.5km/h。若按住按钮不放，则轿车将持续降低车速；一旦松开按钮，当时的行驶速度即被储存在存储器内。

若在车速低于 40km/h 时松开按钮 B，则存储值即被删除。此时，若需要，可用按钮 B 在车速超过 40km/h 时重新设定巡航车速。

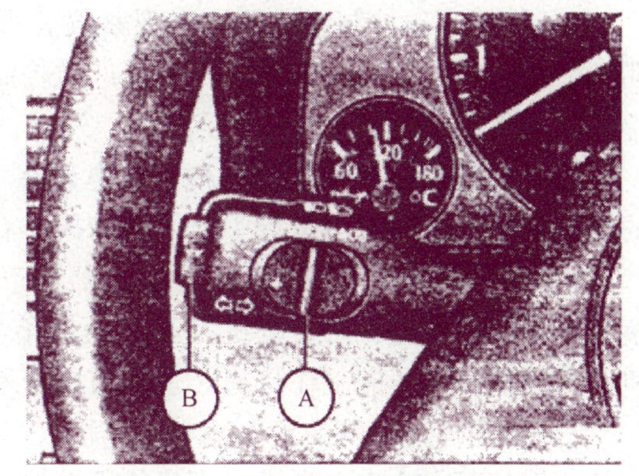

图 4-9　滑动开关 A 及按钮 B

4. 提高巡航车速

无须踏加速踏板，将滑动开关 A 拨至 AUFN 位置即可提高设定的巡航车速。

每按一次开关 A，车速提高 1.5km/h。若按住开关 A 不放，则轿车将持续提高车速；一旦松开开关 A，当时的行驶速度即被储存在存储器内。

5. 暂时关闭车速控制系统

踩下制动踏板或离合器踏板，或将滑动开关拨至 AUS 位置（未与锁定机构啮合），即可暂时关闭系统。此时设定的巡航车速仍储存在存储器内。

若需恢复设定的巡航车速，松开制动踏板或离合器踏板，或将开关 A 向左拨到 AUFN 位置即可。

若暂时关闭系统时未存储设定的巡航车速，则可按下述方法，用滑动开关 A 设定一个新的巡航车速：先将开关 A 向左拨到 AUFN 位置，然后再将其左拨并保持在该位置，直至达到需设定的车速。松开开关，即可将设定的车速储存在系统内。

若与当时的交通状况相比，设定的巡航车速过高，则切不可恢复设定车速。

6. 完全关闭车速控制系统

将滑动开关右拨到 AUS 位置（与锁定机构啮合），或轿车处于静止状态时关闭点火开关，则系统将完全关闭。

二、使用注意事项

巡航控制系统在使用中还应注意以下几个问题：

1）为了让汽车获得最佳控制，当遇到交通阻塞或在雨、冰、雪等湿滑路面上行驶或遇上大风天气时，不要使用巡航控制系统。

2）为了避免巡航控制系统误工作，在不使用巡航控制系统时，务必使巡航控制系统的控制开关处于关闭状态。

3）汽车行驶在陡坡上时，使用巡航控制系统会引起发动机转速变化过大，因此最好不要使用巡航控制系统。汽车下坡行驶时，应避免加速行驶。若车辆的实际行驶速度比设定车速高出太多，则可省略巡航控制装置，然后将变速器换入低档，利用发动机制动使车速得到控制。

4）汽车巡航行驶时，对装备手动变速器的汽车不应在未踩下离合器踏板时就将变速杆置于空档；否则，会使发动机转速急剧升高。

5）使用巡航控制系统要注意观察仪表板上的 CRUISE 指示灯是否闪亮。若闪亮，则表明巡航控制系统处于故障状态。发现巡航控制系统故障时，应停止使用巡航控制系统，待排除故障后再使用。

ECU 是巡航控制系统的中枢，对电磁环境、湿度及机械振动等有较高的要求。汽车上的巡航对以上各方面均进行了全面的防护，有较强的适应能力。使用时还应注意：

1）保持汽车发电机及其电压调节器处于良好技术状态。ECU 电源电压的设计可满足车辆的各种工作状况，若发电机及其电压调节器出现故障，将影响到 ECU，应经常检查发电机及其电压调节器的工作状况。若调节电压不符合规定或有故障，应及时排除。

2）必须保证车辆的蓄电池与发电机、车体的良好连接。蓄电池与发电机及车体的良好连接不仅使蓄电池充电良好，而且使蓄电池对汽车上的瞬变电压起到很大的吸收作用。若蓄电池与发电机断开，会使电源的瞬变电压直接作用在 ECU 上，导致 ECU 不能正常工作，甚至损坏。ECU 的搭铁线应连接可靠，不可任意改变搭铁线的位置。

3）保持 ECU 电源接插件接线正确、连接可靠。ECU 电源接插件一般不会插错，但在维修中有可能重新接线，此时必须注意电源的极性及电源线的位置。电源插接件应保持清洁，金属部分应保持无氧化、无变形和无油污。插接件应连接到位，有锁紧装置的必须锁紧。

4）注意 ECU 防潮、防振、防磁、防污染。ECU 通常安装在车辆干燥清洁处，其外壳应保持固定可靠，注意防止水、油进入 ECU 内部。ECU 存放时，应注意防潮、防尘。ECU 的磁屏蔽罩应保证牢固，不可有松脱、变形，不可在屏蔽罩上打孔、安装螺钉。

三、巡航控制系统电路图

6 缸发动机汽车的巡航控制系统电路图如图 4-10、图 4-11 所示。

四、6 缸发动机汽车的巡航控制系统自诊断

1. 检查巡航控制系统

6 缸发动机汽车的巡航控制系统没有单独的部件，只有一个操作开关，所有功能均由发动机控制单元控制。该项检测需用测试仪器 V. A. S5051 或 V. A. G1551 在行车中进行。为避免在检测过程中发生交通事故，测试仪器应固定在后座上并由另外一人在后座上进行操作。

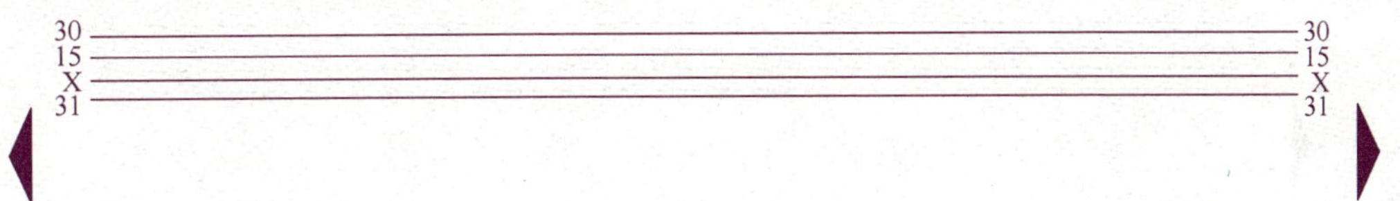

图 4-10　6 缸发动机汽车的巡航控制系统电路图（一）

ws = 白色　sw = 黑色　br = 棕色　gn = 绿色　bl = 蓝色　gr = 灰色　li = 紫色　ge = 黄色

E45—GRA 开关　E87—空调控制和显示单元　G266—润滑油油面高度/温度传感器，技术维护周期

J104—带 EDS 的 ABS 控制单元　J220—多点喷射控制单元　T10k—插头，10 孔，橙色，左侧 A 柱分线器

T10o—插头，10 孔，棕色，压力舱电器盒分线器　T15u—插头，15 孔，红色，压力舱电器盒分线器

⑧⑤—搭铁连接 1，在发动机舱线束内　(A16)—连接（GRA），在仪表板线束内

(A68)—连接（c15，空调），在仪表板线束内

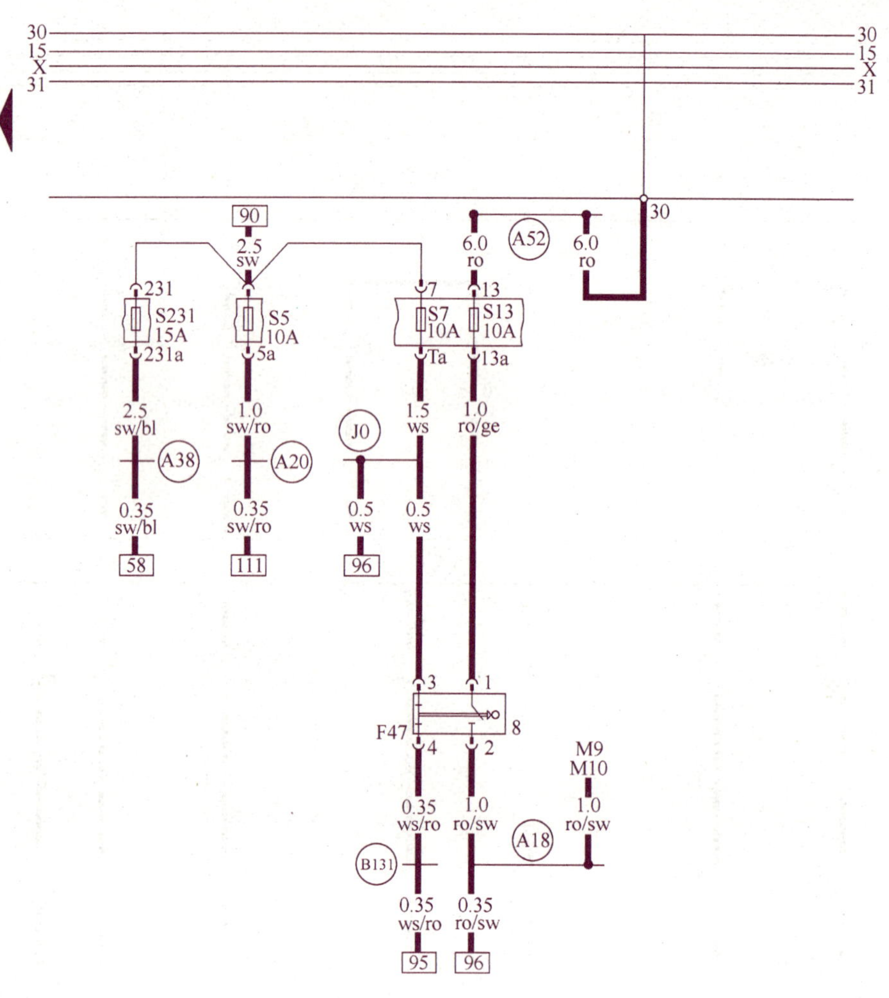

图 4-11　6 缸发动机汽车的巡航控制系统电路图（二）

ws = 白色　sw = 黑色　bl = 蓝色　ge = 黄色　F47—GRA 的制动踏板开关　M9—左侧制动灯灯泡　M10—右侧制动灯灯泡　S5—熔断器支架上熔丝　S7—熔断器支架上熔丝　S13—熔断器支架上熔丝　S231—熔断器支架上熔丝 31　A18—连接（54），在仪表板线束内　A20—连接（15a），在仪表板线束内　A38—正极连接 2（15a），在仪表板线束内　A52—正极连接 2（30），在仪表板线束内

（1）读取测量数据块　连接 V. A. S5051 或 V. A. G1551，用地址码 01 选择“快速数据传递”，显示屏显示：

Schnelle Datenübertragung Funktion anwhleän ××	HELP
快速数据传递 选择功能××	帮助

按 0 和 8 键选择“读取测量数据块”，显示屏显示：

Schnelle Datenübertragung 08-Messwerteblock lesen	Q
快速数据传递 08-读取测量数据块	Q

按 Q 键确认输入，显示屏显示：

Messwerteblock lesen Anzeigegruppennummer eingeben ×××
读取测量数据块 输入显示组号×××

输入显示组号 066（发动机应在怠速运转），按 Q 键确认输入，显示屏显示：

Messwerteblock lesen 0km/h	66 1000	 0km/h	→ 0000
读取测量数据块 0km/h	66 1000	 0km/h	→ 0000

测量数据块 066 所代表的意义见表 4-1。

表 4-1　测量数据块 066 所代表的意义

显示区域	1	2	3	4
显示屏显示	km/h	××××	km/h	××××
显示内容所代表的意义	实际车速	制动踏板、离合器踏板及巡航控制系统开关状态	规定车速	操作开关位置

显示区域 1 的显示值代表的是当前的实际行车速度。

显示区域 2 的显示值代表的是不同的检查条件，见表 4-2。

表 4-2　显示区域 2 的显示值

检查条件	显示区域 2 的显示值
GRA 开关接通	1000
踏下了制动踏板	1011
踏下了离合器踏板	1100

显示区域 3 的显示值代表的是规定车速（显示最后一次存储的车速值，直到 GRA 开关关闭，即开关在 AUS 位置或发动机关闭）。

显示区域 4 的显示值代表的是操纵开关的位置，见表 4-3。

表 4-3　显示区域 4 的显示值

操纵开关的位置	显示区域 4 的显示值
开关 A 在 AUS 位置(已啮合)	0000
开关 A 在 EIN 位置	0011
存储器已设定，开关 B 在啮合点前 AUS 位置	0001
开关 B 已按下	0111
开关 A 拉到 AUFN 位置	1011

检查显示区 2 和显示区 4 的显示值。

如果显示区 2 未显示规定内容（1000），则应检查发动机控制单元识别码，回到初始状态下选择“数据传递”，再输入 01 选择“发动机控制单元”，按 Q 键确认输入，显示屏显示发动机控制单元识别码：

```
3B0907552. . 2. 4L        V6/5V           D. . →
Codierung   04002         WSC   06388
```

显示内容中：380907552 代表控制单元零件号；2. 4L 代表发动机排量；V6/5V 代表每缸 5 气门的 V 形 6 缸发动机；“G”或无显示代表带 GRA 或不带 GRA；D. . 代表控制单元软件版本号；Codierung 04002 代表控制单元编码；WSC 06388 代表服务站代码。如果发动机型号后未显示“G”，则应起动 GRA。

如果开关 A 在 EIN 位置但显示区 4 未出现规定显示（0011），则应检查导线及部件。

（2）起动巡航控制系统　回到初始状态下选择“快速数据传递”，输入 01 选择“发动机控制单元”，再输入 11，按 Q 键确认输入，显示屏显示：

```
Login-Prozedur
Codenummer eingeben ×××××
---------------------------
登录
输入代码号×××××
```

输入代码号 11463，按 Q 键确认输入，则巡航控制系统被起动。

（3）关闭巡航控制系统　回到初始状态下选择“快速数据传递”，输入 01 选择“发动机控制单元”，再输入 11，按 Q 键确认输入，显示屏显示：

Login-Prozedur Codenummer eingeben ×××××
登录 输入代码号×××××

输入代码号 16167，按 Q 键确认输入，则巡航控制系统被关闭。

2. 用检测盒 V. A. G1598/31 检测导线和部件

如果开关 B 在 EIN 位置但显示区 4 未出现规定显示（0011），则应检查导线及部件。

1）关闭点火开关，拆下控制单元壳体护板，用螺钉旋具小心地撬开定位卡夹，如图 4-12 所示，然后松开并拔下控制单元连接插头。

2）将检测盒 V. A. G1598/31 接到线束插头上，如图 4-13 所示，检测盒的搭铁卡夹接到蓄电池负极上，拔下巡航控制系统 GRA 开关的插头，检查导线连接是否对正极/负极短路或断路。如需要，排除短路或断路。如果导线连接正常，应更换 GRA 开关。

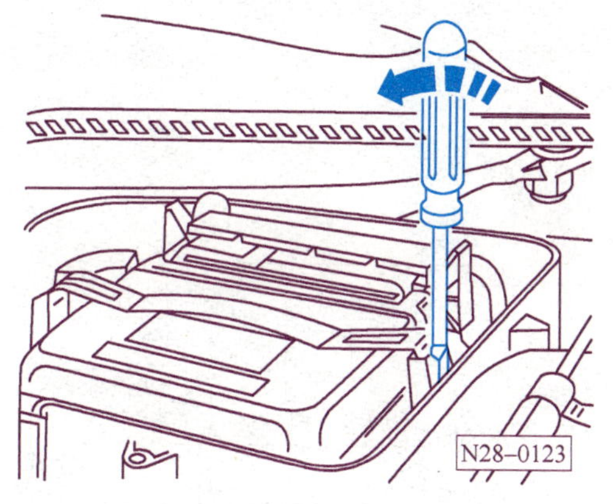

图 4-12　用检测盒 V. A. G1598/31 检测导线和部件（一）

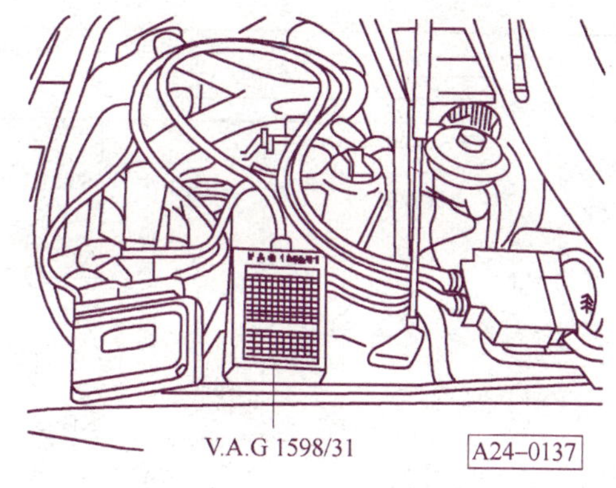

图 4-13　用检测盒 V. A. G1598/31 检测导线和部件（二）

知识与技能拓展

雷克萨斯轿车巡航控制系统

一、雷克萨斯轿车巡航控制系统组成元件的布置及电路图

雷克萨斯轿车巡航控制系统组成元件的布置如图 4-14 所示，其电路如图 4-15 所示。巡航控制系统 ECU 插接器接线端子如图 4-16 所示，端子名称见表 4-4。

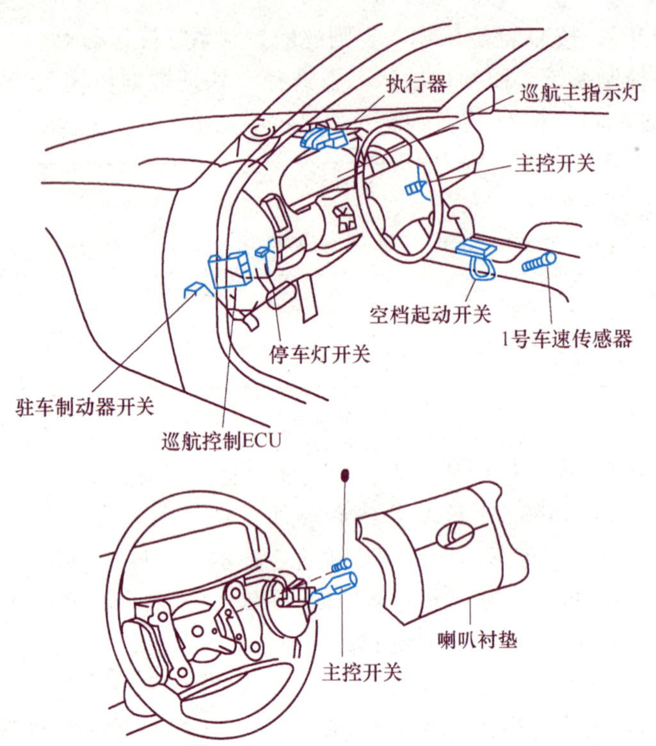

图 4-14　雷克萨斯轿车巡航控制系统组成元件的布置

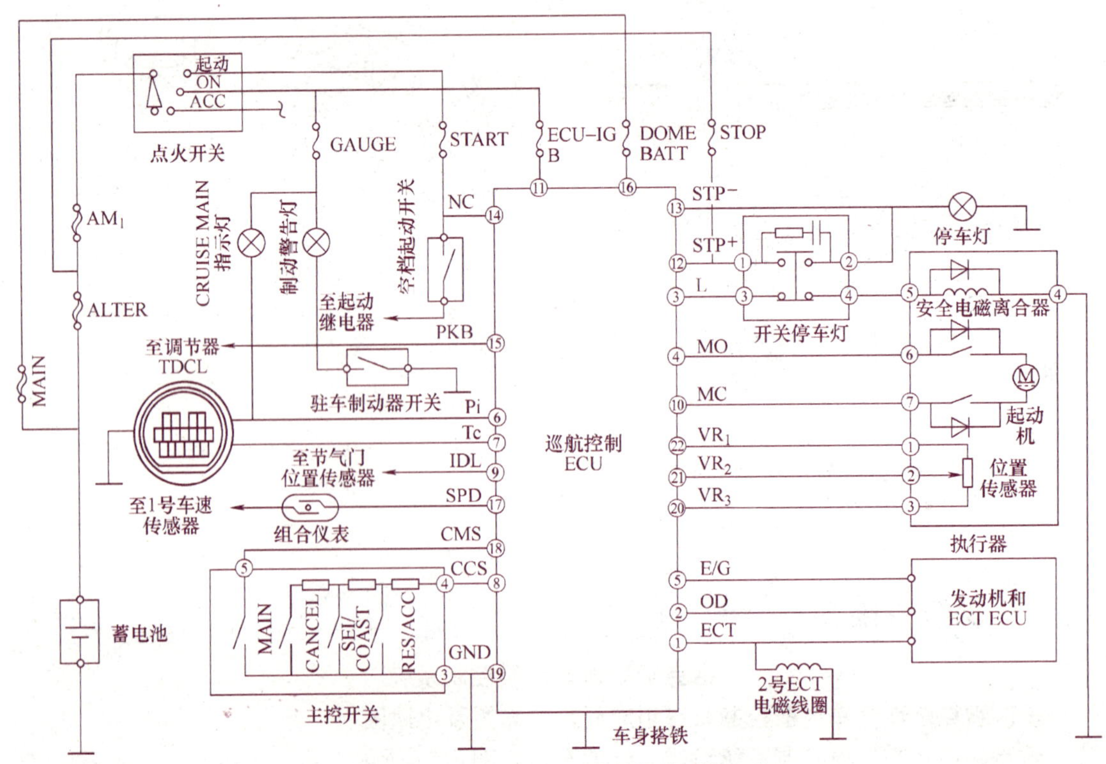

图 4-15　雷克萨斯轿车巡航控制系统电路

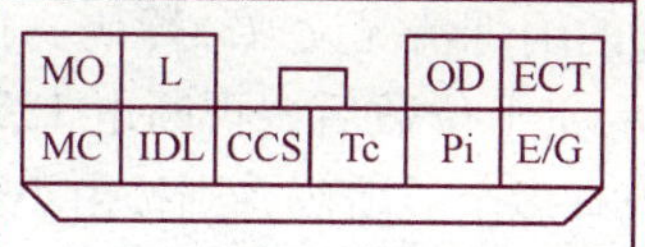

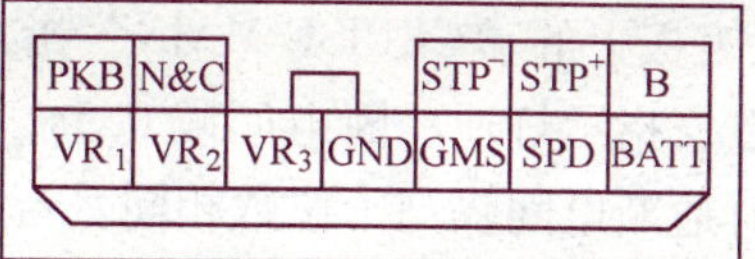

图4-16　雷克萨斯轿车巡航控制系统 ECU 插接器

表4-4　雷克萨斯轿车巡航控制系统 ECU 插接器接线端子名称

编　号	代　码	端子名称
1/10	ECT	发动机和 ECT ECU
2/10	OD	发动机和 ECT ECU
3/10	L	安全电磁离合器
4/10	MO	电动机
5/10	E/G	发动机和 ECT ECU
6/10	Pi	CRUISE MAIN 指示灯
7/10	Tc	TDCL
8/10	CCS	控制开关
9/10	IDL	节气门位置传感器
10/10	MC	电动机
1/12	B	电源
2/12	STP^+	停车灯开关
3/12	STP^-	停车灯开关
4/12	N&C	空档起动开关
5/12	PKB	驻车制动开关
6/12	BATT	备用电源
7/12	SPD	转速传感器
8/12	CMS	主开关
9/12	GND	搭铁
10/12	VR_3	位置传感器
11/12	VR_2	位置传感器
12/12	VR_1	位置传感器

二、雷克萨斯轿车巡航控制系统诊断

1. 巡航控制系统状态指示的检查

巡航控制系统的状态指示可通过仪表面板上的“CRUISE MAIN”指示灯的闪烁来判别。

接通点火开关，当巡航控制的主开关接通时，指示灯应亮。主开关断开时，指示灯应熄灭。若指示灯本身不正常，应及时修理。

当巡航控制系统出现故障时，ECU 除自动中断巡航控制外，指示灯会闪烁5次，指示灯通电时间约0.5s，断电间隔约1.5s。ECU 将故障码自动储存，并可调出。

2. 巡航控制系统故障码的读取

1）接通点火开关。

2）用短接线将故障码检测插接器“TDCL”中的端子 Tc 和 E_1 短接。

3）根据仪表板上的“CRUISE MAIN”指示灯的闪烁情况读取故障码。指示灯首先闪烁故障码的十位数，指示灯通、断电间隔 0.5s，显示完十位数后，再断电 1.5s，显示故障码个位数，显示时通断电间隔与十位数相同。若系统有多个故障码，则按由小到大的顺序显示代码，相邻故障码之间间隔为 2.5s。

4）系统故障码见表 4-5。

表 4-5　雷克萨斯轿车巡航控制系统故障码表

诊断代码	CRUISE MAIN 指示灯闪烁形式	诊　断
	亮 灭	正常
11	亮 灭	起动机电路或安全电磁离合器电路不正常
12	亮 灭	安全电磁离合器电路不正常
13	亮 灭	起动机电路或位置传感器电路不正常
21	亮 灭	转速传感器电路不正常
23	亮 灭	汽车实际行驶速度低于设定速度 16km/h 或更多
31	亮 灭	控制开关电路不正常
32	亮 灭	控制开关电路不正常
34	亮 灭	控制开关电路不正常

5）检查完毕后，脱开端子 Tc 和 E_1，关闭点火开关。

3. 系统故障码的清除

在完成修理后，关闭点火开关，拆下继电器盒盖“DOME”的熔丝管 10s 或更长的时间，可清除系统故障码。接上熔丝管，应显示正常代码。

4. 检查输入信号

信号输入装置包括主开关、制动灯开关、驻车制动开关、离合器开关、空档起动开关和车速传感器等，其工作状况及连接情况是否良好影响到信号是否正常。

对系统各组成部分分别着重检查时，也可借助仪表板上巡航控制指示灯的闪烁，确切判断故障的具体部位。

5. 巡航控制系统故障排除顺序

在完成读取系统的故障码、读出信号输出和输入部分的代码后，经过综合对比分析、初步判断，就可进入到故障排除的实施检修阶段。表 4-6 为检修优先顺序表，其中数字小的优先程度高。更换巡航控制 ECU 的步骤应放在最后。

表 4-6　检修优先顺序表

征兆 \ 怀疑部位		电动机电路	安全电磁离合器电路	位置传感器电路	车速传感器电路	控制开关电路	执行器控制拉索	巡航控制 ECU
巡航控制执行故障或消除故障	诊断代码 11	1	2					3
	诊断代码 12		1					2
	诊断代码 13	2		1				3
	诊断代码 21				1			2
	诊断代码 23	3			2		1	4
	诊断代码 31					1		2
	诊断代码 32					1		2
	诊断代码 34					1		2

三、雷克萨斯轿车巡航控制系统的故障检查和排除方法

1. 故障现象与故障部位的对应关系

若在故障码的检查中显示正常代码，但仍出现故障，则应按表 4-7 给出的顺序检查对应的部位（仍然是数字小的优先检查）。检查、更换巡航控制 ECU 应放在最后。

表 4-7　故障现象与检查部位对应顺序表

征兆 \ 怀疑部位	电动机电路	车速传感器电路	控制开关电路	停车灯开关电路	怠速开关电路	（主节气门位置传感器）	ECT 信息交换电路	EFI 信息交换电路	驻车制动开关电路	空档起动开关电路	电源电路	备用电源电路	主开关电路	诊断电路	执行器控制拉索	巡航控制 ECU
不出现 SET 或出现 CANCEL（诊断代码正常）	8	3	4	5					7	6	1		2		9	10
汽车的实际速度向上或向下偏离设定速度	4	2			5		3	6							1	7
在上坡路段行驶时，在 3 档和超速（OD）档之间换档频繁							1									2

（续）

怀疑部位 / 征兆	电动机电路	车速传感器电路	控制开关电路	停车灯开关电路	怠速开关电路	（主节气门位置传感器）	ECT信息交换电路	EFI信息交换电路	驻车制动开关电路	空档起动开关电路	电源电路	备用电源电路	主开关电路	诊断电路	执行器控制拉索	巡航控制ECU
即使制动踏板已踩下，巡航控制不取消	3			2											1	4
即使驻车制动踏板已踩下，巡航控制不取消	3							2							1	4
即使变速器已换至N档，巡航控制不取消	3								2						1	4
控制开关不工作	3		2												1	4
在40km/h或以下可以SET，或在40km/h或以下不执行CANCEL	3	2													1	4
加速（ACCEL）或恢复（RESUME）模式响应差	3						2								1	4
即使不是在上坡路段，O/D也不能恢复							1									2
诊断代码存储被抹掉												1				2
诊断代码不输出，或不该输出时输出																2
巡航主指示灯一直亮或不亮	——→组合仪表故障排除															

2. 驱动电动机电路的检修

驱动电动机电路包括驱动电动机、节气门控制臂位置传感器及连接电路等。驱动电动机电路发生故障时，其故障码为11，故障原因可能为驱动电动机电路的电流过大，其原因有ECU提供给电动机的电源电压占空比高且不能调节，电动机有短路现象等。驱动电动机电路的检查如图4-17所示。

1）脱开电动机与ECU之间的插接器。

2）将蓄电池的正极与插接器端子5连接、蓄电池的负极与插接器端子4连接，使电磁离合器通电。

3）将蓄电池电压加到其余的每两个端子之间时，电动机应转动，控制臂应摆动且摆动平稳。

4）驱动电动机转动，使控制臂摆动到加速或减速的限位点时，电动机应停止转动，控制臂应停止摆动。

3. 电磁离合器电路的检修

读取故障码为11时，其故障部位可能是驱动电动机或电磁离合器的电流过大。当读取故障码为12时，其故障部位可能是电磁离合器电路内部断路。电磁离合器电路的检查如图4-18所示。

1）测量电磁离合器线圈电阻是否正常。脱开ECU插接

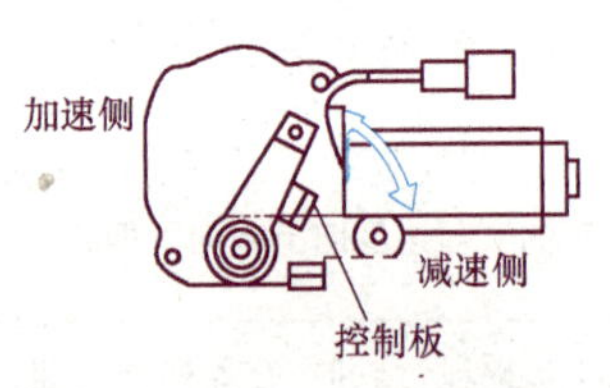

图4-17　驱动电动机电路的检查

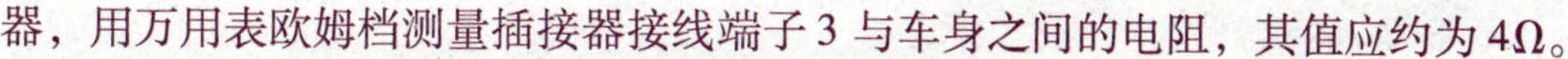
器，用万用表欧姆档测量插接器接线端子 3 与车身之间的电阻，其值应约为 4Ω。

2）检查节气门控制臂。脱开 ECU 插接器，在电磁离合器断电时，控制臂应能用手转动。在电磁离合器通电时，控制臂应不能用手转动。

3）检查制动灯开关。脱开 ECU 插接器，用万用表欧姆档检查各端子之间的通断情况，踩下制动踏板时，插接器端 1 和 3 之间应导通；抬起制动踏板时，端子 2 和 4 之间应导通。

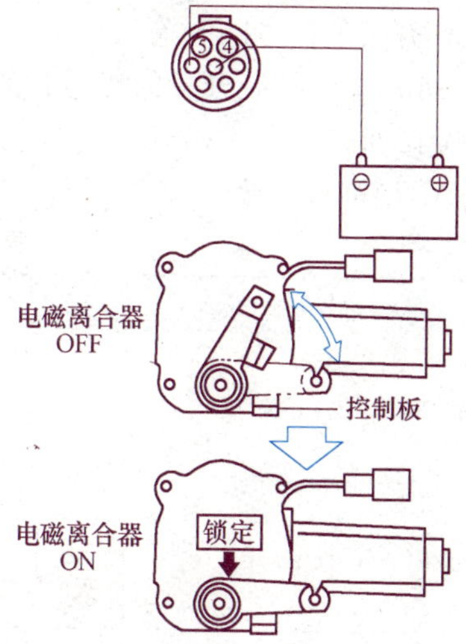

图 4-18　电磁离合器电路的检查

4. 位置传感器电路的检修

读取故障码为 13 时，故障部位可能在位置传感器电路。位置传感器在电动机转动时，不能对 ECU 输入变化的信号的原因是电路连接接触不良、传感器损坏等。

1）位置传感器的电压检查如图 4-19 所示，保持 ECU 插接器不脱开，接通点火开关，慢慢转动节气门控制臂，并用万用表直流电压档测量位置传感器的中间滑动端与 ECU 搭铁间的电压。控制臂使节气门开度最大时，其电压应约为 4.2V；控制臂使节气门开度最小时，其电压应约为 1.1V。当控制臂转动时，电压的变化应连续平稳。

2）位置传感器的电阻检查如图 4-20 所示，脱开 ECU 插接器，慢慢转动节气门控制臂，并用万用表欧姆档测量位置传感器的中间滑动端与 ECU 搭铁间的电阻。控制臂使节气门开度最大时，其电阻应约为 1.8Ω；控制臂使节气门开度最小时，其电阻应约为 530Ω。当控制臂转动时，电阻的变化应连续平稳。

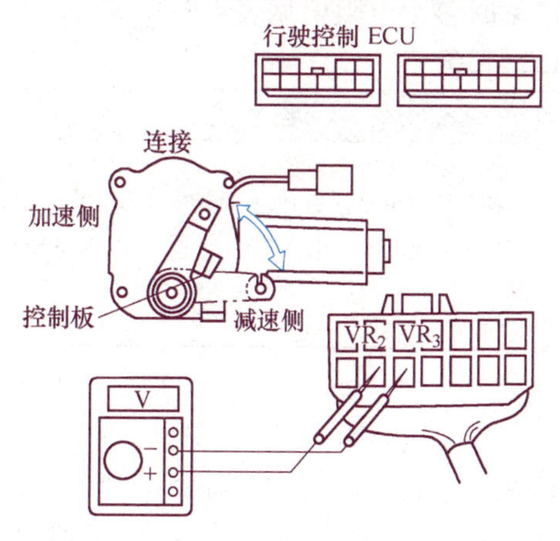

图 4-19　位置传感器的电压检查

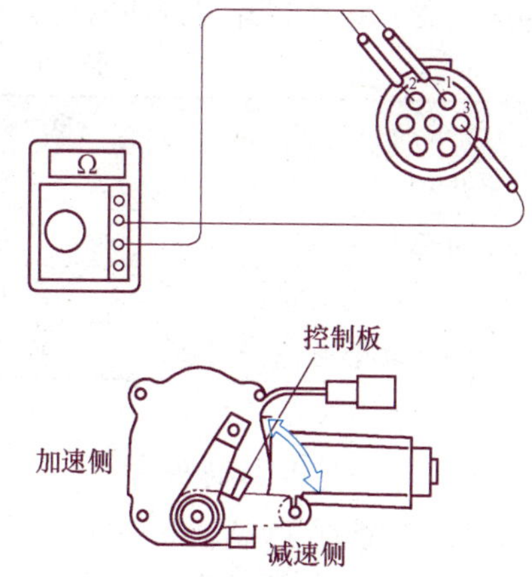

图 4-20　位置传感器的电阻检查

5. 车速传感器电路的检修

读取故障码为 21 时，故障部位在车速的信号电路（包括车速传感器、组合仪表板、仪表板到车速传感器之间和仪表板到 ECU 之间的配线及 ECU 等）。

当车速高于 40km/h 时，打开巡航控制系统，巡航控制指示灯闪烁。当车速低于 40km/h 时，打开巡航控制系统，巡航控制指示灯保持常亮。若符合以上两个条件，车速信号为正常；否则，为故障，应检查配线和仪表板等连接是否可靠。

6. 控制开关电路的检查

当巡航控制系统的故障码为31时，故障原因为RES/ACC开关一直给ECU输入信号。当故障码为32时，一般是控制开关内部短路。当故障码为34时，一般是SET/COST、RES/ACC开关的信号同时输入。

1）各个控制开关的信号检查。分别接通SET/COAST、RES/ACC和CANCEL开关，在开关接通时，注意观察仪表板上的巡航控制指示灯的闪烁情况。指示灯的正常闪烁形式与表4-8中相符为正常。

表4-8　巡航控制指示灯的闪烁形式

开关接通状态	指示灯的闪烁形式	备　注
CANCEL(取消)开关	亮 灭	当每一开关接通时,指示灯应如表内方式闪烁。当开关断开后,停止闪烁,表示开关与电控单元联系正常
SET/COAST(设定)开关	亮 灭	
RESUME/ACC(恢复)开关	亮 灭	

2）控制开关电阻的检查。控制开关内有3个不同阻值的电阻，使用万用表欧姆档测量插接器的端子3和4之间的电阻值，判断各个开关的好坏。拆下转向盘中心衬垫，脱开控制开关的插接器，在控制开关接通时进行测量。开关正常时各个电阻值见表4-9。

表4-9　控制开关电阻正常阻值

开关位置	电阻值	备　注
各开关均关断	无穷大	各个开关分别接通时,测量端子3和4电阻值,阻值如表内数据时,开关为良好;否则,开关电路有故障
RES/ACC(恢复)通	约70Ω	
SET/COAST(设定)通	约200Ω	
CANCEL(取消)通	约420Ω	

7. 制动灯开关电路的检查

制动灯开关除在踩制动踏板时使制动灯亮外，还在巡航控制系统中当踩制动踏板时，给ECU输入取消巡航控制状态的信号；在断开电磁离合器的电流通路时，能迅速取消巡航控制。

1）检查制动灯。踩下制动踏板时，制动灯应亮。

2）制动灯开关的信号检查。当踩下制动踏板时，观察仪表板上巡航控制指示灯的闪烁形式。制动灯开关电路与ECU联系正常时，巡航指示灯应闪烁6次；否则，为故障。

3）检查制动灯电路的配线与ECU插接器接触是否可靠。

8. 节气门控制臂拉索的检查

控制臂拉索与节气门的接头安装应正确；拉索与节气门的动作应平衡；拉索松紧度应适

中，拉索过松会使汽车上坡的车速损失过大，拉索过紧会使发动机的怠速增高。

案例解析

案例 1

故障现象： 一辆道奇 CARAVAN 汽车因发动机的机械故障，对发动机进行了拆装检修。装复之后，定速巡航功能失去作用。

在高速公路上试车发现，当定速开关起动后，伺服装置使加速踏板一下子拉开到极限位置，无法对行驶速度进行预期设定。

故障诊断： 用 OTC 解码器测试系统，检测发现，所有的开关状态均正常；然后进行电磁阀动作测试，定速伺服装置电磁阀都有明显反应。对伺服装置 3 个电磁阀进行分析：定速巡航系统工作时，控制模块 PCM 经过制动开关（ON）同时向 3 个电磁阀提供 12V 工作电压。卸载电磁阀处于 ON 状态，关闭真空泄放通道。真空电磁阀处于 ON 状态，打开真空储盒通往伺服膜盒的真空通道。而排气电磁阀则由 PCM 控制处于“ON—OFF”间歇开闭状态，调节伺服膜盒的真空度，从而起到调节车速的作用。

踩下制动踏板时，卸载电磁阀和真空电磁阀的动作正好相反，从而解除定速巡航功能。

通过上述分析和检测可以知道，各开关状态正常，并且电磁阀工作正常，所以可能是真空通道出现故障。如果排气电磁阀控制的放气孔堵死，必定会引起定速巡航系统功能失调。

故障排除： 对伺服装置进行拆检，发现放气孔被密封胶堵塞。原来，该车在拆装发动机的过程中不慎碰裂了伺服装置线束插头，修理工用密封胶粘接修补时结果多余的胶将放气孔堵住，导致在定速巡航系统起动后，定速巡航控制单元无法调节伺服膜盒的真空度，也就不能调节车速。

将堵塞放气孔的密封胶清除，重新试车，定速巡航系统功能恢复正常。

案例 2

故障现象： 一辆道奇 CARAVAN 汽车发生撞车事故，安全气囊爆炸。在一家修理厂修复后，经过一段时间，车主发现 CRUISE 巡航指示灯亮起，同时定速巡航控制系统也不起作用了。

故障诊断： 用 OTC 解码器测试系统各相应开关，发现操作所有巡航开关时均显示 ON 状态，而滑行减速开关、解除开关和恢复/加速开关等其他开关都没有出现正确的工作电压。

定速巡航系统各开关都串联有不同阻值的电阻和内部检测电路。定速巡航控制模块（PCM）通过检测各开关的电压值来判断各个开关的状态，从而接受驾驶人的操作指令。

未操作时，各开关均处于 OFF 位置，其中 ON/OFF 定速主开关未串接电阻，因此，如果这个开关一直处于闭合状态，即使其他开关闭合，定速巡航控制模块（PCM）通过内部检测电路，对相应并联电路进行分析运算，发现最大电压降为 5V，则定速巡航控制模块（PCM）就不会接受其他任何开关的指令，包括设定开关（SET）。

经过分析可以知道，该车所有巡航开关均显示 ON 状态，而且其他开关没有正确的工作电压，说明 ON/OFF 定速主开关一直处于闭合状态，极有可能是 ON/OFF 定速主开关短路。而该开关线束位于转向盘上，考虑到该车事故后更换了安全气囊组件，推测该车故障是在拆装过程中遗留下来的问题。

拆检 ON/OFF 定速主开关，发现其线束被压破露出外皮。原来，安装安全气囊组件时，固定螺钉将线束压破，经过一定时间后，露出外皮的破裂线束在行车振动中与转向柱搭铁，于是巡航指示灯亮起，定速巡航系统失去作用。

故障排除：将损坏的线束仔细包扎好，装复试车，故障排除。

点评与思考：以上两例道奇 CARAVAN 汽车定速巡航控制系统故障，皆因维修中修理工操作不慎造成。

气路和电路是汽车定速巡航控制系统的最基本信息传输介质，维修中稍有不慎就会对其造成损伤，影响汽车的运行性能。下面对其气路、电路相互协调、统一和谐地完成定速巡航的工作过程详加阐述，以供维修参考。

道奇 CARAVAN 汽车采用电控真空控制式巡航系统。它是靠设置的车速传感器将车速信号输入电子控制装置，由电子控制装置发出信号控制真空系统。真空系统由真空调节器、节气门驱动伺服膜盒、车速控制开关和制动踏板上的真空解除开关等组成。根据计算机上的输出信号，经电磁滑阀可调节进入该系统的新鲜空气量，从而能控制作用于伺服膜盒内的真空度。当车速低于控制车速时，真空调节器供给的空气量减少，使伺服膜盒内的真空度增加，通过膜片的移动，使节气门开大；反之，当车速高于控制车速时，真空调节器供给的空气量增加，伺服膜盒内的真空度减小，使节气门开度减小。正常行驶时，在发动机进气管负压和真空调节器供给定量空气的共同作用下，使伺服膜盒内保持一定的负压，控制汽车按预定的速度稳定行驶。在真空系统工作时，如果驾驶人踏下制动踏板，首先使真空解除阀起作用，切断系统电源。电磁阀断电，真空调节器内部和大气相通，负压消失。在踏下制动踏板的同时，真空解除阀也使系统和大气相通。

在强调操作仔细认真的同时，维修人员必须熟练掌握定速巡航系统构造及其工作原理，科学分析故障，不要因为自己的草率而给维修工作增添麻烦。

观察与思考

一、思考题

1. 巡航控制系统有哪些功能？
2. 巡航控制系统有哪些传感器和执行器？
3. 如何检测奥迪 A6 轿车的巡航控制系统？

二、实习观察项目

1. 观察各种汽车巡航控制系统有哪些不同。
2. 如何给轿车加装巡航控制系统？

学习单元2　防碰撞系统的检修

学习目标

1）熟悉汽车防碰撞系统的功用、类型、组成和结构特点。
2）掌握汽车防碰撞系统的拆装方法与调试维护工艺。
3）掌握汽车防碰撞系统的故障诊断方法与检修技能。

工作任务

一、任务情境

现在汽车越来越多，行驶速度越来越快，驾驶人在行车时稍有不慎就可能发生碰擦交通事故。汽车防碰撞系统可以直观地显示出周围障碍物的情况，帮助驾驶人前进、倒车或泊车，提高了驾驶的安全性。如果防碰撞系统出现故障，警示蜂鸣器会一直响，此类故障应如何处理呢?

二、任务分析

要能够及时有效地排除汽车防碰撞系统的故障，需要熟悉汽车防碰撞系统的功能、结构和工作原理，熟练使用故障解码仪、读取故障码并进行相关检测。

相关知识

一、汽车防碰撞系统的功能

汽车防碰撞系统是一种主动安全系统，是一种可向驾驶人预先发出视听警告信号的探测装置，其作用主要是解决汽车行驶的安全距离问题。汽车防碰撞控制系统如图 4-21 所示，它具有行车环境监测、防碰撞预测和车辆控制功能。

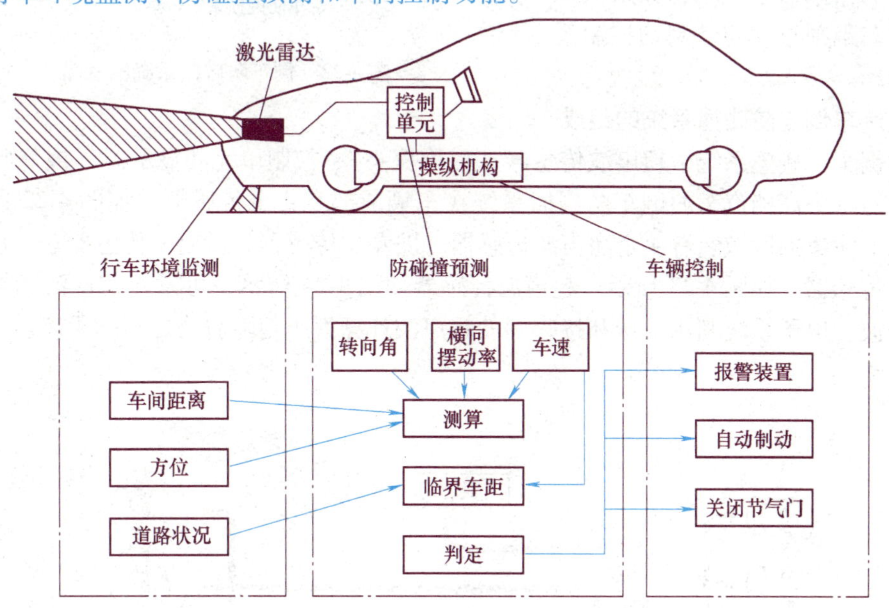

图 4-21　汽车防碰撞控制系统

1. 行车环境监测功能

位于车辆前部的激光扫描雷达能够判定车辆前方物体的距离和方位，并与路面情况传感器共同承担环境监测功能。

2. 防碰撞预测功能

防碰撞分析系统对前后障碍物的距离和方位以及路面信号进行分析，提取有用数据，进行危险性判断，输出必要的警告信号或应急车辆控制信号。

3. 车辆控制功能

根据防碰撞系统输出信号的控制，可实现对制动系统（ABS）或转向系统的自动操作。自动操作系统处于工作状态时，如驾驶人的操作制动力大于自动控制系统提供的制动力，则驾驶人的操作有效，这样可保证自动操作系统失灵时驾驶人控制的制动系统仍然起作用。

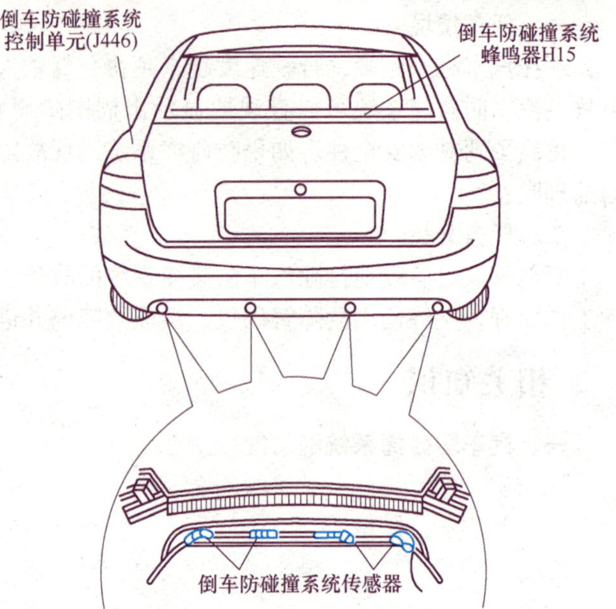

图 4-22　倒车防碰撞系统示意图

该系统中，红外线激光传感器安装在车前端下部，以脉冲形式发射红外线激光。在汽车前方40m处形成直径为3m的控制区，利用透镜聚焦障碍物反射激光测算障碍物距离，测距经计算分析，判断出是否有碰撞危险（计算出现危险的“临界车距”）。如果汽车未到临界车距则发出警示，并在驾驶室的显示器上提示；如果汽车达到临界车距则自动起动制动控制系统进行制动。

二、汽车倒车防碰撞系统的组成

汽车倒车防碰撞系统由超声波传感器（俗称探头）、控制单元和显示器（或蜂鸣器）等组成。奥迪等中高档汽车的倒车防碰撞系统在车辆前部有4个传感器，如图4-22所示，在后保险杠上涂漆的区域装有4个超声波传感器，即左后传感器、左后中传感器、右后中传感器、右后传感器，如图4-23所示。超声波传感器如图4-24所示，可发送超声波和接收反射后的超声波。电子系统利用发送和接收到的超声波计算汽车与障碍物之间的距离。

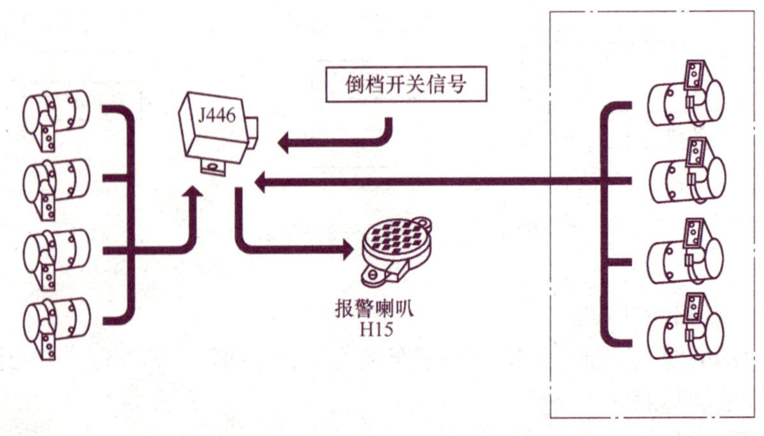

图 4-23　倒车防碰撞系统的组成

J446—超声波倒车防碰撞系统控制单元

图 4-24　超声波传感器

三、倒车防碰撞系统的工作原理

倒车防碰撞系统一般采用超声波测距原理，在控制单元的控制下，由超声波传感器发射超声波信号，超声波遇到障碍物时，产生回波信号，传感器接收到回波信号后经控制单元进行数据处理，判断出障碍物的位置，由显示器显示距离并发出其他警告信号，使驾驶人得到及时警告。

四、倒车防碰撞系统的工作过程

当挂上倒档时，超声波倒车防碰撞系统即开始工作，发出“嘟嘟”的声音，表明该系统状态良好。当车与障碍物相距 1.6m 时，可听见间断报警声。距离障碍物越近，声音越急促。如距离小于 0.2m，则连续发出报警声。其报警范围如图 4-25 所示。

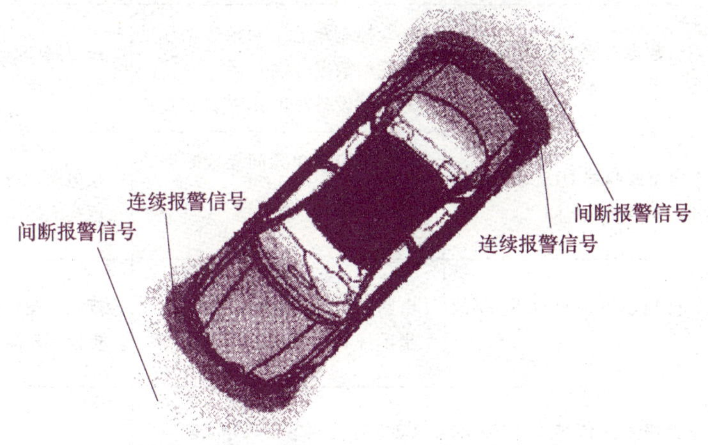

图 4-25　汽车防碰撞系统的报警范围

任务实施

倒车防碰撞系统的检测与匹配

打开点火开关后，倒车警报装置开始进行约 1s 的自检。如果在自检过程中倒车警报控制单元没有发现故障，则系统会发出一种短的信号音；如果在自检过程中倒车警报控制单元识别出故障，则装置会发出一个 5s 的连续音。挂上倒档后，当车辆距离障碍物约 1.6m 时，倒车警报装置开始工作，其警报音为 75ms 音频脉冲。车辆与障碍物之间的距离越短，音频

脉冲间隔越小（警报声越急）。当车辆与障碍物之间的距离小于25cm时，警报音变成连续音（在特殊情况下，如沿着墙壁倒车就会出现这种情况）。

一、读取和清除故障码

大众车系故障码读取和清除可用V. A. S 5051或V. A. G 1551检测仪进行操作。

连接故障检测仪V. A. S5051或V. A. G 1551后，读取故障码（查询故障存储器用02功能，清除故障码用05功能，结束输出用06功能）。相关的故障码见表4-10。

表4-10　故障码

诊断仪显示	故障描述	可能的故障原因	故障排除
00532	供电电压信号过大或过小	供电电路断路或短路	按电路图查找故障 提示:检查倒车警报装置控制单元的电源
00625	车速信号过大	车速信号数值过大(>300km/h),可能是电源线间歇性接触不良	按电路图查找故障
01317	仪表板插件中控制单元故障	电路断路或短路 组合仪表匹配不当	按电路图查找故障,检修电路断路 选择61通道匹配并加入正确的匹配值
01336	共用组数据总线舒适性设备短路	一个控制单元上两根数据线处于共用组数据总线中 舒适性设备对正极/搭铁点短路	按电路图查找故障 修理短路
01543	倒车警报蜂鸣器H15对正极短路/断路,对搭铁点短路	H15与控制单元间导线断路或短路 H15损坏	按电路图查寻故障 更换H15
01544	倒车警报装置指示灯K136故障	电路和插接连接处有故障 指示灯K136损坏	按电路图查找故障 更换倒车警报灯
01545	倒车警报左后传感器G203对正极短路、断路/对搭铁点短路,部件损坏,不可靠信号	G203和控制单元间导线断路或短路 G203损坏	按电路图查寻故障 更换G203
01547	倒车警报右后中传感器G205对正极短路、断路/对搭铁点短路,不可靠信号	G205与控制单元间导线断路或短路 G205损坏	按电路图查寻故障 更换G205
01548	倒车警报右后传感器G206对正极短路、断路/对搭铁点短路,不可靠信号	G206与控制单元间导线断路或短路 G206损坏	按电路图查寻故障 更换G206

（续）

诊断仪显示	故障描述	可能的故障原因	故障排除
01546	倒车警报左后中传感器G204对正极短路、断路/对搭铁点短路，不可靠信号	G204与控制单元间导线断路或短路 G204损坏	按电路图查寻故障 更换G204
01549	倒车警报传感器供电信号过小	倒车警报传感器与控制单元间对搭铁点短路	按电路图查寻故障
01550	倒档信号对正极短路	倒车灯开关与控制单元间对正极短路	按电路图查寻故障
01626	倒车警报装置前右传感器G252故障	倒车警报装置前右传感器和控制单元之间断路或短路 前右传感器G252故障	按电路图查找故障 更换G252 提示：检查倒车警报装置传感器电源
01627	倒车警报装置前右中传感器G253故障	倒车警报装置前右中传感器和控制单元之间断路或短路 前右中传感器G253故障	按电路图查找故障 更换G253 提示：检查倒车警报装置传感器电源
65535	控制单元损坏	倒车警报控制单元J446损坏	更换控制单元

1）完成修理及功能检查后，必须查询故障存储器，并清理故障存储器。

2）故障存储器记录静态和偶然故障，如果一个故障出现并持续至少2s，就可认为是一个静态故障。如果该故障以后不再出现，即被认为是偶然故障，显示屏右侧将出现“SP”字样。

3）打开点火开关后，所有故障自动被重新确定为偶然故障；当检测后故障又出现时，才将其认定为静态故障。

4）经50次运行循环（点火开关至少打开50min，车速超过30km/h）后，如偶然故障不再出现，就会被自动清除。

5）更换有故障的部件前，应按电路图检查部件的导线和插头连接以及搭铁状况。

二、倒车控制单元编制代码—07功能

该功能用于将下述内容给倒车警报控制单元编制代码，通过编制代码，可使通用的倒车警报控制单元J446适应于相应的汽车。

1）变速器：手动或自动。

2）挂入倒档的信号音：有或没有功能确认。

3）车身结构：普通轿车或旅行车。

4）车型。

编码步骤：

1）按0和7键，选择“给控制单元编制代码”，直至故障诊断仪屏幕显示：

“给控制单元编制代码　输入代码号×××××”。

2）输入代码。如输入 01106，其各位代码含义如下：

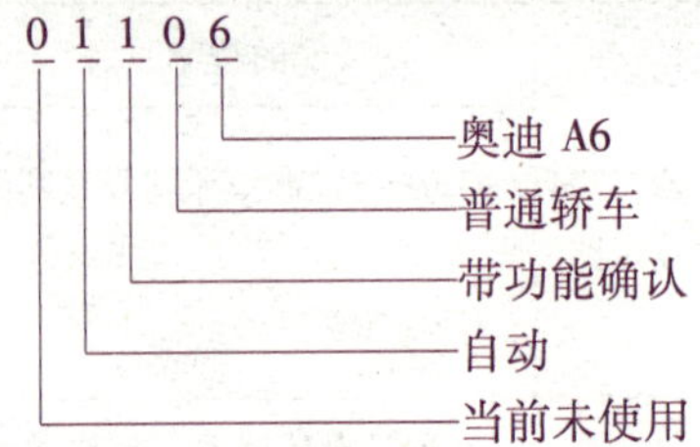

3）按下提示按键，直至屏幕显示：“给控制单元编制代码　输入代码号 01106 ”。

4）按下屏幕上提示的按键确认输入，屏幕显示：

4809819285 Parking system A6RDW D15→ 显示控制单元编码 01106 服务站代码 06812

5）按下屏幕上提示的按键，结束编码过程。

三、读取测量数据块—08 功能

奥迪 A6 轿车测量数据块显示组见表 4-11。

表 4-11　奥迪 A6 轿车测量数据块显示组

显示组	显示区	名　　称	显示内容
001	1	左后传感器距离	左后传感器距离 0 ~ 200cm
	2	左后中传感器距离	左后中传感器距离 0 ~ 200cm
	3	右后中传感器距离	右后中传感器距离 0 ~ 200cm
	4	右后传感器距离	右后传感器距离 0 ~ 200cm
002	1	最小距离	最小距离:测出的 4 个距离中的最小值
	2	车速	车速 0 ~ 300km/h
	3	蜂鸣器	蜂鸣器
003	1	供电电压	传感器供电电压:0 ~ 15V
	2	倒档	倒档
	3	挂车	有(无)挂车
004	1	左后传感器衰减时间	左后传感器衰减时间
	2	左后中传感器衰减时间	左后中传感器衰减时间
	3	右后中传感器衰减时间	右后中传感器衰减时间
	4	右后传感器衰减时间	右后传感器衰减时间

四、倒车防碰撞系统的匹配—10 功能

倒车防碰撞系统的匹配功能用于执行和存储警报音量的大小和警报音频的调整。

1）连接故障诊断仪，接通点火开关，继续操作，直到故障诊断仪屏幕显示：“输入地址码 × ×”。

2）按下诊断仪屏幕提示的按键选择“匹配（自适应）”，故障诊断仪屏幕显示“10-匹配”。

3）按下诊断仪屏幕提示的按键确认输入，故障诊断仪屏幕显示：“（13）”。

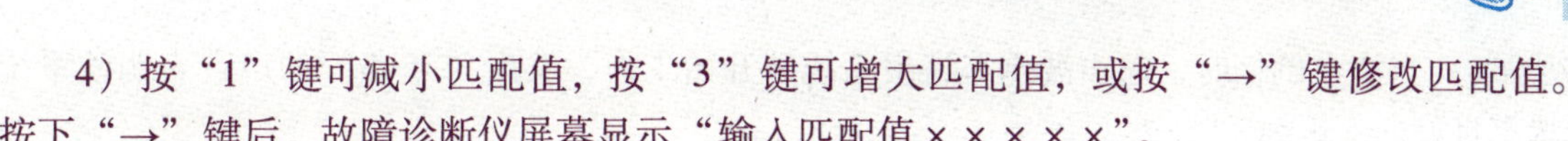

4）按“1”键可减小匹配值，按“3”键可增大匹配值，或按“→”键修改匹配值。按下“→”键后，故障诊断仪屏幕显示“输入匹配值×××××”。

5）用键盘输入匹配值（如00005），故障诊断仪屏幕显示“输入自适应值00005”。

6）按下诊断仪屏幕提示的按键确认输入。

知识与技能拓展

倒车超声波报警系统

汽车倒车安全装置有超声波倒车安全装置和雷达倒车安全装置两种，因雷达倒车安全装置造价高，所以目前多用前者。

一、奥迪A6轿车倒车超声波报警系统

该系统装有4个超声波传感器，并均匀安装在汽车后保险杠上未喷漆的部位内，如图4-26所示。

1. 系统结构

超声波传感器既是执行元件又是传感器，既发射信号，也接收信号。控制单元向4个超声波传感器中的一个发出命令，该传感器即发出超声波，4个传感器都接收超声波的回波。

在超声波传感器内，回波信号被转换成数字信号，并被传递到控制单元，控制单元根据回波的传播时间计算出汽车与障碍物的距离。

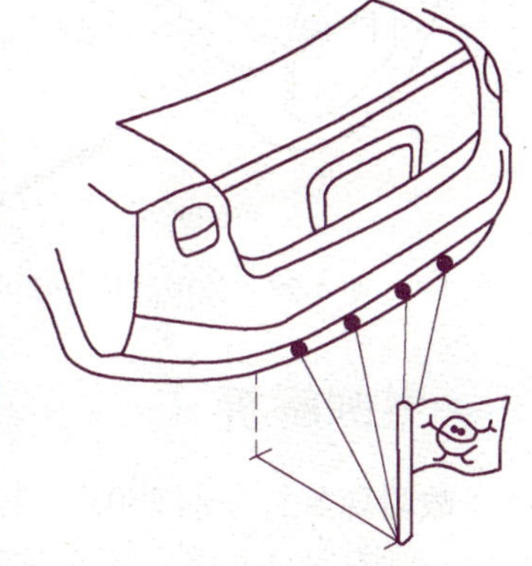
图4-26　奥迪A6轿车倒车超声波传感器安装位置

图4-27所示为奥迪A6轿车倒车超声波报警系统图。超声波传感器由一个无线电收发机和一个整理器构成，如图4-28所示。整理器将回波信号转换成数字信号传递给控制单元。

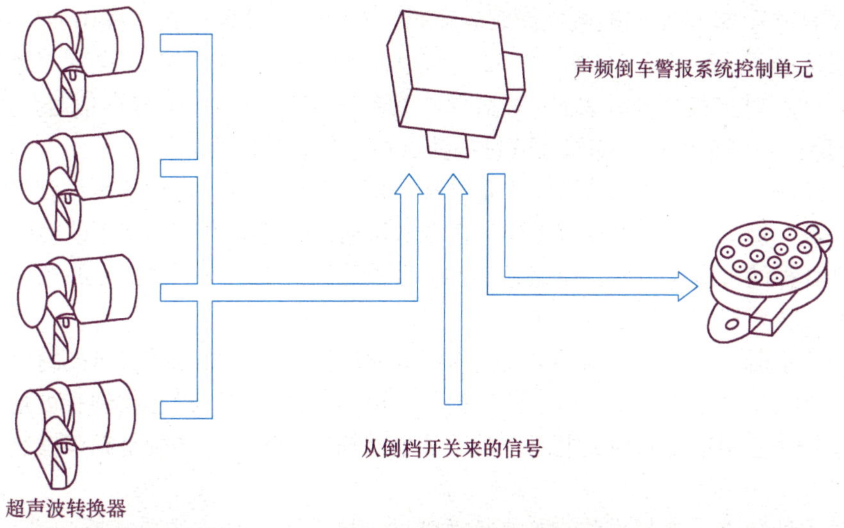

图4-27　奥迪A6轿车倒车超声波报警系统图

2. 工作过程

1）当挂上倒档时，超声波倒车警报系统即开始工作，发出“嘟嘟”的声音表明该系统状态良好。

2）当车与障碍物相距1.6m时，可听见间歇警报声。距离障碍物越近，声音越急促。如距离小于0.2m，则连续发出警报声。警报声间隔及音量用故障检测仪V.A.G1551设定。其警报区域如图4-29所示。

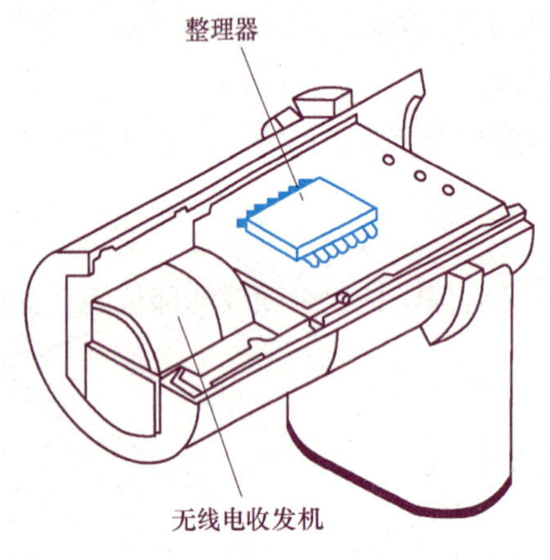

图4-28　超声波传感器的结构

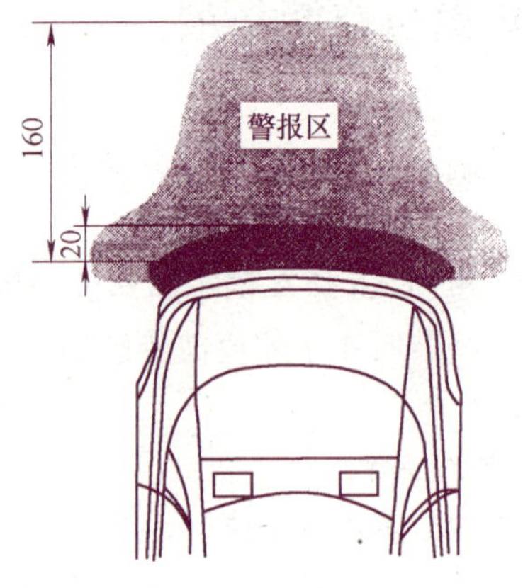

图4-29　倒车超声波报警系统警报区域

案例解析

故障现象：一辆2003款奥迪A6轿车倒车雷达工作不正常。据驾驶人介绍，倒车雷达有时正常有时不正常；不正常时，挂入倒档后不管有没有障碍物蜂鸣器一直响。

故障诊断：试起动汽车并挂入倒档，蜂鸣器没有常响，人为的挡住传感器探头，没有反应，说明倒车雷达没有工作。分别用手指轻轻触摸每一个超声波传感器探头（因为正常工作的传感器探头会有一种轻微的振动感传递到手指上），发现没有探头是在工作的。接上诊断仪，进入通道号76停车辅助系统读取故障码，有9个故障码存在，从01545～01548全部是倒车警报传感器故障，从01626～01629号故障码是停车辅助传感器故障。这8个故障码含义完全一样：对正极短路；断路/对搭铁点短路；部件损坏；不可靠信号。另外有一个01549号故障码：倒车警报传感器供电对搭铁点短路，间歇性故障。

记录故障码后，能够全部清除。于是又挂入倒档测试，倒车雷达依然没有工作，再次着车往后倒一点，倒车雷达依然没有工作。读取故障码时，还是原先的9个故障码。此时，所有传感器都坏掉的可能性不大，应该是01549号故障码的提示有更加实际的意义，很可能是短路造成所有传感器不能够正常工作。

找出维修手册，查阅引起01549故障的可能原因：倒车警报传感器与控制单元间对搭铁点短路。检查该车的相关电路，由于该车很新，电路十分完好，没有找到有可疑的地方。依据电路图检查该控制单元的相关电源、搭铁等电路均完全正常，怀疑是倒车控制单元出现故障。

从驾驶人处知道：该车的右前方曾经碰撞过。拔下了右前方的传感器，进入系统检查，没有任何故障码出现。拔掉后面的一个传感器，进入系统，重新读码，依然没有任何显示。关掉点火开关，再重新打开，还是没有检测出任何故障。着车后挂入倒档，读取故障码，还

是原先的 9 个故障码（即所有的传感器损坏）。

仔细阅读维修手册，打开点火开关后倒车警报装置自检测开始，不到 1s 即结束。这时，控制单元一直处于工作状态，但距离控制功能在挂上倒档时才起动。如倒车警报系统已准备好，会发出一声短的信号音（对于采用自动变速器的汽车，由于 P、D 换档要延迟 1s）。如果自检过程中控制单元识别出故障，则发出 5s 连续音。依此检测后判断出控制单元无故障，还需要进一步查找故障的真正原因。

把档位放在 R 位，读取故障码，发现被拔掉的右前传感器故障已经被控制单元检查了出来，并且只有右前一个故障码。把传感器插回去再读取故障码时，已经变成了间歇性故障，清除后故障消失。起动发动机，倒车再试，倒车雷达依然没有工作，且故障码又出现，还是原先的 9 个故障码。即只要不起动着车，控制单元就能够发现被拔掉的传感器，故障码就不会出现，历史故障码也可以被清除掉。只要一着车，挂入倒档那些故障码就会一同出现，掩盖了那个被拔掉的故障。这进一步证实控制单元没有损坏。依据该系统的特点，在打开点火开关不着车的情况下，一个一个地分别拔掉探头再插回去，观察故障码的变化情况。前面的 4 个传感器轮流测试后，没有发现故障。着车后倒车，再次出现 9 个故障码。把前面的插回，同时拔掉后面的 4 个传感器，则出现后面的传感器故障码。起动倒车，发现故障码只有 4 个，可以确定是后面的传感器故障。把它们分别插回去，每插一个试一次，在插回后面的右中那个传感器时，9 个故障码一同出现了。最后确定是该传感器损坏导致了故障，更换传感器后，停车辅助系统恢复了正常。

故障排除：更换后右中传感器，系统恢复正常。

观察与思考

一、思考题

1. 简述超声波倒车防碰撞系统的工作过程。
2. 奥迪倒车防碰撞系统故障码如何读取和清除？
3. 倒车防碰撞系统都有哪些类型？

二、实习观察项目

1. 如何设置倒车防碰撞系统的灵敏度？
2. 如何加装倒车防碰撞系统？

学习情境5 中控门锁与防盗系统功能异常

学习单元1 中控门锁与防盗系统的检修

学习目标

1）熟悉汽车中控门锁与防盗系统的功用、类型、组成和结构特点。
2）掌握汽车中控门锁与防盗系统的拆装方法与调试维护工艺。
3）掌握汽车中控门锁与防盗系统功能异常的故障诊断方法与检修技能。
4）掌握常用故障诊断设备和维修工具的使用方法和技巧。
5）按照职业岗位的要求文明生产、安全操作。

工作任务

一、任务情境

日本丰田大霸王（PREVIA）汽车的中央门锁控制系统（无防盗系统）不起作用，需要进行检修。

二、任务分析

丰田大霸王（PREVIA）汽车的中央门锁控制系统主要是由门锁控制开关、点火开关、门控开关、门锁总成（包括门锁电动机和门锁匙锁与未锁开关）以及电源等组成。要对这些部件进行检修，排除故障，应该先熟悉以下相关知识。

相关知识

一、防盗系统的分类

1. 机械式防盗系统

机械式防盗系统没有采用中央门锁，仅在起动零件上加锁。目前国内常见的有三种方法。第一种是轮胎锁，使之不能转动，从而达到防盗的作用。第二种是转向盘锁，也就是通常所说的拐杖锁，它的两端类似于拐杖的手柄，长度可调整，一端挂在转向盘上，一端挂在离合器踏板上（装有自动变速器的汽车则挂在制动踏板上），一旦锁定，则转向盘不能转动，档位也挂不上。这种方法很简便，但只需稍加晃动转向盘即可将锁摘下来，不够安全。第三种方法简便而又可靠：变速杆锁，在香港地区称之为波箱锁。所谓变速杆锁，就是在变速杆周围加装一套锁具，锁定之后便不能变换档位。通常这种锁都应用在装有自动变速器的汽车上。

机械式防盗系统安全性较差，使用麻烦，将被逐渐淘汰。

2. 电控防盗系统

电控防盗系统是目前高档的防盗系统，按其功能的不同可分为以下四类。

（1）电控中央门锁和报警装置的防盗系统　该系统安装了电控中央门锁和报警装置，利用电控中央门锁和防盗报警装置联合防盗。当盗贼非法打开车门或行李箱门、发动机舱盖，强行进入车内，企图起动车辆时，报警装置（喇叭鸣响、转向指示灯、前照灯闪亮）警吓盗贼。这种防盗系统安全性能较差，必须增强防盗功能。

（2）电控中央门锁和红外监控的防盗系统　该系统装有电控中央门锁和红外监视系统。它由布置在车辆（内部）周围的一组红外传感器构成一道无形帘幕，以监视在防盗系统起动之后是否有移动物体进入车内。这种防盗系统安全性、可靠性较高，但由于要布置多个红外发射接收装置，其成本较高。

（3）电控中央门锁、超声波传感器、倾斜传感器监控的防盗系统　该系统装有电控中央门锁、超声波传感器、倾斜传感器和振动传感器等监控系统。该系统一般都要增加相应的遥控系统（以决定起动/解除防盗系统）和报警系统（以使在发生危险时能及时发出报警信号），因此成本较高；用户使用不便，而且由于传感器灵敏度难于准确设定，所以容易误报警或漏报警，安全性较差。

（4）电子止动防盗系统（防盗点火锁）　这种防盗系统不但安装了电控中央门锁，还安装了电子止动系统。它通过电子通信来判断用户使用的钥匙是否合法，并以此确定是否允许发动机控制单元工作。若钥匙密码信号不符，发动机的控制单元无法工作，立即切断点火电路、喷油电路、供油电路、自动变速器电路，使盗贼不能起动发动机，汽车处于完全瘫痪状态，同时灯光闪烁、警报大作。该防盗系统是目前使用最多也是世界上高级轿车普遍采用的汽车防盗技术。

目前，国内部分汽车并不带有电子防盗系统，因此需要加装防盗器。防盗器有许多种类，但其工作原理大致相同，只有一点需要注意：在防盗系统中，中央门锁是必不可少的一部分。因此，对于不具备中央门锁功能的汽车，加装中央门锁应作为加装防盗器的第一步。目前较流行的几种汽车防盗系统的比较见表5-1。

表5-1　目前较流行的几种汽车防盗系统的比较

	整车安全性	用户友好性	报警系统	遥控系统	发动机控制	成本
防盗点火锁	高	好	（根据需要）	不需	需要	低
红外监视	高	差	需要	需要	（根据需要）	高
超声波监视	低	差	需要	需要	不需	中
振动监视	低	差	需要	需要	不需	中
倾斜监视	低	差	需要	需要	不需	中
遥控防盗	低	差	需要	需要	不需	中

二、中央门锁与防盗系统的结构与工作原理

（一）中央门锁的功能

汽车装备中央门锁后可实现下列功能：

1）将驾驶人车门锁扣按下时，其他几个车门及行李箱门都能自动锁定。如用钥匙锁门，也可同时锁好其他车门和行李箱门。

2）将驾驶人车门锁扣拉起时，其他几个车门及行李箱门锁扣都能同时打开。用钥匙开门，也可实现该动作。

3）在车室内需打开个别车门时，可分别拉开各自的锁扣。

4）配合防盗系统，实现防盗。

（二）中央门锁元件及功能

门锁控制开关（图5-1）装在左前门和右前门的扶手上，为杠杆型开关。将开关向前推是锁门，向后推是开门。

1. 钥匙开锁报警开关（图5-2）

钥匙开锁报警开关探测点火钥匙是否插进钥匙门内，当钥匙在钥匙门内时，钥匙开锁报警开关电路接通报警；当钥匙离开钥匙门时，取消报警。

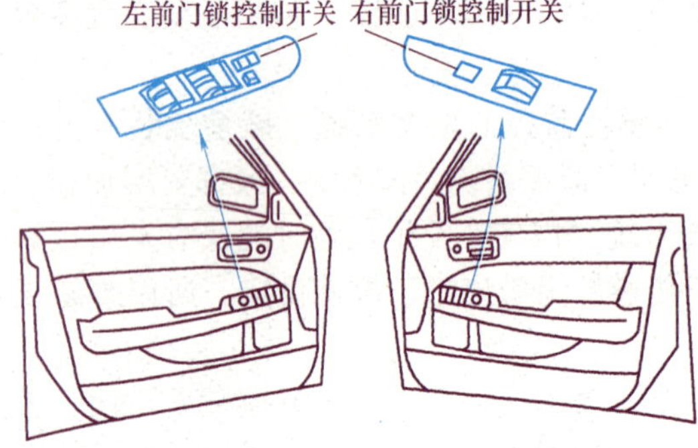

图5-1 门锁控制开关

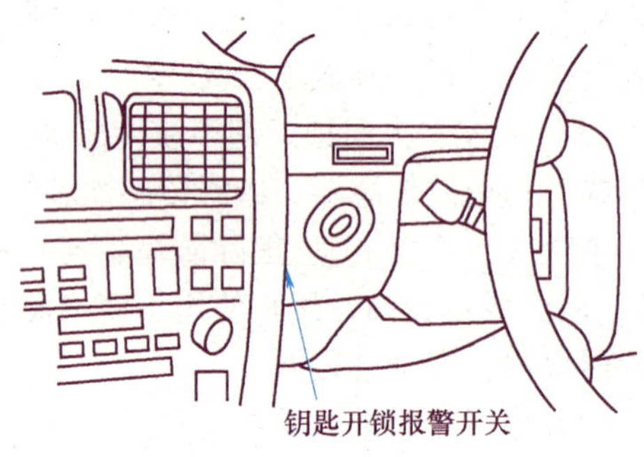

图5-2 钥匙开锁报警开关

2. 钥匙控制开关

钥匙控制开关装在每个前门的钥匙门上，如图5-3所示。当从车外用钥匙开门或关门时，钥匙控制开关便发出开门或锁门的信号给门锁控制ECU。

3. 门锁传动机构

门锁传动机构由蜗杆、蜗轮、锁杆、位置开关等组成，如图5-4所示。当门锁电动机转动时，蜗杆带动蜗轮转动，齿轮推动锁杆，车门被锁上或打开；然后，蜗轮在回位弹簧的作用下返回原位置，防止操纵门锁时电动机工作。位置开关在锁杆推向锁门位置时断开，推向开门位置时接通。

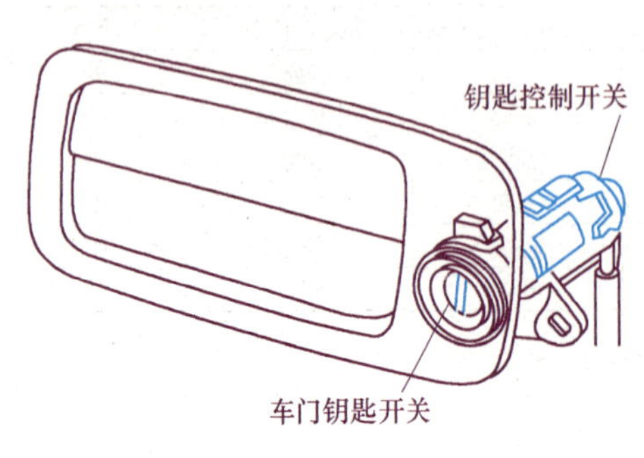

图5-3 钥匙控制开关

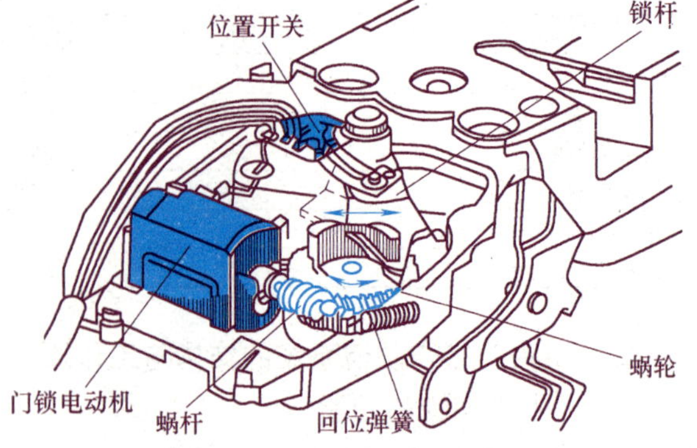

图5-4 门锁传动机构

4. 行李箱门开启器开关

行李箱门开启器开关位于仪表板下面，拉动此开关便能打开行李箱门，如图5-5所示。

钥匙门靠近行李箱门开启器，推压钥匙门，断开行李箱内主开关，此时拉开启器开关不能打开行李箱门。将钥匙插进钥匙门内顺时针旋转打开钥匙门，当主开关再次接通时，可用行李箱门开启器打开行李箱。

5. 行李箱门开启器（图5-5）

行李箱门开启器装在行李箱门上，由轭铁、插棒式铁心、电磁线圈和支架组成，如图5-6所示。轴连接行李箱门锁，当电磁线圈通电时，插棒式铁心将轴拉入并打开行李箱门。电路断路器用以防止电磁线圈因电流过大而过热。

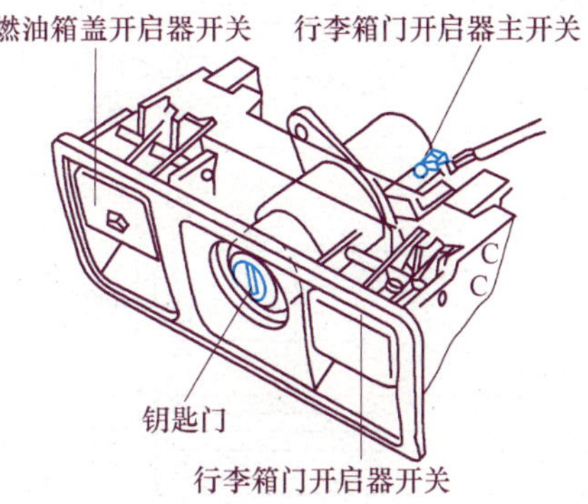

图5-5　行李箱门开启器开关

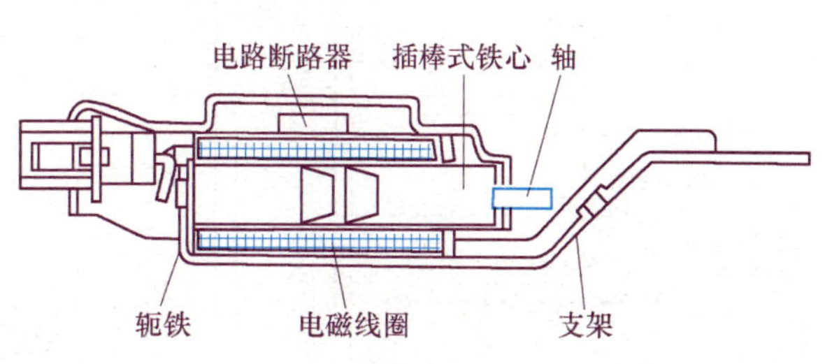

图5-6　行李箱门开启器

6. 门控开关

门控开关用来探测车门的开闭情况：车门打开时，门控开关接通；车门关闭时，门控开关断开。

（三）中央门锁的结构及工作原理

中央门锁有很多种形式，按控制方式的不同分为不带防盗系统的中央门锁和选装防盗系统的中央门锁（电控）；按结构的不同分为双向空气压力泵式中央门锁和微型直流电动机式中央门锁。其中，微型直流电动机式中央门锁装置最为常见。它利用控制直流电动机的正反转来实现门锁的开、关动作。直流电动机式中央门锁主要由双向电动机、导线、继电器、门锁开关及连杆操纵机构组成，直流电动机式中央门锁的操纵机构如图5-7所示。

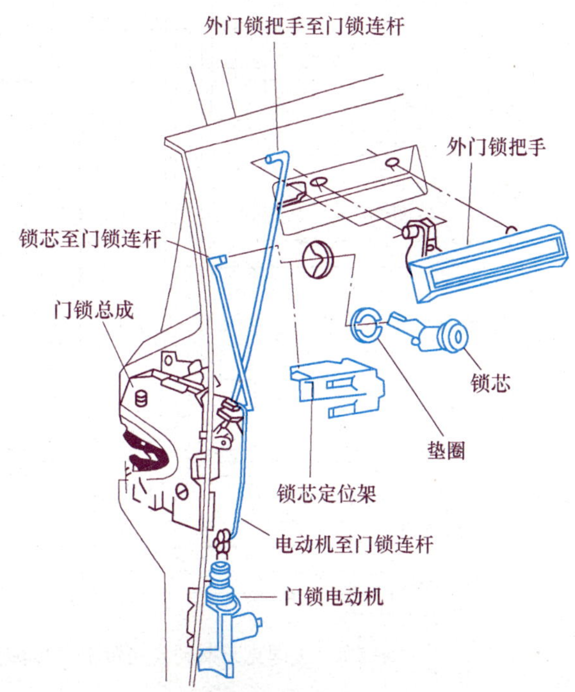

图5-7　直流电动机式中央门锁

当门锁电动机9运转时，通过门锁操纵连杆操纵门锁动作。电动机的旋转方向由经过电动机电枢的电流方向决定。若锁门时，电动机电枢中流通的是正向

电流；开锁时，电动机电枢中流通的则为反向电流，电动机即反向旋转。这样利用电动机的正转或反转，就可完成车门的锁止和开锁动作。

（四）汽车防盗系统与电控中央门锁

1. 增强中央门锁控制功能

图 5-8 所示为美国克莱斯勒公司帝王（Imperial）汽车的防盗电路图。从图中可以看出，防盗 ECU 的主要输入信号由三个部件产生，一是遥控模块，二是左、右锁孔开关，三是 4 个车门的微型开关。

图 5-8　美国克莱斯勒公司帝王（Imperial）汽车的防盗系统电路图

当防盗器起动后，只有通过遥控器发出的开门信号被遥控模块接收到，或将点火开关钥

匙插入锁孔开关，才能使防盗 ECU 解除警戒状态，此时可以正常开启车门。若有人不是通过上述手段打开车门（即非法开门），车门微型开关电路闭合，而遥控模块和锁孔开关并没有信号反馈给防盗 ECU，ECU 无法判断此时动作是合法还是非法，也不能使喇叭电路及其相关的各种灯的开关模块的断电器控制电路接通而报警。

这种防盗系统极为简单，防止开门的手段只有门锁、遥控器及微型开关，而且根本没有办法防范窃贼将车开走。所以，汽车制造商们又想办法增强防盗系统的功能，主要从两个方面入手：一是使中央门锁功能增强，二是当前一功能失效时，可增强汽车其他的必要的锁止功能，使汽车不能运行。

2. 防盗系统的组成

现代汽车的防盗系统包括以下几部分：防盗保险装置、防盗报警装置、电控中央门锁。

（1）防盗保险装置

1）系统动作调置。所有的车门、发动机底部及行李箱关闭时，进行车门锁止，使防盗保险装置进入预警状态。当系统加以调置时，设在车外的部位工作显示灯熄灭，以此保证车主能正确无误地识别系统的预警状态，对盗贼也是一种心理威慑。

2）闯入车厢检测。当非法打开车门闯入车厢时，应能立即报警。

①开闭开关。把车门等开闭部分的运动和锁止机构的运动进行机械或电气检测。

②电流电压。观察车门打开时，亮的车厢灯电气部件是否动作。

③超声波。向车厢发出超声波，当车窗玻璃破碎或盗贼闯入时检测音波的扰动。

④车辆姿势。当人进入汽车而汽车发生倾斜时，检测车辆的姿势变化。

3）警报。有人非法侵入车厢时，采取以下措施：

①喇叭鸣响。喇叭或消声器断续发出响声。

②前照灯、尾灯、转向灯闪烁。转向灯、前照灯、尾灯忽亮忽暗。

③起动电路隔断。把起动机电路或燃油喷射回路切断，使发动机不能起动。

④指名呼叫。电波向车主发送警报，与汽车电话电路联动，发出盗车信号。有些汽车的汽车音响设备具有防盗功能（如从车中盗出音响设备，不输入密码号就不能重新使用）。

（2）防盗报警装置

1）防盗报警装置的基本构造。图5-9所示为防盗报警装置的基本构成。调置/重调置的操作部分是驾驶人进行操作防盗报警装置和解释其功能的部件。传感器的功能是当未以正常的手段解除报警功能，发生闯入车厢事件，并开始起动发动机时，检测到这种信息并发送给控制单元。控制电路接收来自调置/重调置的操作部分和传感器的信息，并进行判断，当获知异常时，一方面会发出报警，另一方面会阻止车辆运行。

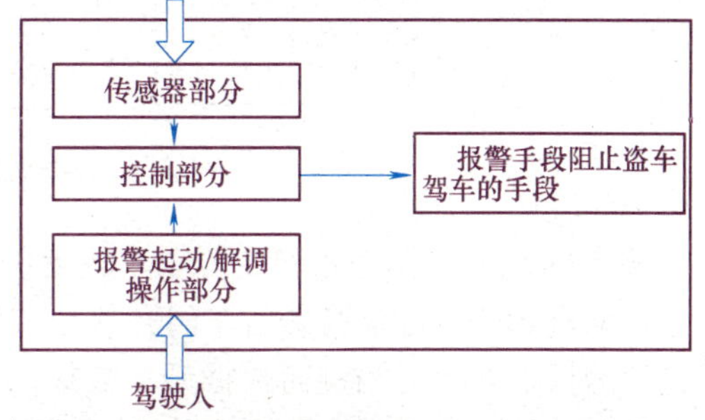

图5-9　防盗报警装置的基本构成

2）防盗报警装置的调置/重调置方法。调置方法可分为主动式与被动式两种。主动式调置是指用于装置起动的特别操作方式，具有暗号开关或密码电源开关板。其典型的方式是红外线或无线电波的遥控方式，售后服务市场上这种产品较多。这种方式的优点是在安装上有通用性；缺点是容易忘记调置而发生偏漏。被

动式调置则是不要求驾驶人特别操作，当车门关闭后，防盗报警装置能自动进行工作，不会发生忘记装置起动的偏漏，能够提高其防盗效果，比较实用。现在几乎全部汽车采用了这种方式，但装置附加价值增加。

3）检测方法。检测的基本方法是在不正常的情况下开启车门。当撬开车门时，开关接通进行检测，马上发出报警信号，行李箱盖或发动机舱盖也采用同样方法。其他应用方式还有对振动、车辆倾斜、窗玻璃划破检测，也有采用超声波检测入侵车厢、音响装置、轮胎脱离车辆时的报警方法。但是这种方法有时会发生误动作。

4）报警与阻止车辆行驶的方法。报警方法通常采用喇叭鸣响或灯光闪亮的方式。另外，还有用专用喇叭与普通喇叭进行组合的报警方法；采用专用警笛或者向车主用电波报警的方法；利用电波在电子地图上显示被盗汽车的位置，并向警方报警的追踪装置也开始普及；还有禁止发动机起动的起动机电路的自动切断、燃油供应切断和点火系统切断等方法。

5）防盗报警装置的可靠性。防盗报警装置必须安全可靠，绝不允许在深夜或者蓄电池电压增加时发生误动作。否则，由于行驶锁止装置的误动作导致发动机故障使车辆无法运行。因此，必须确保防盗报警装置的可靠性。

汽车出厂时装设的防盗报警装置几乎相差无几，现以典型例子说明防盗报警装置的工作过程和功能。图5-10所示为防盗报警装置的功能构成图。

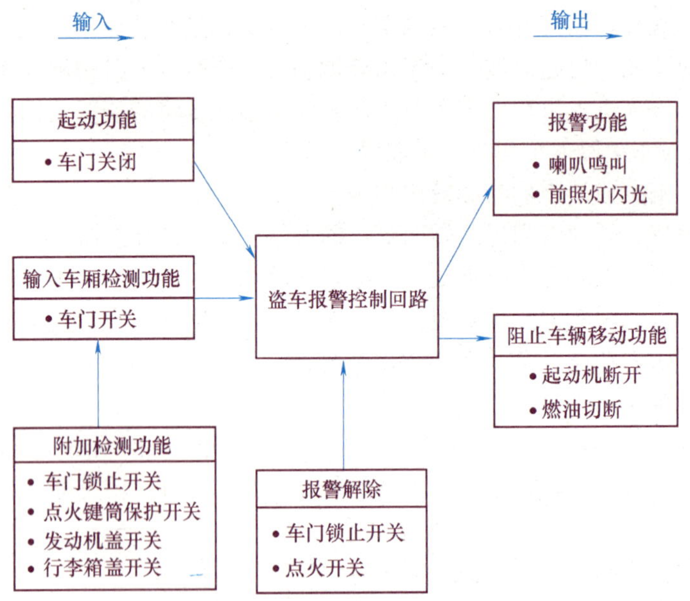

图5-10 防盗报警装置的功能构成图

图5-11所示为防盗报警装置在车辆上的布置图。防盗报警装置的各个输入信号可从车门、发动机舱盖、行李箱（后车门）接通或断开检测用开关、车门关闭和开启用检测开关、门键筒的保护开关（当键筒被撬开，被拔出时则开启）和点火开关获得，大部分则利用原来车辆的开关。当检测出异常情况时，报警喇叭隔一定时间发出响声，或者用前照灯的闪亮来报警，同时起动机继电器处于断开的状态。图5-12所示为防盗报警装置的电路。在该控制电路中，应用了专门集成电路。下面按照图5-13所示的流程图对防盗装置的工作过程加以说明。

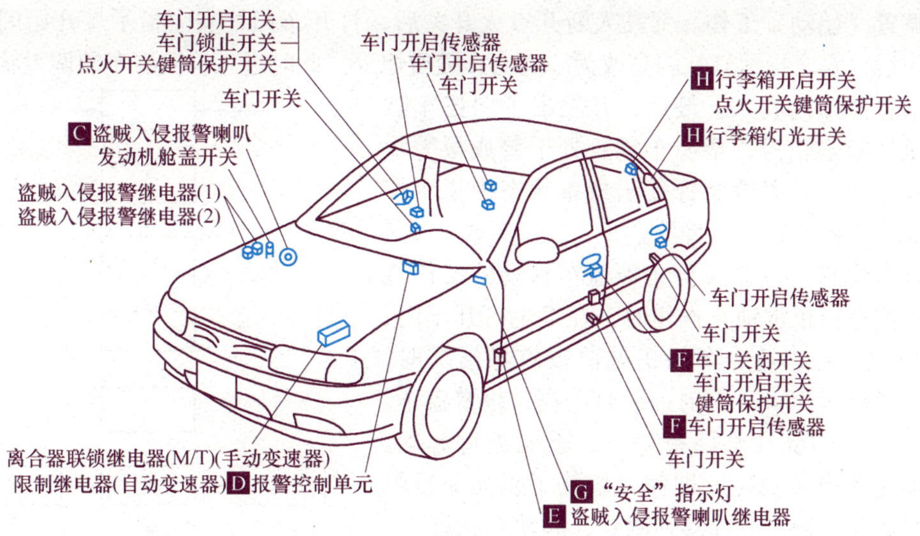

图 5-11　防盗报警装置在车辆上的布置图

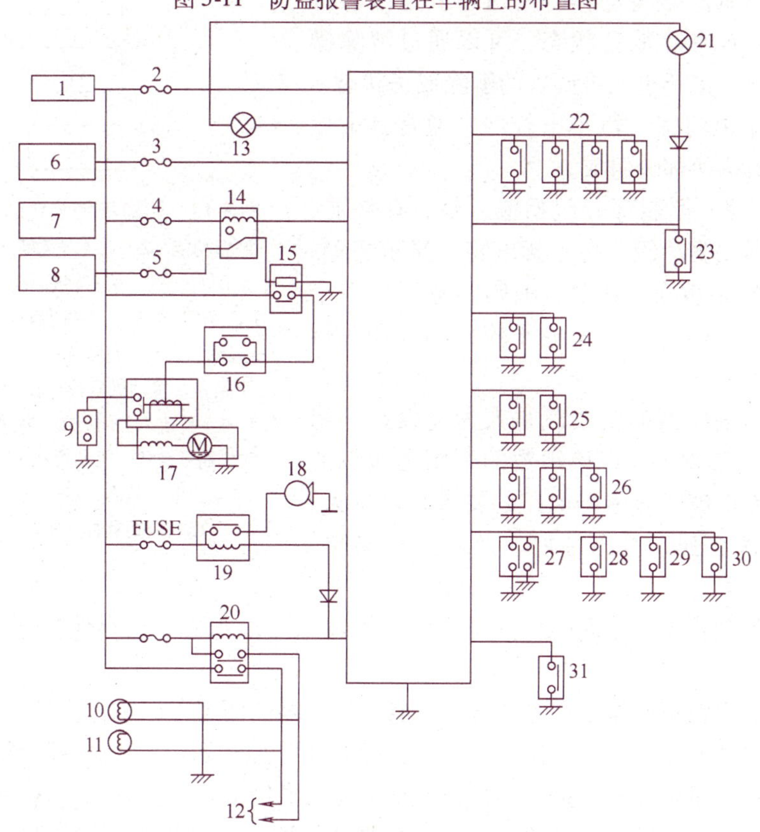

图 5-12　防盗报警装置的电路

1—蓄电池　2—熔断器（熔丝）　3、4、5—熔丝　6—点火开关（加速或开启）　7—点火开关（开启或起动）　8—点火开关（起动）　9—蓄电池　10—前照灯（右高主灯）　11—前照灯（左高主灯）　12—前照灯系统　13—安全指示灯　14—盗贼入侵报警继电器　15—起动机继电器　16—保护开关　17—起动机　18—盗贼入侵报警喇叭　19—盗贼入侵喇叭继电器　20—盗贼入侵继电器　21—行李箱灯　22—报警状态开关　23—行李箱灯开关　24—车门关闭开关　25—车门开启开关　26—点火开关键筒保护开关　27—前左高（附加振动、倾斜开关）　28—前右高（附加振动、倾斜开关）　29—左后高（附加振动、倾斜开关）　30—后右高（附加振动、倾斜开关）　31—发动机开关

①调置（始动）工作。驾驶人断开点火开关后，打开车门，安全指示灯开始闪亮，用钥匙关闭后，安全指示灯从闪亮改为一直亮，随后熄灭。此时进入检测盗车的调置状态，并把这一信息告知驾驶人。最近，开发出了向盗车贼发出威慑性警告信号，指明车辆正处于警戒报警状态的防盗装置，在报警装置处于戒备状态中指示灯不断闪亮，这种装置正在普及。

②盗车检测与报警及防止被盗车移动的工作过程。当不能进行正常锁止操作时，在发生打开车门、发动机舱盖、行李箱、车门钥匙筒被破坏情况时，喇叭鸣响并延续3min，同时前照灯闪亮，报警盗车。同时，发动机的起动电路被切断，不能进行起动。若保持蓄电池电压稳定，即使报警终了仍能保持阻止发动机起动状态，并回复到调置（起动）状态。

③再调置与解除报警动作。用钥匙或遥控器打开车门，防盗装置解除戒备状态。可以通过解除操作以使报警停止，重新进入再调置的解除戒备状态。

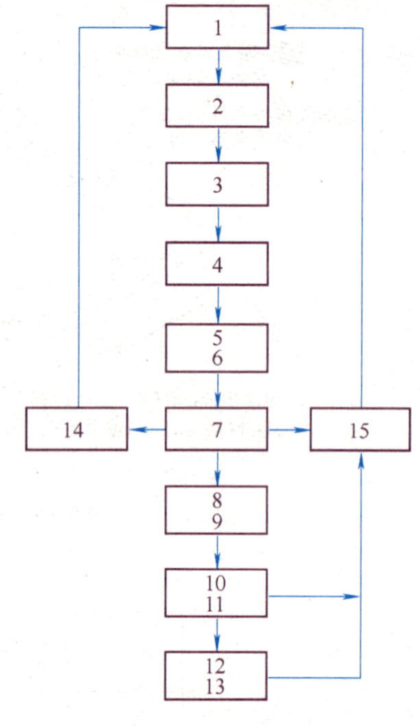

图5-13　防盗报警装置的工作流程图

1—调置功能　2—点火开关断开　3—开启车门（指示灯闪亮）　4—待机起动　5—不用钥匙关闭车门　6—车门关闭后操纵钥匙再关闭　7—起动状态指示灯以4～30s点灯　8—车门、行李箱盖、发动机舱盖开启　9—车门、行李箱关闭不妥或未关闭　10—报警3min　11—起动机断开　12—再调置状态　13—保持起动机断开状态　14—点火开关接通　15—用钥匙打开车门或行李箱

（3）电控中央门锁　汽车电控门锁通常是由控制部分和执行机构两部分组成。

1）控制部分。控制部分包括输入器、存储器、鉴别器、编码器、驱动级、抗干扰电路、显示装置、保险装置和电源等部分。其中，编码和鉴别是整个控制部分的核心，而电源则是电子控制部分和执行机构都必不可少的。

①编码器。编码器的实质就是人为地设定一组二进制数或十进制数。设定该组数的原则是所编的密码不易被别人识破，对密码电路的要求是容量大、换码率高、保密性强、可靠性好、换码操作简单、便于日常管理。

②输入器和存储器。它们的作用是经输入器输入一组编码，由存储器记忆后送至鉴别器。

③鉴别器。鉴别器的作用是对来自输入器和编码器的两组密码进行比较，仅当两组密码完全相同时，鉴别器才能输出电信号，经抗干扰处理后送至驱动级和显示装置。若驾驶人有特殊要求，鉴别器还可以输出报警和封锁行车所需的电信号。

④驱动级。由于鉴别器送出的电子信号通常很微弱，为了能带动执行机构的电磁铁产生动作，故设置了驱动级。

⑤抗干扰电路。为了抑制来自外界的电磁干扰，保证在恶劣电磁场的环境下电控门锁不会自行误动作而设置了抗干扰电路，以提高汽车电子门锁的可靠性和安全性。通常采用延时、限幅和定相等手段来达到抗干扰的目的。

⑥显示器和报警器。这部分是电控门锁控制部分的附加电路，用于显示鉴别结果和报

警，从而扩展了电控门锁的功能。

⑦保险装置。速度传感器和车门锁止器是汽车电控门锁的独特组成单元。当汽车运行超过一定车速时，车门锁止器根据来自速度传感器的信号将锁体锁止。紧急开启接口起动，当控制电路失灵时，可通过紧急开启接口直接控制锁体的开启。

⑧电源。电源相当于电控锁的“血液”。一个理想的不间断电源对于电控门锁来讲，是至关重要的。

2）执行机构。汽车电控门锁的执行机构一般采用直流电动机控制，其结构及工作原理在前面已经介绍，这里不再赘述。

（4）中央门锁 ECU 内部逻辑电路

1）用门锁控制开关锁门和开门。

①锁门控制。中央门铁控制电路如图 5-14 所示。当驾驶人侧或副驾驶人侧门锁控制开关 15 推向锁门侧时，信号“1”由端子⑯和反相器 A 送给或门 A。或门 A 的输出从“0”变为“1”。由于锁门定时器供给晶体管 V_1 一个基极电流约为 0. 2s 并使其导通，则 No. 1 继电器接通，电流从蓄电池→端子⑧→No. 1 继电器→端子④→门锁电动机→端子③→搭铁，电动机锁上全部车门。

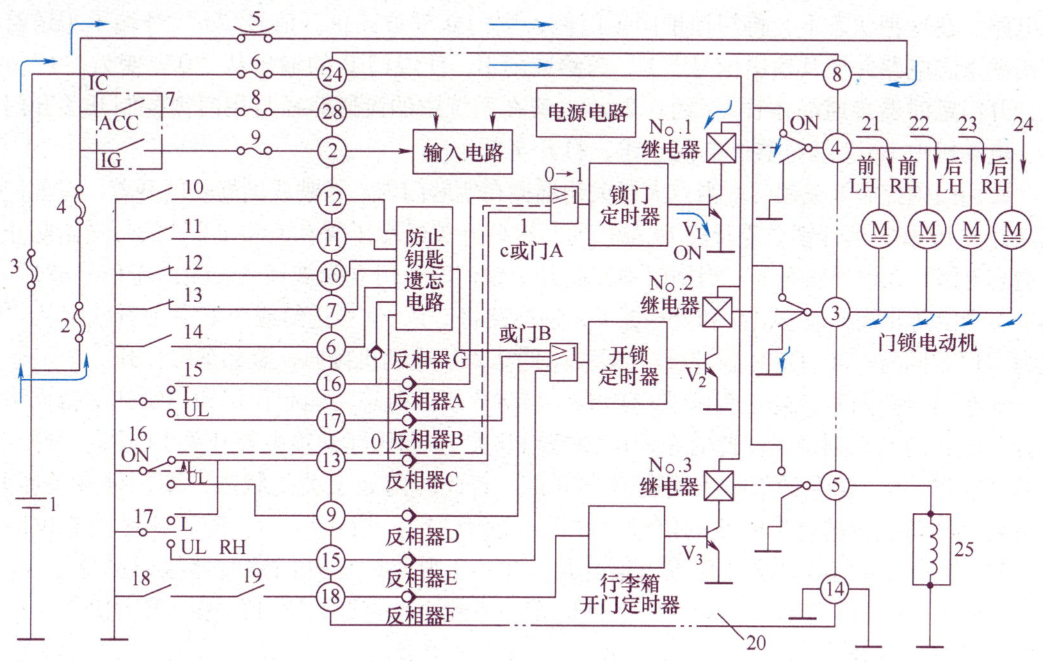

图 5-14　中央门锁控制电路

1—蓄电池　2—易熔线（ALT）　3—易熔线（MAIN）　4—易熔线（AMI）　5—断路器　6—DOME 熔丝　7—点火开关　8—CIG（点烟器）熔丝　9—ECU-LG 熔丝　10—左前门锁控制开关　11—右前门锁控制开关　12—左前位置开关　13—右前位置开关　14—钥匙开锁报警开关　15—门锁控制开关（双投）　16—左前钥匙控制开关　17—右前钥匙控制开关　18—行李箱门开启器开关　19—主开关　20—防盗和门锁控制 ECU　21—左前门锁电动机　22—右前门锁电动机　23—左后门锁电动机　24—右后门锁电动机　25—行李箱门开启器电磁阀

②开门控制。当门锁控制开关推向开门侧，“1”信号经端子⑰和反相器 B 送到或门 B，或门 B 输出从“0”变为“1”。因此，开门定时器加到晶体管 V_1 基极电流约 0. 2s 并使其导通，则 NO. 2 继电器接通，电流从蓄电池→端子⑧→NO. 2 继电器→端子③→门锁电动机→

端子④→搭铁，门锁电动机接通，打开全部车门。

2）用钥匙锁门和开门。

①锁门控制。当钥匙插进驾驶人侧或副驾驶人侧钥匙门内并向锁门方向转动时，左前钥匙控制开关16向锁门侧接通。此时“1”信号经端子⑬和反相器C送给或门A，或门A输出从“0”为“1”。锁门定时器给晶体管 V_1 加一个基极电流0.2s，并使其导通。No.1继电器接通，电流从蓄电池→端子⑧→No.1继电器→端子④→门锁电动机→端子③→搭铁，门锁电动机接通，锁上全部车门。

②开门控制。当用钥匙进行开门操作时，钥匙开关向开门侧接通，“1”信号经端子⑨和反相器D送到或门B，或门B输出从“0”变为“1”。开门定时器接通晶体管 V_2 并使No.2继电器接通，电流从蓄电池→端子⑧→No.2继电器→端子③→门锁电动机→端子④→搭铁，电动机接通，全部车门打开。

3）防止钥匙遗忘功能。门锁系统防止钥匙遗忘功能可防止锁门时点火开关钥匙遗忘在钥匙门内。

①推动锁钮锁门。当点火开关钥匙插在钥匙门内，驾驶或副驾驶门开着，左前门锁控制开关10和钥匙开锁报警开关14接通。这些开关经端子⑫和⑥将“0”信号送给防止钥匙遗忘电路。在这种状态下，将门锁推向锁门侧，则门立刻被锁止。信号“1”经端子⑩送给防止钥匙遗忘电路并使其输出信号“1”送给或门B，使或门B的输出从“0”变为“1”。同时，开门定时器接通晶体管 V_2 约0.2s。电流在系统中的流通路径与用门锁控制开关开门一样。电动机由No.2继电器供电而工作，打开全部车门。

②用门锁控制开关锁门。当点火开关钥匙插在钥匙门内，驾驶或副驾驶门开着，左前门锁控制开关10和钥匙开锁报警开关14都接通，这些开关经端子⑫和⑥将“0”信号送给防止钥匙遗忘电路。在这种状态下，当用门锁控制开关锁门时，门立刻被锁止。但由于信号“1”经端子⑯送给防止钥匙遗忘电路和反相器G，使电路将“1”信号送给或门B并使其输出从“0”变为“1”。同时，开门定时器接通晶体管 V_2 约0.2s。电动机接通，全部车门打开。

③车门全关闭时，防止钥匙遗忘功能。当防止钥匙遗忘功能起作用和门锁钮保持向下阻止开门时，门被立刻锁上。此时左前门锁控制开关10和钥匙开锁报警开关14接通，并经端子⑫和⑥将“0”信号送给防止钥匙遗忘电路。若此时门处于关闭状态，则门锁开关断开，并且输入到防止钥匙遗忘电路的信号由“0”变为“1”。约0.8s后，防止钥匙遗忘电路输出“1”信号给或门B，或门B输出信号从“0”变为“1”。开门定时器接通晶体管 V_2 约0.2s，电动机接通，全部车门打开。若此时车门不能全部打开，则开门定时器再次起动0.8s后使全部车门打开。

4）行李箱门开启器控制。当行李箱门开启器开关18接通时，“1”信号经端子⑱和反相器F送给行李箱门开启定时器。开启定时器送给晶体管 V_3 基极电流约0.2s，使其导通，No.3继电器也导通，电流从蓄电池→端子⑧→No.3继电器→端子⑤→行李箱门开启器→搭铁，从而打开行李箱门。

（5）遥控车门门锁开锁与闭锁　使用遥控器（发射机）对车进行远距离操纵即可进行开锁与闭锁。

遥控器（发射机）按发射方式的不同分为红外线遥控器（发射机）和无线电遥控器（发射机）两种。

1）红外线遥控器（发射机）。图5-15所示为奥迪轿车红外线遥控器。按钥匙上的发送按钮发出红外线信号，装在轿车内部B柱上的红外线传感器及控制装置对其进行处理，将编码信号送至中央门锁控制单元，中央门锁控制单元控制车门锁的开、闭。

2）无线电遥控器（发射机）。图5-16所示为奥迪A6轿车无线电遥控器（发射机）。这种遥控器可设不同的编码，其作用范围比红外线遥控器宽得多，使用时不需正对接收器，电子发射器安装在钥匙手柄内。

从发射器上发出的微弱电波或超声波，由车辆天线或红外线传感器接收，ECU识别信号代码，使门锁开锁/关闭的执行元件（双压力泵或电动机）工作。

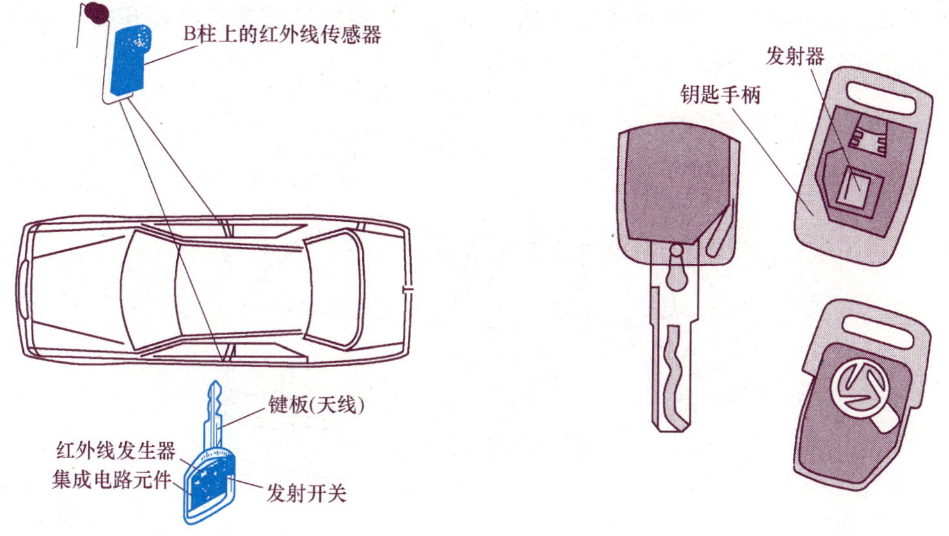

图5-15　奥迪轿车红外线遥控器

图5-16　奥迪A6轿车无线电遥控器（发射机）

图5-17所示为发射机和接收机接收信号处理。从发射机利用次载体方式的FM调制发

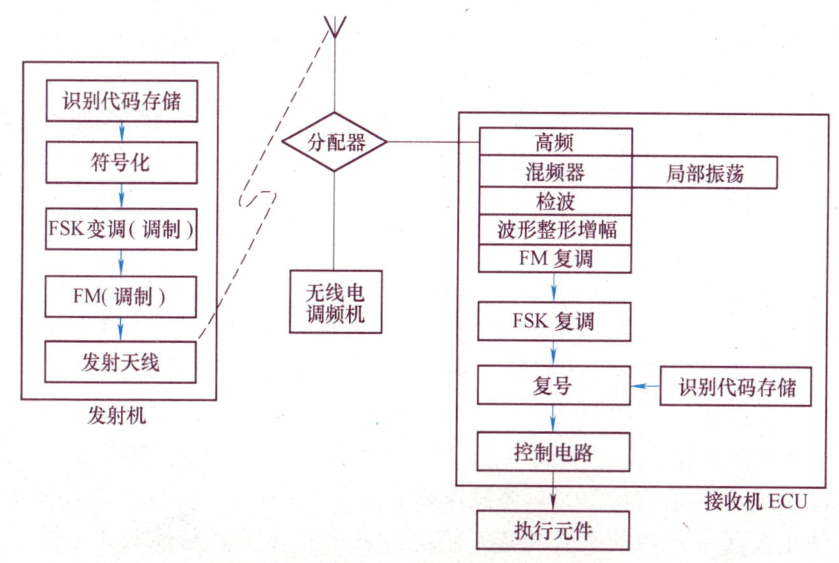

图5-17　发射机和接收机接收信号处理

出识别代码。因为把次载体的频率按照数字识别代码信号进行频率偏移调制（FSK）、FM 调制和发射，所以不易受到外来杂音的影响。FM 波由汽车无线电的 FM 天线进行接收，利用分配器将进入接收机 ECU 的 FM 高频增幅处理部分进行调解，并与被调解的识别代码互相对比，如果是正确的代码，就输入控制电路并使执行元件工作。

任务实施

介绍日本丰田大霸王（PREVIA）汽车的中央门锁（无防盗系统）控制系统的检修。

（1）系统简介 丰田大霸王（PREVIA）汽车的中央门锁控制系统主要是由门锁控制开关、点火开关、门控开关、门锁总成（包括门锁电动机和门锁匙锁与未锁开关）以及电源等组成。各元件的位置如图 5-18 所示，其电路如图 5-19 所示。

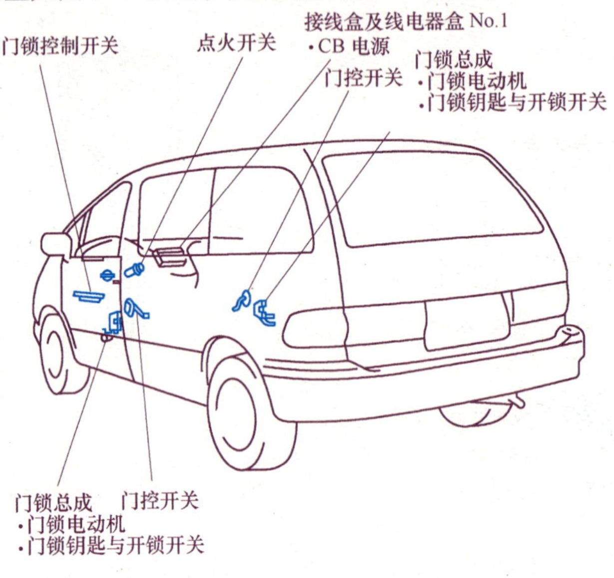

图 5-18 丰田大霸王中央门锁控制系统各元件的位置

（2）元件检查

1）门锁开关的检查。

①门锁钥匙与开锁开关。门锁钥匙与开锁开关各插头之间的导通情况如图 5-20 所示。

②门锁手动开关。门锁手动开关各插头之间的导通情况如图 5-21 所示。如果导通情况与图 5-21 不符，则更换开关。

2）门锁电动机的检查。

①电动机工作情况。门锁电动机的连接端子如图 5-22 所示，将蓄电池正极（+）与插头 2 相连，负极（-）与插头 4 相连，检查门锁连杆应移至“开锁”位置，如图 5-23 所示。

将电极对调，检查门锁连杆应移至“锁”位置，如图 5-23 所示。如果工作过程与上述不符，则更换门锁总成。

②PTC 热敏电阻工作情况。下面以前门门锁电动机的 PTC 热敏电阻为例进行检测。如图 5-24 所示，用电流表进行检测，具体操作如下。

将蓄电池正极（+）与插头 2 相连。将电流表正极（+）与插头 4 相连，负极（-）与蓄电池负极（-）相连，检查电流在 20～70s 内由大约 3.2A 变化至不足 0.5A。

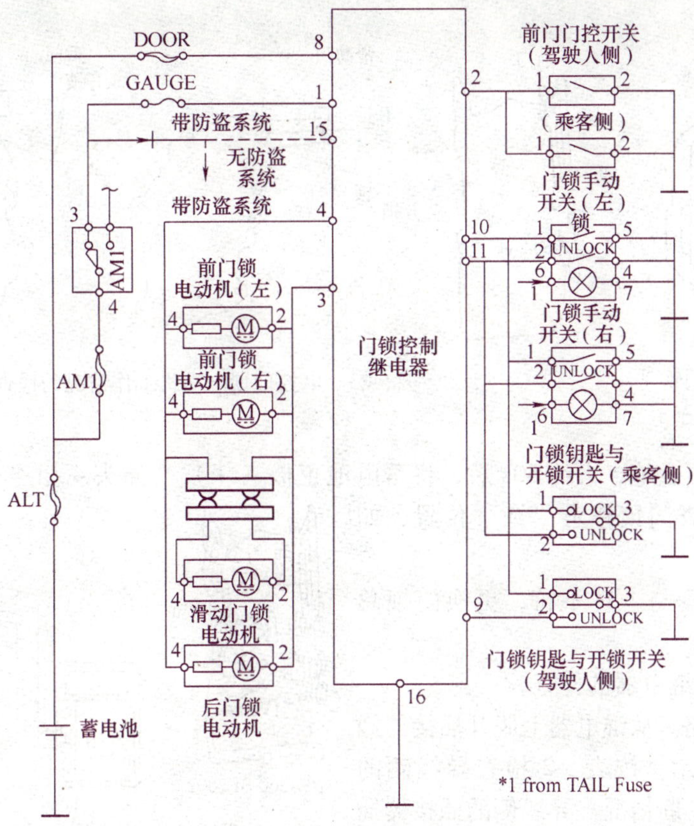

图 5-19　电动门锁控制系统电路

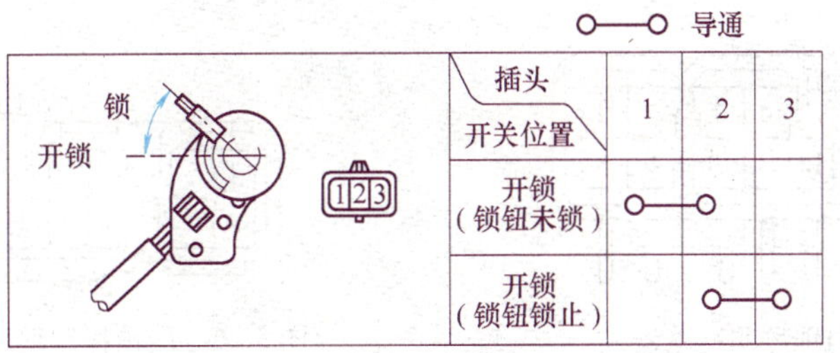

○—○ 导通

开关位置 \ 插头	1	2	3
开锁（锁钮未锁）	○	○	
开锁（锁钮锁止）		○	○

图 5-20　门锁钥匙与开锁开关各插头之间的导通情况

○—○ 导通

开关位置 \ 插头	1	2	3	4	5	6	7
锁			○		○		
		○		○			
关		○		○			
	○				○		
开关			○	○			
	○				○		

3 2 1
8 7 6 5 4

图 5-21　门锁手动开关各插头之间的导通情况

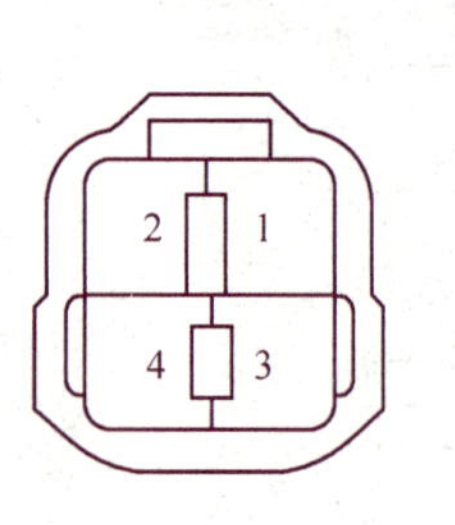

图 5-22 电控门锁电动机连接端子

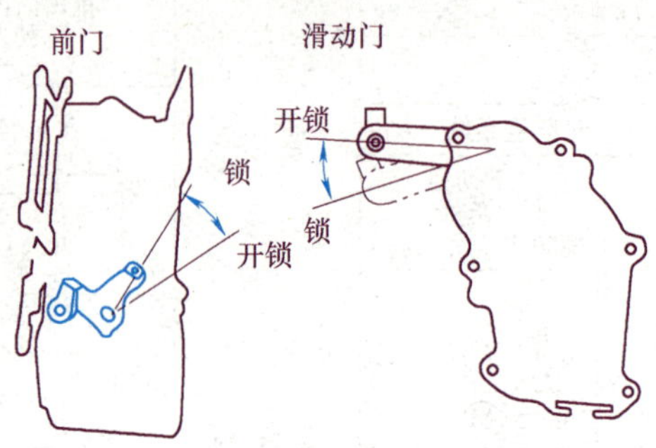

图 5-23 电控门锁电动机工作情况的检查

从插头上取下表笔，大约 60s 后，将蓄电池正极（+）与插头 4 相连，负极（-）与插头 2 相连。检查门锁移至“锁”位置，如图 5-24 所示。

如果工作过程与上述不符，更换门锁总成。

3）门锁控制继电器的检查。

①继电器电路。从继电器上脱开插接器插头，如图 5-25 所示，按表 5-2 检查导线侧的插接器插头的通、断情况。导线侧的插接器插头如图 5-26 所示。如果电路与表 5-2 相符，则继续检查门锁信号。

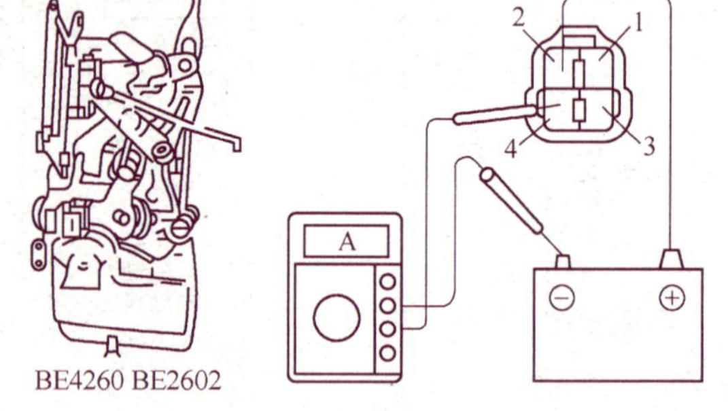

图 5-24 用电流表检测前门门锁电动机的 PTC 热敏电阻

图 5-25 门锁控制继电器

图 5-26 门锁控制继电器导线侧插接器

表 5-2 导线侧插接插头端子的通、断情况

检查	检测插头	条件		规定值
通路	2—搭铁	驾驶人侧门控开关位置	OFF(关门)	不通
			ON(开门)	通
	9—搭铁	门锁钥匙与开锁开关	OFF 或 LOCK	不通
			UNLOCK	通
	10—搭铁	门锁手动开关	OFF 或 LOCK	不通
			LOCK	通
		门锁钥匙与开锁开关	OFF 或 LOCK	不通
			LOCK	通

（续）

<table>
<tr><th>检　查</th><th>检测插头</th><th colspan="2">条　件</th><th>规 定 值</th></tr>
<tr><td rowspan="5">通路</td><td rowspan="4">11—搭铁</td><td rowspan="2">门锁手动开关</td><td>OFF 或 LOCK</td><td>不通</td></tr>
<tr><td>LOCK</td><td>通</td></tr>
<tr><td rowspan="2">门锁钥匙与开锁开关（乘客侧）</td><td>OFF 或 LCOK</td><td>不通</td></tr>
<tr><td>LOCK</td><td>通</td></tr>
<tr><td>10—搭铁</td><td colspan="2">常通</td><td>通</td></tr>
<tr><td rowspan="4">电压</td><td rowspan="2">1—搭铁</td><td rowspan="2">点火开关位置</td><td>LOCK</td><td>无电压</td></tr>
<tr><td>ACC 或 ON</td><td>蓄电池电压</td></tr>
<tr><td>8—搭铁</td><td colspan="2">常压</td><td>蓄电池电压</td></tr>
<tr><td>15—搭铁</td><td colspan="2">常压（无防盗系统）</td><td>蓄电池电压</td></tr>
</table>

②门锁信号。当继电器电路正常时，则应检查门锁信号，具体操作如下。

连接继电器线插头，将电压表正极（+）与插头 3 相连，负极（-）与插头 4 相连。将门锁手动开关置于“UNLOCK”，检查在大约 0.2s 内电压由 0V 升至蓄电池电压。

将电压表表笔调头，将门锁手动开关置于“UNLOCK”，检查在大约 0.2s 内电压由 0V 升至蓄电池电压。若工作过程与上述不符，则更换继电器。

4）检测滑动门连接插头。将蓄电池正极（+）与插头 1 相连，负极（-）与插头 2 相连，检查门锁连杆是否移至“LOCK”位置，如图 5-27 所示。将电极调转检查门锁连杆应移至“UNLOCK”位置。若工作过程与上述不符，则更换滑动门连接插头。

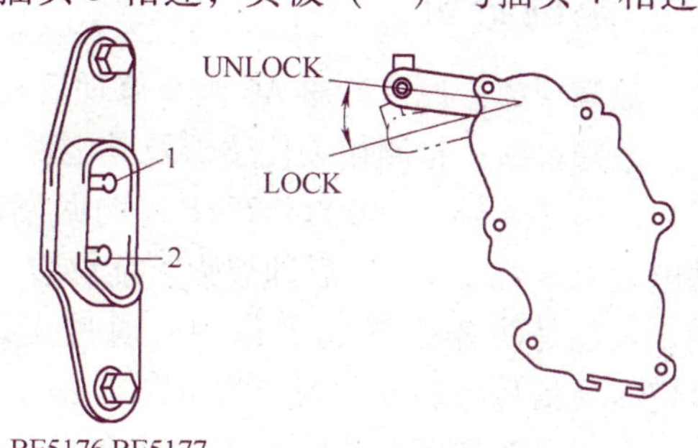

图 5-27　滑动门连接插头的检查

知识与技能拓展

一、汽车防盗装置的选择

1. 电子防盗报警器

电子防盗报警器共有 4 种功能：一是服务功能，包括遥控车门、遥控起动、寻车和吓阻盗贼等；二是警惕提示功能，指触发报警记录（提示汽车曾被人打开过车门）；三是报警提示功能，即当有人接触车时发出警报；四是防盗功能，即当防盗器处于警戒状态时切断汽车上的起动电路。该类防盗器安装隐蔽、功能齐全、无线遥控、操作简便，但需要靠良好安装技术和完善的售后服务来保证。由于这类电子防盗报警器的使用频率普遍被限制在 300～350MHz 的业余频段上，而这个频段的电子波干扰源较多，如电波、雷电、工业电焊等都会干扰它而产生误报警。由于法令的限制，一些会产生噪声的防盗器将被判为不合格的商品，市场前景堪忧。

2. 电子跟踪定位监控防盗系统

该类汽车防盗系统的监控有利用卫星定位跟踪系统（GPS）进行监控和利用车载台（对讲机）通过中央控制中心定位监控系统进行监控两种方式。该类产品从技术上讲是可靠的，但效果不尽如人意。其原因是这些系统要构成网络、消除盲区（少数收不到信号的地方），需要政府配合，公安、交通管理部门设立监控中心，所以该系统的使用受到条件的限制。

3. 机电结合类防盗锁

其功能是采用机械性锁的坚固性优点，结合无线遥控操作，使机械性与电子编程密码技术合二为一。其目的是注重防盗，因而无报警的噪声污染，安装专业化强，因此破除也难。西门子公司生产的防盗器和“铁将军”防盗器是一种车辆止动系统，能阻止汽车在没有被授权的情况下被开走。这几种防盗器都是使用专用工具将防盗锁安装在汽车的安全处，因此很难被破除。

二、汽车防盗装置的技术发展动向

不论何种防盗装置都不可能获得充分的防盗效果，但降低了汽车被盗的可能性。由于车辆维修，防盗装置的构造逐渐被公开，对应地出现了新的盗车手段，因此必须不断开发新型防盗装置。可以预见，防盗装置正在向高功能化的方向发展，特别是以被动式防盗装置、无误动作、低成本为基本条件，根据盗车状况和法律规定进行的新产品开发。

案例解析

故障现象：原装奥迪A6汽车修理后发动机不能起动，无点火信号和喷油信号。

故障诊断：检测相关传感器及其电路，没发现什么问题。通过分析认为是发动机ECU损坏。按零件号（4A0 862 257B）购回发动机ECU，换上后再试车却出现这样的现象：起动电动机，着车2~3s后即熄火。能够着火说明喷油系统与点火系统都正常。根据现象初步判定可能是防盗系统起了作用。通过大众公司专用故障阅读器V. A. G1552读故障码为011769（信号太弱或点火开关钥匙非法），确定是防盗系统没被解除的原因。

分析可能是新发动机ECU与旧的防盗系统模块中的程序信息不一致，而导致防盗模块认为这一起动操作非法，从而断开了发动机的点火喷油信号。

故障排除：对新发动机ECU与旧防盗模块进行匹配，方法如下。

1）使用匹配过的正确合法点火开关钥匙，打开点火开关，但不起动发动机。

2）连接V. A. G1552并进入地址码为25的防盗控制系统。

3）选择“ADAPATION（匹配）”功能，代码为10。

4）输入通道号（两位数“00”）。

5）仪器显示“是否清除数值”，按“Q”键确认。

6）仪器显示“数值被消除”，表示匹配完成，发动机ECU的随机代码被防盗模块读入并存储起来。

对其他车型新发动机ECU与旧防盗模块的匹配，可用此方法，但不同车型“通道号”不同，如奥迪汽车为“00”。

匹配完成后发动机就能顺利起动了。

点评：对这一故障如果不知道新发动机ECU要与旧防盗模块进行匹配，可能会认为新发动机ECU有问题。对于新款大众系列汽车防盗系统，更换其系统的元件及钥匙等应特别注意对其进行匹配，否则无法起动发动机。

观察与思考

一、思考题

1. 汽车防盗系统有哪些装置和类型?

2. 如何对汽车中控门锁及防盗系统进行检测？

二、实习观察项目

1. 按电路图和技术操作规程对防盗系统的元件进行检测，发现问题及时处理。
2. 指导教师模拟设置防盗系统故障，让学员进行故障检测、诊断并排除故障。
3. 对防盗系统进行常规检查和维护。

学习单元2　电子防盗系统的检修

学习目标

1. 熟悉汽车电子防盗系统的功用、类型、组成和结构特点；
2. 掌握汽车电子防盗系统的故障诊断方法与检修技能。

工作任务

一、任务情境

通用别克轿车的防盗系统功能异常，防盗系统一直处于警戒状态，起动发动机时，发动机控制单元不工作，报警系统开始报警（灯光闪烁，喇叭鸣响）。

二、任务分析

造成防盗系统功能异常的原因一般有两个：一是在点火开关钥匙内部设置的防盗电路损坏；二是防盗系统电控单元出现故障。要排除这些故障，应该先熟悉电子防盗系统的一些相关知识。

相关知识

所谓电子防盗系统，即阻止汽车在没有被授权的情况下被开走。目前，该系统根据点火开关钥匙的配置不同有两种形式：一是在点火开关钥匙内部设置一个防盗控制单元能够识别的特定电阻；二是在点火开关钥匙内部设置一个能够被防盗控制单元识别的密码。两种形式的遥控控制可以采用红外线遥控，也可以采用无线电遥控。

通用（GM）汽车防盗系统

1. 工作原理

通用汽车的防盗系统由原厂点火开关钥匙与遥控控制两套系统组成。使用这两套系统都能够实现车门、发动机舱盖、行李箱门、油箱盖的正常开启与关闭。若非法操作（如点火开关钥匙不符、遥控器信号不正确），防盗系统处于警戒状态，将起动继电器控制回路的搭铁电路切断，使起动机无法工作。同时，发动机控制单元不工作，报警系统开始报警（灯光闪烁，喇叭鸣响）。除非使用原厂钥匙或遥控器才能解除防盗警戒，使起动机、发动机工作。其工作原理如图5-28所示。

当将点火钥匙插入钥匙孔时，防盗ECU就对钥匙内部装置的特定电阻进行检测，将检测结果传递给中央控制ECU，中央控制ECU将电阻阻值与中央控制ECU板内部设定的特定电阻阻值进行对比，两阻值若为同一档，则为正常。此时，可接通起动机控制电路和发动机

控制单元，发动机开始工作。否则，防盗系统就发出警报，切断起动机、发动机控制电路，使汽车无法被开走。

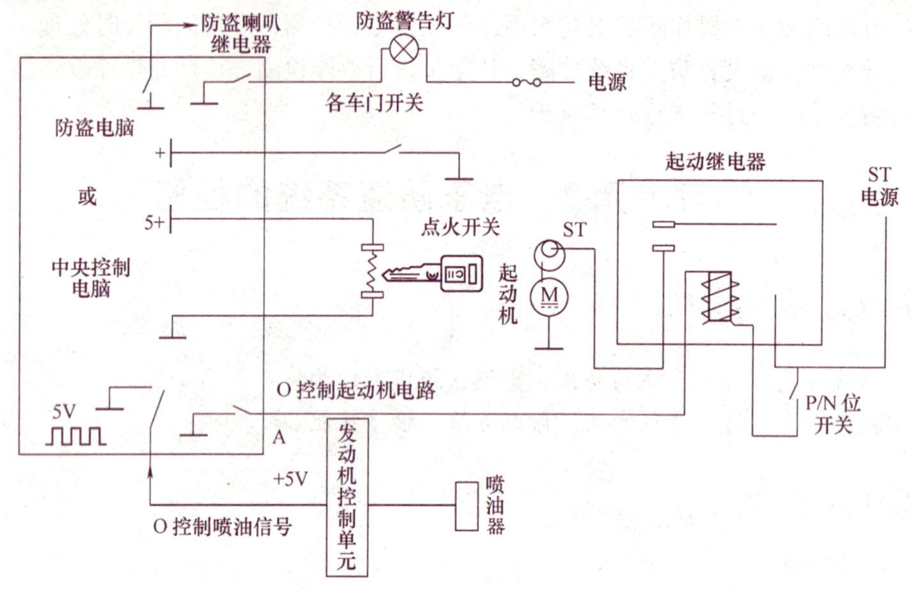

图 5-28　通用汽车防盗系统工作原理图

2. 工作电路

将自动变速器打到“P”位（驻车）或“N”位（空档），插入点火钥匙打到起动档（START），防盗 ECU 即进行检测，并将检测结果传递给中央控制 ECU，中央控制 ECU 将电阻阻值与中央 ECU 板内部设定的特定电阻阻值进行对比，两阻值若为同一档，中央控制 ECU 就向“A”点提供一个低电位，将起动继电器控制电路搭铁而接通。电路中的电流从蓄电池→P/N 位开关→起动继电器线圈→中央控制 ECU 板内部搭铁。这样起动机动合触点吸合，接通起动机主电路。

此时，电路中的电流从蓄电池→起动机动合触点→起动机→搭铁，起动机工作。

同时，中央控制 ECU 向发动机控制单元提供电信号，发动机控制单元触发喷油泵电路和点火电路，发动机工作。

若中央控制 ECU 将电阻阻值与中央 ECU 板内部设定的特定电阻阻值进行对比，两阻值不在同一档，则中央控制 ECU 就向“A”点提供一个高电位，将起动继电器控制电路切断，起动机、发动机不工作。通用汽车公司点火开关钥匙内电阻规格见表 5-3。

表 5-3　通用汽车公司点火开关钥匙内电阻规格　　（单位：Ω）

档位	标准	最低	最高	档位	标准	最低	最高
1	402	386	438	9	3010	2890	3150
2	523	502	546	10	3740	3590	3910
3	681	654	728	11	4750	4560	4960
4	887	852	942	12	6040	5798	6302
5	1130	1085	1195	13	7500	7200	7820
6	1470	1411	1549	14	9530	9149	9931
7	1870	1795	1965	15	11800	11328	12292
8	2370	2275	2485	—	—	—	—

任务实施

一、通用（GM）汽车防盗系统

1. 通用（GM）汽车防盗系统的检测

（1）测量步骤

1）将发动机舱盖、车门、油箱盖、行李箱门都关好。

2）将点火开关转到点火（KEY-ON）位置，并打开车窗。

3）将所有灯光都关闭。

4）将点火开关锁定，并取出点火开关钥匙。

5）打开车门，此时仪表板上“防盗警告灯”开始闪烁。

6）将所有车门全锁好，此时“防盗警告灯”会保持亮着。

7）人在车外锁好所有车门，“防盗警告灯”再次闪烁。

8）把手伸入车门，从内部打开车门，此时防盗系统进入报警状态，灯光闪烁，喇叭鸣响约3min。

9）将点火开关钥匙插入车门锁开关或点火开关等待3min左右，警报解除。

（2）钥匙的复制　通用车系点火开关钥匙内部有设定电阻，复制钥匙需要用专用仪器J35628-A进行。将原点火开关钥匙插入专用仪器中，按“ON-OFF”开关到ON位置，由仪器自动扫描该钥匙的档位，再向原厂购买相同档位值的钥匙，然后插入点火开关起动发动机，即可自动设定备用点火开关钥匙的电阻值。

若点火开关钥匙全部遗失，则需要用专用仪器J35628-A根据下列步骤进行复制：

1）将一只新的没有电阻值的点火开关钥匙插入点火开关。

2）将转向盘下边的点火开关线头拆开，将J35628-A上的电阻值输出线接到ECU一端的接头上。

3）利用档位选择开关确定某一档位，起动发动机。若起动不成功，则需使点火开关处于锁定状态（KEY-OFF），选择另一档位并等待4min。

4）若起动成功，则原电阻值所处档位为该档位。

若拆过蓄电池或更换过中央控制ECU板，必须在中央控制ECU板的记忆中重新设定点火开关钥匙中的特定电阻值。其设定步骤如下：

1）将点火开关钥匙插入点火开关，转到起动（RUN）位置，再转到锁定（LOCK）位置，并取出点火开关钥匙。

2）此时，仪表板上“防盗警告灯”（SECURITY）开始闪烁，再将点火开关钥匙插入点火开关，不要转动点火开关钥匙。

3）中央控制ECU板测量并记忆钥匙的特定电阻值，“防盗警告灯”（SECURITY）熄灭后，表示记忆完成，此时取出点火开关钥匙即可。

2. 通用（GM）汽车的遥控中央门锁控制系统

通用汽车的遥控中央门锁控制系统（Remote Keyless Entry，RKE）以无线电信号开启或关闭车门。按下“关”（LOCK）键，则所有车门关闭；按一下“开”（UNLOCK）键，驾驶座侧门锁及锁室内灯开启，再按“开”（UNLOCK）键，在25s内所有车门锁及油箱盖锁均开启。

当更换RKE遥控模块或拆开蓄电池时间太久时，必须对遥控器重新设定。信号设定的

方法按车型的不同有以下三种方式。

（1）A型与W型车身系列的设定　其设定步骤如下：

1）将点火开关转动到“KEY-OFF”位置。

2）中央门锁各开、关一次。

3）将规定线头搭铁。

4）按遥控器“关”（LOCK）键2s，然后按“开”（UNLOCK）键2s后设定完毕。不同车型双线头位置如图5-29所示。

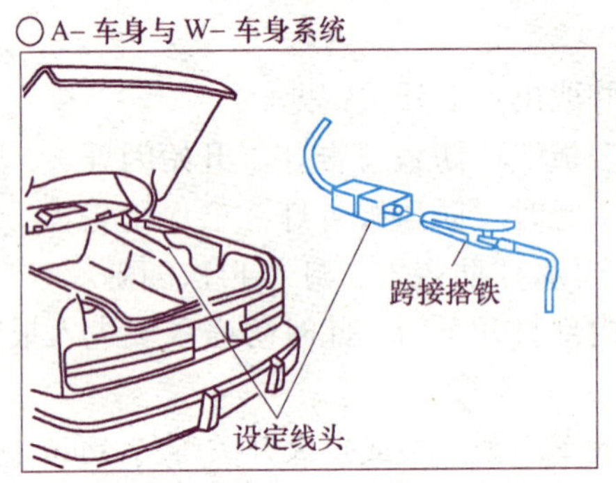

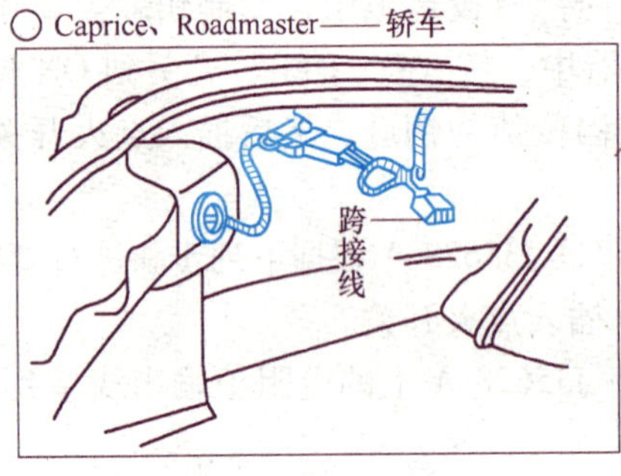

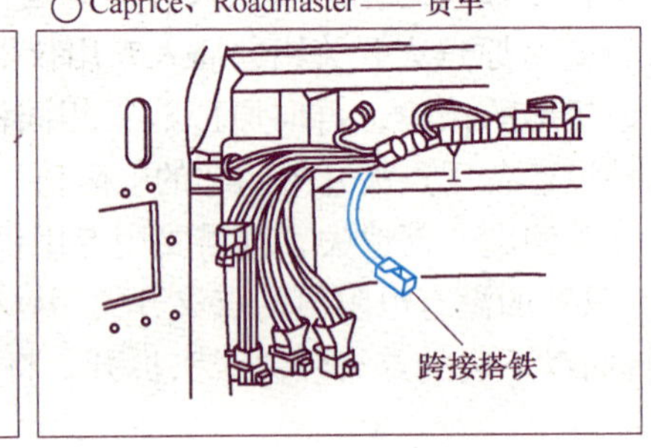

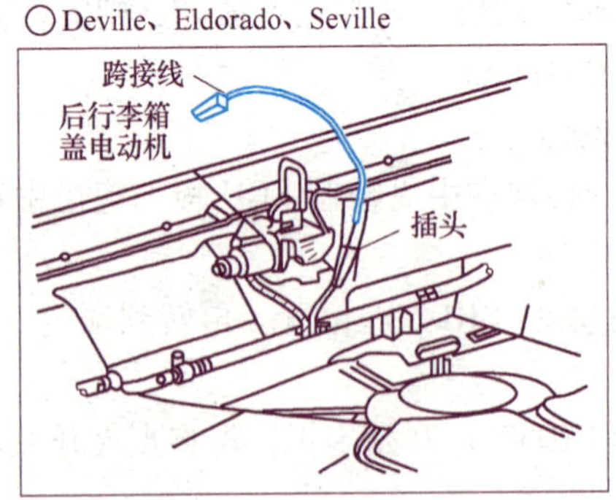

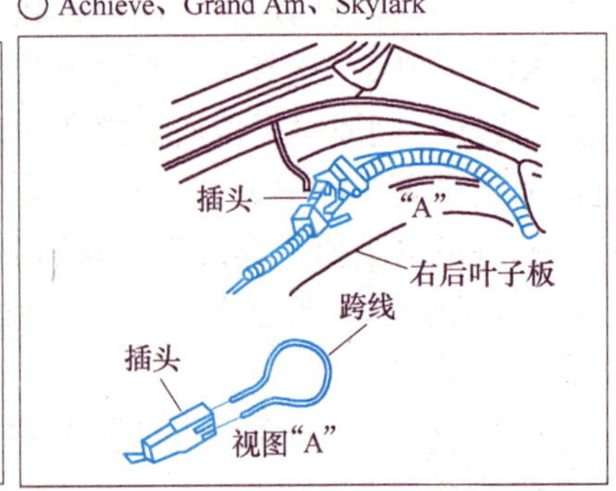

图5-29　线头位置

（2）C型、H型和F型车身系列设定过程

1）将点火开关转到“KEY-OFF”位置。

2）将诊断座中A、G脚跨接，如图5-30所示。

3）按遥控器“开”（UNLOCK）键2s，放开后再按“关”（LOCK）键2s即可。

（3）Corvette车型

1）将点火开关转到“RUN”位置。

2）按旅程ECU上“TRIP ODO”键两次并保持住5s。

3）5s内再按“FUEL INFO”键并保持10s，此时“遥控锁”指示灯会亮。

4）将点火开关转到“LOCK”位置，保持点火开关钥匙在点火开关上，此时“遥控锁”灯闪烁。

5）遥控锁灯由闪烁变为一直亮，则设定完毕。

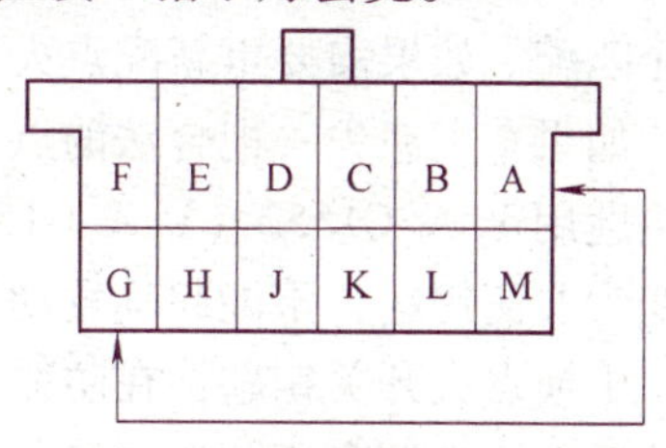

图5-30 诊断插座中A、G脚跨接

二、捷达轿车防盗系统的检测

1. 西门子防盗系统

（1）防盗系统的组成及工作原理 西门子防盗系统主要由防盗器控制单元、接收和发射天线、带送码器的钥匙以及与发动机控制单元（捷达王）或起动继电器和点火继电器之间传递信息的线束等组成，如图5-31所示。

捷达轿车西门子防盗系统的点火钥匙内部安装了一个送码器，送码器内存储有密码。当点火开关钥匙插入锁芯并将其旋至点火开关打开位置时，嵌在点火锁芯上的接收和发射天线受到防盗器控制单元的驱动建立起一个电磁场，受这个电磁场的激励，送码器开始工作。

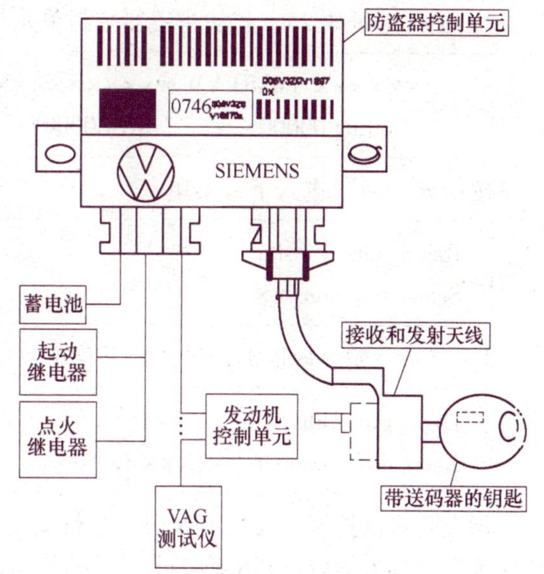

图5-31 西门子防盗系统的组成

点火开关一打开，防盗器控制单元即通过接收和发射天线向送码器输出一个固定长度的随机数，这是一个询问过程。转发器的响应也是一个数，这个数由送码器根据从防盗器控制单元收到的随机数和其自身存储的密码经过计算而得出的一个数，并将这个数与从送码器收到的数进行比较，只有两者吻合，防盗器控制单元才认为这把点火开关钥匙中的送码器是合法的。如果点火开关钥匙中没有送码器或者送码器的信号太弱，防盗器控制单元将在2s内重复进行询问过程，直至收到送码器的响应信号。若2s内一直没有收到送码器的响应信号，防盗器控制单元将向发动机控制单元发出不允许起动的信号。如果点火开关钥匙中送码器非法，其响应信号也必然被防盗器控制单元认为不正确，防盗器控制单元同样会向发动机控制单元发出不允许起动的信号。

在与送码器之间进行询问/应答过程的同时，防盗器控制单元与发动机控制单元之间也存在着通信过程。在点火开关打开后，发动机控制单元发出一个唤醒信号及一个内含发动机控制单元识别码的请求信号给防盗器控制单元。只有发动机控制单元识别码及送码器响应信号均与防盗控制器单元内存储的有关信息相吻合，发动机控制单元才会收到防盗器控制单元发出的允许起动信号。这之后，防盗系统停止工作，发动机控制单元按照正常程序工作。

为提高安全性，在允许发动机控制单元起动之后，若点火开关一直保持接通，则在一定时间内，防盗器控制单元会再次与送码器进行询问/应答过程，并以此回答发动机控制单元的下一次请求信号。

（2）点火开关钥匙的匹配与更换　只有使用被装于汽车上的防盗器控制单元匹配过的点火开关钥匙，发动机才能起动。匹配汽车钥匙时，总是需要把全部钥匙同时与防盗器控制单元匹配。如果需要重新配点火开关钥匙或者增配点火开关钥匙，也必须匹配汽车的全部钥匙。如果车主遗失一把合法的点火开关钥匙，为了安全起见，必须到维修站去把其他所有合法钥匙用 V. A. G1552（V. A. G1551）重新进行一次匹配。这样做可以使丢失的点火开关钥匙变为非法钥匙，不能起动发动机。

更换点火开关钥匙：在防盗系统中最多有 8 把不同的点火开关钥匙可被记忆。配制过程开始后，原来储存于防盗器控制单元中的旧的点火开关钥匙表将被消除。只有在新配制过程中配制的点火开关钥匙是有效的。

1）连接测试仪，接通点火开关，选择快速数据传递，键入 1，进入菜单：

```
Rapid data transfer
Insert address word        ××
```

2）输入地址码 25，起动防盗器控制单元与测试仪间的通信，进入菜单：

```
×××××××× IMMO VW ×××××××××××× V64→
    Coding 00000          WSC00007
```

按一下“→”进入下一菜单：

```
Rapid data transfer
Select function  ××
```

3）登录，输入地址 11，进入如下菜单：

```
Login procedure
Enter code number       ×××××
```

键人防盗器控制单元的 PIN 码，进行安全登录，进入下个菜单。若用户的 PIN 码丢失，请向大众授权人索取（PIN 码在出厂时随使用说明书一同交给车主，并由车主保存）。

```
Rapid data transfer
Select function  ××
```

4）输入功能 10，进入下个菜单：

```
Adaptation
Feed in channel number       ××
```

输入 01，进入下个菜单并开始配置程序。

5）输入要配置的点火开关钥匙数。

```
Adaptation
Feed in channel number       ××
```

6）确认点火开关钥匙数。指示灯将被接通 3s，第一把点火开关钥匙将被预置和记忆，并且 60s 的初始化计时器起动。这一程序最长时间为 3s。

```
Channel ladaption ×      Q
Store change vaule?
```

键入 Q，确认点火开关钥匙数并退出，第一把点火开关钥匙配制完成。

7）其余 7 把点火开关钥匙的设置。用其余点火开关钥匙分别开、关点火开关，将被自动记忆。当最后一把点火开关钥匙被记忆后，应检查防盗器控制单元的故障寄存器并消除故障。

（3）更换防盗器控制单元　更换防盗器控制单元的时候，所有点火开关钥匙及发动机管理系统码均需被新的控制单元重新记忆，在新的配制过程中配制的点火开关钥匙是有效的，原来配制的点火开关钥匙在这个新的配制过程中全部失效。防盗器控制单元的更换方法与更换点火开关钥匙的方法相同，也必须使用 V. A. G1551 或 V. A. G1552 来完成。

（4）更换发动机控制单元　更换发动机控制单元时，防盗器控制单元必须记忆新的 ECU 码，防盗器控制单元已生效的钥匙表在这一程序中不再被更改。

更换过程如下：

1）连接测试仪，接通点火开关。

2）输入地址码 25，起动防盗器控制单元与测试仪间的通信。

3）输入功能 11，键入 PIN 码，进行安全登录。如果找不到用于登录的 PIN，可以向大众授权人索取。

4）输入功能 10，选择块 00 开始配制程序。

5）确认清除旧的 ECU 码。

新的 ECU 码在下次点火时将被记忆，更换完毕。

2. “铁将军”遥控汽车防盗系统

“铁将军”遥控汽车防盗系统在生产过程中采用 ECU 自动插件、ICT（信息、通信和技术三个英文单词的简称，即 Information Communications Technology）测试，从而使得产品的质量可靠度大大提高；且在出厂前均经过严格品质管制，有了卓越的性能、领先的功能以及优异的品质，使得铁将军系列更具生命力。

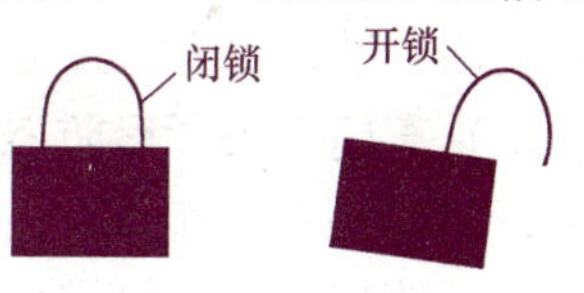

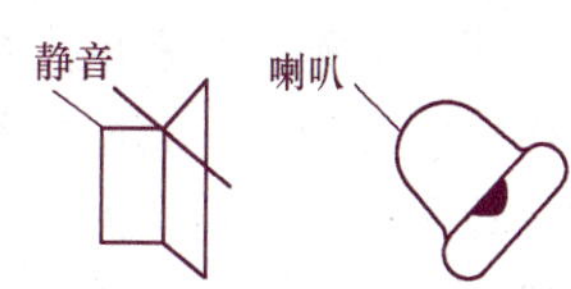

图 5-32　“铁将军”遥控器上符号代表的意义

（1）遥控汽车防盗系统的功能

1）防误报警。“铁将军”遥控器上符号代表的意义如图 5-32 所示。

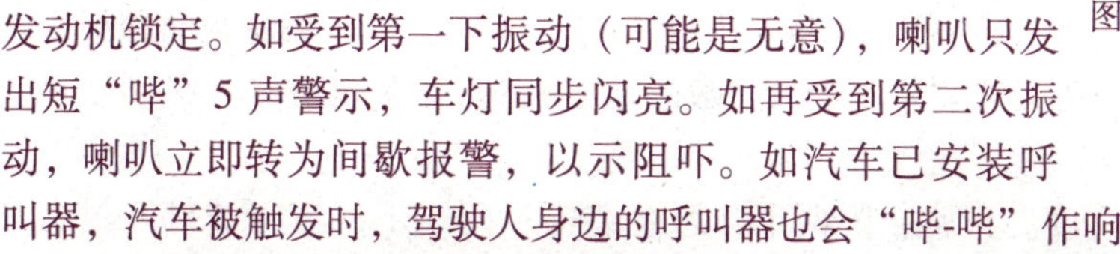

短按 1 键一下，“哔”的一声，车灯一闪，同时锁门，发动机锁定。如受到第一下振动（可能是无意），喇叭只发出短“哔”5 声警示，车灯同步闪亮。如再受到第二次振动，喇叭立即转为间歇报警，以示阻吓。如汽车已安装呼叫器，汽车被触发时，驾驶人身边的呼叫器也会“哔-哔”作响。

2）吓阻防盗。连按两下或长按 1 键 1s，在“哔”声后车灯再闪一下。如受到振动触发，警报喇叭鸣响 15s，发动机锁定。

3）静音警戒。短按3键，车灯闪一下，如受到第一次触发，车灯闪5s；如再受到触发，自动延时15s，驾驶人身边呼叫器“哔-哔”报警。

4）环保警示。连按两下或长按3键1s，车灯再闪一下。如受到第一次触发，车灯闪5s；如再受到触发，喇叭鸣响15s以示警告。

5）紧急报警。防盗警戒中，车门打开，Acc-ON状态和踩制动踏板时，均会使喇叭长鸣。

6）解除警戒。防盗警戒中，按2键，“哔、哔”两声，车灯闪两下；静音防盗警戒中，按2键，车灯闪两下，解除防盗设定。

7）自动回复防盗（防误解除）。无意误触造成解除防盗时，当25s内车门未打开或起动，防盗系统视作误解除，会自动回复有防盗状态。

8）自动提示开启防盗（程式选择）。当汽车停驶，驾驶人关门离开后10s，防盗系统会发出“滴-滴-滴”三声，提醒驾驶人开启防盗系统。

9）自动投入防盗（程式选择）。当汽车停驶，驾驶人关门离开后1min，防盗系统会自动投入，而门不上锁，从而避免由于驾驶人大意而造成重大损失。

10）遥控开启行李箱。汽车停驶或警戒中，长按2键3.5s，行李箱自动打开，方便搬运行李。

11）抗拷贝滚动跳动（选择机型）。采用美国Microchip公司的滚动跳码技术，拥有长达66位加密种子（若每天每秒不断按发遥控器，需要28年才有机会复合密码），使任何复制和破密企图化为泡影。

12）中控门锁自动化。汽车行驶15s后踩制动踏板，中控锁自动锁门以确保行车安全；当停车熄火后，门锁自动打开。行驶中，按1键，中控锁闭锁；按2键，中控锁开锁。

13）声光寻车。任何状态下，按一下4键，喇叭鸣响2s，车灯闪亮。

14）紧急求救。任何状态下，长按4键1.5s，喇叭鸣响30s，车灯同步闪光，再按任何键即可停止。

15）防抢劫。汽车行驶中遭遇抢劫时，按3键2s，则车灯急闪；再按4键一下，15s后喇叭长鸣，继而熄火，强迫停车。

16）车门未关开启防盗提示。当开启防盗功能后，出现“哔、哔”三声，提示车门未关妥，驾驶人必须查看，关好车门后再开启防盗。

17）路边暂停车灯警示。行驶中，为了乘客上、下车安全，当打开车门时，两边车灯立即闪烁，提醒后方来车注意，避免发生意外。

18）触发记忆。若防盗状态中汽车被触发过，当解除防盗打开车门时，喇叭鸣响一声，提醒驾驶人注意周围有无擦撞。

19）紧急解除。若防盗状态中，遗失遥控器却急需解除防盗时，驾驶人必须使用点火开关钥匙打开车门（此时防盗喇叭长鸣），再将点火开关转至Acc位置，踩住制动踏板，连续按3下紧急解除按钮（此按钮必须安装于十分隐蔽的地方），防盗系统暂停（必须使用遥控器2键才能将防盗系统复原）。

20）LED记忆防盗受袭程度。正常：闪两下；恶意袭击：闪3下；车门被打开过：连续不停闪烁；紧急解除防盗：常亮不灭。

（2）遥控汽车防盗系统电器规格特性

1）主机系统。

①工作电压：12V ±2V。

②静态电流：8mA（不含显示器）。

③显示器电流：20mA 间歇性。

④振动感应器电流：小于 1mA。

⑤输出电流（max）：转向灯 5A ×2，喇叭 10A，BiBi 机 10A，中控锁 10A。

⑥工作频率：300 ~350MHz。

2）遥控器 HF。

①工作电压：12V。

②静态电流：0mA。

③电池编号：12V。

④工作频率：300 ~350MHz。

3）BiBi 机发射主体。

①工作电压：12V ±2V。

②静态电流：0.5mA。

③工作频率：27MHz。

④发射功率：4W。

⑤编码方式：音叉式。

4）BiBi 机接收器。

①工作电压：1.5V。

②静态电流：6 ~8mA。

③待机最长时间：72h。

④编码方式：音叉式。

⑤工作频率：27MHz。

（3）主机电路图　图 5-33 所示为“铁将军”遥控汽车防盗系统电路图。

（4）遥控汽车防盗系统的中控锁配线　图 5-34 所示为遥控汽车防盗系统的中控锁配线图。

（5）遥控汽车防盗系统主机系统安装

1）主机系统安装。主机系统安装在仪表板下方或前方座位放腿处上方隐蔽的地方，并应事先找好主机要固定的地方；然后，再找出要连接的地方接线，如 Acc、转向灯、制动灯、室内灯、电源等。待全部线束均安装完毕后，依顺序先装 12P 的线头，再装 3P、5P 的线头。最后，简单地测试功能，如果无误，则把车体所拆装饰板逐步装回还原。

2）无线呼叫系统 BiBi 机的安装。将胶片天线水平贴于距右上方玻璃 2cm 处，引线塞于玻璃边线处，然后与同轴电线连接。另外一端插入 BiBi 主机，搭铁线一定要接好，否则，距离缩短。BiBi 机电源与汽车防盗器主机有专用插头，与黑色线搭铁直接对插即可动作。

BiBi 机操作说明：首先将电池装入，然后将呼叫器开关 ON/OFF 切至 ON 的位置。呼叫器会有“哔哔”声，压下按钮时声音立即停止，并进入接收待机状态。平时不使用时，可将呼叫开关 ON/OFF 切至 OFF 的位置以节省电力。BiBi 机的待机时间最多为 72h，若声音有异常或无声音，应更换电池。

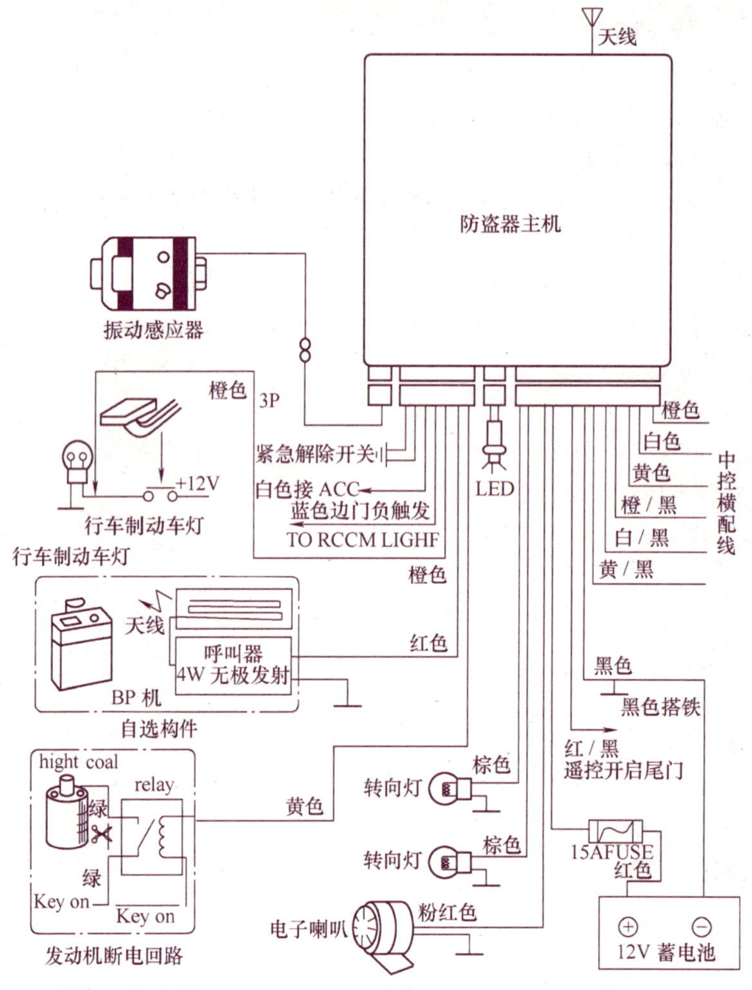

图 5-33　“铁将军”遥控汽车防盗系统电路图

3）振动感应器的安装调整。当主机安装完毕后，再将振动感应器固定在汽车上，然后视汽车的大小、所需敏感度的不同，适当加以调整（出厂前均已适中调整完毕，如非必须不要再调）。

振动感应器的调整：感应器上有个 LED 指示灯，当触发时，指示灯会亮；另外，有一个旋钮可用小一字螺钉旋具调整（向右表示敏感度提高，向左则表示敏感度降低）。调整时，请勿直接敲击振动感应器本体，以免破坏感应器。

振动感应器安装时，尽量贴近车体或仪表板附近，以确保感应器侦测。

4）中央控制门锁安装。中央控制门锁种类很多，但大致上可用安装电路图所提供的 4 种类型加以搭配触发，即可完成中央控制门锁安装。

以下几种情形的安装建议：

①车门锁均无动力带动门锁。建议加装一套中央控制门锁，方便防盗器搭配。常见车型为任何旧型汽车或较经济便宜的车型均可。

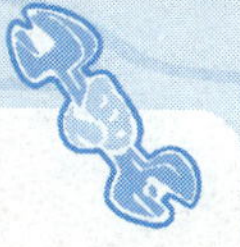

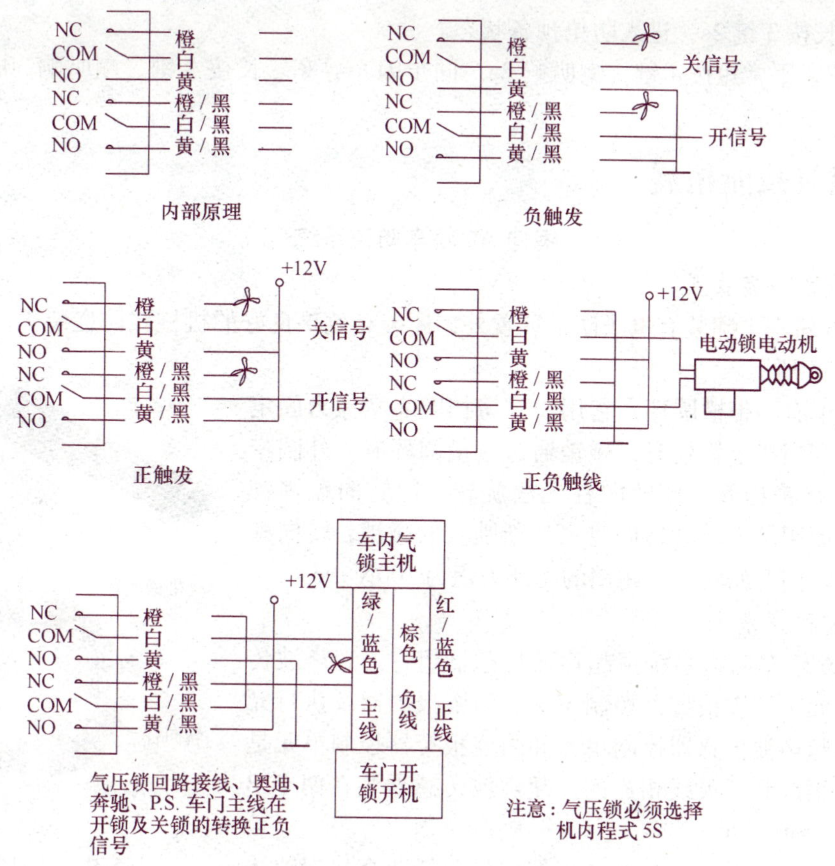

图 5-34　遥控汽车防盗系统的中控锁配线图

②原车配备有中央控制门锁，但是驾驶座门内仅仅只有一个开关带动其他 3 个门作用开关门锁。因此，在驾驶座门内，必须加装一个电动机借以带动门闩拉杆及开关。常见车型有福特（FORD）、三菱（MTISUBISHI）、马自达（MAZDA）、日产（NISSAN）车系等。

中央控制门锁安装方法：首先把车门门饰板卸下，在门内手动开关拉杆附近找一处易固定中控锁电动机的地方，然后将所配备的固定配件手动开关拉杆与中央控制门锁电动机拉杆固定在一起。这样，当中控锁电动机动作时，就会带动门锁拉杆，中央控制门锁起作用。

③原车配备有中央控制门锁，驾驶座仪表附近有一个跷板开关，带动触发其他 4 个门同时作用于开关门锁。只要判别是正触发还是负触发型，就可以选用安装图加以搭配。常见车型有本田（HONDA）、丰田（TOYOTA）、雷诺（RENAULT）、通用（GM）车系等。

④原车配备有气压控制中央门锁。常见车型有奥迪（AUDI）100、奔驰车系等。

（6）遥控汽车防盗系统遥控器的操作

1）防盗。如图 5-5 所示，平常短按 1 键进入环保防盗状态，同时锁门。长按 1 键进入吓阻防盗状态。行车中按 1 键，锁门。

2）解除。警戒中按 2 键，解除防盗警戒，同时开锁。行车中按 2 键，自动开门锁。

解除防抢状态，警戒中长按 2 键 3.5s，自动开启后门。

3）静音。平常短按 3 键，进入省电静音防盗，同时锁门。长按 3 键，进入吓阻警告防

盗。行车中长按3键2s，进入防抢预备状态。

4）寻车。平常短按4键，喇叭响2s，同步闪光寻车。长按4键，喇叭响30s，同步闪光求救。

知识与技能拓展

奥迪A6轿车防盗系统

1. 机械式防盗装置

奥迪A6轿车上除装有电子防盗装置外，还装有效果良好的机械式防盗装置，即转向盘锁，如图5-35所示。

转向盘上有一带槽圆环，它用一弹簧挡圈靠摩擦力固定在转向柱上。当拔下钥匙时，碰销通过带槽圆环嵌入外圆带有轴向槽的弹簧挡圈，使转向柱无法旋转，即转向盘锁锁闭。如果试图用暴力转动转向盘来切断啮合的碰销，转向柱将在带槽圆环内开始转动。碰销的切断力矩为100N·m。

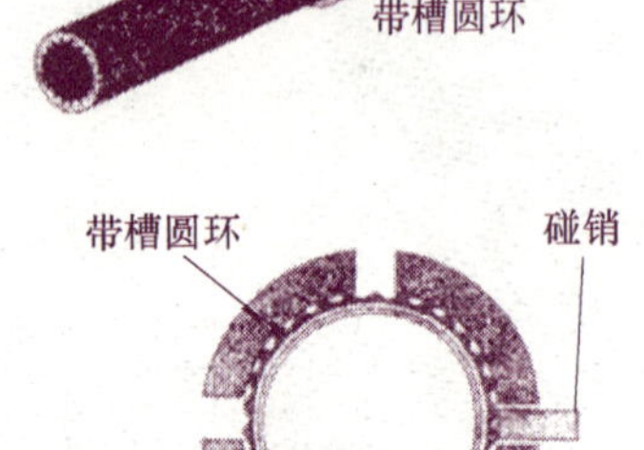

图5-35 转向盘锁

2. 电控防盗系统

奥迪A6轿车防盗系统由超声波传感器组件、超声波传感器控制单元、防盗报警器控制单元、防盗报警器及执行元件等组成。超声波传感器控制单元和防盗报警器控制单元是通过一条警报线和开关线相连的。超声波传感器装在两个B柱内，如图5-36所示。

（1）超声波传感器 每个传感器组件包括两个超声波传感器和一个电子放大电路，分别装在左、右B柱内。每个传感器监控一个车窗。

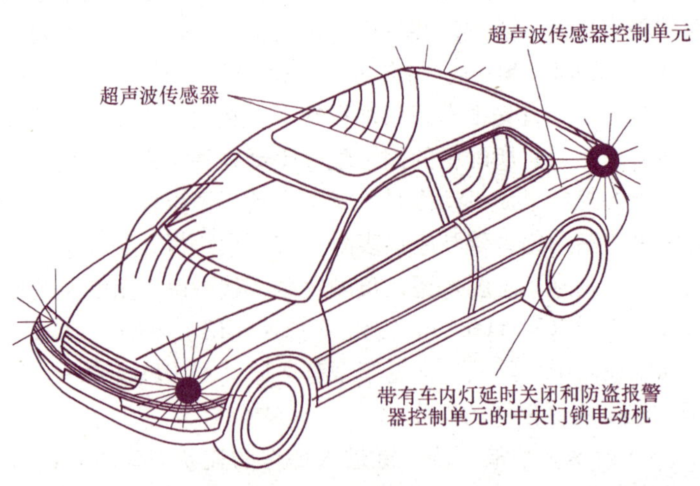

图5-36 警报系统示意图

1）发射与接收。超声波传感器以40Hz的频率发射声波（人耳无法听见），同时传感器又接收反射回来的声音信号，超声波控制单元分析反射回来的信号，如果必要，则触发报警。

2）信号中断的影响。如果4个传感器中的某一个失败，则将中断对该车窗的监控。

3）电路。传感器放大电路如图5-37所示。

4）功能：

①发射功能。交流电压作用于振动线圈时，其内部将产生一个磁场，该磁场又反作用于永久磁铁的恒定磁场。因此，振动线圈的频率与交流电压频率相同。振动线圈与膜片相连，从而膜片也以相同的频率振动。膜片振动引起空气运动，产生超声波，如图5-38所示。

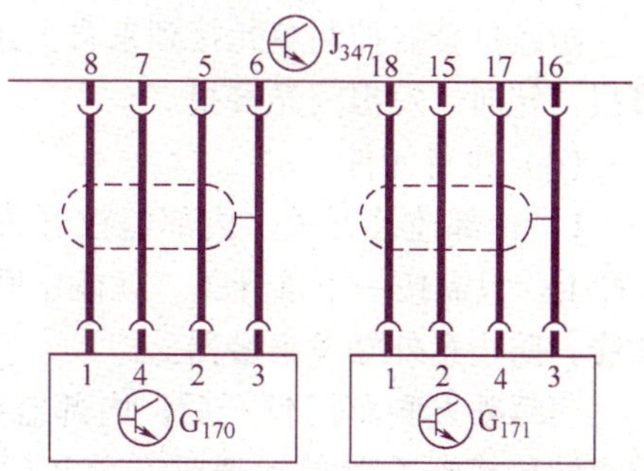

图5-37　传感器放大电路

G_{170}—左超声波传感器　G_{171}—右超声波传感器　J_{347}—超声波传感器控制单元　8/18—插脚，时钟信号（40Hz）　5/15—插脚，电源（+8V）　7/17—插脚，信号线插脚　6/16—搭铁，屏蔽

②接收功能。超声波传感器也起接收器的作用，如图5-39所示。

发射出的声波射到车内壁，并被反射回来，反射的声波引起膜片以一定的频率振动。这样在振动线圈上感应产生一个同样频率的交流电压。这种作用是反向的。如果某个车窗破损，频率改变，则交流电压的频率也随之改变。超声波传感器控制单元将识别交流电压的变化，并触发报警器发出警报。

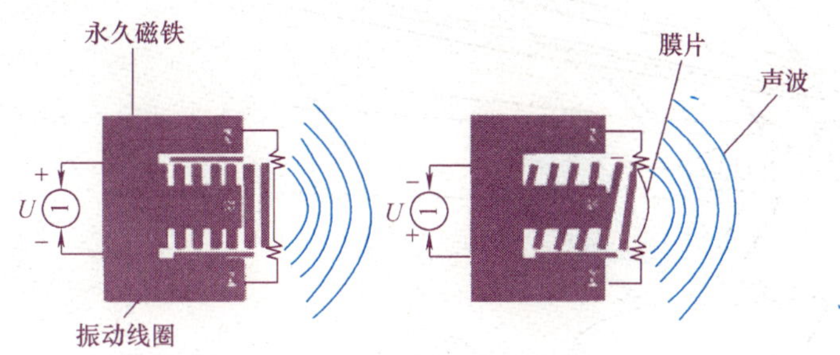

图5-38　超声波传感器发射功能

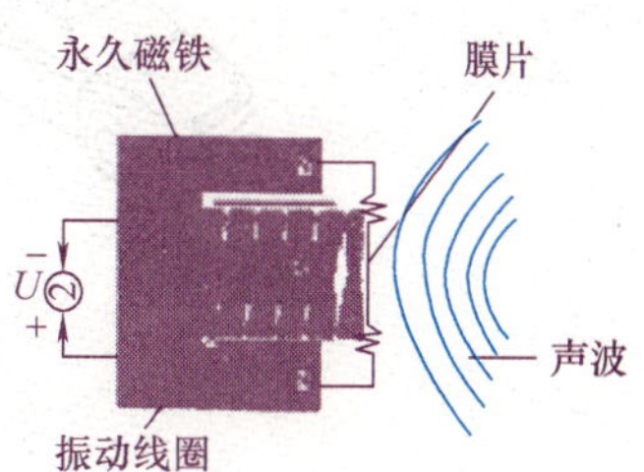

图5-39　超声波传感器接收功能

（2）超声波控制单元、中央门锁电动机及车内照明灯延时关闭和防盗报警器控制单元　超声波传感器控制单元装在行李箱内左侧。若有人企图非法进入车内，超声波传感器控制单元将向中央门锁电动机及车内照明灯延时关闭和防盗报警器控制单元发送信号，系统立即发出警报。这种情况下，喇叭立即发出声音警报，转向灯发出闪光警报。

中央门锁电动机及车内照明灯延时关闭和防盗报警器控制单元装在超声波传感器控制单元的前面。

（3）防盗报警器　当关闭所有车门、发动机舱盖和行李箱，并用钥匙或无线遥控器将其锁闭后，报警器立即开始工作。防盗警报器控制下列区域：

①驾驶人和前乘客侧（微动开关设在门锁内）。

②发动机舱盖（微动开关设在锁下部位置）。

③行李箱盖（微动开关设在行李箱锁内）。

④收音机——必须在工厂安装（搭铁线）。

⑤点火开关（15 号端子）。

防盗报警器控制单元接到来自上述区域超声波传感器的信号后，控制单元立即发出声音警报，转向灯发出闪光警报。

（4）执行元件

1）内部监控开关。内部监控开关装在驾驶人侧 B 柱上。只需按一下该开关，就能中断防盗器的监控功能，防止意外触发报警器。

当驾驶人侧车门打开后，内部监控功能被中断，超声波传感器控制单元通过左前车门触发开关收到“驾驶人侧车门打开”的信号。防盗器开关电路如图 5-40 所示。

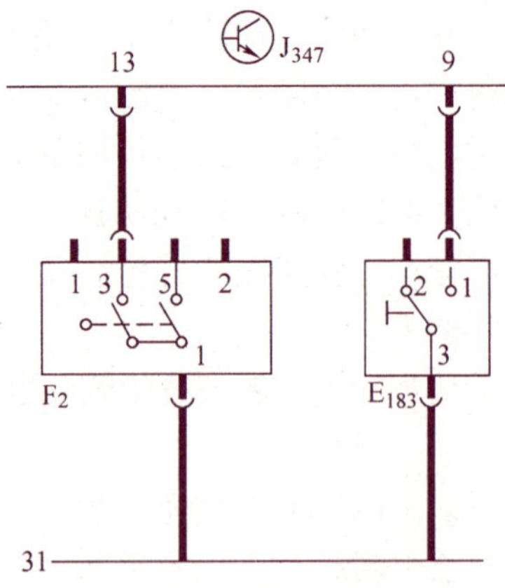

图 5-40　防盗器开关电路

E_{183}—防盗器开关　F_2—车门触发开关

J_{347}—超声波传感器控制单元

2）防盗报警器信号喇叭。防盗报警器喇叭位于流水槽内，如图 5-41 所示。

当报警时，防盗报警器控制单元 V_{94} 接通喇叭电路，使喇叭发出声音报警，声音警报与闪烁转向信号交替发出。防盗报警器信号喇叭电路如图 5-42 所示。

图 5-41　防盗报警器喇叭位置

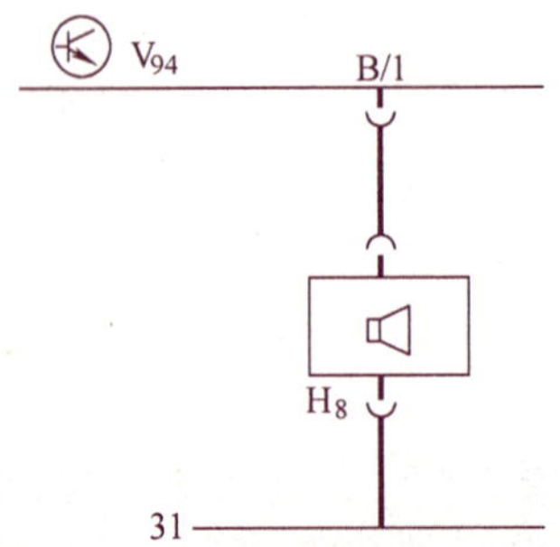

图 5-42　防盗报警器信号喇叭电路

H_8—防盗报警器信号喇叭　V_{94}—带有车内灯延时关闭和防盗报警器控制单元的中央门锁电动机

B/1—插脚（触发防盗报警器信号喇叭 H_8）

3）转向信号灯。转向信号灯也由防盗报警器触发。当报警时，防盗报警器制单元接通转向信号灯电路，转向信号灯发出闪光信号（闪烁），如图5-43所示。

图5-43 转向信号灯

a）转向信号灯 b）转向信号灯电路

M5/M6—转向信号灯（左） M7/M8—转向信号灯（右） V_{94}—带有车内灯延时关闭和防盗报警器控制单元的中央门锁电动机 B/2—插脚（转向信号灯M5/M6左）B/3—插脚（转向信号灯M7/M8右）

4）警告灯。警告灯是发光二极管，由超声波传感器控制单元触发。闪烁频率表示防盗系统的状态，并可作自诊断辅助指示灯，如图5-44所示。

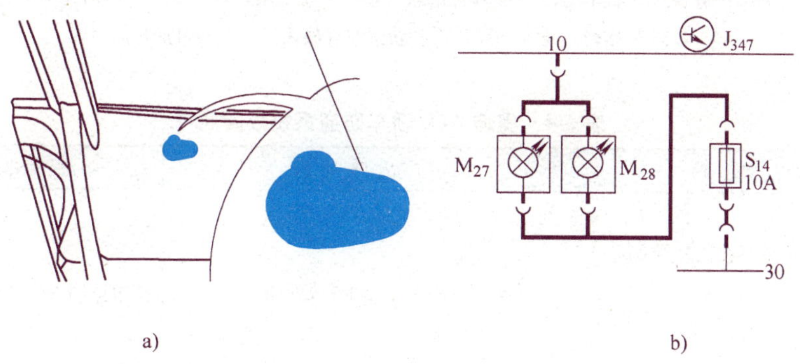

图5-44 警告灯

a）警告灯示意图 b）警告灯电路

J_{347}—超声波传感器控制单元 M_{27}/M_{28}—警告灯（驾驶人侧和乘员侧车门）10—插脚（触发警告灯M_{27}/M_{28}）

防盗报警系统功能电路总图如图5-45所示。

3. 奥迪A6轿车防盗系统的自诊断

（1）故障表 奥迪A6轿车防盗系统自诊断的故障码、故障原因及故障排除方法见表5-4。

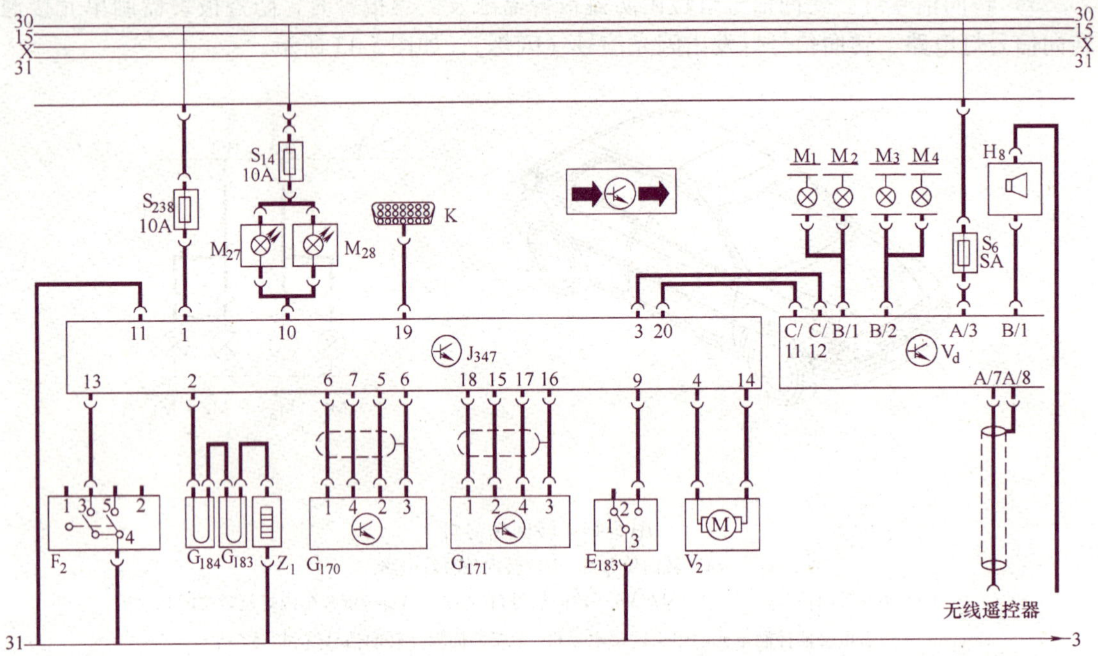

图 5-45　防盗报警系统功能电路总图

E_{183}—防盗报警器开关　F_2—门触发开关（左前）　G_{170}—防盗报警器超声波传感器（左）　G_{171}—防盗报警器超声波传感器（右）　G_{183}—玻璃破碎传感器（左后车窗）　G_{184}—玻璃破碎传感器（右后车窗）　H_8—防盗报警器信号喇叭　J_{347}—超声波传感器控制单元　K—诊断接口　M_{27}—警告灯（左车门）　M_{28}—警告灯（右车门）　S_6—6 号熔丝（端子 15）　S_{14}—14 号熔丝（端子 30）　S_{238}—238 号熔丝（端子 30）　V_2—新鲜空气鼓风机　Z_1—可加热后风窗

表 5-4　奥迪 A6L 轿车防盗系统故障表

故　障　码	故障原因	故障排除方法
01377 防盗报警装置左侧超声波传感器 G_{170}		
● 对正极短路	● G_{170} 和 J_{347} 之间导线断路 G_{170} 损坏	按电路图查询故障 更换 G_{170}
● 断路/对搭铁点短路	● G_{170} 和 J_{347} 之间导线断路 G_{170} 损坏	检测
● 不可靠信号	● 起动防盗系统时出现故障	
01378 防盗报警装置右侧超声波传感器 G_{171}		
● 对正极短路	● G_{171} 和 J_{347} 之间导线断路 G_{171} 损坏	按电路图查询故障 更换 G_{171}
● 断路/对搭铁点短路	● G_{171} 和 J_{347} 之间导线断路 ● G_{171} 损坏	检测
● 不可靠信号	● 起动防盗系统时出现故障	

（续）

故　障　码	故障原因	故障排除方法
01379 防盗系统开关 E_{183} ● 对搭铁点短路	● E_{183} 和 J_{347} 间导线损坏 ● E_{183} 损坏	按电路图查询故障 更换 E_{183}
01380 通过左后防盗报警装置传感器发出警报	● 试图从左后车窗进入车内或功能检测后 ● 因误操作而起动警报	清除故障存储器 功能检查 进行传感器灵敏度自适应
01381 通过右后防盗报警装置传感器发出警报	● 试图从右后车窗进入车内或功能检测后 ● 因误操作而起动警报	清除故障存储器 功能检查 进行传感器灵敏度自适应
01382 通过左前防盗报警装置传感器发出警报	● 试图从左前车窗进入车内或功能检测后 ● 因误操作而起动警报	清除故障存储器 功能检查 进行传感器灵敏度自适应
01383 通过右前防盗报警装置传感器发出警报	● 试图从右前车窗进入车内或功能检测后 ● 因误操作而起动警报	清除故障存储器 功能检查 进行传感器灵敏度自适应

（2）自诊断　自诊断功能用来检查超声波传感器控制单元、超声波传感器执行元件，可用故障检测仪 V. A. G1551 或 V. A. G1552 检查系统。

防盗系统的地址码是“45”，可执行下列功能：

01 查询控制单元版本。

02 查询故障记忆。

03 执行元件诊断。

05 删除故障记忆。

06 结束输出。

07 对控制单元编码。

08 阅读测量数据块。

10 匹配。

案例解析

故障现象：一辆别克轿车经常起动无反应；有时正常行驶熄火后，再起动电动机也无反应，只有等一会儿才能起动成功。以前有过类似现象，但非常少；近来每隔几天就会发生，不得不进厂维修。

故障诊断：根据车主提供的故障现象，可能是起动系统或防盗系统出现了问题，这是一

例偶发性故障。为了找到故障原因，做了改变防盗 ECU 电路来解除防盗功能的处理（已征求车主的同意）。在驾驶人仪表板下方找到了防盗 ECU，对其 ECU 的 7 根线分别做了处理。有 2 根为电阻确认线，用自制的相同电阻（1475Ω）做了代替；另外 2 根分别为蓄电池的负极和 IG 电源，又分别做了重新连接。再有 2 根，其中一根为起动继电器的负极回路，剪断直接搭铁；另一根为控制发动机 ECU 的喷油信号线，为防止虚接又并用了一根线。最后一根为通向左后门的空头线。

故障排除：经过这番改动，能明确故障部位。若在使用中继续有以前的故障现象，应为起动系统问题；如不再发生以前的故障，应为防盗 ECU 损坏。经过 2 个星期的使用没有发生相同的故障后，更换了防盗 ECU，故障排除。

本车的防盗 ECU 只是在控制起动继电器负极时出现了问题，其控制喷油信号是正常的。

观察与思考

一、思考题

1. 如何对通用（GM）系列轿车防盗系统进行故障检测？
2. 如何对西门子轿车防盗系统进行故障检测？
3. 如何对奥迪 A6 轿车防盗系统进行故障检测？

二、实习观察项目

1. 按电路图和技术操作规程对防盗系统的元件进行检测，发现问题及时处理。
2. 指导教师模拟设置防盗系统故障，让学习者进行故障检测、诊断并排除故障。
3. 对防盗系统进行常规检查和维护。

学习情境6　安全气囊和安全带系统故障

学习单元1　安全气囊系统的检修

学习目标

1）熟悉汽车安全气囊的功用、类型、组成和结构特点。
2）掌握汽车安全气囊的拆装方法与调试维护工艺。
3）掌握汽车安全气囊的故障诊断方法与检修技能。

工作任务

一、任务情境

随着汽车保有量的迅速增加，汽车交通事故频繁发生，驾驶人和乘员的安全问题变得尤为重要。安全气囊的装备与使用避免了驾乘人员与转向盘、仪表板、风窗玻璃的碰撞，防止驾乘人员的脑部和胸部受伤，以降低正面或侧面碰撞中驾乘人员的伤亡率。但是一旦安全气囊由于故障而失去作用，那将会给驾乘人员带来严重甚至致命伤害。本节的主要任务就是要检测和诊断安全气囊的常见故障，使其恢复使用功能和保持良好的技术状态，确保驾乘人员的安全。

二、任务分析

造成安全气囊不能正常工作的原因一般有两个：一是电路故障，即配电设施或电器发生故障，配电设施或电器包括开关、熔丝、继电器、搭铁接点等；二是安全气囊机械机构失效，导致安全气囊不能打开。要排除这些故障，应该先熟悉以下相关知识。

相关知识

一、概述

1. 安全气囊的作用

当汽车发生碰撞时，汽车迅速减速直至停止，但车内乘员仍以原来速度向前运动。如果乘员未系安全带，就可能发生乘员和转向盘、仪表板和风窗玻璃等之间的碰撞，造成严重的伤害。如果乘员系上安全带，则他们将逐渐减速，作用到他们身上的撞击力将减轻。但在严重的碰撞事故中，虽然系上安全带使碰撞力减小了很多，但乘员仍可能会撞到车室内部物件而造成伤害。如果此时装在转向盘或仪表板内的气囊充气弹出，就可以减少乘员与车内物件相撞的可能性，更均匀地分散头部、胸部的碰撞力，吸收乘员的运动能量，从而起到补充安全带效果的作用。大量统计和实测数据表明：在汽车相撞时，

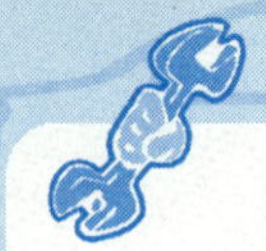

如果正确使用安全带和安全气囊可使头部受伤率减少25%左右，面部受伤率减少80%左右。

2. 安全气囊的类型

（1）按照安全气囊的数量分类 按照安全气囊系统中气囊数量的不同分类，可分为单气囊系统、双气囊系统和多气囊系统。单气囊系统只在驾驶人转向盘上安装一个安全气囊，仅起保护驾驶人的作用。双气囊系统在驾驶人转向盘和前仪表台上各安装一个安全气囊，保护驾驶人和前排乘员。多气囊系统除了在驾驶人转向盘和仪表台上各安装一个安全气囊外，还在车门上、座椅侧面也分别安装安全气囊。

（2）按照安全气囊引爆控制方式分类 按照安全气囊引爆控制方式的不同分类，可分为机械式和电子式两类。机械式安全气囊采用机械方式检测和引爆气囊，目前已很少使用。电子式安全气囊采用传感器和电控单元检测、控制气囊的引爆，是目前普遍采用的控制方式。

（3）按照安全气囊的大小分类 按照安全气囊大小的不同分类，可分为保护整个上身的大型气囊和主要保护面部的小型护面气囊。

（4）按照安全气囊保护对象分类 按照安全气囊保护对象的不同分类，主要有以下几种。

1）驾驶人用安全气囊。驾驶人用安全气囊如图6-1所示，是轿车上采用得最广泛的一种安全气囊，在轿车发生正面碰撞时对驾驶人起保护作用。它装在转向盘上，分美式和欧式两种。

美式气囊的设计是假定驾驶人没有佩戴安全带而汽车相撞时起保护作用，其体积较大，约60L。

欧式气囊的设计则是假定驾驶人已佩戴安全带，其体积较小，约40L。

2）前排乘员用安全气囊。前排乘员可以是大人，也可能是儿童，坐姿也是各种各样。发生碰撞事故时，前排乘员必然会与仪表板、前风窗玻璃、窗框及门框等发生碰撞，因此，为保护前排乘员在撞车时免受伤害，前排乘员用安全气囊较大，如图6-1所示。美式气囊副驾驶人侧容积一般为120~160L，欧式气囊副驾驶人侧容积一般为60~80L。

3）侧面防撞用安全气囊。根据使用要求不同，侧面防撞用安全气囊（图6-2），可以装在车门上横梁中、车门内板中或座椅侧面。车门上横梁中的侧面防撞用安全气囊用来保护乘员的头部。装在车门内板中的侧面防撞用安全气囊和装在座椅侧面的侧面防撞用安全气囊用来保护乘员的胸部、心脏、肺脏等重要器官。目前，宝马汽车公司已开始采用双侧面防撞用安全气囊来扩大侧面防护。

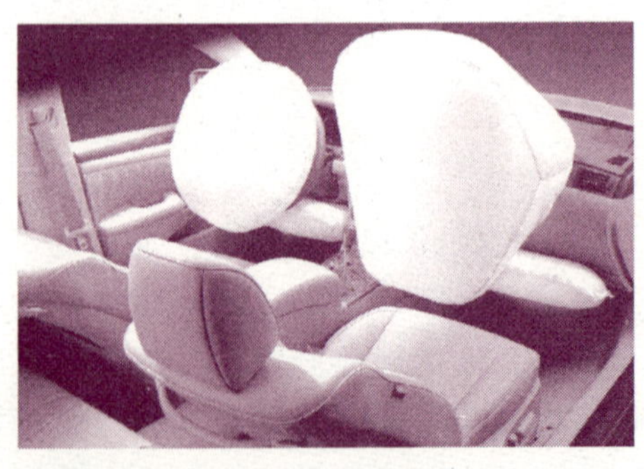

图6-1 驾驶人及前排乘员用安全气囊

图6-2 侧面防撞用安全气囊

4）后排乘员用安全气囊。通常后排座不设置安全保护装置，但近年来后排座乘员的安全防护逐渐受到重视，已较普遍地在后排座上安装了安全带，并开发和配备了后排乘员用安全气囊（包括后排乘员用防侧撞安全气囊）。

后排乘员用安全气囊的容积一般可达到 100L，其结构与其他安全辅助气囊系统基本相同。大多数后排乘员用安全气囊安装在前排座椅靠背中，气囊引爆后在后排座乘员与前排座椅之间形成防护气垫。

5）下肢用安全气囊。保护驾驶人下肢用的下肢安全气囊如图 6-3 所示，由一个安全气囊和气体发生器组成，容积可达 13L。在汽车发生碰撞时，下肢用安全气囊能够有效地防止驾驶人的下肢、小腿和膝部与各种踏板、操纵杆等发生碰撞，对驾驶人的下肢、小腿和膝部进行保护。下肢用安全气囊安装在仪表板下部的前围板上，其结构与其他安全气囊的结构基本相似。

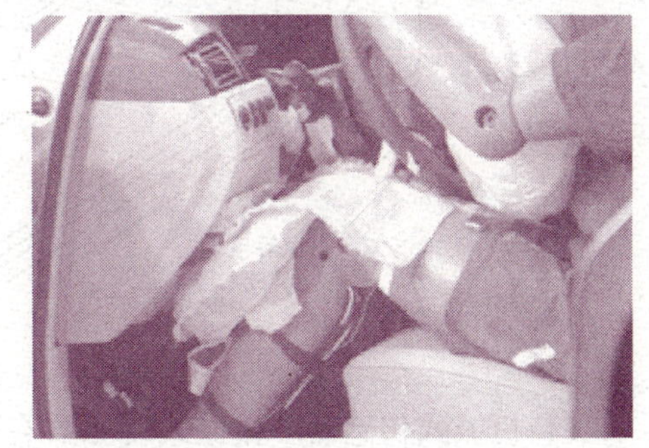

图 6-3　下肢用安全气囊

6）车顶部安全气囊。一些高档豪华车在车顶的两侧会配有两条管状气囊，在意外情况发生时能够有效地缓解来自车顶上方的下压力，配合侧面气帘能够有效地保护乘客的头部和颈部。

7）窗帘（屏蔽）式安全气囊。由于侧向气囊不能全部覆盖侧窗，玻璃的碎片可能溅入车厢内伤到人的脸部或身体，所以出现了以窗帘状展开的气囊，称为窗帘式安全气囊。

窗帘式安全气囊在车辆侧面碰撞时，与侧向安全气囊同时展开。其安装位置位于车顶纵梁的内衬中。丰田汽车公司曾经研究装设窗帘式安全气囊，这种安全气囊在侧向碰撞时冲破车门内衬而向上方张开，但其尚未大批量在汽车上应用。

8）车外安全气囊。车外安全气囊又称为保险杠内藏式气囊。当汽车在正面碰撞行人时，气囊迅速向前张开和向两侧举升，托起被撞行人，同时防止行人跌向两侧。目前车外气囊系统正处于研制阶段。

二、安全气囊的组成及工作原理

（一）安全气囊的组成

安全气囊主要由传感器、电控单元（ECU）、气囊组件、安全气囊警告灯等组成，其主要部件在汽车上的位置如图 6-4 所示。

1. 传感器

传感器是安全气囊主要的控制信号输入装置。其作用是检测、判断汽车发生事故时的碰撞强度信号，并将此信号输入电控单元，电控单元根据传感器的输入信号来判断是否引爆充气元件使气囊充气。

安全气囊传感器按功能的不同，可分为碰撞传感器和安全传感器两种。碰撞传感器主要用来检测碰撞强度，如果汽车以 40km/h 的速度与一辆停驶的同样大小的汽车相碰撞，或以不低于 22km/h 的车速迎面撞到一个不可变形的固定障碍物时，碰撞传感器便会动作，接通搭铁回路。安全传感器具有保护作用，用来防止因碰撞传感器短路而造成的气囊误打开。

传感器按结构形式的不同，可分为机械式、机电式和电子式三种。

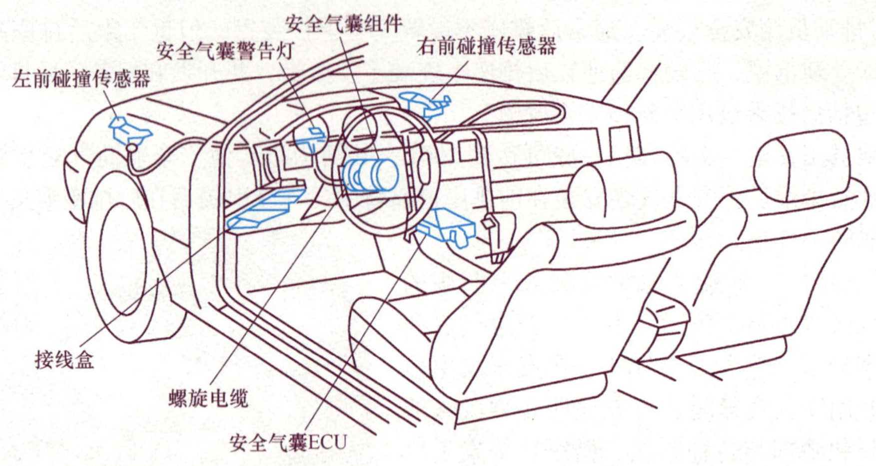

图6-4 安全气囊的组成和布置

（1）机械式传感器 机械式传感器有多种形式，常见的有偏心式传感器，其结构如图6-5所示，主要由壳体、偏心转子、偏心重块、固定触点、旋转触点和螺旋弹簧等组成。在机械式传感器外固定有一个电阻，用以在对系统进行自检时，检测SRS与中央传感器总成之间的电路是否断路或短路。

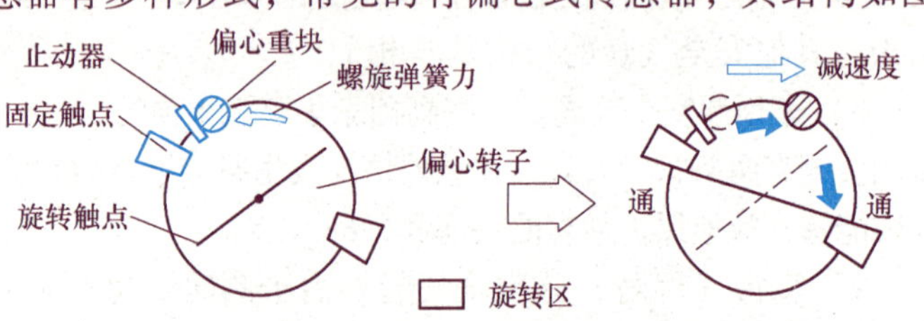

图6-5 偏心式传感器的结构

机械式传感器的结构如图6-6所示。当汽车发生碰撞时，偏心重块由于惯性力作用带动偏心转子克服弹簧弹力产生偏转。当碰撞强度达到设定值时，偏心转子偏转角度将使旋转触点与固定触点接触而闭合，此时碰撞传感器向SRS ECU输入一个“ON”信号。SRS ECU只有收到碰撞传感器输入的“ON”信号时，将电路接通，才能引爆充气元件。

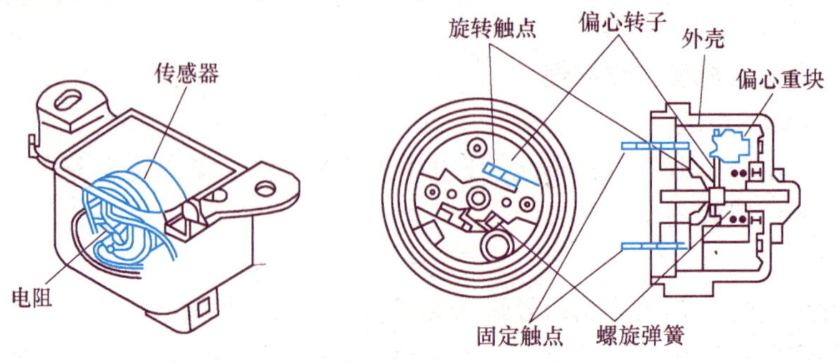

图6-6 机械式传感器的结构

此外，还有重块式传感器，其结构如图6-7所示。当传感器中传感重块的移动速度高于某一特定车速时，传感重块便将其机械能直接传给引发器使气囊膨胀打开。

（2）机电式传感器 常见的机电式传感器有钢球式传感器，其结构如图6-8所示，主要由钢球、永久磁铁、触点和壳体等组成。这种传感器的灵敏度由3个参数确定：磁场大小、小钢球和圆柱形钢套之间的间隙以及小钢球与触点间距离。

此外，常见的机电式传感器还有滚筒式传感器，其结构如图6-9所示。当汽车以一定车速发生碰撞时，滚筒转动，使得旋转触点和固定触点闭合，接通点火电路，气囊膨胀打开。

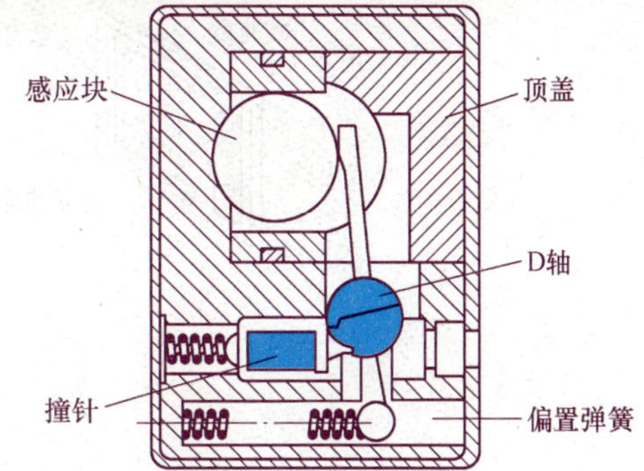

图6-7 重块式传感器的结构

机电式传感器目前应用很广，可以检测各种撞击信号。

(3) 电子式传感器 电子式传感器是一种智能传感器。它将传感元件、信号适配器和滤波器等集成在一块IC上，具有可靠性高、功能强等优点。电子式传感器主要有压电式、压阻式和电容式3种。压电式传感器如图6-10所示。

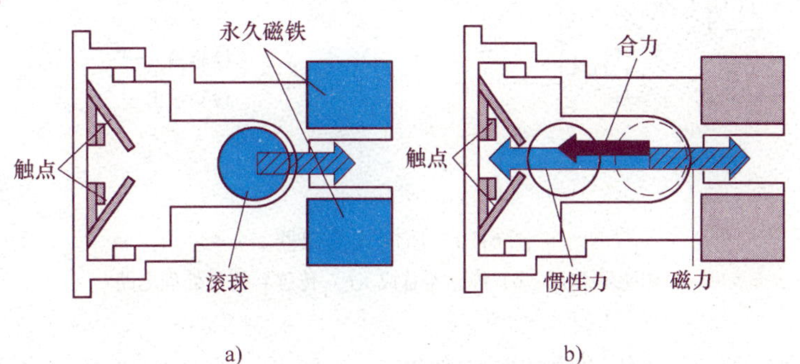

图6-8 钢球式传感器的结构

a) 静止状态 b) 碰撞状态

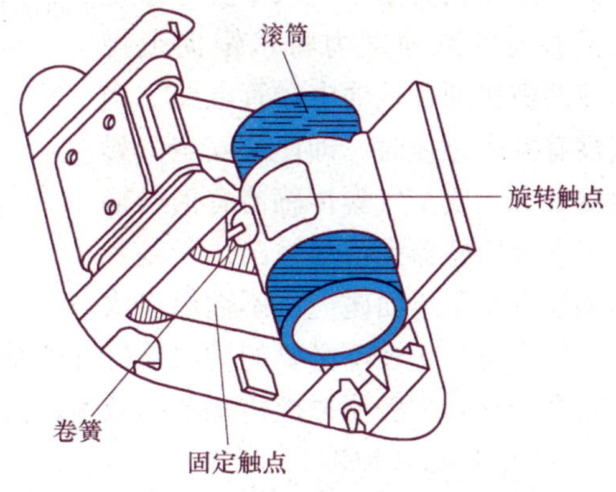

图6-9 滚筒式传感器的结构

传感器有一悬臂梁，悬臂梁的质量就是惯性质量，当传感器承受冲击时，悬臂梁会发生弯曲。这一弯曲变形可由其上的变形计测出，并转换成电信号，经前置放大、高通滤波、主放大器信号处理后，送出的减速度信号随减速率线性变化。阻抗电桥、前置放大、高通滤波及主放大器信号在双极集成电路上处理电路整体组装。这套电路还具有自我检查功能。在发动机起动前，点火开关接通后，ECU故障诊断电路发出检验信号（一系列矩形波）。矩形波电压加于阻抗桥上，如一切正常，则主放大器输出微分图形如图6-10c。此外，车辆正常运行中，传感器内悬臂梁发生断裂时，电桥电路变异，主放大器输出停留在高电平“Hi”或低电平“Lo”上。因此，传感器可预先发现异常情况，引起驾驶人注意。

电子式传感器将测量结果输送给安全气囊ECU，安全气囊ECU内有一套复杂的碰撞信号处理程序，能够确定气囊是否需要充气膨胀。若需要气囊充气膨胀，ECU便会接通点火

电路，同时安全传感器也闭合，充气剂受热分解，气囊充气膨胀打开。

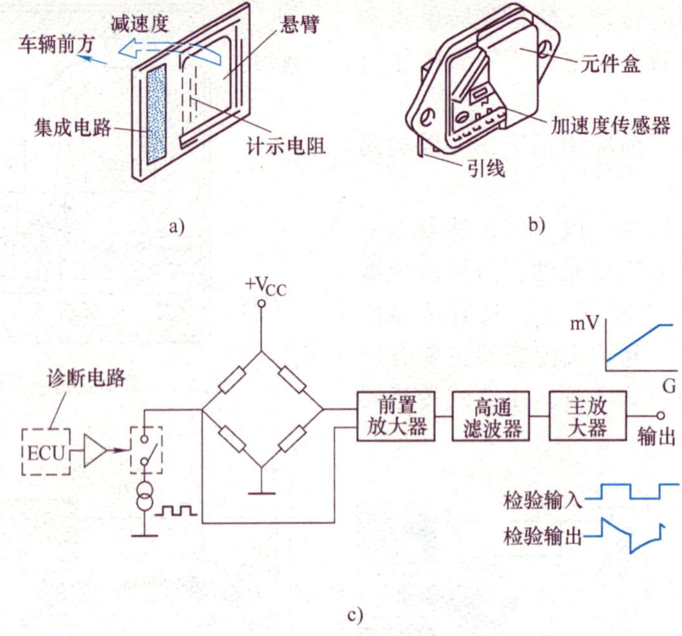

图 6-10　压电式传感器

a）传感器芯片　b）传感器总成　c）传感器信号处理电路

（4）安全传感器　安全传感器的结构如图 6-11 所示，主要由电极、水银、盖和外壳等组成。安全传感器为水银常开式开关，它是为防止碰撞传感器因短路故障导致点火器引爆而设置的。当汽车发生碰撞时，足够大的减速度力将水银向上抛起，使两极接通，接通电爆管电路。当汽车没有发生碰撞时，即使前安全气囊传感器或中央安全气囊传感器有信号输出，但安全传感器无信号输出，于是判定车辆没有发生正面碰撞，不输出点火信号，这样可防止在不必要的情况下打开安全气囊。

图 6-11　安全传感器的结构

安全传感器一般比碰撞传感器的减速度力小，以保证碰撞传感器的工作可靠。

2. 电控单元（ECU）

安全气囊 ECU 是安全气囊系统的核心部件，其内部结构如图 6-12 所示，主要由安全气囊逻辑模块、能量储存装置（电容）、电路插接器等组成。安全气囊 ECU 一般与安全传感器一起被制作在安全气囊控制组件中，通常安装在驾驶室变速杆前、后的装饰板下面。

安全气囊 ECU 的电路图如图 6-13 所示，主要由安全气囊逻辑模块、信号处理电路、备用电源和稳压电路等组成。

（1）安全气囊逻辑模块（微处理器）　安全气囊逻辑模块主要用于监测汽车纵向减速度或惯性力是否达到设定值，控制气囊组件中的点火器引爆点火剂。

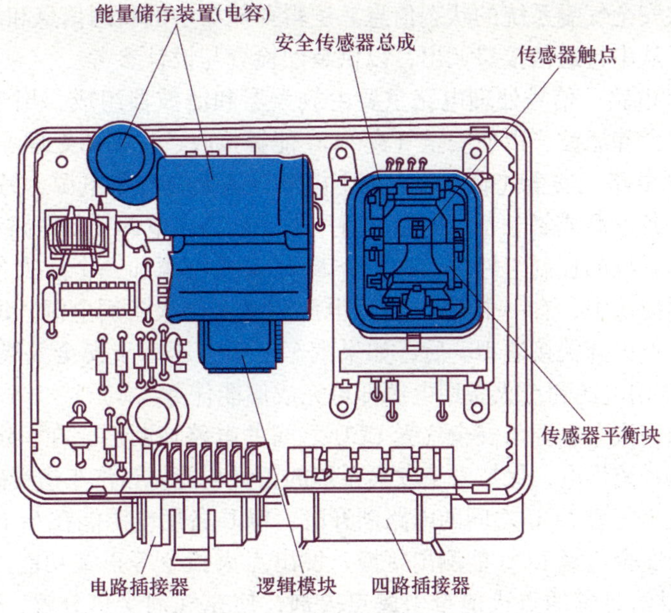

图 6-12　安全气囊 ECU 内部结构

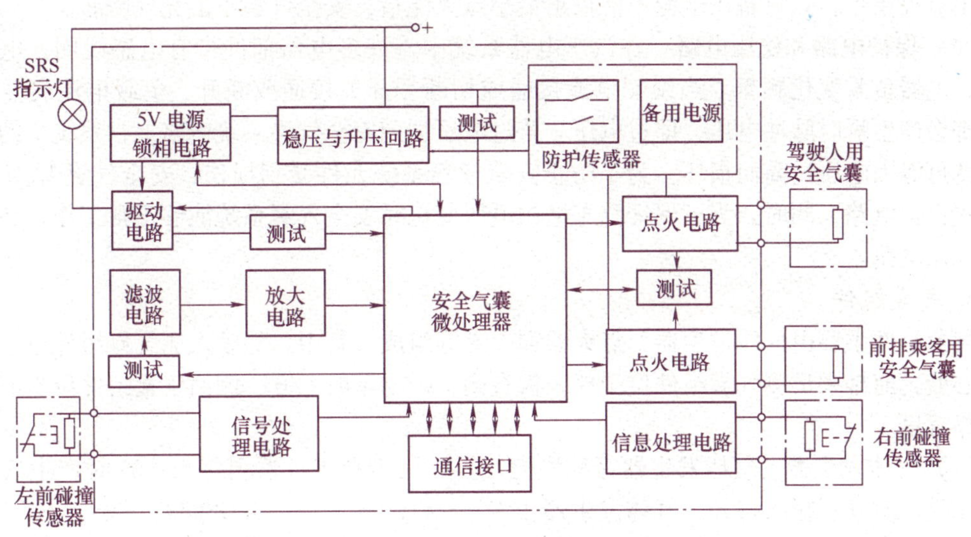

图 6-13　安全气囊 ECU 的电路图

安全气囊逻辑模块由模-数（A-D）转换器、串行输入/输出（I/O）接口、只读存储器（ROM）、随机存储器（RAM）、可擦除可编程的只读存储器（EEPROM）和定时器等组成。

在汽车行驶过程中，安全气囊 ECU 不断接收到前碰撞传感器和安全传感器传来的车速变化信号，经过计算和逻辑判断后确定是否发生碰撞。当判断结果为发生碰撞时，立即运行控制点火的软件程序，并向点火电路发出点火指令引爆点火剂；点火剂引爆时产生大量热量，使充气剂受热分解释放大量气体给气囊充气。

除此之外，安全气囊 ECU 还要对控制组件中关键部件的电路不断进行诊断测试，并通过安全气囊指示灯和存储在存储器中的故障码来显示测试结果。仪表上的安全气囊指示灯可直接向驾驶人提供安全气囊系统的状态信息。逻辑存储器中的状态信息和故障码可用专用仪器或通过特定方式从串行通信接口调出，以供装配检查与设计参考。

（2）信号处理电路　信号处理电路主要由放大器和滤波器组成，用于对传感器检测的信号进行整形、放大和滤波，以便安全气囊 ECU 能够接收、识别和处理。

（3）备用电源电路　安全气囊系统有两个电源：一个是汽车电源，另一个是备用电源。备用电源又称为后备电源或紧急备用电源。备用电源电路由电源控制电路和若干个电容器组成。在单安全气囊系统的控制组件中，有一个 ECU 备用电源和一个点火备用电源。在双安全气囊系统的控制模块中，有一个 ECU 备用电源和两个点火备用电源，即两条点火电路各有一个备用电源。点火开关接通 10s 后，如果汽车电源电压高于安全气囊 ECU 的最低工作电压，那么 ECU 备用电源和点火备用电源即可完成储能任务。

备用电源用于当汽车电源与安全气囊 ECU 之间的电路切断后，在一定时间内（一般为6s）维持安全气囊系统供电，保持安全气囊系统的正常功能。当汽车遭受碰撞而导致蓄电池和交流发电机与安全气囊 ECU 之间的电路断开时，ECU 备用电源能在 6s 内向安全气囊 ECU 提供电能，以保证安全气囊 ECU 能测出碰撞、发出点火指令等正常功能。点火备用电源能在 6s 内向点火器供给足够的点火能量引爆点火剂，使充气剂受热分解，使气囊充气膨胀。时间超过 6s 后，备用电源供电能力降低，ECU 备用电源不能保证安全气囊 ECU 能测出碰撞和发出点火指令，点火备用电源不能供给最小点火能量，安全气囊不能充气膨胀。

（4）保护电路和稳压电路　在汽车电器系统中，许多电器部件带有电感线圈，电器开关多，电器负载变化频繁。当线圈电流接通或切断、开关接通或断开、负载电流突然变化时，都会产生瞬时脉冲电压，即过电压。若过电压加到安全气囊系统电路上，系统中的电子元件就可能因电压过高而损坏。为了防止安全气囊系统元件受到损伤，安全气囊 ECU 中必须设置保护电路。同时，为了保证汽车电源电压变化时安全气囊系统能够正常工作，还必须设置稳压电路。

3. 气囊组件

气囊组件主要由气体发生器、点火器和气囊等组成。其中，驾驶人侧气囊组件位于转向盘中心处，前排乘员侧气囊组件位于仪表板右侧、杂物箱的上方，侧面气囊组件位于前排座椅的靠背里。

（1）气体发生器　气体发生器又称为充气器，用于在点火器引爆点火剂时产生气体向气囊充气，使气囊膨胀打开。气体发生器用专用螺栓和专用螺母固定在气囊支架上，装配时只能用专用工具进行装配。

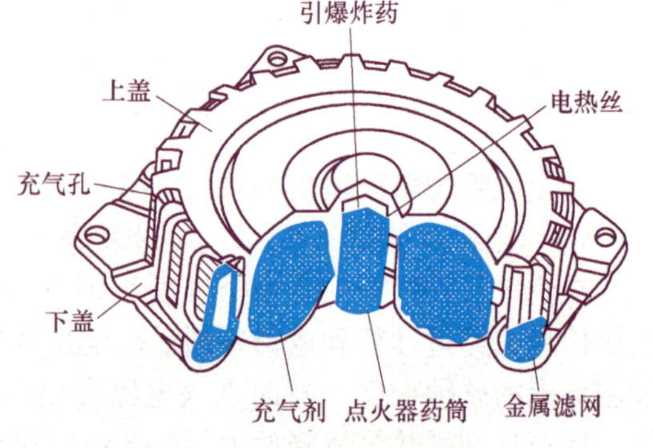

图 6-14　驾驶人侧气囊气体发生器的结构

驾驶人侧气囊气体发生器的结构如图 6-14 所示，主要由上盖、下盖、充气剂（片状叠氮化钠）和金属滤网等组成。上盖上有若干个充气孔，充气孔有长方孔和圆孔两种。下盖上有安装孔，以便将气体发生器安装到气囊支架上。上盖与下盖用冷压工艺压装成一体，壳体内装有充气剂、滤网和点火器。金属滤网安放在气体发生器的内表面，用以过滤充气剂和点

火剂燃烧后的渣粒。

目前，大多数气体发生器都是利用热效反应产生氮气而充入气囊。在点火器引爆点火剂的瞬间，点火剂会产生大量热量，充气剂（叠氮化钠）受热立即分解释放氮气，氮气从宽气孔充入气囊，使气囊膨胀。

副驾驶人侧气囊气体发生器的结构如图6-15所示，主要由密封端塞、自点火火药、振荡管、主气发生器、辅气发生器、过滤器、成形过滤器、爆炸片、起爆药、壳体、密封垫及排气喷嘴等组成。乘员侧安全气囊的气体发生器为长筒形，气体发生器用药质量一般在500g左右。由于乘员侧安全气囊距离乘员比驾驶席侧安全气囊距离驾驶人的距离大，因此乘员侧气囊的体积比驾驶席侧气囊的体积要大。

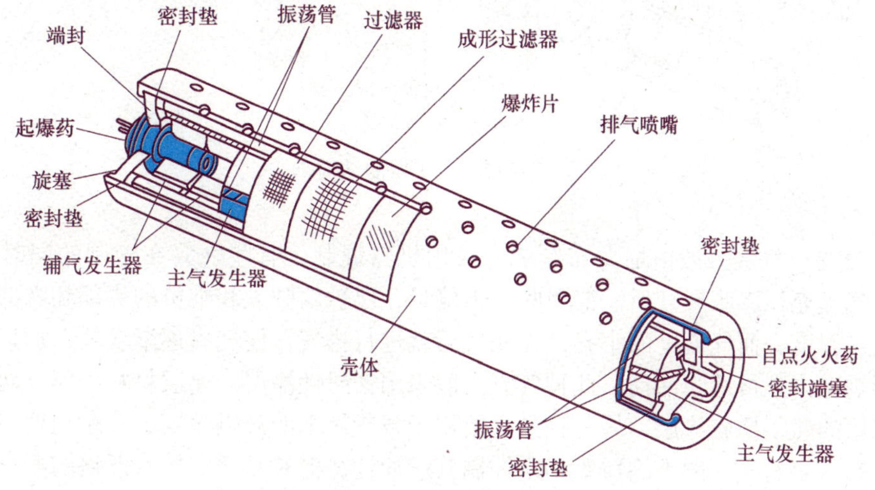

图6-15　副驾驶人侧气囊气体发生器的结构

混合型气体发生器结构如图6-16所示，主要由充气器壳体、点火器、密封焊塞、点火火药、爆炸片、出气口等组成。点火器与内装氩气的容器合为一体。当汽车碰撞信号由碰撞传感器传到安全气囊ECU时，ECU立即向点火器发出点火指令，点火器迅速引爆。

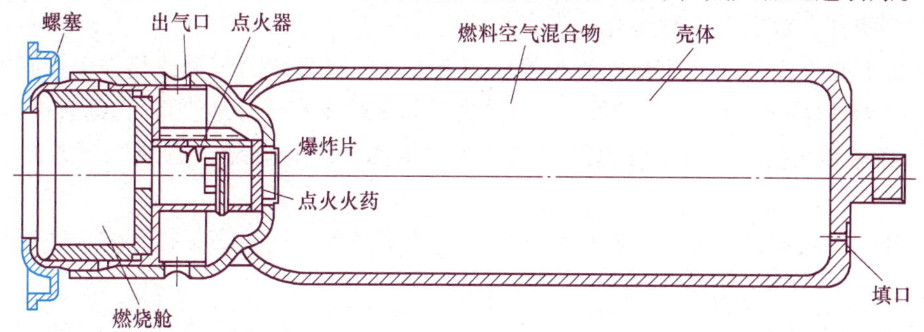

图6-16　混合型气体发生器结构

混合型气体发生器的尺寸与其他发生器相比变化不大，但质量小，点火后无固体残留物，对环境无污染，回收性好，正在得到越来越广泛的使用。

（2）点火器　点火器外包铝箔，安装在气体发生器内部中央位置。其作用是在气囊电

路接通时，引爆点火剂，产生热量使充气剂分解。点火器的结构如图 6-17 所示。点火剂包括引爆炸药和引药。引出导线与气囊插接器插头连接，插接器中有短路片。当插接器插头拔下或插头与插接器未完全结合时，短路片将两根引线短接，防止静电或误导电将电热丝电路接通而造成气囊误膨胀而打开。

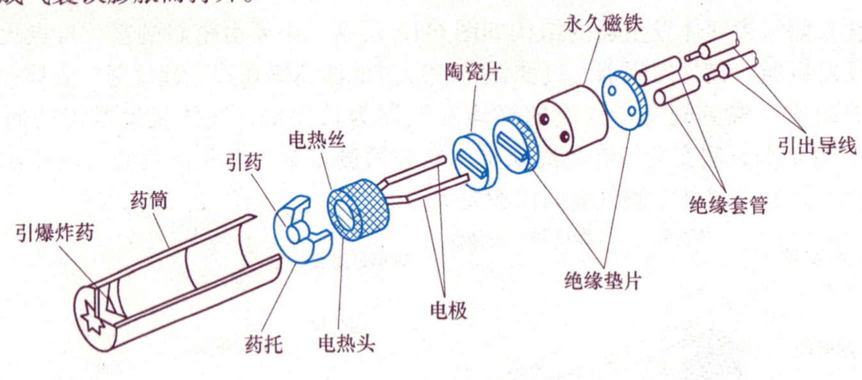

图 6-17　点火器的结构

（3）气囊　气囊一般由尼龙布制成，采用机器缝制，有些气囊在缝制的同时还采用粘接技术。气囊充气膨胀展开后，能吸收冲击能量，保护驾驶人和乘员的头部和胸部，减少受伤率及受伤程度，而气囊上的小孔，在充气后就进行排气，使气囊逐渐变软，加强缓冲作用和防止影响车内人员适当活动。此种气囊一般采用密封性涂层。涂层材料主要有两种，一种是广泛采用的氯丁橡胶涂层，另一种是主要用于载货汽车的硅酮涂层，其耐用性高。也有气囊采用具有一定透气性的不涂覆织物来控制其缓冲性，但对其透气性有严格的要求，要解决对人体的灼伤问题。德国奔驰汽车公司开发的不带涂层的气囊由两部分组成：密封的外壳织物和具有确定空气流量的两个侧向织物袋，后者起泄漏和滤清作用。

（4）衬垫　衬垫是气囊组件中的一个重要的组成部分，由聚氨酯制成。在制造过程中使用了很薄的水基发泡剂，所以质量特别轻。平时它作为转向盘的上表面，把气囊与外界隔离外，既起到了维护作用，又起到了修饰作用。气囊膨胀打开时，它在气囊爆发力的作用下快速及时断裂开，对安全气囊展开过程毫无阻碍。

衬垫最重要的是它的处理问题，即当报废装有安全气囊系统的车辆或只报废带有安全气囊的转向盘衬垫时对衬垫的处理。在处理过程中必须按照要求有步骤地进行，否则会相当危险。

（5）饰盖和底板　饰盖是气囊组件的盖板，上面模制有撕缝，以便气囊能冲破饰盖膨胀打开。

气囊和充气器装在底板上，底板装在转向盘或车身上，气囊膨胀打开时，底板承受气囊的反力。

4. 安全气囊指示灯

安全气囊指示灯又称为安全气囊警告灯。汽车安全气囊指示灯的位置处于驾驶室仪表上，如图 6-18 所示。

安全气囊指示灯的功用是指示安全气囊是否处于正常状态。当点火开关接通 ON 或 Acc 位置后，如果安全气囊指示灯亮或闪亮 6s 后自动熄灭，表示安全气囊系统功能正常。如果安全气囊指示灯不亮、一直点亮或在汽车行驶中突然亮或闪亮，表示自诊断系统发现安全气

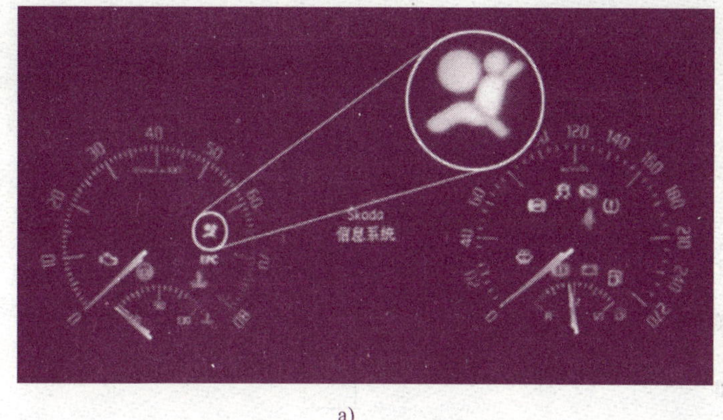

a)

b)

图6-18　汽车安全气囊指示灯

a）丰田系列安全气囊指示灯　b）大众系列安全气囊指示灯

囊系统有故障，应及时排除。自诊断系统在控制安全气囊指示灯亮或闪亮的同时，还会将所发现的故障编成代码存储在存储器中。

5. 螺旋电缆

螺旋电缆是连接车身与转向盘的电器接线，其结构如图6-19所示，主要由壳体、电缆插头等组成。电缆很薄很宽，大约4.8m，呈螺旋状盘在壳体内。电缆的一端固定在壳体上，另一端固定在转子上。当转向盘向左或向右转动时，电缆在其裕量内转动而不会被拖曳。

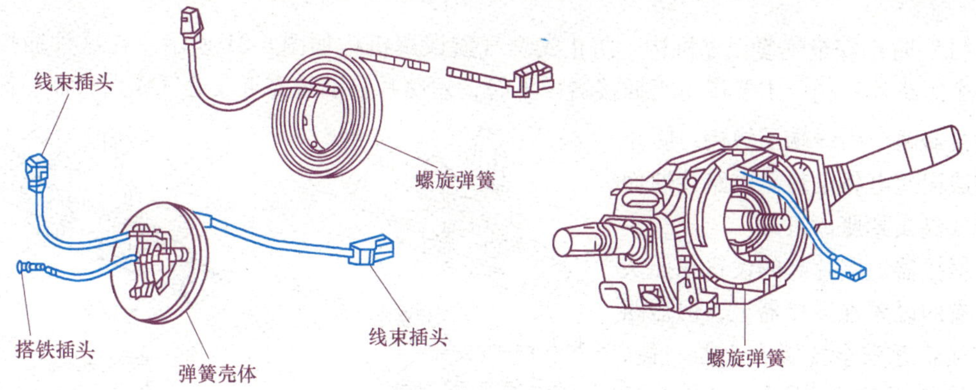

图6-19　螺旋电缆的结构

如果点火开关转到Acc或ON位置时，螺旋电缆线盘断开，安全气囊ECU会将判断为故障，并记入故障码。

6. 安全气囊插接器

安全气囊插接器与汽车其他电器系统的插接器有所不同，过去曾采用过深蓝色插接器，目前均采用黄色插接器。安全气囊插接器具有多种不同的特殊功能，而且插接器的端子均镀金，以保证高度可靠性和良好的导电性。

安全气囊插接器如图6-20所示，不同插接器有不同的特殊机构。这些机构主要有防止安全气囊误爆机构、电器连接检查机构、端子双重锁定机构、插接器双重锁定机构。一个插接器可有多种不同的机构，其具体应用情况见表6-1。

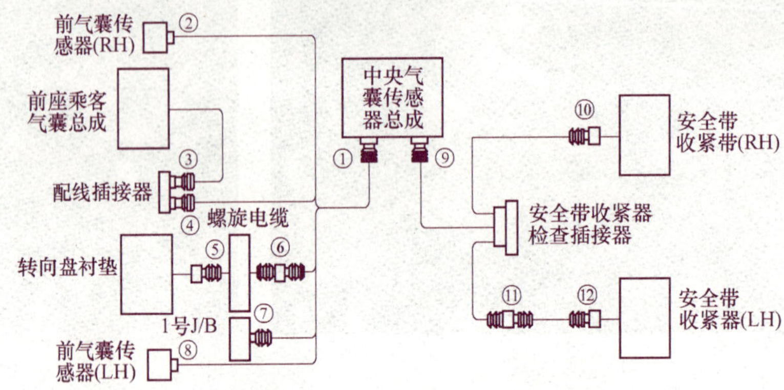

图6-20　安全气囊插接器

表6-1　插接器的应用情况

编　号	名　称	应　用
(1)	防止安全气囊误爆机构	插接器①③④⑤⑥⑨⑩⑫
(2)	电器连接检查机构	插接器①②⑧⑨⑪
(3)	端子双重锁定机构	插接器①②③④⑤⑥⑧⑨⑩
(4)	插接器双重锁定机构	插接器③④⑤⑥⑦⑩

（1）防止安全气囊误爆机构　防止安全气囊误爆机构如图6-21所示。在这种插接器中有一个短路片机构，主要用于当插接器拔下时，短路片自动将靠近安全气囊点火器一侧插头或插接器两个引线端子短接，防止静电或误通电将电热丝电路接通而造成气囊误膨胀而打开。

插接器短路片有的设置在插头上，有的设置在插接器上，但短路片必须靠近安全气囊点火器一侧，其作用效果完全相同。在图6-21中，短路片设在插接器上，其工作情况如下：

1）当插头与插接器正常连接时，插头的绝缘壳体将短路片向上顶起，如图6-21a所示，短路片与插接器端子脱开，插头的引线端子与插接器的引线端子接触良好，点火器电热丝电路的“+”端与安全传感器电路接通，“-”端与前碰撞传感器电路接通，电热丝电路

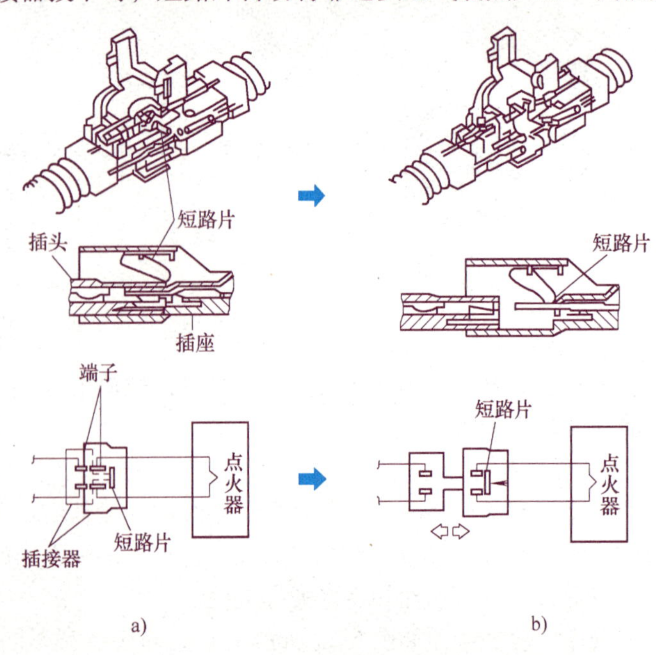

图6-21　防止安全气囊误爆机构
a）插接器正常连接时　b）插接器拔下时

处于正常连接状态。

2）当插头与插接器脱开时，短路片自动将气囊点火器一侧插接器的引线端子短接，使点火器的电热丝与短路片构成回路，如图 6-21b 所示。此时，即使将电源加到气囊点火器一侧插接器上，由于电源被短路片短路，点火器也不会引爆，从而防止安全气囊误爆。

（2）电路连接检查机构　电路连接检查机构用于监测插接器的插头与插接器是否连接可靠。与安全气囊 ECU 连接的插接器采用了电路连接检查机构，如图 6-22 所示。

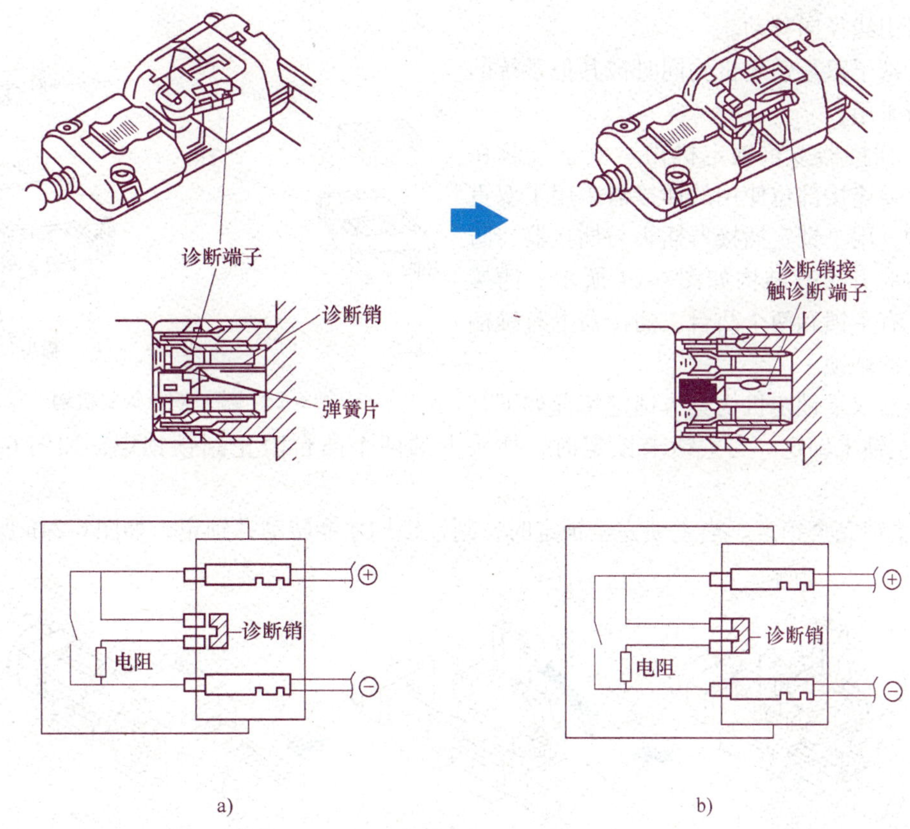

图 6-22　电路连接检查机构

a）半连接　b）可靠连接

插接器插头上有一个诊断销，插接器上有两个诊断端子，端子上有弹簧片。其中一个诊断端子与碰撞传感器触点的一端相连，另一个诊断端子经过一个电阻与碰撞传感器触点的另一端相连。前碰撞传感器触点为动合触点。

插接器电路连接检查机构工作情况如下：

1）当传感器插头与插接器半连接（为可靠连接）时，诊断端子与诊断销尚未接触，如图 6-22a 所示。此时，电阻尚未与传感器触点构成并联电路，插接器引线“＋”与“－”之间的电阻为无穷大。因为“＋”、“－”引线与安全气囊 ECU 插接器的插头连接，所以当安全气囊 ECU 监测到碰撞传感器的电阻为无穷大时，即诊断为插接器连接不可靠，自诊断电路便控制安全气囊指示灯闪亮报警，同时将故障编成代码储存在存储器中。

2）当传感器插头与插接器可靠连接时，诊断端子与诊断销可靠接触，如图6-22b所示。此时，电阻与碰撞传感器触点并联。因为传感器触点为动合触点，所以，当安全气囊ECU检测到的阻值为该并联电阻的阻值时，即诊断为插接器连接可靠。

（3）端子双重锁定机构　安全气囊系统的每一个插接器都设有端子双重锁定机构。其结构如图6-23所示。主要由插接器壳体上的锁柄与分隔片两部分组成。这种设计可使端子由两个锁紧装置（分隔片和锁柄）锁定，防止端子滑出。

锁柄为一次锁定机构，可防止端子沿引线轴线方向滑动。分隔片为二次锁定机构，可防止端子沿引线径向移动。

这种端子双重锁定机构同时被其他系统的插接器所采用。

（4）插接器双重锁定机构　安全气囊在线束的重要连接部位使用的插接器采用了双重锁定机构，用于锁定插接器插头与插接器，防止插接器脱开，其结构如图6-24所示。插接器插头上有主锁和两个凸台，插接器上有锁柄能够转动的副锁。

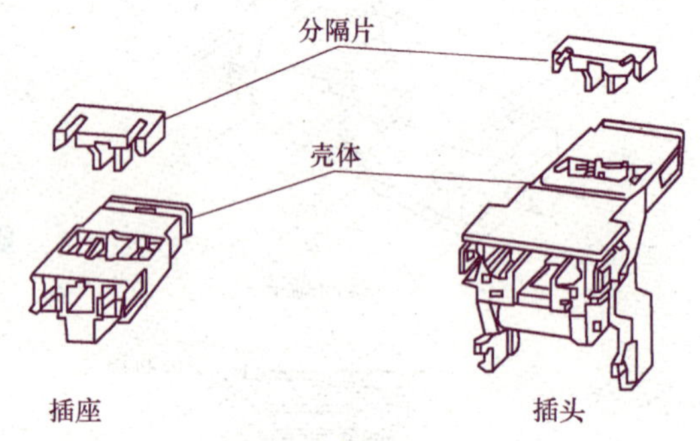

图6-23　端子双重锁定机构

插接器双重锁定机构具体锁定情况如下：

1）主锁未锁定。当主锁未锁定时，插头上的两个凸台阻止副锁锁定，如图6-24a所示。

2）主锁完全锁定。当主锁完全锁定时，副锁锁柄才能转动并锁定，如图6-24b所示。

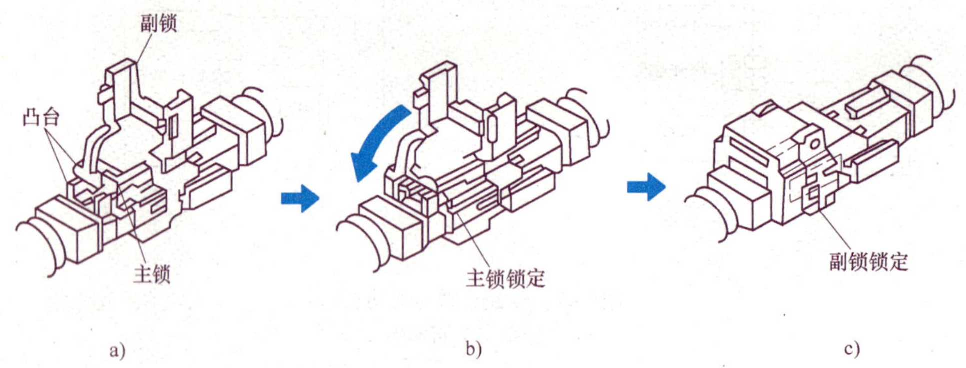

图6-24　插接器双重锁定机构

a）主锁打开，副锁被挡住　b）主锁锁定，副锁可以锁定　c）双重锁定

3）主锁与副锁双重锁定。主锁与副锁双重锁定后，插接器插头与插接器的连接状态如图6-24c所示，可防止插接器插头与插接器脱开。

（二）安全气囊的工作原理

安全气囊的工作原理如图6-25所示。当汽车受到前方一定角度范围内的高速碰撞时，安装在汽车前端的碰撞传感器和与安全气囊ECU安装在一起的安全传感器就会检测到汽车突然减速的信号，使传感器触点闭合，将减速信号传送到安全气囊ECU；安全气囊ECU根据设定的程序对传感器所检测的信号进行计算和逻辑判断，当检测到的信号强度超过其设定

值时，安全气囊ECU即向气囊组件内的电爆管发出点火指令，引爆电爆管，点火剂受热爆炸，迅速产生大量热能，充气剂受热分解释放大量氮气充入气囊，气囊便冲开组件的装饰盖板鼓向驾驶人和乘员，使驾驶人和乘员的头部和胸部压在充满气体的气囊上，将人体与车内构件（转向盘、仪表板和风窗玻璃等）之间的碰撞变为弹性碰撞，并通过气囊产生变形吸收人体碰撞时所产生的动能，达到保护人体的目的。

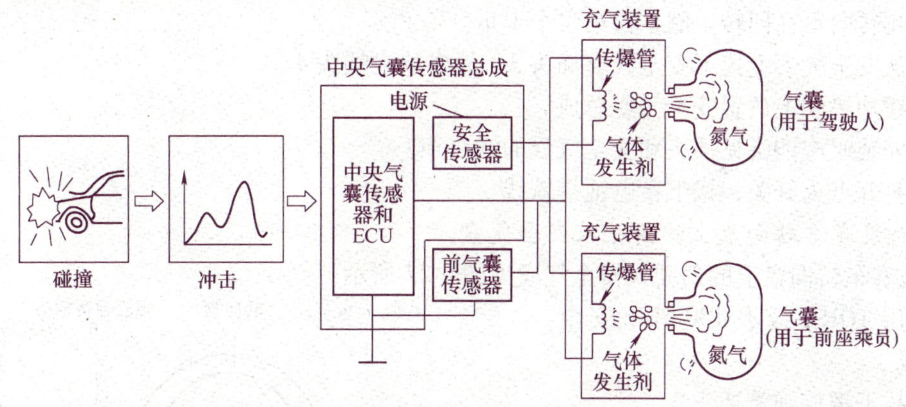

图6-25　安全气囊的工作原理

（三）拆装安全气囊

1. 拆装驾驶人安全气囊

拆装驾驶人安全气囊如图6-26所示。

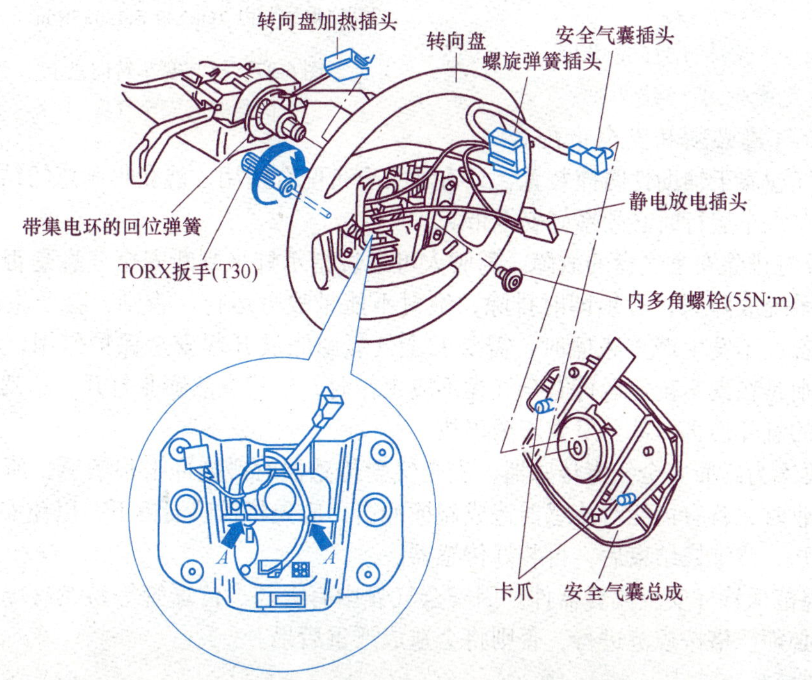

图6-26　拆装驾驶人安全气囊

1）松开转向柱调节机构。

2）尽量向上拉出转向盘。

3）将转向盘置于垂直位置。

4）按箭头转向，将 TORX 扳手（130）转 90°（从前面看成顺时针），以松开卡爪7。

5）将转向盘往回转半圈，松第二个卡爪。

6）从安全气囊上拔下安全气囊插头3、静电放电插头4。

7）缓冲垫朝上放置安全气囊总成。

8）安装时应能听见插头和安全气囊的啮合声。

9）打开点火开关，接上蓄电池搭铁线。

2. 拆装赛车转向盘上的驾驶人安全气囊

拆装赛车转向盘上的驾驶人安全气囊见图6-27所示。

1）用 TORX 扳手 T30 拧下安全气囊总成。

2）拔下螺旋弹簧插头2。

3）缓冲垫朝上放置安全气囊。

4）安装时螺旋弹簧插头2应啮合（可听见）。

5）以7N·m的力矩拧上安全气囊。

6）打开点火开关，接上蓄电池搭铁线。

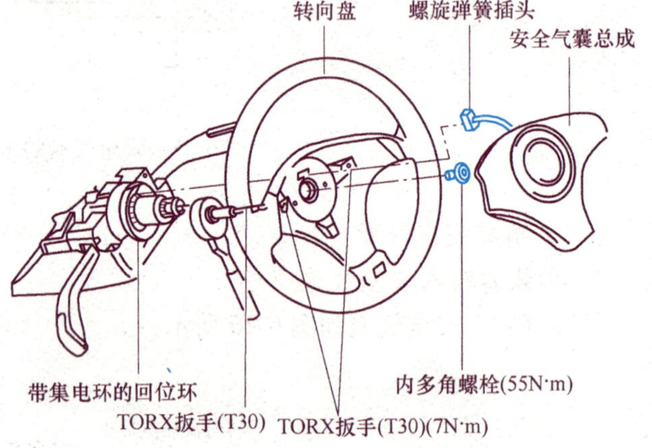

图6-27　拆装赛车转向盘上的驾驶人安全气囊

（四）安全气囊使用注意事项

1. 安全气囊的正确使用

1）安全气囊必须和安全带配合使用。安全气囊属于辅助性防撞装置，只有和安全带配合使用才能获得满意的结果，所以驾驶人和乘客在汽车运行时必须系好安全带。

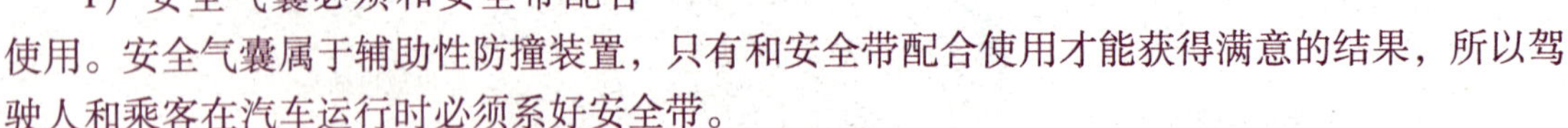

2）应及时排除安全气囊的故障。驾驶人可通过指示灯来判断安全气囊是否有故障。发现安全气囊系统故障时，必须即时排除，绝对不能带故障运行。否则，会产生两种严重后果：一种是若汽车发生严重碰撞时，需要安全气囊膨胀展开起安全保护作用，它却不能工作；另一种则是在汽车正常运行安全气囊不应工作时，它却突然膨胀打开，给驾驶人和乘客造成不应有的意外伤害，甚至发生安全事故。

3）不要人为碰撞安全气囊传感器。安全气囊传感器对碰撞冲击很敏感，所以在对汽车进行维修作业时，若有可能对传感器造成碰撞冲击，应先将传感器拆下，以免安全气囊不必要地突然打开，待维修结束后，再装好传感器。

4）按规范保管好安全气囊器件。因安全气囊中有火药、传爆管等易燃易爆物品，所以其运输保管必须严格按规范进行，否则将会造成严重后果。

2. 安全操作规范

1）安全气囊器件要保证原厂包装，单独、恰当的运输，妥善保管。

2）非安全气囊专业维修人员不得进行安全气囊的检查、维修工作。

3）不能使安全气囊的器件承受 85℃以上的高温。

4）不能任意改动安全气囊的电路和器件结构。

5）不能在装有安全气囊的部位粘贴饰物、胶条及摆放任何物品。

6）未成年儿童和身材短小的乘员在乘坐有安全气囊的车辆时要坐后排，因气囊对他们的保护效果不如成年人。

7）对安全气囊进行所有的维修作业时，都必须在断开蓄电池电源线 3min 后再进行，以免发生意外使气囊打开。

任务实施

福特轿车安全气囊的故障诊断

福特轿车安全气囊具有自诊断功能，当系统出现故障时，可直接通过故障检测仪来读取故障码、数据流和波形图；也可运用 SRS 指示灯的闪烁规律或发出的声响直接提取故障码，不需用扫描仪或短接法读取。

福特轿车安全气囊采用了 5 个传感器，其中 3 个是碰撞传感器，两个是安全传感器。安全传感器闭合所需的加速度要小一些，用于防止因碰撞传感器或电路短路造成气囊误爆，相当于加了一道保险。传感器在车上的位置如图 6-28 所示，设在前面中间的传感器在一个壳内包括了碰撞传感器和安全传感器。福特轿车安全气囊的电路如图 6-29 所示。其 SRS ECU 插接器端子的说明见表 6-2。

表 6-2　福特轿车 SRS ECU 插接器端子的说明

端子号	端子功能	电压/V	端子号	端子功能	电压/V
1	主电源输入（15A）	+12	13	蓄电池电源（30A）	+12
2	搭铁	0	14	备用电源输入	+12
3	搭铁	0	15	中央安全传感器监控	
4	维护指示灯控制		16	后安全传感器搭铁	0
5	搭铁	0	17	右前碰撞传感器监控	
6	主电源输入（15A）	+12	18	中央碰撞传感器监控	
7	搭铁	0	19	左前碰撞传感器监控	
8	乘客侧安全气囊		20	引爆搭铁（右侧）	0
9	未用		21	引爆搭铁（中央）	0
10	驾驶侧安全气囊		22	引爆搭铁（左侧）	0
11	安全传感器监控		23	后安全传感器监控	
12	后安全传感器监控		24	搭铁（仅黑貂轿车和金牛座轿车用）	0

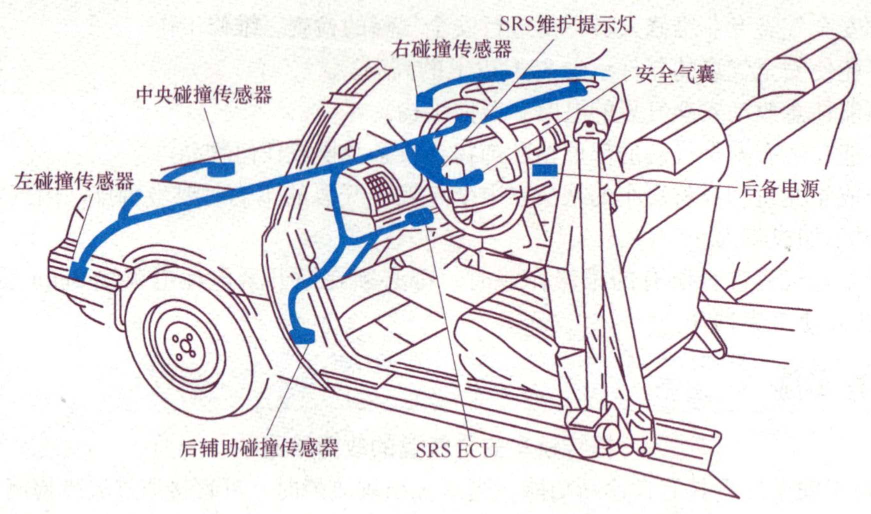

图 6-28　传感器在车上的位置

左前碰撞传感器
附件电源(15A)
点火电源(30A)
仪表电源(10A)
点火电源(30A)
右前碰撞传感器
(1～1.3kΩ)
SRS维护提示灯
后备电源
(1～1.3kΩ)
搭铁
灰色插口
黑色插口
[SRS — 控制块]
驾驶人侧
1Ω
乘客侧
安全气囊
(1～1.3kΩ)
后辅助碰撞传感器(触发)
中央前碰撞传感器(触发)

图 6-29　福特轿车安全气囊电路图

接通点火开关，SRS指示灯亮6~8s后熄灭，表明系统正常。若指示灯长亮或闪烁，表明系统出现故障，可根据指示灯的闪烁规律读取故障码。福特轿车SRS故障码表见表6-3。

表6-3　福特轿车SRS故障码表

故障码	故障原因与排除
2	碰撞传感器插接器未接合
3	电源故障，检查1、6、13、14号端子电压是否为12V
4	后安全传感器有故障或已动作，检查传感器和相应电路
5	安全气囊有故障，碰撞传感器已动作或电路有故障
6	驾驶侧气囊螺旋弹簧或电路有故障
7	SRS ECU有故障或7号端子搭铁不良
8	碰撞传感器搭铁不良，SRS ECU 20、21、22号端子电路有故障
9	碰撞传感器17、18、19号端子搭铁电阻不在1~1.3kΩ范围内
10	气囊处于引爆状态，如查明电路和传感器均正常，可能ECU有故障

知识与技能拓展

丰田雷克萨斯LS400轿车安全气囊

一、基本组成

丰田雷克萨斯LS400轿车装备了带安全带收紧器的安全气囊，该系统在双安全气囊的基础上，增加了前排左、右两个安全带收紧器，系统零部件在车上的布置如图6-30所示。

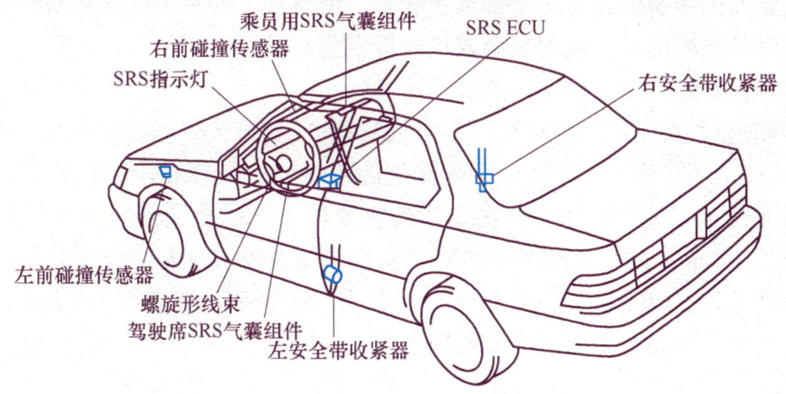

图6-30　装备安全带收紧器安全气囊的零部件位置

安全带收紧器安装在前排座椅左、右两侧或前左、右车门立柱旁边。安全带收紧器由气体发生器、带轮、离合器、导管、自动安全带卷筒、活塞、缆绳等组成。气体发生器由充气器和点火器组成，其结构原理与气囊组件的气体发生器基本相同。安全带缠绕在卷筒上，活塞安装在导管内。缆绳一端缠绕在带轮上，另一端固定在活塞上。

二、工作原理

1. 收紧器工作原理

装备安全带收紧器的安全气囊的工作原理如图6-31所示。前左、右碰撞传感器5、6与安装在SRS ECU中的中心传感器相互并联，驾驶人用安全气囊点火器3与乘员用安全气囊点火器4并联，左、右安全带收紧器点火器1、2并联。

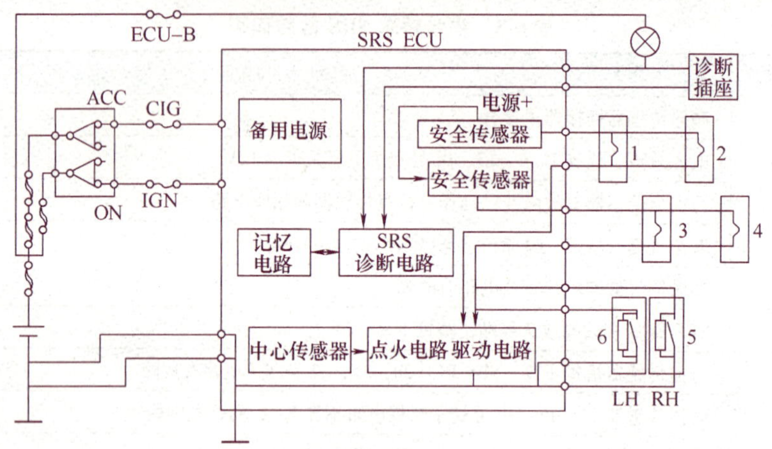

图6-31　装备安全带收紧器的安全气囊的工作原理

在SRS ECU中，设有两只相互并联的安全传感器，其中一只与收紧器5、6和SRS ECU中的驱动电路构成回路，收紧器的点火器受控于SRS ECU；另一只安全传感器与安全气囊点火器3、4和碰撞传感器5、6构成回路，气囊点火器3、4也受控于SRS ECU。

安全带收紧器的工作原理与SRS气体发生器的工作原理相似。当安全带收紧器点火器电路接通电源时，点火器引爆点火剂，充气剂受热分解，活塞在膨胀气体的作用下迅速移动，并推动收紧器的弹簧装置将安全带迅速收紧，使驾驶人和乘员向前移动距离缩短，从而防止其面部、胸部与转向盘、风窗玻璃或仪表板发生碰撞。

2. *系统工作原理*

在汽车行驶过程中，安全传感器、中心传感器和前碰撞传感器随时检测车速信号，并将信号送到SRS ECU。在SRS ECU中，预先编制的程序经过计算和逻辑判断后，再向收紧器点火器或SRS点火器发生点火指令，使安全带收紧器动作或收紧器与SRS同时作用。当汽车行驶速度低于30km/h时，碰撞产生的减速度和惯性力较小，安全传感器和中心传感器将此信号送至SRS ECU，SRS ECU判断结果为不引爆SRS，仅引爆安全带收紧器的点火器；与此同时，向左、右安全带收紧器点火器发出点火指令使安全带收紧，防止驾驶人和乘员遭受伤害。

当汽车行驶速度高于30km/h时，碰撞产生的减速度和惯性力较大，安全传感器、中心传感器和碰撞传感器将此信号送到SRS ECU，ECU判断结果为需要SRS和收紧器共同作用来保护驾驶人和乘员。与此同时，ECU向收紧器点火器和气囊点火器发出点火指令，引爆所有点火器，在安全带收紧的同时，驾驶人用安全气囊与乘员用安全气囊同时膨胀打开，吸收碰撞产生的动能，达到保护驾驶人和乘员的目的。

三、SRS安全气囊不起动的情况

1）与静止的质量相当的汽车发生正面碰撞时，即使车速达到50~60km/h，安全气囊有可能不会起动。

2）相向行驶的两辆汽车发生正面碰撞，撞击方向以及撞击点偏离汽车中心或撞击车速

及车身变形程度较小时，安全气囊可能不会起动。

3）正面碰撞时，碰撞角度（受撞击方向与汽车的中心线夹角）小于30°时，安全气囊有可能不会起动。只有在满足适当的碰撞角度和碰撞强度时，汽车安全气囊才会正常弹出。

4）汽车与树木等容易变形的物体发生碰撞时，即使车速达到30～35km/h，安全气囊有可能不会起动。

5）汽车从高处坠落，落地时如果碰撞位置超出汽车前部60°的范围或以车底触地，即使碰撞强度满足气囊的打开条件，安全气囊也可能不会弹出。

6）同方向行驶的两汽车发生追尾时，由于碰撞车速和车身变形程度较小，安全气囊有可能不会打开。另外，小型汽车与大型汽车发生前后追尾，小型汽车钻入大型汽车车厢下部的情况下，安全气囊也有可能不会起动。

案例解析

故障现象：一辆2003款广州本田雅阁轿车，安全气囊SRS故障灯亮。驾驶人讲述：安全气囊已经连续两次被碰撞打开，第一次是在夜间行驶撞车时，更换两个气囊之后，发现SRS故障灯亮，经工人多次消码，故障灯熄了。但行驶不到一个星期，该车撞到小石头上，安全气囊再次爆开，再次更换两个气囊，故障灯又亮了，怎么也消不掉。

广州本田雅阁轿车SRS安全气囊系统主要由SRS系统控制装置（包括内置安全传感器和碰撞传感器）、螺旋导线线盘、驾驶席侧安全气囊、前乘客侧气囊、SCS插头（诊断用）、MES插头（清除故障码用）和DLC插头（数据传输用）等组成。与一般汽车的SRS系统不同的是，其碰撞传感器安装在SRS装置的内部。配置有安全气囊的广州本田雅阁轿车。

故障的诊断与排除：

（1）读取故障码　将SRS短路插头与仪表板左侧维修插头相连接，SRS指示灯不显示任何故障码，故障灯常亮不熄。故障灯常亮不熄，往往是因为SRS指示灯电路故障，或者插头之间电路断路或短路，熔丝熔断。结合该车的故障现象，SRS装置本身或其电源电路出现故障导致故障灯常亮不熄的可能性极大。

（2）清除故障码　接通点火开关，如果SRS指示灯亮并在6s后熄灭，说明只是间歇性故障。结果SRS指示灯不熄灭。关闭点火开关，检查驾驶人侧仪表板下熔丝/继电器盒内2号熔丝（10A）是否熔断。结果2号熔丝没问题。断开蓄电池负极电缆并等候3min，断开驾驶人侧气囊2芯插头D_{10}，前乘客侧气囊2芯插头P_{10}和SRS主线束18芯插头U_0，重新连接蓄电池负极电缆。

（3）主线束的检测　接通点火开关，测量U_0插头3号端子与搭铁线之间的电压值为12V，说明主线束没有断路。接下来检查SRS装置。用一条跨接线将SRS主线束18芯插头U_0的6号端子与3号端连接，此时SRS指示灯熄灭，说明SRS装置出现故障或U_0插头接触不良。经检查，U_0插头完好无损，端子没有锈蚀、弯曲现象，应该是SRS装置有故障。后经查证，该车在两次气囊爆炸后，维修人员错误地认为SRS装置没受到任何损伤，不必维修，于是只更换了气囊组件，而没有更换SRS装置。

与一般汽车SRS不同的是，该车碰撞传感器安装在SRS装置的内部。当车辆发生碰撞时，碰撞传感器和安全传感器检测出汽车碰撞的强度信号，并将强度信号输入SRS装置的微处理器，一旦冲击力超过设定极限值，安全气囊就会被引爆。

该车因SRS事故后只换了气囊没换SRS装置，新的气囊组件与原来的SRS装置在程序设定上不相匹配，从而导致该车在不该爆时，气囊引爆伤人。不换SRS装置有时可能会清除故障码，但几率很小，而且这样会有很大的安全隐患。最后，更换新的SRS装置，指示灯熄灭，SRS恢复正常。

故障原因分析

1）仪表板下熔丝/继电器盒内2号熔丝（10A）是否断路或者短路。若有故障，是一些比较旧的汽车的熔丝座发生了严重的氧化。

2）U_0 与 C_3 插头之间的电路断路或者短路。

3）仪表总成中SRS指示灯有故障。汽车维修人员在工作过程中没有按照一定的要求检修，导致电路出现断路或者短路，或者汽车电路本身有质量问题。

4）SRS装置的电源电路正常。汽车维修人员在工作过程中没有按照技术要求进行检修，导致电路出现断路或者短路，或者汽车电路本身有质量问题。

5）SRS装置出现故障。维修人员错误地认为SRS装置没受到损伤，于是只更换了气囊组件，而没有更换SRS装置，或者新的气囊组件与新的SRS装置在程序设定上不相匹配。

观察与思考

一、思考题

1. 安全气囊由哪些部件组成？
2. 安全气囊应如何检查？

二、实习观察项目

1. 按电路图和技术操作规程对安全气囊的器件进行检测，发现问题及时处理。
2. 指导教师模拟安全气囊的故障，让学习者进行故障检测、诊断并排除故障。
3. 对安全气囊进行常规检查和维护。

学习单元2　安全带系统的检修

学习目标

1）熟悉汽车安全带系统的功用、类型、组成和结构特点。

2）掌握汽车安全带系统的拆装方法与调试维护工艺。

3）掌握汽车安全带系统的故障诊断方法与检修技能。

工作任务

一、任务情境

汽车上虽然配备有安全气囊，但仅仅有安全气囊是不够的，如在未系好安全带的情况下，车速较低发生事故时安全气囊不起作用，由于身体没有被约束在座椅上，同样有可能发生重大伤亡事故。安全带可将乘员约束在座椅上，当发生正面冲撞事故时，在接收到来自前方的强大冲击力时，预张紧装置迅速收紧安全带，同时还可以限制安全带的力量，缓冲对乘员胸部的冲击。对乘员起到保护作用。所以，SRS 安全气囊与安全带并用，才能对乘员发挥最大程度的保护作用。安全带如图 6-32 所示。

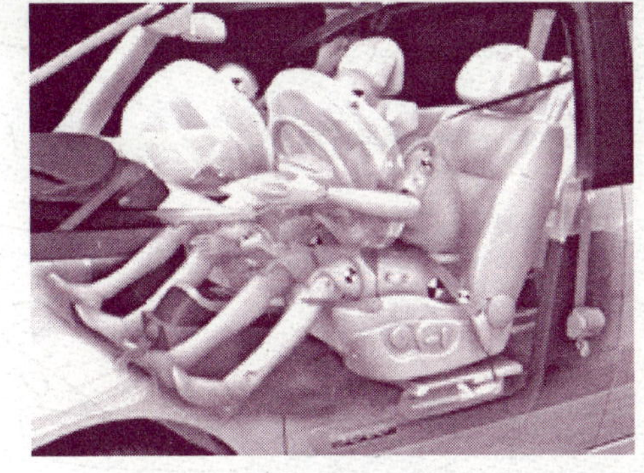

图 6-32　安全带

二、任务分析

造成安全带不能正常工作的原因一般多为机械机构卡滞，导致安全带不能打开。要排除这些故障，应该先熟悉以下相关知识。

相关知识

一、安全带基本知识

1. 概述

安全带是重要的乘员保护约束系统设施之一，在减轻碰撞事故中乘员伤害程度方面起着重要作用。由于安全带的保护效果比较明显，逐渐扩大了安全带的使用范围，从客车到载货车，从轻型车到中型车，从外侧座椅到中间座椅都开始使用。装配的安全带形式也从二点式发展到三点式，带紧急锁止卷收器安全带及智能性安全带、自动脱戴式安全带和安全带系统式等。随着安全带使用率的大幅度提高，事故中乘员伤亡率也随之下降。统计数据表明，佩戴安全带使碰撞事故中乘员伤亡率减少 15%～30%。

安全带与其他保护约束设施（如气囊）相比，具有安全可靠、价格低廉、安装简便等优点，被各生产厂家普遍采用。

2. 安全带的结构和原理

安全带又称为紧急自动锁紧装置（Emergency Locking Retractor，ELR）。安全带可分为二点式安全带、三点式安全带和全背带式安全带，如图 6-33 所示，其中，用得最多的是三点式。安全带在车辆上的安装位置如图 6-34 所示。

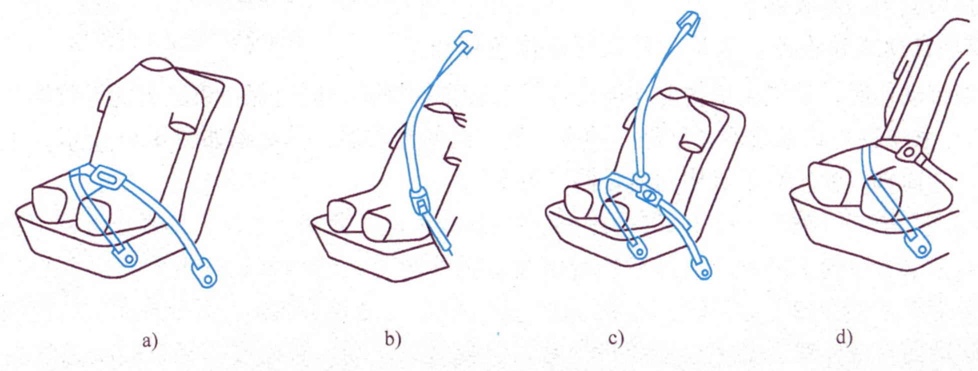

a)　b)　c)　d)

图 6-33　安全带的类别

a)、b) 二点式安全带　c) 三点式安全带　d) 全背带式安全带

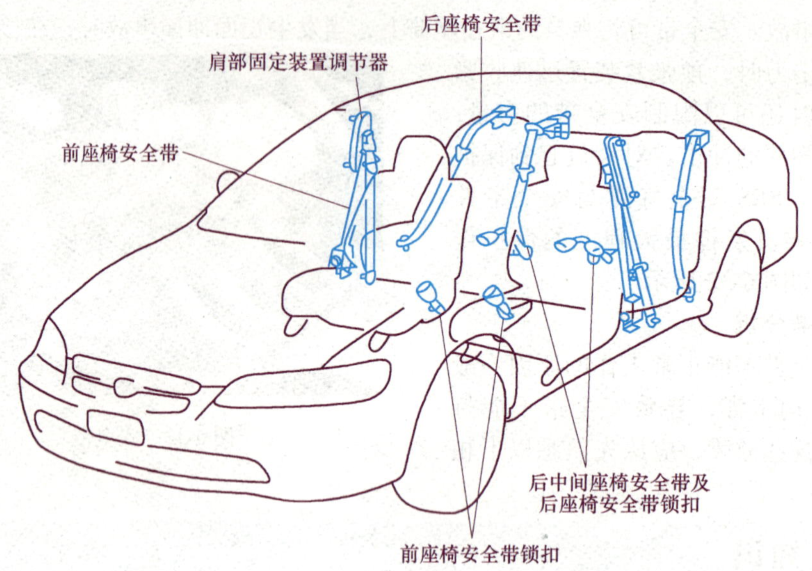

图 6-34　安全带在车辆上的安装位置

安全带的结构如图 6-35 所示，主要由织带、锁扣、滑移导向板、安装附件以及卷收器等组成。

(1) 织带　织带是用合成纤维织成的，可以在发生事故时将乘员固定在座椅上，以免在冲击力的作用下离开座椅受到大的伤害；同时，也要求其有适当的延伸以适应人体运动的变化。

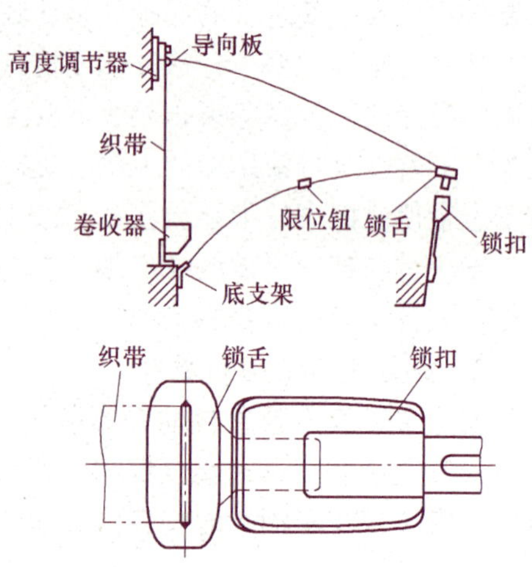

图 6-35　安全带的结构

(2) 卷收器　卷收器的主要作用是当不需要使用安全带时将织带收回，是存储织带的装置，必要时可以锁紧。这种卷收器装置使佩戴者不必随时调节织带长度。卷收器按其作用的不同可分为以下几种：

1）无锁式卷收器。这是一种在织带全部拉出时保持束紧力的卷收器。

2）自锁式卷收器。这是一种在任意位置停止拉出织带动作时，其锁止机构能在停止位置附近自动锁止，同时保持束紧力的卷收器。

3）紧急锁止式卷收器。这是一种应用最广泛的卷收器，其结构如图 6-36 所示，主要由卷筒、卷筒轴、棘轮棘爪机构和离合器等组成。

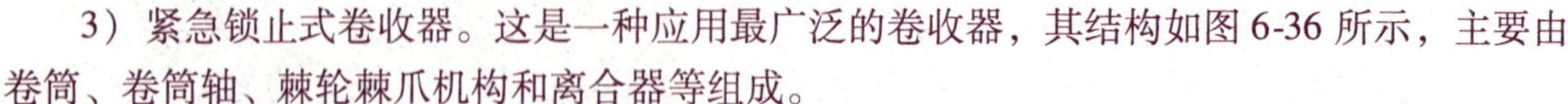

在汽车正常行驶时允许织带自由伸缩，但当汽车速度急剧变化时，其锁止机构锁止并保持安全带束紧力约束乘员。这种卷收器中装有惯性敏感元件和棘轮棘爪机构或中心锁止机构。织带缠绕在卷轴上。当汽车正常行驶时，卷收器借助卷簧的作用既能使织带随使用者身体的移动而自由伸缩，又不会使织带松弛；但当紧急制动、碰撞或车辆行驶状态急剧变化时，卷收器内的敏感元件会驱动锁止机构锁住卷轴，使织带固定在某一位置上，并承受使用者身体加给织带的载荷。

（3）高度调节器　高度调节器一般在肩部位置处，可以调节安全带以适应不同身高乘员的需要。

（4）带扣　带扣是既能把乘员约束在安全带内，又能快速解脱的连接装置。安全带对乘员保护的原理是当碰撞事故发生时，安全带起作用，将乘员“束缚”在座椅上，乘员的头部、胸部不至于向前撞到转向盘、仪表板及风窗玻璃上，使乘员免受车内二次碰撞，同时使乘员不被抛离座椅。事实证明，在正面碰撞、追尾碰撞及翻车事故中普通安全带对乘员保护（尤其是对乘员头部、胸部的保护）效果很好。为了进一步降低碰撞时乘员下沉（即乘员沿座椅下滑）造成腹部伤害，目前很多汽车生产厂采用带收紧器或织带夹紧装置的安全带。这种安全带同改进的座椅结构及气囊相结合，便可大大提高乘员的保护性能。

图 6-36　紧急锁止式卷收器的结构

二、安全带收紧器的结构和工作原理

1. 概述

安全带收紧器与安全带系统一样，属于被动安全装置，它改善了安全带对驾乘人员的保护作用。

系上安全带除了可防止乘员在碰撞事故中被抛到车外，还可以减少乘员与车内物件的二次撞击。但安全带并不能将乘员完全固定在座椅上，安全带与乘员之间尚留有些许空间。因此，在严重撞击中，虽然系上安全带所受的冲击会减小很多，但是乘员仍可能会碰撞到车内物件从而造成伤害。

在严重的正面碰撞中，安全带收紧器立即起作用，它通过快速的收紧反应，使安全带在乘员往前移动之前就回缩一定的长度，这样就可减少乘员向前的移动量。

在近几年的新车型中，安全带收紧器增设了限力器。当发生严重撞击而使安全带收紧器收紧时，若安全带施加在乘员身上的张力达到预定值，限力器则限制这一张力，以此控制施加在乘员胸部的安全带张力。

安全带系统和安全带收紧器及限力器搭配使用，可使驾驶人和前座乘员受到最大的保护。

安全带收紧器在设计上只能工作一次。

安全带收紧器工作时，可能会发出工作声响，且会有少量烟雾放出（这些气体是无害的）。此外，即使座椅上没有乘员，安全带收紧器也可能会工作。

安全带收紧器按控制方式的不同，分为电子式（E 型）和全机械式（M 型）。其中，电子式安全带收紧器组合在安全辅助气囊系统内，由中央气囊传感器总成来驱动，即与安全带同时动作。全机械式安全带收紧器有自己单独的传感器，自成系统。因此，在某些碰撞情况下，安全带收紧器和气囊可能不会同时工作，甚至左、右两个收紧器也可能不会同时工作。

2. 安全带收紧器的结构

安全带收紧器安装在前排座椅左、右两侧或前左、右车门立柱旁边，其在车上的位置如

图 6-37 所示。

安全带收紧器虽然有电子式（E 型）和全机械式（M 型）之分，但两者的基本构造和工作原理实质上是一样的，只是气体发生器的点火方式不同。

安全带收紧器的结构如图 6-38 所示，主要由收紧机构、收缩机构和 ELR 锁紧机构组成。其中，收缩机构和 ELR 锁紧机构属于不带收紧器的普通安全带的组成部分。

电子式安全带收紧器由中央气囊传感器总成控制。全机械式安全带收紧器带有自己的收紧传感器，它可检测减速惯性力，并据此点燃气体发生器。此外，它还有一个安全装置来锁定此传感器。

（1）收紧机构　收紧机构的具体构造因制造厂家的不同而有差异，但其工作原理均相同。现列出两种较常用的形式。

1）此种收紧机构的结构如图 6-39 所示，主要由气体发生器、缸筒、活塞以及与活塞连在一起的拉索组成。为不影响安全带的正常工作，拉索绕在一个鼓轮上，而不与轴的外表面接触。

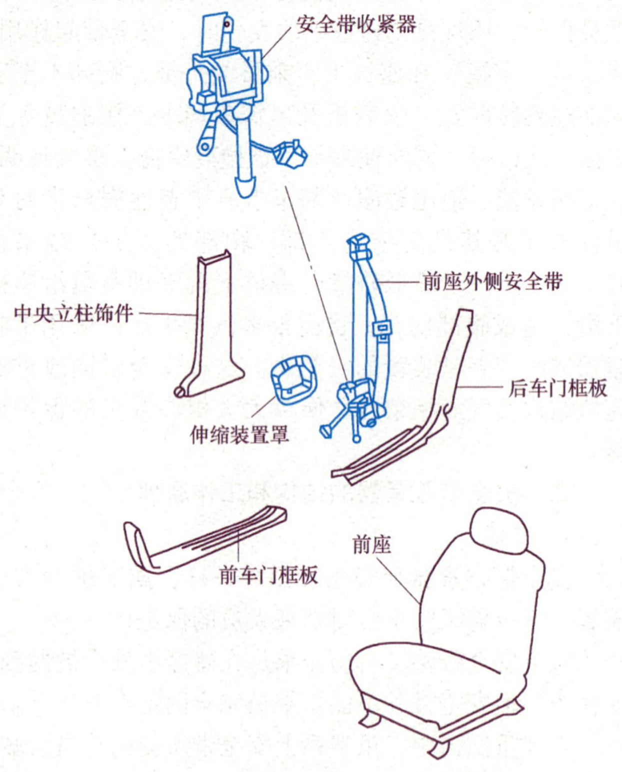

图 6-37　安全带收紧器在车上的位置

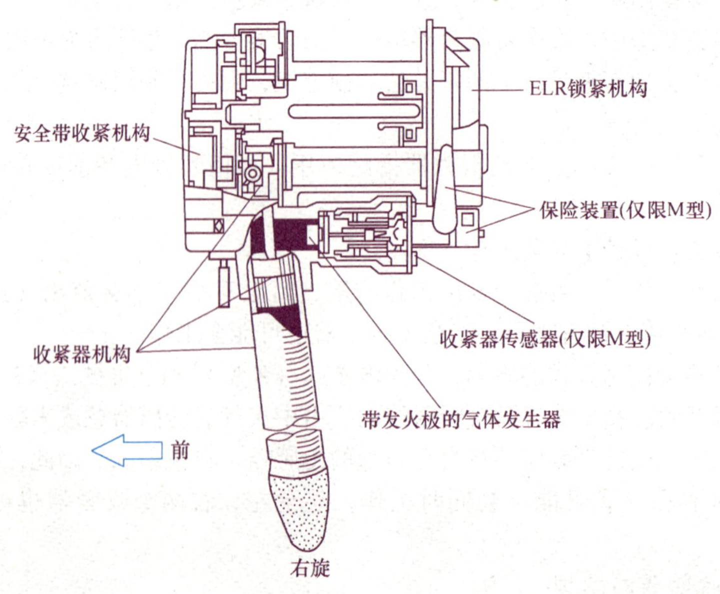

图 6-38　安全带收紧器

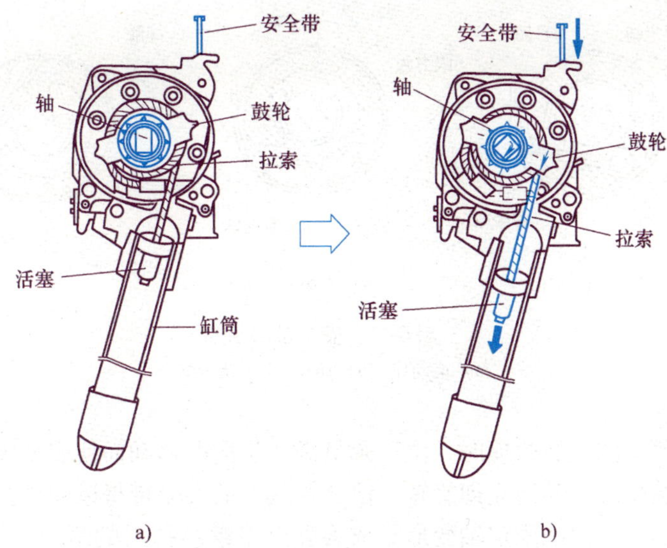

图 6-39　收紧机构的结构及其工作（形式一）
a）未动作　b）已动作

当收紧器动作时，由气体发生器释放出的大量气体迫使活塞向下运动。由于拉索与活塞连在一起，所以活塞带动拉索，使鼓轮夹紧轴，向收紧安全带的方向转动，使安全带收紧一定的长度后，安全带便无法被拉出或回缩。

2）此种收紧机构的结构如图 6-40 所示，主要由气体发生器、离合齿轮、离合键和转子等组成。

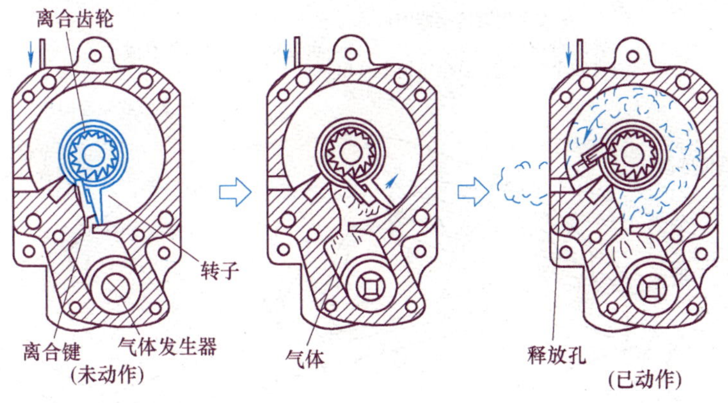

图 6-40　收紧机构的结构及其工作（形式二）

当收紧器动作时，由气体发生器释放出的大量气体首先迫使离合键插入离合齿轮，使得转子与离合齿轮一起转动，然后气体继续迫使转子转动直到尽头，最后使气体从释放孔排出。

当收紧器作用后，离合键和离合齿轮可以分离，在它们分离后，安全带即可像原来一样被拉出或回缩。

（2）安全带限力器　安全带限力器如图 6-41 所示，主要由限力板、卷筒和固定轴等组成。

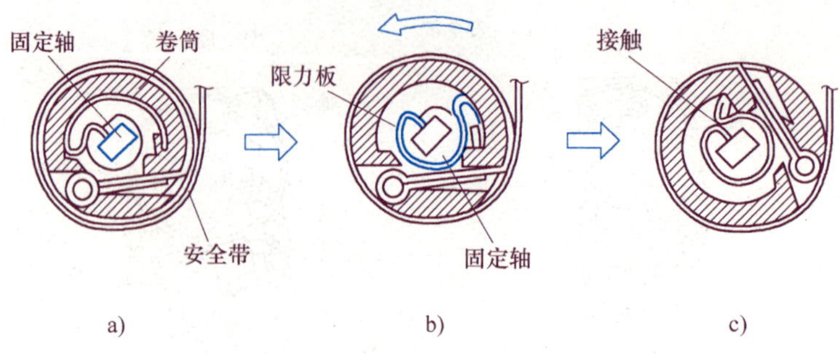

图6-41 安全带限力器

a）束动作 b）动作 c）动作结束

当车辆发生严重的正面碰撞时，由于乘员进一步向前移动而使安全带所受的力超过预定值时，限力板开始变形，卷筒立即旋转，使绕在其上的安全带得以向外拉出。与此同时，限力板继续随卷筒的旋转而绕固定轴变形，成为安全带继续拉出的阻力。当卷筒转过125圈，随着限力板两端接触，限力板完成绕固定轴的转动，卷筒也不能再进一步转动，限力器完成工作。

3. 系统组成和工作原理

（1）系统组成 雷克萨斯LS400轿车安全带系统的组成及其在汽车上的位置如图6-42所示。该车安全带系统增加了前排左、右两个安全带收紧器。安全带收紧器主要由气体发生器、带轮、离合器、导管、自动安全带卷筒、活塞和缆绳等组成。其中，气体发生器的结构、工作原理和安全带系统的气体发生器基本相同。

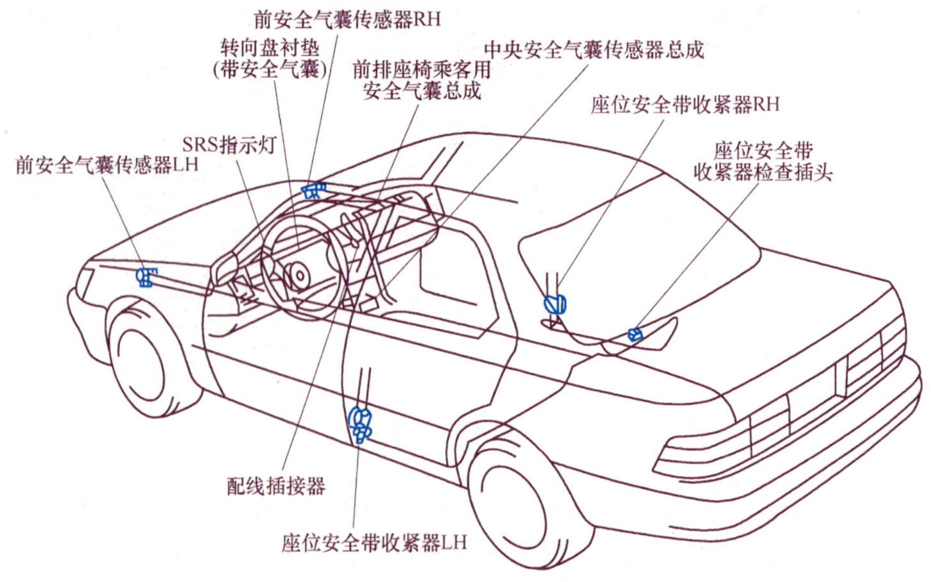

图6-42 雷克萨斯LS400轿车安全带系统的组成及其在汽车上的位置

（2）安全带收紧器的工作原理 装备安全带收紧器的安全带系统电路如图6-43所示。

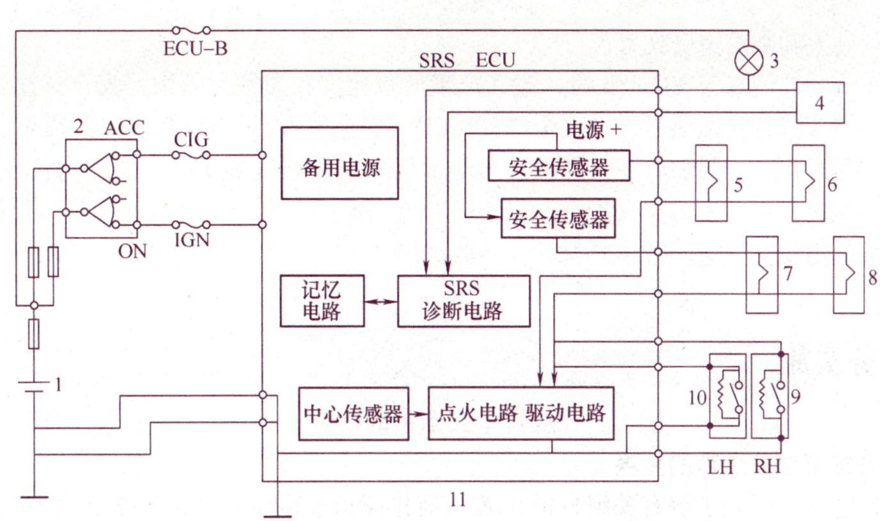

图 6-43　装备安全带收紧器的安全带系统电路

1—蓄电池　2—点火开关　3—安全带系统指示灯　4—诊断插座
5—左侧安全带收紧器点火器　6—右侧安全带收紧器点火器
7—驾驶人用安全气囊点火器　8—乘员用安全气囊点火器
9—右碰撞传感器　10—左碰撞传感器
11—安全带系统 ECU

前左碰撞传感器 10、右碰撞传感器 9 与安装在安全带系统 ECU 中的中心传感器并联，驾驶人用安全气囊点火器 7 与乘员用安全气囊点火器 8 并联，左、右安全带收紧器点火器 5、6 并联。

在安全带系统 ECU 中，设有两只相互并联的安全传感器，其中一只与收紧器点火器 5、6 和安全带系统 ECU 中的驱动电路构成回路，收紧器的点火器受安全带系统 ECU 的控制。另一只安全传感器与气囊点火器和碰撞传感器 9、10 构成回路，气囊点火器 7、8 也受安全带系统 ECU 的控制。

安全带收紧器的工作原理与安全带系统气体发生器的工作原理相似。当安全带系统 ECU 接收到传感器输入的碰撞信号后，向收紧器的点火器发出点火指令，点火器引爆点火剂，充气剂受热分解产生大量气体，活塞在膨胀气体的推动下迅速在导管内向上运动；同时，缆绳运动并向带轮传递一个转动力矩，离合器将带轮与卷筒卡住，成为一体，转动力矩便带动卷筒一起转动，将安全带迅速收紧，使驾驶人和乘员向前移动距离缩短，从而防止其面部、胸部与转向盘、风窗玻璃或仪表板发生碰撞。

（3）装备安全带收紧器的安全气囊工作原理　在汽车行驶过程中，安全传感器、中心传感器和前碰撞传感器随时检测车速变化信号，并将信号送到安全气囊 ECU。在安全气囊 ECU 中，预先编制的程序经过计算和逻辑判断后，再向收紧器点火器或安全气囊点火器发生点火指令，使安全带收紧器动作或收紧器与安全气囊同时作用。

当汽车行驶速度低于 30km/h 时，碰撞产生的减速度和惯性力较小，安全传感器和中心传感器将此信号送到安全气囊 ECU，安全气囊 ECU 判断结果为不引爆安全气囊，仅引爆安全带收紧器的点火器。与此同时，向左、右安全带收紧器点火器发出点火指令使安全带收

紧，防止驾驶人和乘员遭受伤害。

当汽车行驶速度高于30km/h时，碰撞产生的减速度和惯性力较大，安全传感器、中心传感器和碰撞传感器将此信号送到安全气囊ECU，安全气囊ECU判断结果为需要安全带系统和收紧器共同作用来保护驾驶人和乘员。与此同时，安全气囊ECU向左、右安全带收紧器点火器和气囊点火器发出点火指令，引爆所有点火器，在安全带收紧的同时，驾驶人用安全气囊与乘员用安全气囊同时膨胀打开，吸收碰撞产生的动能，达到保护驾驶人和乘员的目的。

任务实施

飞度轿车安全带的检修

一、前排座椅安全带的更换

在维修之前，应先了解有关组件的位置。前排座椅安全带组件的安装位置如图6-44所示。检查前排座椅安全带是否损坏，如有必要，将其更换。在拆卸和安装过程中，注意不要损坏它们。

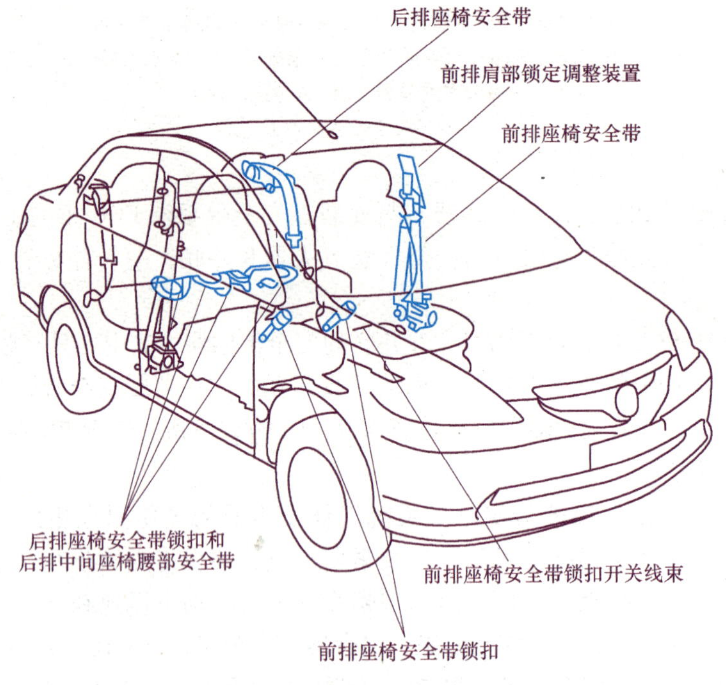

图6-44 前排座椅安全带组件的安装位置

1. 前排座椅安全带

1）如果安装了安全带张紧装置，则断开蓄电池负极电缆，至少等待3min才可开始作业。

2）把前排座椅向前滑到底。如图6-45所示，拆卸下部固定装置盖，然后拆卸下部固定装置螺栓。

3）拆卸中柱下饰件。

4）如图6-46所示，拆卸上部固定装置外罩，然后拆卸上部固定装置螺栓。

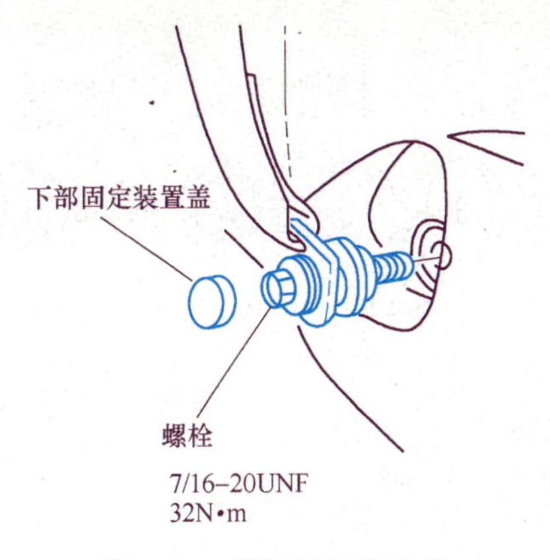

图 6-45　拆卸固定装置盖

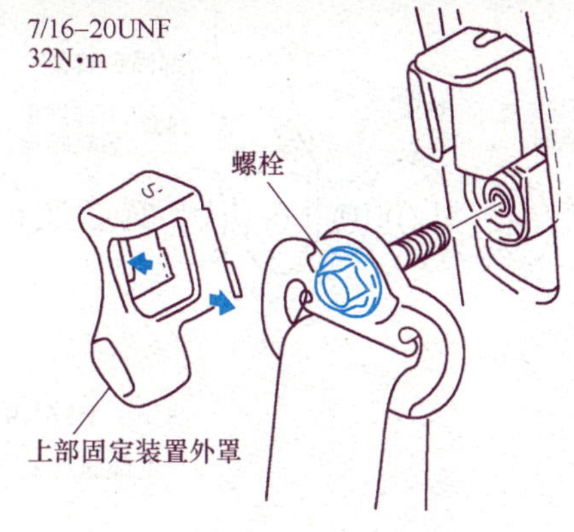

图 6-46　拆卸固定装置外罩

5）如图 6-47 所示，断开安全带张紧器装置插接器，拆卸上收紧器自攻装配螺钉和下收紧装置螺栓；然后，拆卸前排座椅安全带和张紧器。

6）根据需要拆卸前排座椅安全带防护装置和中柱下饰件。如图 6-48 所示，拆卸肩部固定装置调节器。

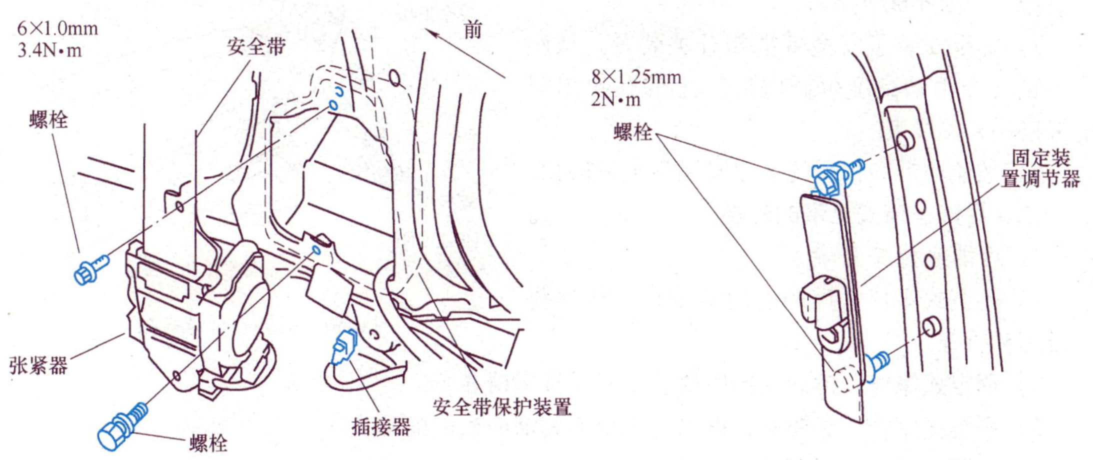

图 6-47　断开安全带张紧器装置插接器

图 6-48　拆卸肩部固定装置调节器

7）按照与拆卸相反的顺序进行安装。安装时，注意以下事项：

①重新安装前，给固定装置螺栓涂上液体螺纹密封胶。

②检查收紧器锁止机构的功能。

③如图 6-49 所示，给上、下固定装置螺栓装上垫圈、套环和衬套。

④如果安全带张紧装置已经展开，则更换一个全新的安全带防护器。

⑤在安装固定装置螺栓前，确认安全带没有扭曲或打结。

⑥确保安全带张紧装置插接器插接正确。

⑦如果安装了安全带张紧装置，重新将负极电缆连接在蓄电池上。

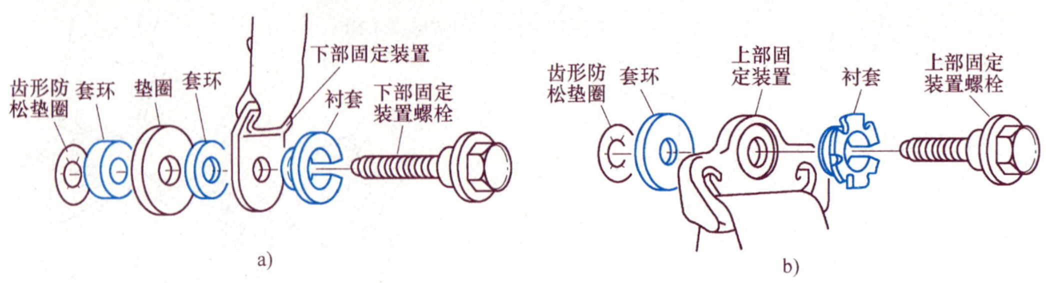

图 6-49 上、下固定装置

a）上部固定装置螺栓 b）下部固定装置螺栓

⑧执行 ECM/PCM 怠速学习程序。

2. 安全带搭扣

1）拆卸前排座椅。

2）从座椅上拆卸中间罩。

3）如果安装了安全带搭扣开关装置，拆开安全带开关插接器和线束夹。

4）拆卸中间固定装置螺栓，然后拆卸安全带搭扣，如图 6-50 所示。

5）如果安装了安全带搭扣开关装置，从座椅导轨（非手动高度可调座椅）上的孔拉出安全带搭扣开关线束。

6）按照与拆卸相反的顺序安装安全带搭扣。

二、后排座椅安全带的更换

1. 后排座椅安全带

1）下沉式座椅：拆卸后门槛饰件，然后将后排座椅折叠。

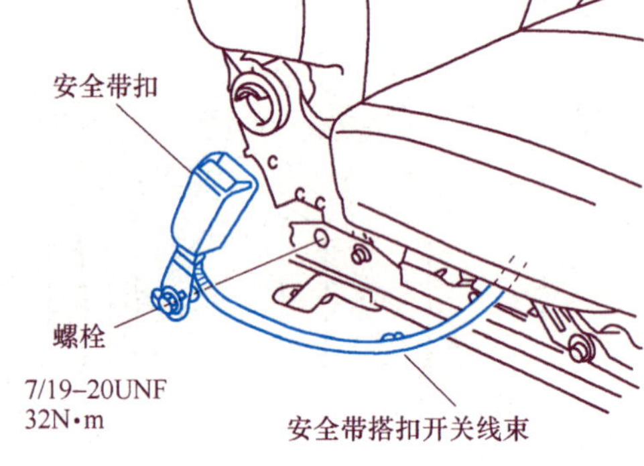

图 6-50 拆卸安全带搭扣

2）固定式座椅：拆卸后排座椅软垫和后排座椅靠背。

3）下沉式座椅：必要时，拆除行李箱侧装饰面板的前部。

4）如图 6-51 所示，拆卸中间固定装置螺栓。

5）拆卸后架。

6）如图 6-52 所示，拆卸收紧器自攻装置螺钉和收紧器螺栓，然后拆卸后排座椅安全带和收紧器。

7）按照与拆卸相反的顺序进行安装。安装时，如果张紧装置自攻螺钉被磨损，则使用专门定做的大号自攻装配螺钉；然后，检查收紧机构的功能。在安装固定螺栓前，应确认安全带没有扭曲或打结。

2. 安全带搭扣/中间座椅腰部安全带

1）下沉式座椅：将后排座椅安全带搭扣和后排中间座椅腰部安全带从两个座椅软垫上的卡环中穿出，然后将两个座椅软垫抬起。

2）固定式座椅：拆卸座椅软垫。

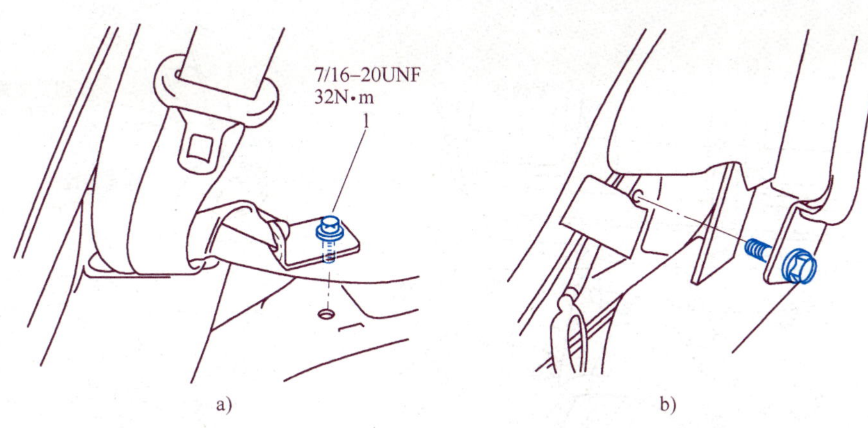

图 6-51　拆卸中间固定装置螺栓
a）下沉式座椅　b）固定座椅

3）下沉式座椅：如图 6-53 所示，从后排座椅两个靠背的底部解开地毯后面的紧固件。通过地毯上面的狭缝将后排座椅安全带搭扣和后排中间座椅腰部安全带滑出来。

4）下沉式座椅：如图 6-54 所示，在右侧将搭扣固定装置（地毯）拉起。

5）拆卸中间固定装置螺栓，然后拆卸安全带搭扣和后排中间座椅腰部安全带。

6）按照与拆卸相反的顺序进行安装。安装时，应将搭扣固定装置（地毯）正确地滑进后排座椅的底部。

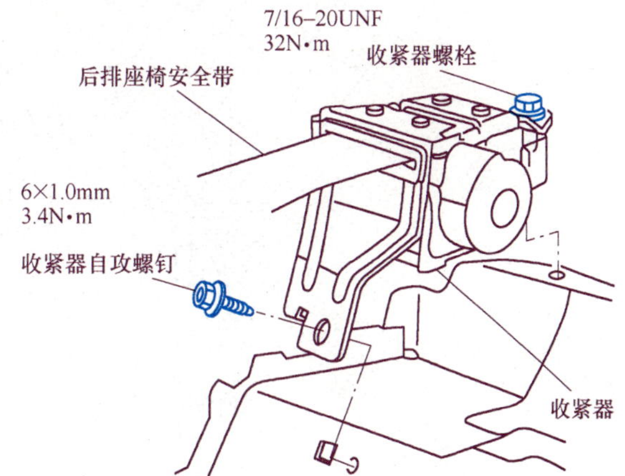

图 6-52　拆卸后排座椅安全带和收紧器

三、安全带的检查

1. 收紧器检查

安装收紧器之前，应检查安全带是否能自如地拉出。如图 6-55 所示，当收紧器从安装位置缓慢地倾斜 15°时，确保安全带不会被锁住，不要试图拆下收紧器。

如果出现任何异常情况，应更换新的安全带，不要分解安全带的任何零件。

2. 汽车内部检查

1）检查安全带，确保它没有扭曲或挂在任何东西上。

2）固定装置安装完成后，检查固定装置螺栓是否能自如地动作。如有必要，拆卸固定装置螺栓，以检查垫圈和其他部件是否损坏或安装正确。

3）检查安全带是否损坏或老化。如有必要，用维修用布清洗（只能使用肥皂和水进行清洗）。积聚在固定装置金属环内的污垢会引起安全带收缩缓慢，应使用在乙丙醇中浸湿过的干净布擦拭金属环的内部。

4）当缓慢拉出安全带时，确认安全带不会被锁住。在设计上，安全带只有在突然停车或受冲击时才会被锁住。

5）当释放时，确保安全带会自动缩回。

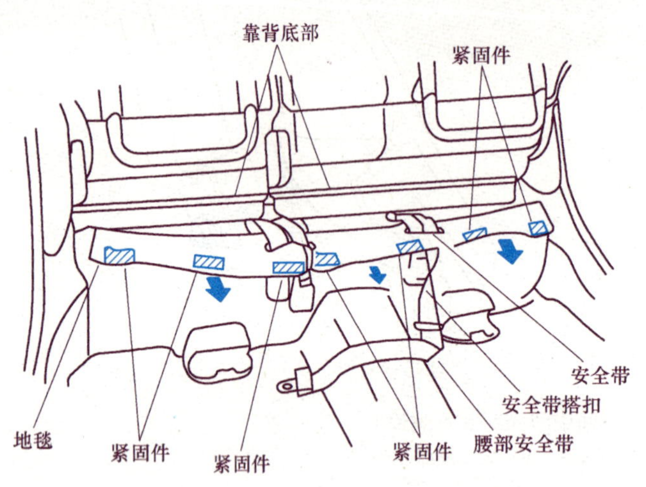

图 6-53　拆卸开地毯后面的紧固件

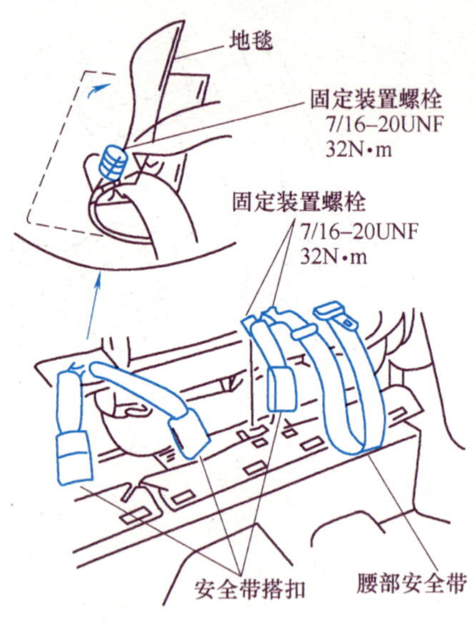

图 6-54　将搭扣固定装置地毯拉起

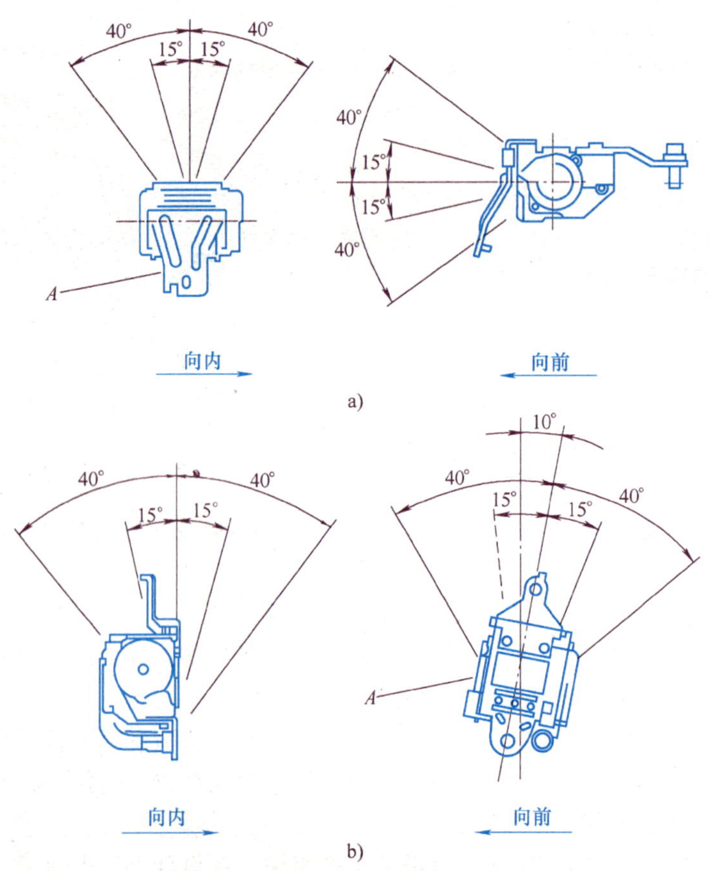

图 6-55　检查收紧器（倾斜方向和角度）

a）前收紧器　b）后收紧器

6）对于某些型号的安全带，要检查安全带收紧锁止机构 ALR（自动锁止收紧器），它可以用来固定儿童座椅。将安全带拉出，起动 ALR，安全带应回缩，并伴有“咔嗒”声，但不会伸展，这是正常的。为了解除 ALR，可松开安全带，并让其完全回缩，然后拉出部分安全带，安全带应能正常地收缩。

7）如果出现任何异常情况，应更换新的安全带，不要分解安全带的任何零件。

知识与技能拓展

通常车辆发生撞击意外时，安全带会产生紧束动作，将驾乘人员紧紧固定在座椅当中，不过由于碰撞力惊人，也往往发生乘员被勒伤的情形，为避免此类情况发生，且将乘员的伤害在碰撞意外时降到最低，福特研发部门决定将安全带与安全带系统结合。在原先设计好的安全带中，预留一个空气袋。在安全带产生紧束动作时，此气囊也会同时充气膨胀，产生弹性的空间，让安全带紧束时对于乘员的伤害不再如此剧烈，如图 6-56 所示。

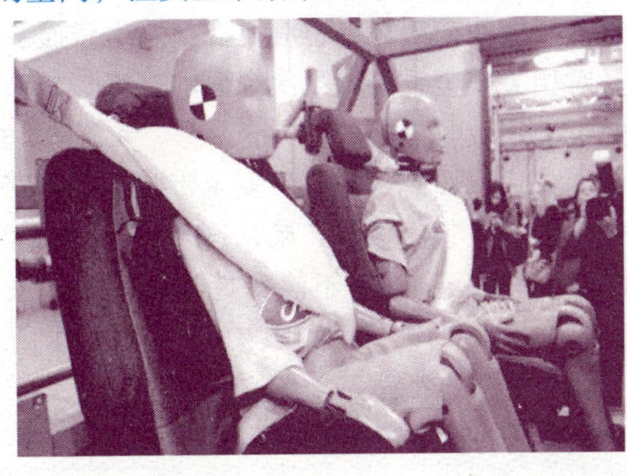

a)

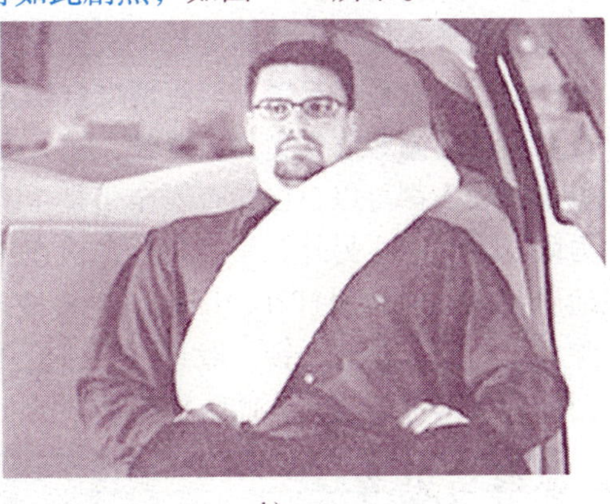

b)

图 6-56　膨胀式安全带

福特工程师将这种新型安全带首先运用在后座，并希望此设计能有效地减少乘客头部、颈部与肩部的二次伤害，且由于气囊的大面积保护，更能让乘客躯干部位的伤害再度降低，减少因安全带紧束而挤压内脏的情况，希望可以通过这项创新得到改善。

案例解析

解析安全带的重要性

1959 年，瑞典沃尔沃汽车公司工程师尼尔斯・博林发明了汽车安全带。汽车上被动安全装备能将伤害减至最小，其中安全带可提高 50% 安全度。

根据固定点数目的不同，安全带可分为三点式、四点式及多点式。车辆上最常见的是三点式安全带，其 3 个固定点分别位于车辆的 B 柱以及座椅下方。三点式安全带的优点是长度可根据乘员的身体自行调整，佩戴舒适性较好。而四点式安全带的 4 个固定点分别位于座椅两侧，上下各一个。四点式安全带能够将乘员身体牢牢地固定在座椅上，在车辆进行激烈运动时具有更强的安全性，但长度不能自动调节，佩戴舒适性较差。四点式安全带通常应用在赛车上，由于儿童对于身体的控制能力较差，所以在儿童座椅上一般使用的也是四点式安

全带。

据统计，我国每年都有近十万人死于交通事故，如果他们都能正确地系好安全带，其中很多人都有可能幸免于难。系好安全带只需要 3s 的时间，而不系安全带却可能失去整个一生。

很多驾驶人认为，安全带就是“拉过来，扣上去”这么简单。虽然它只是一根简单的可以扣起来的带子，但在发生碰撞事故时，安全带能将驾乘人员牢牢缚在座椅上，配合安全气囊的缓冲保护，可以将撞击引起的伤害大大降低。

专业人士介绍，随着一些车型的使用时间变长，安全带也会老化，最主要的表现是内部卷簧器老化、安全带会过松或不能及时拉紧。在紧急时刻，如果安全带过松容易导致乘员从安全带下滑出，造成严重的损伤；或者人已碰到了气囊，但由于安全带张紧余量过大而未能及时绷紧，未能像设计的那样分担一部分冲力，而是将人的全部负担都交给了气囊，也有可能导致乘员严重受伤。

如果安全带在使用中曾承受过一次强拉伸负荷，即使未损坏，也应更换。发生碰撞事故后，不论安全气囊是否起爆，都应请维修站人员对相关安全系统做一次全面的检修。如果汽车曾经发生过碰撞导致气囊弹出爆破，那么安全带必须及时更换。

每位驾驶人都可以自己检查安全带是否老化、失去紧张感等。一般安全带装置都有安全带拉力限制器功能。另外，平时要经常检查搭扣上松开按钮的位置，确认这个按钮必须能够方便地触及以及轻松地打开，以便发生事故时能够解开安全带。不能自行改动或附加安全带。除此之外，后排双插锁一般具有防插错功能，防插错插锁只能与其中一种锁舌相匹配。用车门钥匙或其他硬物插入此防插错插锁的小孔可以实现本插锁的解锁功能。

观察与思考

一、思考题

1. 安全带收紧器如何检查？
2. 汽车安全带系统应如何检查？

二、实习观察项目

1. 按电路图和技术操作规程对安全带系统的器件进行检测，发现问题及时处理。
2. 指导教师模拟安全带系统的故障，让学习者进行故障检测、诊断并排除故障。
3. 对安全带系统进行常规检查和维护。

学习情境7　信息与导航系统故障

学习单元1　信息显示系统的检修

学习目标

1）熟悉汽车信息显示系统的功用、类型、组成和结构特点。
2）掌握汽车信息显示系统的拆装方法与调试维护工艺。
3）掌握汽车信息显示系统的故障诊断方法与检修技能。
4）掌握常用故障诊断设备和维修工具的使用方法和技巧。
5）按照职业岗位的要求文明生产、安全操作。

工作任务

一、任务情境

汽车组合仪表（图7-1）包括燃油表、转速表等众多仪表和指示灯，它们可以为驾驶人提供各种各样的汽车行驶参数信息、警示信息和提示信息。如果在汽车的行驶过程中，仪表板的燃油表指示值有不正常的波动现象，应如何检测？

图7-1　汽车组合仪表

二、任务分析

要解决汽车组合仪表显示故障，必须了解各仪表的组成和工作原理。如果仪表显示异常故障，就需要进行检修。如何排除这些故障，应先熟悉以下相关知识。

相关知识

一、概述

德国大众车系组合仪表的类型见表7-1。

奥迪A6轿车Highline型组合仪表如图7-2所示。该组合仪表中部有LCD多功能显示

屏，多功能显示屏上可显示下述内容：维护周期指示、收音机频率和电话数据、外部温度、自动变速器的档位等。

表 7-1　德国大众车系组合仪表的类型

型号或生产厂家	类　　型	适用车型
Lowline	带转速表及数字式时钟	宝来
Midline	带转速表及多功能显示屏	宝来
Highline	带转速表、多功能显示屏及导航系统显示单元	奥迪 A6、宝来
Magneit-Marelli	带转速表及数字式时钟	奥迪 A6、帕萨特
VDO	带转速表及多功能显示屏	奥迪 A6、帕萨特

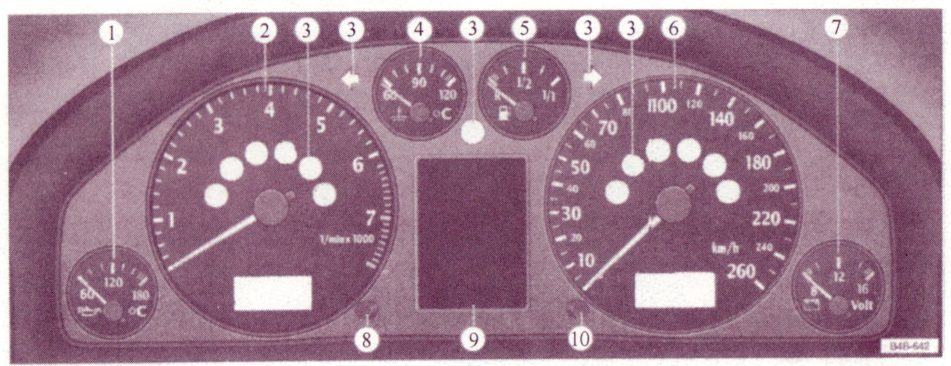

图 7-2　奥迪 A6 轿车 Highline 型组合仪表

1—发动机机油温度表　2—带数字时钟和日期显示功能的转速表　3—警报及指示灯
4—冷却液温度表　5—燃油表　6—车速表及里程显示器、日行驶里程表
7—电压表　8—调整/检测按钮　9—LCD 多功能显示屏
10—日行驶里程回零按钮、维护周期指示器清屏按钮

组合仪表由控制单元控制，具有很强的自诊断功能，如有故障发生，故障码会存入组合仪表的故障存储器里，以供故障诊断与排除。

二、组合仪表各部分的功能

1. 仪表

（1）发动机润滑油温度表　此仪表用于显示发动机润滑油的温度。

只要发动机润滑油还处于低温状态，就不能让发动机以最大功率运行。如果润滑油温度指针偶尔会进入红色区域，则应降低发动机转速。

如果指针一直在红色区域内，则必须立即停车并关闭发动机，检查发动机润滑油油位。如果润滑油油位正常，且起动发动机后发动机润滑油压力警告灯不闪烁，则可以在避免发动机高速运转的情况下继续行驶到就近的维修服务站。

（2）转速表　转速表用于显示发动机每分钟的转速。

发动机转速低于 1 500 转/min 时，应切换到相邻的较低档位。转速表中红色区域的起始点表示所有档位下允许的最高发动机转速（发动机已磨合且达到工作温度）。在到达这个区域之前，应切换到相邻的较高档位，将变速杆推至 D 位或松开加速踏板。

（3）带日期显示的数字时钟　其显示如图 7-3 所示。

（4）冷却液温度表　如果指针位于刻度盘的左边，则表示发动机尚未达到运行温度，

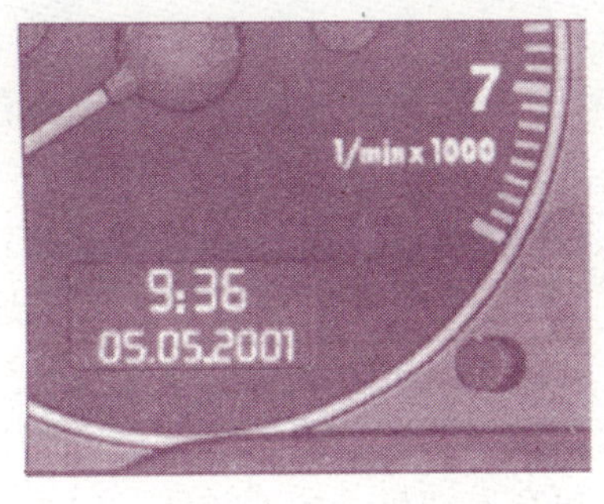

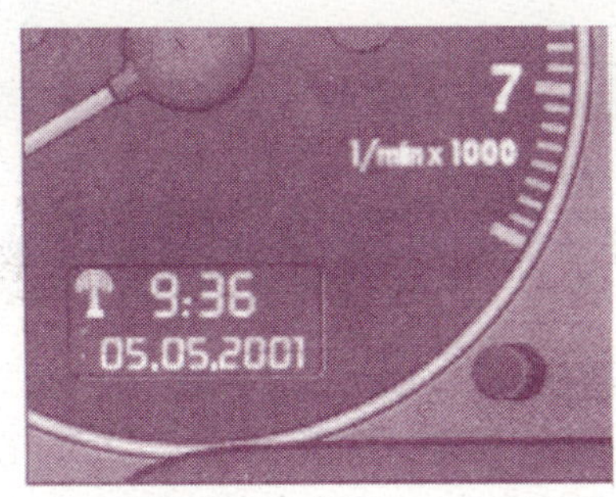

图 7-3　时钟、日期及无线电接收信号显示

此时要避免发动机转速过高、节气门全开，不要让发动机高负荷运行。

在正常行驶方式下，如果指针在刻度盘的中间范围内摆动，则表示发动机已达到运行温度，在发动机负荷较大且车外温度较高的情况下，指针也可能会向右偏转。只要显示屏内的警告灯不闪烁，就不必理会；如果该警告灯闪烁，则表示冷却液温度过高或冷却液液位过低。

如果指针在右侧显示区内且较靠右，则说明冷却液温度过高，应立即停车，关闭发动机并让发动机冷却下来。

（5）燃油表　燃油表仅在点火开关已打开时才工作。

普通油箱的容量约为 70L，带 8 缸发动机的汽车的油箱容量约为 82L。当指针到达备用油标记处时，组合仪表显示屏符号会亮起，此时油箱中还剩有约 9L 燃油。此时，应及时加油，切勿行车到油箱中燃油耗尽。接近没油时供油不规律会导致发动机缺火，这样未燃烧的燃油将进入排气装置中，导致尾气催化净化器过热并损坏。

（6）带里程表的车速表　如图 7-4 所示，此仪表用于显示车速和已行驶的里程。已行驶的里程以千米（km）为单位，在有些车型中里程以英里为单位。里程表的下面一行用于显示汽车总行驶里程，上面一行用于显示里程表最后一次复位后走过的里程，借此可以测量短距离里程，可按复位按钮把里程表的上一行复位为零。

如果组合仪表中有故障，则在日行驶里程表的显示区内会持续显示 dEF ，应尽快让服务站排除此故障。

（7）电压表　电压表用于显示车载电网的电压，其额定值在 12 ~ 14V 之间。如果发动机运转时电压显示降到 12V 以下，则应检查供电系统（蓄电池和发电机）。发动机起动期间电压显示可能降到 8V 以下。

（8）带调整/检测按钮的转速表　如图 7-5 所示。

图 7-4　带里程表的车速表

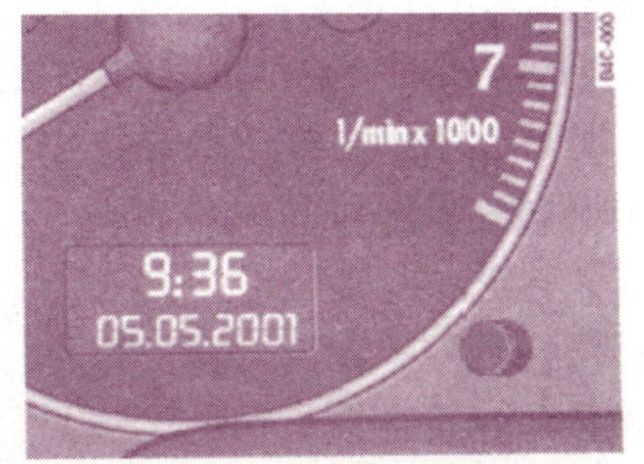

图 7-5　带调整、检测按钮的转速表

通过检测按钮可以执行以下功能：

1）打开数字时钟和里程表。在点火开关已关闭时，通过按按钮把带日期显示的数字时钟和里程表打开数秒钟。

2）调用至下一维护项目到期时的剩余里程数。打开点火开关后，短促按此按钮即可显示至下一维护项目到期时的剩余里程数。此显示可在发动机关闭或运转，但车速不超过5km/h的情况下进行。

3）检查显示内容。在点火开关已打开时，按检测按钮两次即可依次调用汽车自检系统内的符号（如冷却液温度、润滑油压力等）。此显示可在发动机关闭或运转，但车速不超过5km/h的情况下进行。

4）调出驾驶指南。例如，显示屏中出现发动机润滑油压力故障符号，如果此时按下调整/检测按钮，则显示屏中会出现“SWITCH OFF ENGINE，CHECK OIL LEVEL”，关闭发动机，检查润滑油油位。显示屏中的显示约5s后消失。

5）设置限速警告。按按钮即可在行驶中设置限速警告的警告限值。

（9）维护周期指示器 维护周期指示器（图7-6）用于提醒下一次维护即将到期，其功能包括：

1）显示剩余里程数。打开点火开关后短促按按钮①，即可显示至下一维护项目的剩余里程数。此查询可在发动机关闭或运转，但车速不超过5km/h的情况下进行。剩余里程数在每次打开点火开关后都会更新（维护后行驶500km时开始更新）。

如果对新汽车或做过维护之后的汽车查询剩余里程数，则在前500km内显示屏中总是显示“SERVICE IN 15 000km”（离维护还有15 000km）来表示到期日。

图7-6 维护周期指示器

2）维护提醒。从某一维护项目到期前的2 000km开始，打开点火开关后显示屏中将出现以下信息“SERVICE IN 2 000km”（离维护还有2 000km），大约5s后，显示屏切换为常规显示。剩余里程数在每次接通点火开关后都会更新，一直更新到某一维护到期日。

3）维护项目。如果某一维护已到期，则打开点火开关后显示屏中立即出现信息“Service！”（维护到期！），大约5s后显示屏切换为常规显示。

4）显示复位。进行汽车维护的服务站在完成维护后，把该显示复位。如果未经服务站进行维护，则必须先关闭点火开关，在按住按钮②的同时打开点火开关，显示屏中出现显示“SERVICE!”。然后，按住按钮①直至不再“SERVICE！”。如果5s之内未按压复位按钮，便会退出显示复位模式。

2. 指示灯

指示灯在组合仪表中的位置如图7-7所示。

图7-7 指示灯在组合仪表中的位置

指示灯用于指示某些功能或故障。指示灯符号及其所指示的功能或故障见表 7-2。

表 7-2　指示灯符号及其所指示的功能或故障

指示灯符号	名　称	指示的功能或故障
EPC	发动机功率电子控制（Electronic Power Control）	此指示灯用于监控汽油发动机的发动机功率电子控制系统，在打开点火开关进行功能检查时亮起。如果在行驶时此指示灯亮起，则表示发动机功率电子控制系统出现故障，必须立即检查发动机
⇦1⇨	拖车转向信号装置	带拖车行驶时，如接通转向信号装置，则此指示灯也一起闪烁。如果拖车或牵引车上有一个转向信号灯不能工作，则该指示灯不会闪烁
	停车灯/行车灯	在停车灯或行车灯已接通时亮起
	水平高度调节系统	打开点火开关后进行功能检查时，指示灯亮起数秒，如果功能检查后此指示灯仍闪烁，则说明汽车长期停放后其后部已降下，这是正常现象。当水平高度调节系统已关闭时，此指示灯熄灭 如果指示灯一直亮着，则说明水平高度调节系统有故障或在后轴轴线方向车身严重倾斜。水平高度调节系统有故障时会导致离地间隙减小且行驶舒适性降低，应立即排除此故障
	电控行车稳定系统（ESP）	此指示灯用于监控电控行车稳定系统，具有以下功能： ● 行驶中 ESP 工作时此指示灯闪烁 ● 打开点火开关时此指示灯亮起约 2s，表示在进行功能检查 ● ESP 出现故障时此灯亮起 ● ESP 已关闭时此灯亮起 ● 因为 ESP 装置与 ABS 一起工作，所以 ABS 有故障时，此灯也会亮起
	电子防盗锁止系统	打开点火开关时，系统自动查询汽车钥匙的数据指示灯，短促亮起表示正在对数据核对进行确认。如果使用了非法的点火钥匙，则此指示灯将转为持续闪烁状态，这时汽车将无法起动
	远光灯	在远光灯已接通时或在执行远光灯瞬时接通功能时，该指示灯亮起
⇦ ⇨	转向信号装置	根据转向信号灯的接通方向，左侧或右侧指示灯闪烁。在接通了闪烁报警装置时，两个指示灯同时闪烁。如果有一个转向信号灯不能工作，则指示灯闪烁频率大约快一倍
	发动机电控系统	指示灯亮起表示发动机电控系统内出现故障，应尽快排除故障
AIR BAG	安全气囊系统	该指示灯用于监控安全气囊和安全带预紧系统。指示灯在打开点火开关时，亮起几秒；如果指示灯一直不熄灭或者在行驶时亮起、闪烁，则表示存在一个系统故障；如果打开点火开关时此指示灯不亮，则也表示有系统故障
(ABS)	防抱死制动系统	此指示灯用于监控 ABS 和电子差速锁 EDS。在打开点火开关时或起动发动机期间，指示灯会亮起几秒，自动检测过程完毕后此指示灯熄灭。当打开点火开关时指示灯不亮、亮起数秒后仍不熄灭或在行驶中亮起，表示 ABS 内有故障
(P)	驻车制动器	在驻车制动器已拉紧且点火开关已打开时，指示灯会亮，如果松开驻车制动器，则此指示灯必须熄灭

（续）

指示灯符号	名　称	指示的功能或故障
	发电机	此指示灯用于显示发电机故障或汽车电气设备故障。指示灯在打开点火开关时亮，如果发动机已经起动，则此指示灯必须熄灭。如果指示灯在行驶中亮起，则一般情况下仍可以把汽车开到就近的服务站，因为此时汽车由蓄电池供电，所以应当关闭那些非必需的电器
	安全带警告灯	打开点火开关后，指示灯会亮数秒以提醒驾驶人系上安全带

3. 驾驶人信息系统（FIS）

FIS 是汽车的信息中心，它以便捷的方式告诉驾驶人汽车的当前运行状态。例如可以查看至下一次维护的剩余里程数，以便提前采取维护措施等。此外，根据装备情况，该系统还可为驾驶人提供收音机、电话、电子通信系统和导航的数据。图 7-8 所示为带车载计算机（如发动机控制单元、自动变速器控制单元等）的驾驶人信息系统。

（1）复位按钮　复位按钮位于车窗玻璃刮水拨杆上，如图 7-9 所示。多次短促按车窗玻璃刮水拨杆上的复位按钮即可依次选择以下功能。

图 7-8　带车载计算机的驾驶人信息系统

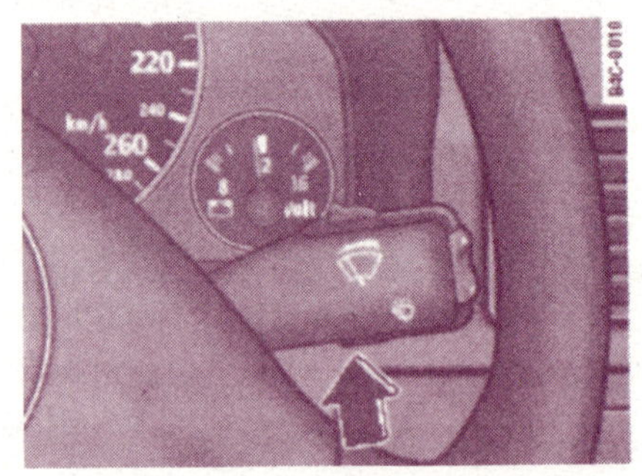

图 7-9　车窗玻璃刮水拨杆上的复位按钮

1）车外温度/车载计算机/汽车自检系统。

2）导航/电子通信系统。

3）关闭显示屏。

（2）收音机显示　如果汽车自检系统显示没有优先等级为 2 的故障，则在收音机设备（依收音机装备情况而定）已打开时，“ OK ”字样消失后将显示所选电台的名称或电台的发射频率等附加信息，如图 7-10 所示。

（3）车外温度显示　如图 7-11 所示，打开点火开关后显示屏中将显示车外温度。在带有自动变速器的汽车上，只有挂入行驶档位后显示屏上才会出现此显示。

当车外温度在 +5℃ ~ −5℃之间时，在温度显示前面会出现一个冰晶符号，借此提醒驾驶人要小心结冰路面。在汽车停住或车速很低时所显示的温度可能因发动机热辐射而略高于实际车外温度。

（4）车门和尾门警告　在点火开关已打开时，如果至少有一个车门或尾门未关闭，则会出现车门和尾门警告。此符号还显示某个或某些车门未关好。图 7-12 所示表示右前车门、

左后车门和尾门未关好。在尾门处于开起状态时，显示屏中行李箱部位闪烁。

图7-10　收音机附加信息显示

图7-11　车外温度显示

一旦所有车门和尾门完全关好，车门和尾门警告灯就会熄灭，然后重新显示所选择的FIS功能。

（5）汽车自检系统　如图7-13所示，FIS信息在组合仪表中部的显示屏内显示。在带有自动变速器的汽车上，只有挂入某一行驶档位后显示屏中才会出现这些信息。打开点火开关时以及行驶期间该系统检查汽车的某些功能和汽车组件是否正常，如果打开点火开关后被检测的功能正常，那么“OK”字样会显示数秒。如果有功能故障或必要的维护措施将发出声音信号，同时在显示屏中以红色或黄色符号指示灯显示。红色符号表示有危险，而黄色符号则表示警告。在某些情况下除红色符号亮起外，还会向驾驶人显示一些附加说明。

图7-12　车门和尾门警告

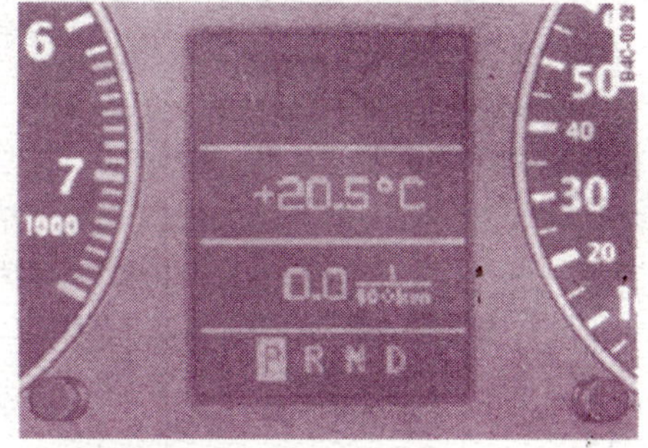

图7-13　汽车自检系统

1）红色符号（优先等级1）。存在这类故障时，相应的符号指示灯闪烁且会依次发出3声警告。这些符号表示有危险，驾驶人应停住汽车并关闭发动机，检查有故障的功能并排除故障（可能需要专业人员提供帮助）。

如果存在若干个优先等级为1的故障，则这些符号依次出现，每个显示时间约2s，依次循环，直至故障排除。红色符号指示灯及其所指示的故障见表7-3。

2）黄色符号（优先等级2）。存在这类故障时，相应的符号指示灯亮且会发出一声警告。这些符号表示警告，应尽快检查相应的功能。

如果存在若干个优先等级为2的故障，则这些符号依次出现，每个符号显示时间约2s，依次循环，直至故障排除。黄色符号指示灯及其所指示的故障见表7-4。

表7-3　红色符号指示灯及其所指示的故障

指示灯符号	名　称	故　障
	制动系统故障	如果显示屏中该符号闪烁，则说明制动系统有故障，应尽快排除故障。停车后，应首先检查制动液液位。在ABS失灵时，ABS指示灯(ABS)与制动系统故障符号一起亮起
	冷却系统故障	如果显示屏中该符号闪烁，则表示冷却液温度过高或冷却液液位过低，此时切勿继续行驶；否则，会损坏发动机
	发动机润滑油压力故障	如果显示屏中该符号闪烁，则表示润滑油压力过低。此时，应立即停车并关闭发动机，检查发动机润滑油油位。如果发动机润滑油油位过低，应补加发动机润滑油。假如发动机润滑油油位正常，但符号仍然闪烁，应进一步检修，不要继续行驶，也不要让发动机怠速运行 润滑油压力警告显示并不是润滑油油位显示，所以应定期检查润滑油油位，最好每次加油时检查一次
	轮胎压力过低	如果出现轮胎压力过低符号，则说明至少有一个轮胎的压力过低，应停车检查轮胎，必要时更换车轮。该符号总是与一条附加文本一起出现，例如“T. PRESSURE REAR RIGHT”（右后轮胎压力）

表7-4　黄色符号指示灯及其所指示的故障

指示灯符号	名　称	故　障
	制动车灯损坏	如果该符号闪烁或字样“BRAKE LIGHT”（制动车灯）亮，则应检查制动车灯灯泡、导线连接、制动车灯开关等，进行更换或维修
	近光灯或尾灯损坏	如果该符号亮起，应检查近光灯灯泡、尾灯灯泡、导线连接等，适当进行更换或维修
	前制动摩擦片磨损严重	如果该符号亮起，应检查前制动摩擦片。为安全起见，也要检查后制动摩擦片
	燃油存量过低	如图7-14所示，如果该符号是初次亮起，则表示油箱中的燃油存量尚有7~8L，应尽快加油
	清洗液液位过低	如图7-15所示，如果该符号亮起，则应加注清洗液至车窗玻璃清洗装置和前照灯清洗装置
	蓄电池电压不正确	如果该符号亮起，则应检查V带、调节器、蓄电池的状态等，还要注意发电机指示灯。车载电网内的电压可以从电压表上看到

（续）

指示灯符号	名　称	故　障
MIN	检查发动机润滑油油位	如果该符号亮起，则应尽快检查发动机润滑油油位，必要时补充润滑油
SENSOR	发动机润滑油传感器损坏	如果该符号亮起，则应检查润滑油油位传感器。在此之前，为安全起见应在每次加油时检查一下润滑油油位
km/h	限速警告	如果该符号亮起，则说明当前车速已超过设定的车速，应减速行驶
	前照灯照明距离调节故障	该符号亮起，表示动态前照灯照明距离调节有故障，应检修动态前照灯照明距离调节机构
	轮胎压力警告	如果该符号亮起，则应检查并校正轮胎压力。符号总是与对应车轮的外文缩写一起出现，例如右前车轮的缩写“FR”

图 7-14　燃油存量过低

图 7-15　清洗液液位过低

三、组合仪表系统的结构

1. 传感器及其位置

如图 7-16 所示，大众轿车使用的仪表系统由组合仪表和相应的传感器组成。其中，组合仪表不能解体；如需要，可在更换周期内更换组合仪表。燃油表传感器 G 如图 7-17 箭头所示安装在油箱内的供油单元上，用于传感油箱中燃油存量。外部温度传感器 G17 如图 7-18 箭头所示安装在外侧护栅后部的保险杠左前部，用于传感外界空气温度。速度传感器 G22 如图 7-19 箭头所示装在左驱动法兰旁（不论是手动变速器还是自动变速器），用于传感变速器输出轴的转速（与车速成比例）。润滑油油面/温度传感器 G266 安装在发动机油底壳上，用于传感发动机润滑油在油底壳内的液面高度和温度。冷却液温度传感器 G2 随发动机不同，安装位置也不同，它用来传感发动机冷却液的温度。

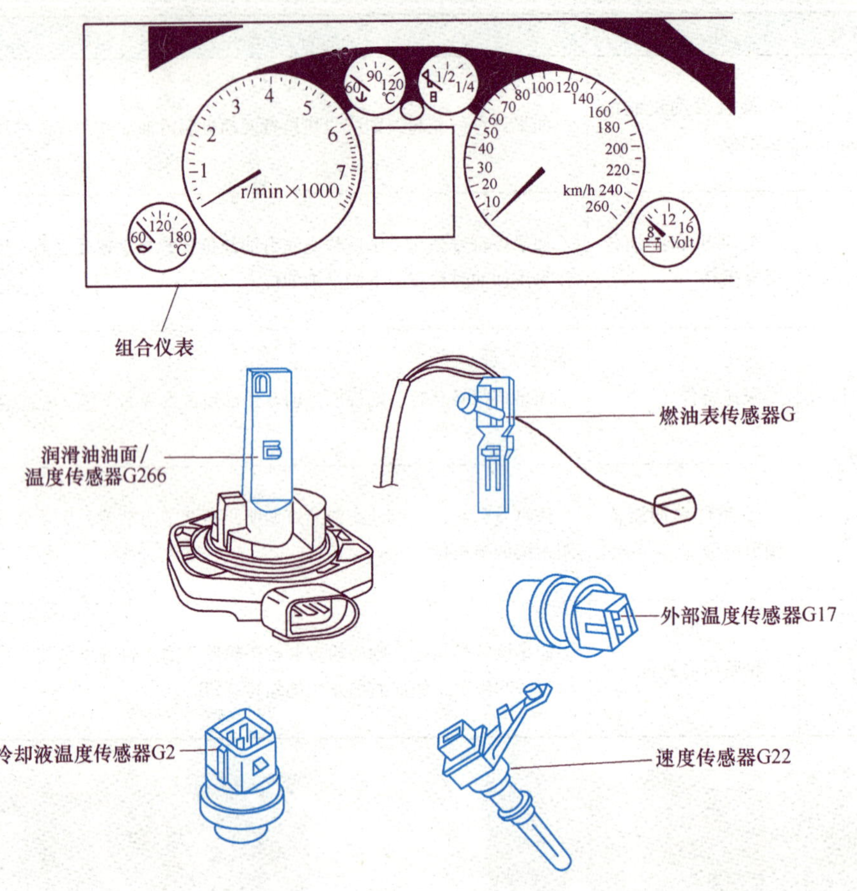

图 7-16　大众轿车使用的组合仪表系统

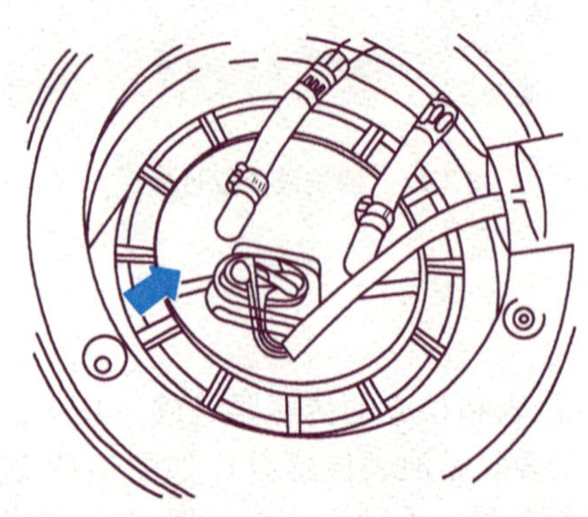

图 7-17　燃油表传感器 G 的安装

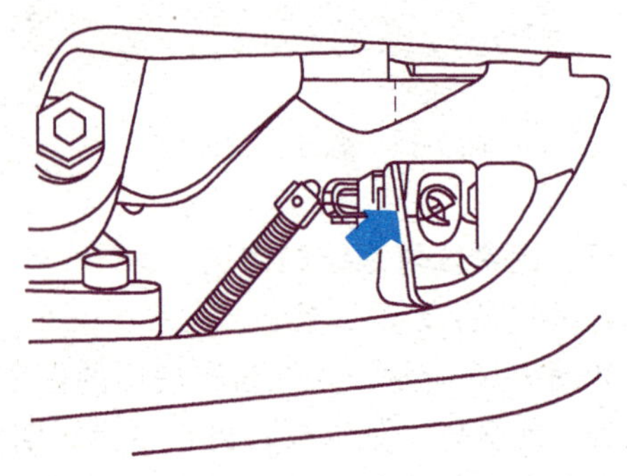

图 7-18　外部温度传感器 G17 的安装

2. 组合仪表上的多孔插座连接

奥迪 A6 轿车上所有警报灯均为发光二极管，如果一个警报灯损坏，必须更换组合仪表。奥迪 A6 轿车的 Highline 型组合仪表的插头布置如图 7-20 所示。

图 7-19　速度传感器 G22 的安装

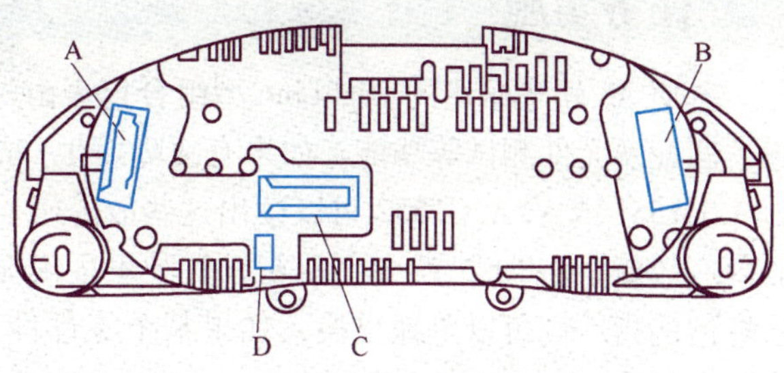

图 7-20　奥迪 A6 轿车的 Highline 型组合仪表的插头布置

A—多孔插头（32 脚，绿色）　B—多孔插头（32 脚，蓝色）
C—多孔插头（32 脚，灰色）　D—遥控时钟多孔插头（4 脚，黑色）（奥迪 A6 中国型不接）

3. 组合仪表上的插头布置

（1）多孔插头（32 脚，蓝色）　布置如图 7-21 所示。

（2）多孔插头（32 脚，绿色）　布置如图 7-22 所示。

（3）多孔插头（32 脚，灰色）　布置如图 7-23 所示。

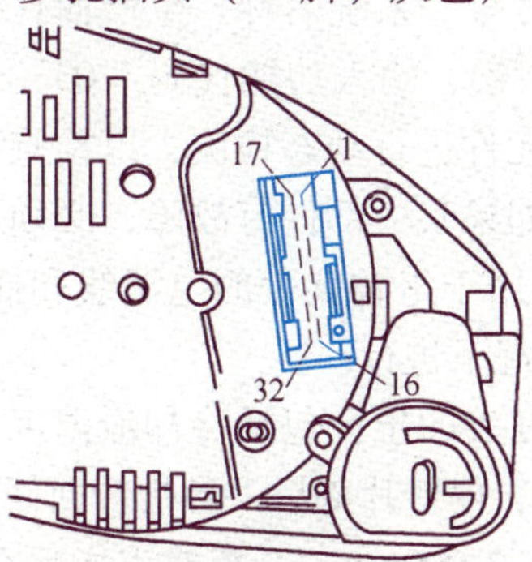

图 7-21　奥迪 A6 组合仪表上的 32 脚插接器（蓝色）布置

1—接线柱　16—挂车转变信号　17—远光灯
32—ESP/ASR（车辆电子稳定程控/防滑调节）

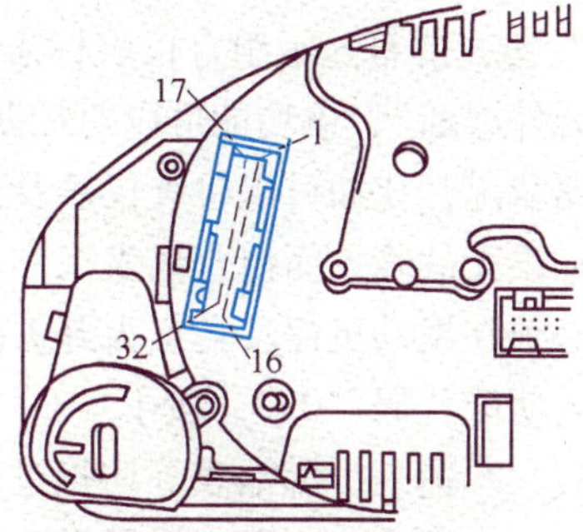

图 7-22　奥迪 A6 组合仪表上的 32 脚插接器（绿色）布置

1—未使用　16—未使用
17—脉冲转发器　32—前照灯照程控制

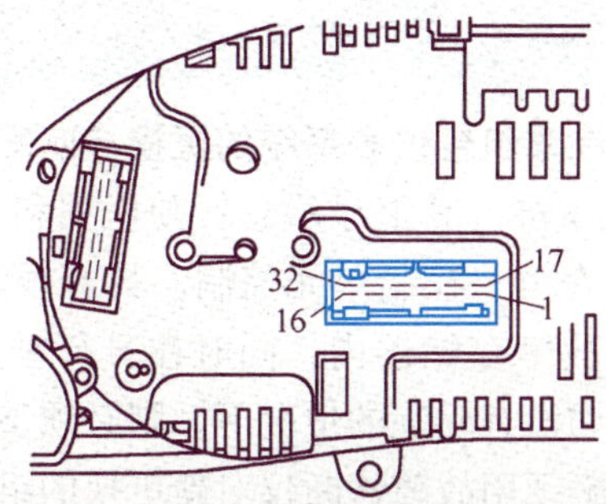

图 7-23　奥迪 A6 组合仪表上的 32 针插接器（灰色）布置

1—菜单控制开关（菜单）　16—尾灯/近光灯（灯泡监控）　17—车载计算机　32—未使用

任务实施

奥迪A6轿车采用的HighLine型组合仪表由一个微处理器控制，具有很强的自诊断、编码、匹配及元件测试等功能。如果有故障发生，故障码会存入组合仪表的故障存储器里，用V. A. G1551或V. A. G1552可以读出这些故障码。如果组合仪表内的控制单元发现故障存储器内有故障，“dEF”就会出现在日行驶里程表显示屏上。组合仪表不可分解，除了装有普通灯泡的指示灯可以单独更换，如果某个零部件（包括显示装置）出现故障，则应整体更换组合仪表。

一、组合仪表自诊断注意事项

1）关闭点火开关后才可连接测试仪器。

2）某些检测中，控制单元可能识别并存储一个故障，因此检测及修理后，应查询并清理故障存储器。

3）只有关闭了点火开关后才可断开或连接蓄电池；否则，可能损坏控制单元。

4）在快速数据传输模式下，组合仪表自诊断的地址是17。

二、部件诊断与故障排除

正确连接V. A. G1551并打开点火开关，按下键“1”，选择快速数据传输模式，输入地址码“17”（组合仪表）；按下“Q”键，屏幕显示零件号、系统名称、生产商代码等；按下“→”键，屏幕显示组合仪表标志码；再按下“→”键，输入功能代码“03”（即“终端执行元件诊断”，该功能可以对控制单元控制的执行元件进行动态检测，以检查某执行元件的电路状况，比如可以检查仪表及其他显示装置）。如果某一部件有故障，必须更换组合仪表；如果无故障，而组合仪表工作不正常，必须检查用于组合仪表的电源线和插头连接。该操作必须在发动机停转且点火开关接通、车辆静止情况下进行。

输入功能代码“03”，按下“Q”键之后，所有刻度表的指针包括冷却液温度表、发动机转速表、车速表、燃油表等均扫过刻度盘的整个行程，停留片刻后，各指针回摆至刻度盘的中间区域，即冷却液温度指示在88℃，转速表指示在3 000r/min，车速表指示在105km/h，燃油表则指示在1/2处。此时，屏幕显示“模拟显示”，再按“→”键，各指针回至初始位置。如果从整个测试过程来看，各表显示与规范值相符且指针摆动均匀而稳定，则说明各仪表本身是良好的。此时，应检查外围元件及其电路。

知识与技能拓展

汽车组合仪表系统的更换与匹配

组合仪表上有一个LCD显示屏，其上显示总行驶里程和日行驶里程，指示灯集成在车速里程表和转速表内，组合仪表由一控制单元控制，具有很强的自诊断功能。如有故障发生，故障码会存入组合仪表的故障存储器内，同时在日行驶里程表上显示“dEF”。此时，在确认各传感器及插头和连线均没有问题的情况下，则必须整体更换组合仪表。

在整体更换组合仪表后，必须用故障诊断仪对新更换的组合仪表进行相关功能的匹配和自适应，把更换润滑油的里程、检修维护的里程、检修维护的时间等数据输入到新的组合仪表中；否则，新仪表将无法正常工作。

一、组合仪表的维修注意事项

1）组合仪表一般是整体不可拆卸的，如某仪表有故障，必须整体更换。

2）进行维修工作之前应解除安全气囊系统，否则，不允许施加电能至转向管柱上的任何部件。

3）在拆卸有故障的组合仪表之前，应使用 V. A. G1551 或 V. A. G1552 故障诊断仪查询故障码存储器，读取维护间隔显示的数值，查询收放机电子防盗系统编码。如果不能读出数据，则必须从用于车辆的维护计划和里程显示中记录数据。

4）对于新换的组合仪表，必须使用 V. A. G1551 或 V. A. G1552 故障诊断仪设置与原组合仪表中相关车速里程表读数和维护间隔显示等相同的数据。同时，还应对新的组合仪表进行编码操作。

二、轿车组合仪表的拆装

组合仪表不可分解，拆卸时需拆下转向盘（为清楚起见，下边图中均未画出转向盘）。拆卸组合仪表前，先查询故障存储器。另外，用 V. A. G1551 检查技术维护周期显示和里程表显示，并记下显示值。

1. 拆卸

将转向盘连同调整装置全部拉出并向下调整。向上压护板的侧面，将护板从仪表板上取下，如图 7-24 所示。

松开两个十字头螺钉，如图 7-25 所示，切断组合仪表后部的电线扎带。松开插头上的卡爪，并拔下插头。

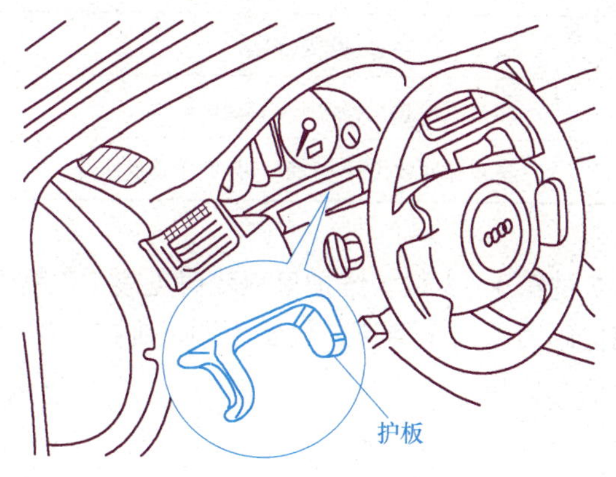

图 7-24　向上压护板的侧面

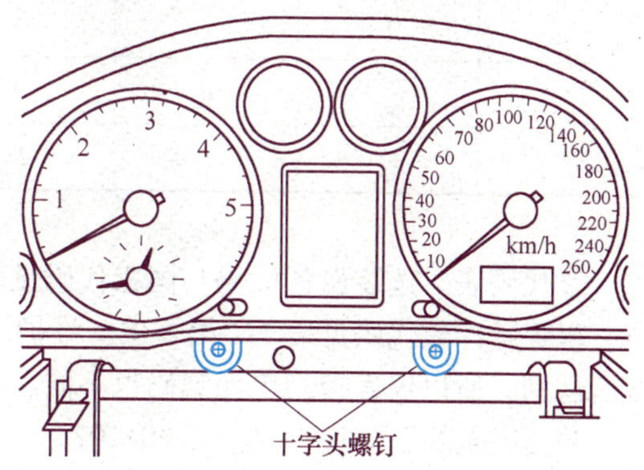

图 7-25　松开两个十字头螺钉

2. 安装

插好插头并将线束固定到组合仪表后的夹紧装置上。安装时，按与拆卸相反顺序进行。

安装后检查功能。如果功能正常，编制组合仪表代码，进行维护周期匹配、里程显示匹配、维护周期显示和里程表显示自适应、燃油消耗显示匹配及数据总线控制单元编码等。

三、宝来组合仪表控制单元编码

该功能用于给控制单元编码，涉及的内容包括选装设备、出口国家、维护周期、里程脉冲数等。

1）使用故障诊断仪 V. A. G1551 或 V. A. G1552，在快速数据传输模式下输入地址码“17”（组合仪表系统）。

2）输入功能代码“07”并按下“Q”键确认，显示器显示：

给控制单元编制代码	
输入代码号×××××	（0～32000）

按仪表控制单元编码表（表7-5）输入代码。

表7-5　宝来组合仪表控制单元编码表

车　　型			编　　码	车　　型			编　　码
1.6L	手动	无多功能显示	01102	1.8L	自动	无多功能显示	01102
	自动					有多功能显示	05102
1.8L	手动	无多功能显示	01102	1.8T	手动	有多功能显示	05122
		有多功能显示	05102		自动		

①代码01102组成见表7-6。

表7-6　代码01102组成

第1～2位	第3位	第4位	第5位	含　　义
01				选装设备代码—制动衬块磨损指示
	1			欧盟(EU)
		0		维护里程代码—15(10^3km)
			2	里程脉冲数代码—1.6L/74kW 手动变速器

②代码表。选装设备代码与国家代码见表7-7的第1～3位。维护里程代码见表7-7第4位。里程脉冲数代码见表7-7第5位。维护周期代码因不同车型选装设备不同，维护里程也有所区别，所以仪表控制单元编码也不同。

3）按屏幕提示的按键输入“01102”，屏幕显示：

给控制单元编制代码	
输入代码01102	（0～32000）

4）按屏幕提示的按键确认输入，屏幕显示（示例）：

1J020820A A4—KOMBIINSTR，VDO V10	
编码01042	WSC00000

5）按屏幕提示的按键，屏幕显示发动机防盗编码“IMMO—IDENTNR：VWZ7Z0V00×××××”（视具体车辆而定）。

6）当屏幕显示“06结束输出时”，确认后结束编码。

表 7-7　选装设备代码与国家代码、维护里程代码、里程脉冲数代码表

第 1 ~2 位	第 3 位	含义	第 4 位	含义	第 5 位	含义
00 01 02 04 16		无选装设备 制动摩擦衬片磨损指示 安全带警报 清洗液警报 导航系统	0	维护里程不可变且无润滑油油面/温度传感器 G266 的车；产品序列号(PR 号)：QG0	1	11.4L/55kW 带手动变速器
			1	维护里程可变且有润滑油油面/温度传感器 G266 的车；产品序列号(PR 号)：QG1	3	1.6L/74kW 带手动变速器
					3	1.9L/50kW SDI 带手动变速器
			2	维护里程不可变且有润滑油油面/温度传感器 G266 的车；产品序列号(PR 号)：QG2	4	1.9L/81kW TDI 带手动变速器 0.2M
	1 2 3 4 5 6 7	欧盟(EU) 美国(US) 加拿大(CDN) 英国(GB) 日本(JP) 沙特阿拉伯(SA) 澳大利亚(AUS)	3	不带维护间隔显示的车(美国、加拿大)	4	所有发动机带 6 档手动变速器(包括四轮驱动)
			1 2 3 4	4345 3528 4134 3648	4	所有发动机带 5 档自动变速器
					2	其他发动机/变速器组合

注：1. 如果可编码的选装件不止一种，那么各编码加在一起才是最后的编码。

2. 里程脉冲数编码是由车上的发动机/变速器组合决定的。

3. 里程脉冲数是一个恒定值，用于计算车速及里程。

4. 可用“自适应”读出里程脉冲数（仅指 VDO）。

四、宝来组合仪表控制单元编码的匹配（10 功能）

1. 匹配可执行并存储的改动

1）维护周期显示（SIA）匹配。

2）更换组合仪表后的里程表匹配。

3）维护周期显示（SIA）复位。

4）燃油储量匹配。

5）油耗显示校正。

6）导航系统显示单元语言种类编码（仅指 Midline 及 Highline 型组合仪表）。

2. 匹配表

可用相应通道号选择相应功能，见表 7-8。

表 7-8　组合仪表匹配表

匹配通道	匹配(自适应)功能	车型
02	维护周期显示的复位	宝来、奥迪 A6
03	燃油消耗显示校正	宝来、奥迪 A6
04	驾驶人信息语言选择(仅指 Highline 及 Midine 型组合仪表)	宝来、帕萨特
09	里程显示匹配	奥迪 A6

（续）

匹配通道	匹配（自适应）功能	车型
10	适用于更换润滑油维护（OEL），里程计数器的维护	帕萨特
11	适用于里程检查（INSP），计数器的维护及间隔数据	
12	适用于时间（单位：10 日间隔）、检查（INSP）、里程计数器维护数据	
16	里程脉冲数（仅指 VDO）	宝来
18	停车加热系统匹配	奥迪 A6
30	燃油表匹配	宝来、帕萨特、奥迪 A6
35	转速限制匹配	奥迪 A6
40	维护周期的里程（从上次维护起）	宝来、奥迪 A6
41	维护周期的时间（从上次维护起）	
42	维护周期的里程下限值（至下次维护值）	
43	维护周期的里程上限值（至下次维护值）	
44	维护周期的时间上限值（至下次维护值）	
45	维护周期的润滑油质量（指维护周期可变的车）	
46	维护周期的燃油总消耗量（L/缸）（仅指汽油机汽车，由发动机控制单元传递）	
47	维护周期积炭数据（仅指柴油机汽车，由发动机控制单元传递）	
48	维护周期润滑油消耗数据（仅指柴油机汽车，由发动机控制单元传递）	

注：在改变了匹配值或结束了通道后，选择另一个通道时，必须重新选择功能“10-匹配”。

五、更换宝来组合仪表后的维护周期

1）拆下损坏的组合仪表前，应读出维护周期。

①如果无法读出维护周期（如组合仪表已损坏），应从维护登记表中查取维护周期，如无登记表，则按估计来确定。

②维护周期匹配前，应对新组合仪表编码。

③给组合仪表编码。

④给通道编码。

⑤编码后应将上次维护后行驶的里程和上次维护后行驶的时间输入新的组合仪表。

⑥对于维护周期可变的组合仪表还应输入燃油总消耗值（仅指汽油机）、积炭值（仅指柴油机）和润滑油消耗值（仅指柴油机）。

2）连接故障诊断仪，打开点火开关，输入地址码“17”。

3）显示出控制单元和防盗器识别码后，按下屏幕提示的按键，屏幕显示：“选择功能××”。

4）输入“10”选择“匹配（自适应）”，屏幕显示“10—匹配（自适应）”。

5）按屏幕提示的键加以确认，屏幕显示：“输入通道号××”。

各匹配通道号所表示的含义见表 7-9。

表7-9　各匹配通道所表示的含义

匹配通道	含　义	步长
43	下次维护前的里程上限值	1 000km
44	下次维护前的时间上限值	1d(1天)
45	发动机润滑油质量 维护周期不可变的车(产品序列号QG0及QG2):输入值00001 汽油机且维护周期可变的车(产品序列号QG1):输入值00002 6缸柴油机且维护周期可变的车(产品序列号QG1):输入值00003 柴油机且维护周期可变的车(产品序列号QG1):输入值00004	
40	上次维护后行驶的里程	100km
41	上次维护后行驶的时间	1d(1天)
46	燃油总消耗量(仅指汽油机)	1L
47	积炭(仅指柴油机)	100km
48	润滑油消耗(仅指柴油机)	100km

通过维护周期码已预先调好并给控制单元编制代码。说明：

①通过编码已设好的匹配值，可通过匹配功能及直接输入方式写入匹配通道43、44和45。

②下次维护前的里程和时间上限值可从维护表中查取。

③输入的匹配值必须是5位数（如30 000km后应维护，匹配值为30，输入值应为00030）。

④英里显示的组合仪表也必须以千米进行匹配，应将英里换算成千米（1mile = 1.609km）

⑤一年的天数按365d（天）计算（不考虑闰年）。

⑥按诊断仪屏幕提示的键可中断匹配。

例如，按损坏的组合仪表（或维护表）确定已行驶的里程为6 000km，汽车在170d内驶完这段距离。在新的组合仪表中进行通道40的匹配，上次维护后行驶了6 000km，则匹配值为60(60×100km = 6 000km)，而对于通道41，上次维护后行驶了170d，则匹配值为170(170×1d = 170d)。

6）按匹配表选择匹配通道。按诊断仪屏幕提示的键确认输入，当新组合仪表中输入了通道40的值后，显示屏显示：

通道40	匹配（自适应）
实际值步长100km	

上一行是所选通道，下一行是上次维护后行驶的里程。

7）按诊断仪屏幕提示的键，屏幕诊断仪屏幕提示显示：

通道40	匹配
输入自适应值×××××	

8）输入新的匹配值，输入“00006”后，屏幕显示：

通道40	匹配
输入匹配值00006	

9）按屏幕提示的按键确认，屏幕显示：

通道40	匹配	6
是否存储新值？		

10）按屏幕提示的键确认输入，显示屏显示：

通道40	匹配	6
新值已被存储		

11）按屏幕提示的按键，屏幕显示：

快速数据传递	帮助
选择功能××	

12）通道40匹配完成后，按“1”和“0”键选择“匹配”，屏幕显示：

快速数据传递
10—匹配

13）按屏幕提示的按键确认，以同样的方法，在通道41中输入上次维护后行驶时间的匹配值。

14）以同样方法，输入通道46、47和48的匹配值。完成所有通道匹配后，结束输出（06功能）。

六、里程显示匹配

1. 说明

1）已行驶的里程可以从损坏的组合仪表或维护表中查得。

2）匹配前，新组合仪表显示的总里程应小于100km。

3）要输入新组合仪表的里程应大于100km。

4）总里程匹配只能进行一次且必须正确。

5）按故障诊断仪提示的C，键可中止匹配。

6）如输入错误，是无法更改的，只有更换新的组合仪表。

7）使用英里计数的里程表也必须用千米进行匹配，即需进行英里/千米换算。

2. 示例

损坏的组合仪表里程为89 627km，按下述步骤将该值输入新的组合仪表：

1）在接好的故障诊断仪上选择“17—仪表系统诊断”。

2）按屏幕上指示的按键确认输入，屏幕显示出控制单元和防盗器的识别码。

3）当屏幕显示“选择功能××”时，按两次“1”键。按屏幕上提示的按键确认输入，屏幕显示：“快速数据传递 11—登录”。说明：登录只在VDO组合仪表上才需进行，对于

Motometer组合仪表也可选择匹配功能。

4）按屏幕上提示的按键确认输入，屏幕显示："登录输入编码×××××"。

5）对于VDO组合仪表，此时必须输入编码"13861"，屏幕显示："登录输入编码13861"。对于Magneti-Marelli组合仪表，此时必须输入防盗装置密码（例如5678），屏幕显示："登录输入编码05678"。如果3次输入错误，里程表上出现"FAIL"（失败）字样。这时，应断开30号接线柱（蓄电池）并再接上，再次输入编码。

6）按屏幕上提示的按键确认输入，屏幕显示："选择功能××"。

7）按"1"和"0"键选择"匹配"，屏幕显示"10—匹配"。

8）按屏幕上提示的按键显示输入，屏幕显示："输入通道号××"。

9）按"0"和"9"键，再按屏幕上指示的按键确认输入，显示屏显示："通道9匹配0"。

10）按屏幕上提示的按键切换到下一步，屏幕显示：

通道	9	0	→
输入值×××××			

11）用键盘输入匹配值。里程表的最后一位应完整到10km，例如里程为89627km，则匹配值应为08963，该匹配值的计算见表7-10。

表7-10　里程表匹配值的计算

×(0)					十万位:100 000～655 350km
	×(8)				万位:10 000～90 000km
		×(9)			千位:1 000～9 000km
			×(6)		百位:100～900km
				×(3)	十位:10～90km
					个位:完整到十位

12）用键盘输入匹配值，屏幕显示：

通道9	匹配（自适应）
输入匹配值	08963

13）按屏幕上的提示按键确认输入，屏幕显示："通道9匹配8963"。

14）如果组合仪表上显示出正确的里程数，按屏幕上提示的按键确认输入，屏幕显示：

通道9	匹配	8963
是否存储新值?		

15）按屏幕上的提示按键，屏幕显示：

通道9	匹配	8963
新值已被存储		

16）按屏幕上的提示按键结束里程显示匹配。

七、维护周期显示的复位

在交车检查或每次维护后，必须对维护周期显示进行复位（自适应）。

维护周期显示的复位有两种方法：一是使用组合仪表上的里程及时钟按钮，二是使用故障诊断仪。

用故障诊断仪使维护周期显示复位的程序如下：

1）连接故障诊断仪，选择“17—仪表系统诊断”。

2）显示出控制单元识别码后，按下诊断仪屏幕指示的按键，屏幕显示：“10—匹配”。

3）按诊断仪屏幕指示的按键确认输入，屏幕显示：“匹配输入通道号××”。

4）输入通道号“02”，按诊断仪屏幕指示的按键确认输入，屏幕显示：“通道2匹配1”。

5）按诊断仪屏幕指示的按键确认输入，屏幕显示：

通道2	匹配	1
输入匹配值×××××		

上一行显示的匹配值表示维护周期显示的实际状态：0—维护未起动，1—维护已起动。组合仪表上显示的维护内容可通过输入匹配值“00000”来复位。

①输入“00000”后，维护周期显示将被复位。

②当匹配值为“0”且未显示维护警报或要求时，维护周期显示仍被复位。

6）输入匹配值“00000”，显示屏显示：

通道2	匹配
输入匹配值00000	

7）按诊断仪屏幕指示的按键确认输入。输入“00000”后，屏幕显示：“通道2匹配”；

8）按故障诊断仪屏幕指示的按键确认输入，显示屏显示：

通道2	匹配	0
是否存储新值？		

9）按故障诊断仪屏幕指示的按键确认输入，屏幕显示：

通道2	匹配	0
新值已被存储		

10）按故障诊断仪屏幕指示的按键，选择“06功能”结束输出。

八、读出里程脉冲数（仅指VDO）

1. 说明

1）里程脉冲数是一个恒定值，它用于计算车速及里程。

2）里程脉冲数用“匹配”是无法改变的。要想改变此值，必须通过“给控制单元编制代码”输入发动机/变速器组合的相应编码。

3）对于使用英里的组合仪表，同样可以用千米数来显示里程脉冲数，但需经过换算。

2. 用故障诊断仪读出里程脉冲的程序

1）连接故障诊断仪，打开点火开关，输入地址码“17”。

2）显示出控制单元和防盗器识别码后，按故障诊断仪屏幕指示的按键，屏幕显示“10 匹配”。

3）按故障诊断仪屏幕指示的按键，确认输入，屏幕显示：“匹配输入通道号××”。

4）输入“16”，按故障诊断仪屏幕指示的按键确认输入，屏幕显示：“通道16匹配3355”。

5）根据发动机/变速器总成不同组合类别及编码来比较里程脉冲数。

6）按故障诊断仪屏幕指示的按键中断“读出里程脉冲数”，屏幕显示：“匹配输入通道号××”。

7）按故障诊断仪屏幕指示的按键，选择“06 结束输出”。

九、检查燃油储量显示（储量显示匹配）

如果燃油储量显示过高或过低，应调整组合仪表的燃油储量显示指针，即按下述程序进行储量显示匹配：

1）进行组合仪表执行元件自诊断。如果执行元件未发现故障，则检查燃油表传感器的功能。

2）在测量数据块中检查燃油表传感器电阻。如在测量数据块中未发现导线或传感器短路及断路，则按下述步骤继续检查。

3）关闭点火开关。

4）抽净油箱中的燃油，然后加注燃油，加油量如下：

①宝来两轮驱动汽车7L，四轮驱动汽车8L。

②帕萨特四轮驱动汽车10L。

5）接好故障诊断仪，打开点火开关，输入地址码“17”，按故障诊断仪屏幕提示的按键，直至屏幕显示：“选择功能××”。

6）选择功能10，屏幕显示“10—匹配（或自适应）”。

7）按故障诊断仪屏幕提示的按键确认输入，屏幕显示：“匹配输入通道号××”。

8）按“3”和“0”键，再按故障诊断仪屏幕提示的按键确认输入。

需要注意的是：加注燃油后，至少应等60s后才能读取显示值，因为未经过一定时间读出的值是不准的。加注燃油时，油箱内的燃油在运动，因而油面高度也就不是一个稳定值。

对于宝来轿车和帕萨特轿车VDO组合仪表，诊断仪屏幕显示：

通道	30	匹配	128
<—1	3—>		

对于帕萨特 Magneti—Marelli 组合仪表，诊断仪屏幕显示：

通道	30	匹配	0
<—1	3—>		

9）显示。按“1”键可使匹配值降至120，按“3”键可使匹配值升至136。示例为130，屏幕显示：

通道	30	匹配	130
<—1	3— >		

10）当指针停在图 7-26 所示的刻度中间时，燃油储量显示就完成了匹配过程。如果指针位置正确，按故障诊断仪提示的按键确认输入，屏幕显示：

通道	03	匹配	130
是否存储新值?			

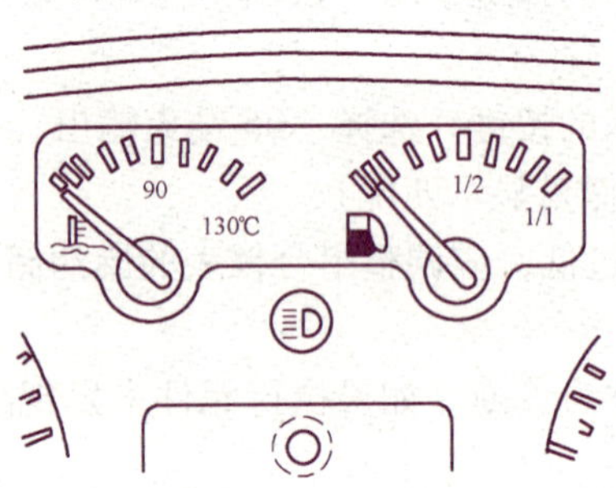

图 7-26　检查燃油储量显示

11）按故障诊断仪指示的按键确认输入，屏幕显示：

通道	03	匹配	130
新值已被存储			

12）按故障诊断仪提示的按键结束匹配。

说明：只有当无法完成燃油储量显示匹配时，才更换燃油表传感器。

十、燃油消耗显示匹配

1. 说明

1）匹配值只能在 85% ~115% 之间。

2）输入值步长为 5%。

2. 用故障诊断仪进行燃油显示匹配的程序

1）接好故障诊断仪，输入地址码“17”，当屏幕显示“选择功能 × ×”时输入“10”，直至屏幕出现：“匹配（自适应）输入通道号 × ×”。

2）输入“03”，屏幕显示：

通道	03	匹配	100
<—1	3— >		

3）按故障诊断仪指示的按钮，直到屏幕显示：

通道	03	匹配	100
输入匹配值 × × × × ×			

说明：只能通过直接输入来校正燃油消耗显示值。

4）通过故障检测仪的键盘输入校正值，前几位应补上“0”。

例如，希望输入值为 90%，则键盘输入值为 00090，屏幕显示：

通道	03	匹配	100
输入匹配值 00090			

5）按故障诊断仪提示的按键确认输入，屏幕显示：

通道	03	匹配	90
<—1	3—>		

6）按故障诊断仪提示的按键确认输入，屏幕显示：

通道	03	匹配	90
是否存储新值？			

7）按故障诊断仪提示的按键确认输入，屏幕显示：

通道	03	匹配	90
新值已被存储			

8）按故障诊断仪提示的按键确认输入，屏幕显示：“选择功能 × ×”，此时可按故障诊断仪提示的按键结束匹配。

9）如果屏幕显示：

可能未知或	→
当前不能执行	

则应再次选择“10—匹配”及通道 03。

10）再次校正燃油消耗显示，并按故障诊断仪提示的按键确认。

十一、数据总线控制单元编码

1999 年 5 月以后生产的大众汽车（如宝来汽车）的组合仪表是接在数据总线上的。通过组合仪表上的数据总线自诊断接口 J533，数据总线可与自诊断 K 线进行数据交换。更换了组合仪表后，应根据车上装备给数据总线自诊断接口 J533 网关编制代码。

说明：必须给新换上的组合仪表的 J533 编码，即使正确的编码已存储，也应如此。J533 有自己的诊断地址码“19”。

给自诊断接口 J533 编码过程如下：

1）按“0”和“7”键选择“控制单元编码”，屏幕显示：“07—给控制单元编码”。

2）按屏幕上提示的按键，确认输入，屏幕显示：“输入代码 × × × × ×（0 ~ 32000）”。

3）按代码表组合并输入代码。代码见表 7-11，最后的代码就是一个加起来的值。示例：安全气囊 + ABS：00004 + 00002 = 00006。显示屏显示（示例）：“6NO909901 入口 K（GatewayK）”。

4）按诊断仪屏幕提示的按键确认，结束输出。

表7-11　代码表

总线上的控制单元	代　码	总线上的控制单元	代　码
自动变速器	00001	安全气囊	00004
ABS	00002		

注：大部分宝来汽车（1.6L，1.8L，1.8T）控制单元零件号是6NO909901，编码是00006。

案例解析

故障现象：一辆别克GL8轿车，打开点火开关后燃油表从最低点升到最高点，在最高点持续约10s后又瞬间落到最低点，且再无反应。

故障诊断：拔掉油浮子线插头，打开点火开关，测量端电压约12V，且搭铁正常。测量油浮子阻值190Ω，也符合40～250Ω的范围。接上一个可变电阻，手动调节阻值，燃油表也没有变化。调换仪表总成和PCM（动力系统控制模块），症状依旧没有消除；燃油表到最高点，可能是电路某处搭铁。

故障排除：检查电路，在PCM通往油浮子电路C101直至插接器处有两根紫色线接错。调换后试车，一切正常。

由驾驶人处得知，该车换过一条线束。可能是新、旧线束由于生产年份不同而插头分布不太一样，安装时接错，造成了该故障。查找资料才知，该车燃油表由2级串行数据线连接PCM与燃油表，PCM给出油浮子5V参考电压。油浮子电阻改变，电压也随之改变，PCM根据电压变化判断油量多少，并使燃油表动作。当高电压时（接错的线电压为12V，而不是5V），PCM开始以为是燃油多，使燃油表指示值升到最高点，但当PCM检测到电压超过极限时，显示故障，不采纳油浮子的信号，所以油表又落到最低点。

点评与小结：从这次维修中，可以看出别克汽车与日本车系汽车有很大差异。

1）油浮子电压是5V电压，而不是日本车系汽车的12V电压。

2）PCM需经串行数据线到燃油表，而不是直接从仪表到油浮子。

3）油浮子阻值越大，油量越多，而不是越少。

4）油浮子线束高电压，而不是日本车系汽车的搭铁，才升到最高点。

观察与思考

一、思考题

1. 组合仪表有哪些特点？如何进行检测？

2. 简述组合仪表系统的更换步骤。

3. 简述宝来轿车维护周期显示、里程显示、燃油储量及消耗显示的匹配方法。

二、实习观察项目

1. 按技术操作规程和电路图对仪表系统的器件进行检测，发现问题及时处理。

2. 指导教师模拟设置仪表系统故障，让学习者进行系统检测、编码匹配、故障诊断并排除故障。

3. 对仪表系统进行常规检查和维护。

学习单元2　电子导航系统的检修

学习目标

1）熟悉汽车电子导航系统的功用、类型、组成和结构特点。
2）掌握汽车电子导航系统的拆装方法与调试维护工艺。
3）掌握汽车电子导航系统的故障诊断方法与检修技能。

工作任务

汽车电子导航系统可以使驾驶人方便地在陌生地区行车，尤其在难以看清道路标志和周围景色的夜间行车时，能够指示方向，使驾驶人顺利地到达目的地。汽车电子导航系统如图7-27所示。

图7-27　汽车电子导航系统

车载全球定位（GPS）导航系统的使用如下。

（1）目的地输入　在出发前，驾驶人通过系统提供的输入方法将目的地输入到导航设备中。目前从安全要求考虑，人们正在开发基于语音输入技术的产品。

（2）行驶路线确定　汽车导航主机从GPS接收机得到经过计算确定的当前经纬度，通过与电子地图数据的比对，就可以随时确定车辆当前所在地点。一般汽车导航系统把车辆当前位置默认为出发点，在用户输入了目的地之后，导航系统根据电子地图上存储的地图信息，推荐一条或几条合适的路线。

（3）行驶中的导航　汽车导航系统的输出设备包括显示屏幕和语音输出设备。由于驾驶人在行驶过程中必须专注于驾驶，不能经常查看显示屏，汽车导航系统通常都有语音输出，向驾驶人提供提示信息。比如，汽车按照系统推荐的路线行驶到应该转弯的路口前，语音输出设备会提示驾驶人：“200m后请左转”。目前，世界几大著名汽车公司的导航系统技术已经达到了相当完善的程度。

目前，车载卫星导航系统可分为内置式和外置式。内置式车载卫星导航系统一般经专门外形设计，由汽车生产商在生产环节固定安装在汽车上。外置式车载导航系统一般是后期加装，安装简便，适用于各种车型。

相关知识

一、GPS导航系统的组成

GPS导航系统包括三大部分：空间部分——卫星及星座，地面控制部分——地面监控系

统，用户设备部分——GPS 信号接收机。

1. 卫星及星座

由 21 颗工作卫星和 3 颗在轨备用卫星组成的 GPS 卫星星座，记作(21 +3)GPS 星座。如图 7-28 所示，24 颗卫星均匀分布在 6 个轨道平面内。在用 GPS 信号导航定位时，为了计算观测点的三维坐标，必须观测 4 颗 GPS 卫星，称为定位星座。这 4 颗卫星在观测过程中的几何位置分布对定位精度有一定的影响，但这种影响非常微小，并不影响全球绝大多数地方的全天候、高精度、连续实时的导航定位测量。

图 7-28　GPS 卫星星座

2. 地面监控系统

对于导航定位来说，GPS 卫星是一个动态已知点。卫星的位置是依据卫星发射的星历（描述卫星运动及其轨道的参数）算得的。每颗 GPS 卫星所播发的星历是由地面监控系统提供的。卫星上的各种设备是否正常工作，以及卫星是否一直沿着预定轨道运行，都要由地面设备进行监测和控制。地面监控系统另一重要作用是使各颗卫星保持处于同一时间标准——GPS 时间系统。这就需要地面站监测各颗卫星的时间，计算出时钟差后由地面注入站发给卫星，卫星再用导航电文发给用户设备。GPS 工作卫星的地面监控系统包括 1 个主控站、3 个注入站和 5 个监测站。

3. GPS 信号接收机

GPS 信号接收机的任务是：捕获到按一定卫星高度截止角所选择的待测卫星的信号，并跟踪这些卫星的运行，对所接收到的 GPS 信号进行变换、放大和处理，以便测量出 GPS 信号从卫星到接收机天线的传播时间，解译出 GPS 卫星所发送的导航电文，实时地计算出观测点的三维位置，甚至三维速度和时间。

静态定位中，GPS 接收机在捕获和跟踪 GPS 卫星的过程中固定不变，接收机高精度地测量 GPS 信号的传播时间，利用 GPS 卫星在轨的已知位置，解算出接收机天线所在位置的三维坐标。而动态定位则是用 GPS 接收机测定一个运动物体的运行轨迹。GPS 信号接收机所位于的运动物体叫作载体（如航行中的船舰、空中的飞机、行走的车辆等）。载体上的 GPS 接收机天线在跟踪 GPS 卫星的过程中相对地球而运动，接收机用 GPS 信号实时地测得运动载体的状态参数（瞬间三维位置和三维速度）。

接收机硬件和机内软件以及 GPS 数据的后处理软件包构成完整的 GPS 用户设备。GPS 接收机的结构分为天线单元和接收单元两大部分。对于测地型接收机来说，两个单元一般分成两个独立的部件。观测时，将天线单元安置在测站上，接收单元置于测站附近的适当地方，用电缆线将两者连接成一个整机。也有的接收机将天线单元和接收单元制作成一个整体，观测时将其安置在观测点上。

二、GPS 的特点

GPS 是当前最先进的精密卫星导航定位系统，具有高精度、全天候、高效率、多功能、

操作简便、应用广泛等特点。

1. 定位精度高

利用 GPS 定位时，在 1s 内可以取得几次位置数据，这种近乎实时的导航能力对于高动态用户具有很大意义，同时能为用户提供连续的三维位置、三维速度和精确的时间信息，相对定位可达毫米级。

2. 观测时间短

随着 GPS 的不断完善、软件的不断更新，目前 20km 以内相对静态定位仅需 15～20min。快速静态相对定位测量时，若每个流动站与基准站相距在 15km 以内，流动站观测时间只需 1～2min，然后可随时定位，每站观测只需几秒。

3. 操作简便

随着 GPS 接收机不断地改进，其自动化程度越来越高，接收机的体积越来越小，质量越来越小。

4. 全天候作业

目前，GPS 观测可在一天 24h 内的任何时间进行，不受气候条件的影响。

三、汽车电子导航系统

1. 车载卫星导航系统的功能

汽车 GPS 导航系统是指利用 GPS 技术对机动车辆的位置、方位和速度进行自动测定，并引导汽车按计划行驶的系统，又称为车载卫星导航系统。目前应用较多的车载卫星导航系统是自主导航，其主要特征是每套车载导航设备都自带电子地图，定位和导航功能全部由车载设备完成。内置的 GPS 天线会接收到来自环绕地球的 24 颗 GPS 卫星中的至少 3 颗所传递的数据信息，由此测定汽车当前所处的位置。导航主机通过 GPS 卫星信号确定的位置坐标与电子地图数据相匹配，便可确定汽车在电子地图中的准确位置。在此基础上，即可实现行车导航、路线推荐、信息查询、播放 AV/TV 等多种功能。驾驶人只需通过观看显示器上的画面、收听语音提示，操纵键盘、轻按触摸屏即可实现上述功能，从而轻松自如地到达目的地。

国内也有自主开发的带有局部地图的汽车导航系统。例如国内一些大城市的公安系统、出租车调度系统等公共调度系统等，可以满足集中调度、快速反应的要求。在这些公共调度系统的汽车上，除 GPS 天线和接收机外，并不需要汽车自主导航设备，汽车通过车载通信设备和总部保持联系。汽车上的通信发射机随时将本车 GPS 接收机计算出的汽车位置数据传送到总部，总部掌握外出汽车的位置，通过语音通信信道准确、快速地做出调度。

2. 汽车电子导航系统的组成

汽车电子导航系统由 GPS 接收天线、GPS 接收机、计算机、显示器、位置检测装置等组成，如图 7-29 所示。位置检测包括绝对位置检测和相对位置检测，电子导航系统根据不同的位置进行分类检测。绝对位置的检测采用 GPS（全球定位系统），相对位置的检测采用方向传感器（如地磁传感器、光纤陀螺仪），并利用车轮转速传感器测量车辆行驶距离。

（1）GPS 装置　GPS 装置接收卫星定位信号，经导航计算机计算出汽车所在位置的经度和纬度，以及汽车的速度和行驶方向，并在显示器上显示出来。

（2）自律导航　在 GPS 信号中断，与 GPS 卫星失去联系时（如汽车行驶至地下隧道、

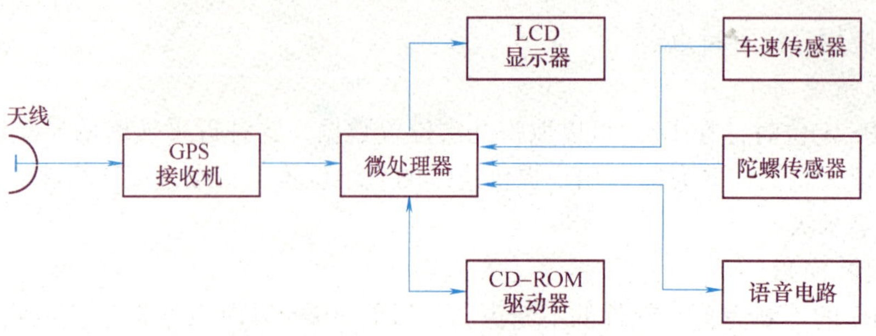

图 7-29　汽车电子导航系统框图

高架桥下、高层楼群、高山密林等地段），计算机内自动导入自律导航系统。此时，导航计算机采集车速传感器传送的车速脉冲信号，并根据速度和时间计算前进的距离。陀螺传感器直接检测出前进方向的变化和行驶状态。

（3）地图匹配器　由 GPS 卫星导航和自律导航所测到的汽车坐标位置数据以及前进的方向，与实际行驶的路线轨迹在电子地图上会存在一定的误差。为修正误差，确保两者在电子地图上路线坐标相统一，需要采用地图匹配技术。即在导航系统控制电路中增加一个地图匹配电路，对传感器检测的汽车行驶轨迹与电子地图上道路的误差进行实时数字相关匹配，做出自动修正，再经导航计算机的实时处理，得到汽车在电子地图上正确位置路线的指示。

（4）车速传感器、陀螺仪、罗盘　车速传感器可采用与 ABS 相同的轮速传感器。汽车转弯时方向的变化可以通过左、右车轮转速传感器输出的脉冲差进行检测。

在汽车导航系统中通常使用气流率和光导纤维式陀螺仪测定汽车转弯角速度，来确定汽车行驶的方向。

罗盘由一个励磁线圈和两个垂直的线圈缠绕在具有高磁通率的圆环磁铁上组成。罗盘通过检测地球磁场来确定汽车的绝对行驶方向。

3. 车载 GPS 导航系统的使用

（1）目的地输入　用户在出发前，通过系统提供的输入方法将目的地输入到导航设备中。目前从安全要求考虑，人们正在开发基于语音输入技术的产品。

（2）行驶路线确定　汽车导航主机从 GPS 接收机得到经过计算确定的当前经纬度，通过与电子地图数据的比对，就可以随时确定车辆当前所在地点。一般汽车导航系统把车辆当前位置默认为出发点，在用户输入了目的地之后，导航系统根据电子地图上存储的地图信息，就可以自动算出一条或几条合适的推荐路线。

（3）行驶中的导航　汽车导航系统的输出设备包括显示屏蔽和语音输出设备。由于驾驶人在行驶过程中必须专注于驾驶，不能经常查看显示屏，汽车导航系统通常都有语音输出，向驾驶人提供提示信息。比如车辆按照系统推荐的路线行驶到应该转弯的路口前，语音输出设备会提示驾驶人：“200m 后请左转”。目前世界几大著名汽车公司的导航系统已经相当完善。

目前，车载卫星导航系统可分为内置式和外置式。内置式车载卫星导航系统一般经专门外形设计，由汽车生产商在生产环节安装固定在汽车上。外置式车载导航系统一般多为后期加装，安装简便，适用于各种车型。

任务实施

宝来轿车的导航系统配备有GPS卫星接收器、CD—ROM驱动器以及高质量的RDS无线电接收器，采用5in彩色液晶显示屏。宝来轿车导航系统的接口位置如图7-30所示。

1. 导航系统的故障诊断——读取故障码

导航系统的故障诊断采用V. A. G1551、V. A. G1552、V. A. S5051检测仪进行。检测仪的连接如图7-31所示。

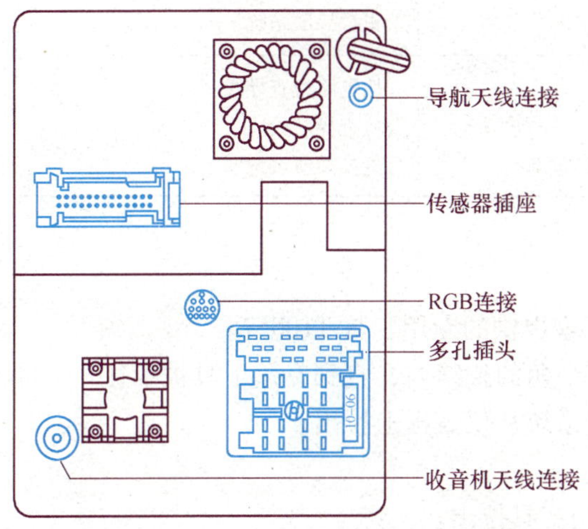

图7-30　宝来轿车导航系统的接口位置

图7-31　检测仪的连接

1）按如图7-31所示将检测仪的插接器连接到汽车的自诊断接口上。

2）检查电路熔丝和供电电压，正常时打开点火开关。

3）按“1”键选择“快速数据传递”模式。

4）输入导航地址码“37”，对导航系统进行故障诊断。

5）读取故障码。

宝来轿车导航系统的故障码及其含义见表7-12。

表7-12　宝来轿车导航系统的故障码及其含义

故障码	故障现象	故障原因	故障排除
00867	连接ABS控制单元无信号 导航功能不正常	导线断路 ABS传感器损坏 ABS控制单元损坏	进行车轮脉冲数/轮胎自适应 进行ABS诊断 按电路检查导线
01311	数据总线信息无信号 音响系统(DSP)功能不正常	导线断路 收音机/导航系统损坏 音响系统(DSP)损坏	按电路检查导线
65535	控制单元损坏 收音机/导航系统功能不正常	收音机/导航系统损坏	更换收音机/导航系统

（续）

故障码	故障现象	故障原因	故障排除
00668	接线柱 30 电压信号太弱 导航功能不全	蓄电池电压低于 9.5V 蓄电池不能充电或损坏 交流发电机损坏	检查蓄电池 必要时充电 检查发电机
00854	组合仪表上收音机频率显示输出无法通信 收音机/导航系统和组合仪表之间没有数据传递	导线断路 收音机/导航系统损坏 组合仪表损坏	按电路检查导线 让组合仪表自诊断 更换组合仪表 更换导航系统
00862	导航天线（GPS）R50/R52 断路/短路/对搭铁点短路 导航功能不正常	导线断路 导航天线（GPS）损坏	按电路检查导线 检查导航天线 更换导航系统

2. 导航系统的拆装

（1）拆卸　拆卸宝来轿车导航系统应采用厂家提供的专用工具 T10057。

1）将专用工具插入收音机/导航系统上下 4 个角的狭缝内，直到专用工具被卡住。

2）拉动专用工具上的圆环，将收音机/导航系统从仪表板上拉出。

3）断开连接，取出部件。

4）按动专用工具侧面的锁止片，向外将专用工具拉出。

（2）安装　安装时，先连接插头，然后将收音机/导航系统直推入组合仪表板，直到定位于装配框架内。

知识与技能拓展

汽车电子导航系统的组成及原理

一、概述

当驾驶人驾驶汽车在生疏地带行驶，特别是在难以看清道路标志和周围景色的夜间行车时，会迷失方向。不仅如此，白天在交通比较拥挤的城市中驾车时，知道目的地及行车路线的情况下，也需要根据市内各地区各街道的汽车堵塞情况进行及时的航向指引，才能在最短时间内到达目的地。为此，世界各国先后开发了各式各样的导向引驶系统（即导航系统，又称为汽车航行系统），来解决目前世界各大都市道路系统及高速公路的通病——“有路行不通”的问题。

随着科学技术的发展，汽车导航系统发展很快。从功能上看，最早的汽车导航系统是只具有简单的“示向”系统，它只能显示汽车航行的方向及到达目的地的距离，无任何“导向”功能；目前的汽车导航系统已发展到比较先进的具有汽车导航功能、防盗功能、调度功能、汽车主要工况的监测报警等功能的综合系统。从设备上看，汽车导航系统原先只是仅由汽车行驶方向及距离传感器、CPU、CRT 等组成的小设备；目前已发展成利用“3C 技术”（即电脑、通信及控制技术）结合“DGPS”（差分全球卫星定位系统）建立的具有行车导航、控制等功能的综合大系统，而且民用精度已达到米级。

二、分类

汽车导航系统的分类如下：

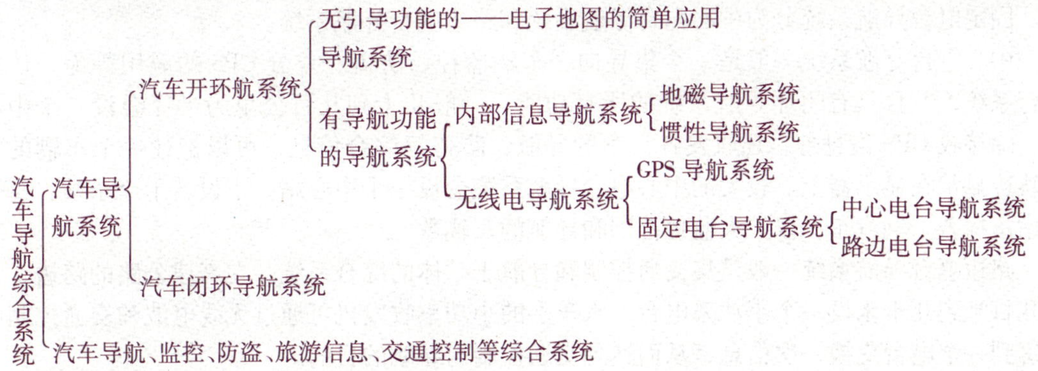

汽车导航综合系统包括单一功能的导航系统和汽车导航、监控、防盗、旅游、交通控制与调度等综合系统。

1. 汽车开环和闭环导航系统

汽车开环导航系统是从控制中心或电台、卫星传感器等得到定位、方位、方向等信息，并根据这些信息和电子地图定出起点到终点距离最短的行驶路线，但汽车的信息不能返回控制中心。如果某路上出现塞车、交通事故，桥梁出现断裂等天灾人祸时，驾驶人是不会通过其知道的；而汽车出现故障、被盗等问题时，也无法和控制中心联系。

汽车闭环导航系统不但有开环导航系统的所有功能，而且，驾驶人可以把行车实时信息不断地向控制中心反馈；根据控制中心掌握的交通及气候等综合信息判断出汽车是否需要改道行驶，在最短时间到达目的地；在汽车出现严重故障无法返回或遇到劫持时，可以报告给控制中心，一方面告诉控制中心出现的问题，另一方面可随时报告自己的方位，以便营救。

2. 无引导功能的导航系统

该系统只是简单的电子地图。驾驶人可以从车上 CD-ROM 存储器中调出各城镇的方位、主干道、高速公路、桥梁等交通信息，也可以通过键盘方便地找到要到达的目的地，以及要行驶路线的各种所需信息，帮助驾驶人选择行车路线，但无引导功能。

3. 内部信息导航系统

利用电子陀螺或地磁等方向传感器（测出汽车行驶的方向）、距离传感器等制成的汽车导航系统。

4. 地磁导航系统（简称汽车导向系统）

利用地磁传感器可随时测出汽车行驶的方向，距离传感器测出距离，可以用 ECU 计算出汽车的行驶轨迹及到达目的地的方向、所余距离等，并可以在显示器上一一显示出来，以达到导航的作用。

5. 惯性导航系统

该系统的方向传感器是利用电子陀螺制成的，其他设备及功能和地磁导航系统一样。

6. 无线电导航系统

该系统分为 GPS 导航系统和固定电台导航系统。

GPS 汽车导航系统有一个较灵敏的 GPS 信息接收装置，可接收到卫星发射的导航信息，经过计算处理后可以得到汽车行驶的方位、速度、到达目的地的直线距离和已经行驶的里程。如果和电子地图结合起来，其导航功能更加完善。

固定电台导航系统分为中心电台导航系统和路边电台导航系统。

中心电台导航系统一般是一个集导向、车辆监控、防盗、差分 GPS 的应用等为一体的综合系统，并且具有闭环导航系统的所有功能。一般几十到几百公里为半径会设一个中心站，除接收 GPS 信息外，还收发各汽车的导航、防盗等综合信息，可以把任一个车辆的实时轨迹显示在显示器上。较大的中心电台导航系统会设一个中心站，下设若干个子站，每个子站指挥若干辆汽车，以扩大监控范围和导航的车辆数。

路边电台导航系统一般是集交通控制和导航于一体的综合系统。在高速公路的路边，每隔几百米到几千米设一个小功率电台，汽车上的小功率收发机可通过无线电波和交通控制中心每到一个电台交换一次信息，从而达到交通控制与导航的目的。

三、无线电导航系统

1. 电子地图

电子地图是现代汽车导航系统中的最基本的也是最重要的部件之一。在早期只是单一地作为地图使用并无引导作用。随着科技的发展，电子地图结合 GPS 技术、“3C”技术、传感器技术等的发展，在各式各样先进的导航技术中已经广泛应用，上述分类中绝大部分汽车导航系统中都包括有电子地图。

以导航和监控为目的的数据地图系统是建立在电脑基础上的一种新型地图。它通过电脑进行信息管理和图形操作，在屏幕上以地理表面物体为背景，显示车辆实时位置（轨迹），为驾驶人提供导航和决策服务。各种比例尺的地图显示和车辆定位是电子地图的关键技术。

模拟地图（纸地图）是在纸上用图形及文字的方法表示地理、地形、环境、人文等信息的一种工具。它很早就广泛应用于导航、旅游、航海、勘探等领域。在人们的生活中，地图发挥着重要作用。与模拟地图相比，导航电子地图（因为以数字形式存在电脑中，所以又叫数字地图）具有查找和携带方便、容易和其他先进技术结合等优点。随着电脑技术的发展和普及，导航电子地图在人类活动中将具有深远的意义和广泛的前景。

早在20世纪80年代，由于电脑的软、硬件的飞速发展，尤其是大容量的存储设备、图形图像技术的发展，美国等先进国家就开始了应用于车辆导航、管理和安全保卫等领域的数字化地图（简称 DRM）的研制。经过近20年来的努力，已发展成目前应用比较成熟、结合多学科的 DRM 应用系统，比较有代表性和先进性的有以下两种：

（1）Etak 导航电子地图　美国 Etak 公司先后研制了各个国家、地区的高精度电子地图，包括美国、法国、德国等国家和地区的导航电子地图，其中美国 3.0 和 3.4 版本的电子地图覆盖了美国100多个主要城市和地区，其使用的地图比例为 1∶2.4 万；4.0 版本导航电子地图具有最佳路线寻找、地名匹配等功能。

（2）日本导航电子地图　日本导航电子地图联盟由82个日本公司组成，这些公司生产经营的范围包括电子地图、车辆导航设备。1988年，联盟研制出第一版本的电子地图，包括地图比例为 1∶5 万和 1∶2.5 万。到1993年，日本的城镇及农村公路网的电子地图数据量已达2GB，并且有50多万辆汽车安装了电子地图及导航系统。最近松下电子公司开始销售 CN-DV007D 型 DVD-ROM 车载汽车导航系统，过去其用6张 CD-ROM 光盘容纳日本630个城市的详细交通。现在只用一张 DVD-ROM 光盘即代替了6张 CD-ROM 光盘。装在汽车上的

DVD-ROM 机和 MD 显示器，能从光盘中迅速检索出汽车行经的交通路线图，给驾驶人实时导航。光盘上录有上万个电话号码，有的还储有全日本的停车场、交通线上的旅馆、饭店地址等上百个内容，极大地方便了车主的出行。

电子地图是由单一的 CD-ROM 机（或 DVD-ROM 机）及显示器组成。CD-ROM 机和目前 VCD 原理是差不多的，都是先把图像的模拟信号（如纸地图）经过逐行扫描转换成数字信息，并把压缩的数字信息记录在光盘上。在显示时，通过激光束自动跟踪的照射到光盘（CD 或 DVD 盘）上，由于光盘在制造时把数字信息变成了凸凹不平的机械信息，所以在激光照到凸凹不平的 CD 盘面时，又把机械信息，变回成数字信息，再由 ECU 将其进行技术处理变成原来的模拟信息，和电视机类似，通过逐行的扫描变成一幅幅静态信息——地图，在显示器的屏幕上显示出来。

2. 无线电导航

由于无线电导向行驶系统是靠外部无线电信息进行导航的，所以又叫作外部信息导向行驶系统。

（1）GPS 导航系统　GPS 全球卫星定位系统（全称为：导航卫星授时和测距全球卫星定位系统，英文缩写为 NAVSTARGPS，简称 GPS），是美国于 1973 年 11 月开始研制的第二代星基被动式无线电导航系统，其为美国继阿波罗登月飞船和航天飞机之后的第三大航天工程。GPS 由 24 颗（其中 21 颗工作卫星，3 颗备用卫星）高度为 2 万 km 的卫星形成空间部分（即卫星星座），连同设在美国本土的地面监测部分和 GPS 接收机，满足了提供全球范围从地面到 9000km 高空之间任一载体的高精度三维位置、三维速度和系统时间信息的要求。

GPS 由空间部分、地面监控部分和用户部分组成。

空间部分使用 24 颗高度约 2 万 km 的卫星组成卫星座，24 颗卫星分布在 6 个等间隔轨道上，轨道面相对赤道面的倾角为 55°，每个轨道面上有 4 颗卫星，卫星轨道为圆形，运行周期为 11h58min，这样的卫星分布，可保证全球任何地区、任何时刻有不少于 4 颗卫星以供观测。

地面监控部分包括四个监控站、一个主站和注入站，全部位于美国境内，监控部分的主要任务是监测每颗卫星的运行情况，并通过注入站及时修正卫星的有关参数，以保证整个 GPS 系统能正常运行。

用户部分主要是 GPS 接收机，它接收卫星发射的信号（导航电文），根据导航电文提供的卫星位置和钟差改正信息计算用户的位置。用户接收机按使用环境可分为低动态用户接收机和高动态接收机；按所要求的精度可分为 C/A 接收机和双频精码（P 码）接收机。

（2）GPS 典型应用　GPS 系统应用非常广泛，在空间技术方面，可以用于弹道导弹的导航和定位；空间飞行的导航和定位；对飞机而言，它可在飞机进场、着陆、中途导航、航速测定、飞机会合和空中加油、武器准确投掷及空中交通管制等方面进行服务。在陆地上，GPS 可用于各种车辆、坦克、陆军部队、炮兵、空降兵和步兵等的定位，还可以用于大地精密测量、摄影测量、野外调查和勘探的定位，甚至可用于建筑、汽车、旅行、狩猎等民用领域。对舰船而言，GPS 能在海上协同作战、海洋交通管制、海洋测量、石油勘探、海洋捕鱼、浮标建立、管道铺设、浅滩测量、暗礁定位、海港领域等方面做出贡献。

由于 GPS 系统具有高精度和全天候的特点，可作为军用的首先定位系统，同时其也是一些科研不可缺少的工具。

GPS技术在汽车导航中的应用已经有多年的历史，从简单地把GPS接收机安装在汽车上使用，发展到将GPS技术和“3C”技术、电子地图相结合，形成汽车闭环导向行驶系统，最后发展为具有导航、监控、防盗、交通控制、旅游等综合的大系统。美国高级轿车上多数都装备了GPS装置；世界各国大的汽车公司均为各型车辆提供了车用卫星导航系统，该系统作为一种配件，可供车主自主选用。

3. GPS公安报警指挥系统

GPS定位公安报警指挥系统是用于安全保卫、监控报警、指挥调度等方面的系统。本系统将目前最先进的导航卫星定位技术、计算机技术、网络通信技术、传感器监控技术有机地结合在一起，构成了一个可对移动目标实施动态指挥监控，对固定目标实施静态监控的自动化定位报警指挥系统。

GPS定位公安报警指挥系统（图7-32）是由指挥控制中心、受监控的移动目标、受监控的固定目标，以及连接这三者的通信网络四大部分组成的。本系统既可构成以一个地、市为中心的定位报警指挥局域网，也可组成多个地、市中心联网，覆盖大范围定位报警指挥网络。

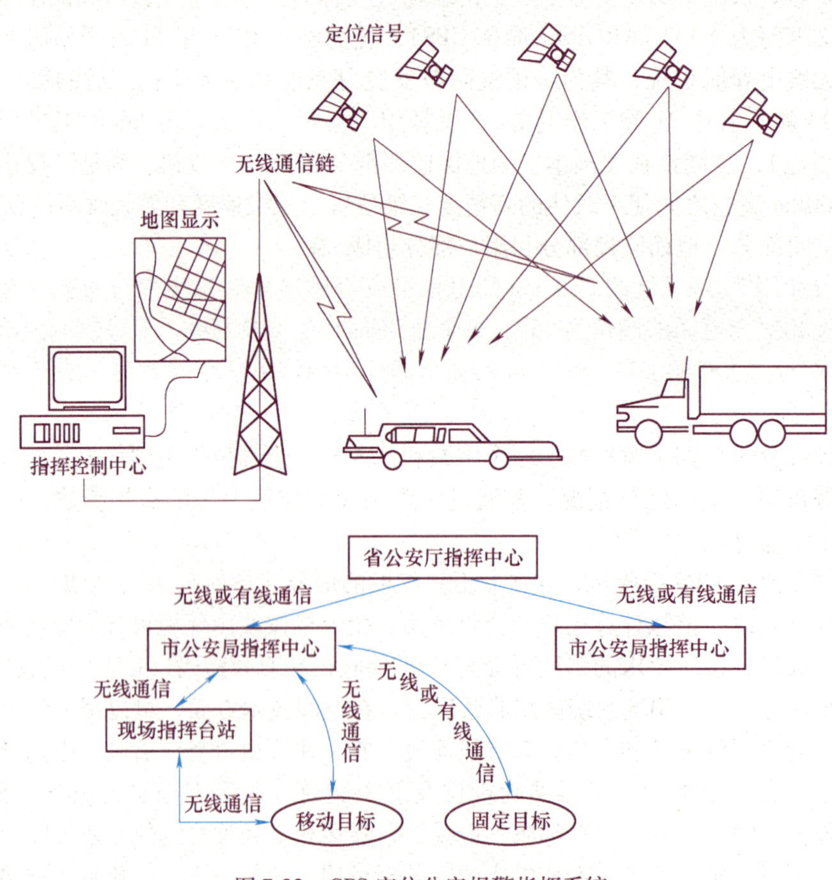

图7-32　GPS定位公安报警指挥系统

4. 主要功能

（1）定位功能　GPS定位单元在任何气象条件下，可24h连续不断地提供移动目标（各种车辆或运动目标）的三维位置和三维速度信息。

（2）报警功能　用户（移动目标或固定目标）用手动（或遥控）和自动的方式实现。

1）手动（或遥控）报警方式。对于移动目标的用户，可在车上设置几种隐蔽开关。在遇到紧急情况时，可立即手动报警，也可由用户随身携带一小遥控开关报警。在用户来不及手动报警时，可寻找机会离开车辆后遥控报警。

2）自动报警方式。对于移动目标的用户，当车辆（如运钞车、邮政车、囚车等）偏离预定路线时，或静止车辆被非用户开启时，报警装置皆会自动发出报警信息。

对于固定目标的用户，当报警装置中的红外探头、烟雾探头、玻璃破碎探头探测到非正常情况时，用户遥控使其断油断电，车上人员也可通过隐蔽的开关使其断油断电。如有重大案件发生，省指挥中心与地市指挥中心之间可进行实时通信，协同指挥。具体如下：

①报警信息自动处理。指挥中心在收到用户发来的报警信号几秒钟内，系统进行自动分类处理，以声、光方式指示指挥人中，如接到火警可自动发送到消防部门；接到匪警时，电子地图自动显示出当时的警力分布（如警车分布、派出所位置等），同时将相关信息显示在指挥中心的大屏幕投影屏上，等待指挥人员处理。

②目标监视监听。指挥中心可以监视跟踪选定移动目标的运动方向、运动状态及运动轨迹；可以监测固定目标报警装置的工作状态及位置分布。指挥中心还可对选定的移动目标进行监听。

③指挥控制功能。指挥人员可根据报警情况及警力分布，用语音进行指挥调度，还可用遥控方式切断被盗劫车辆的线路，强行使汽车停止，即使对方正在通话，也可通过遥控使其停车。

④电子地图。电子地图上包含所有城市、重要党政机关、主要建筑、街道、铁路、河流等，它可实时显示所有移动目标、固定目标的位置和状态。显示窗口可分级放大缩小，还可在一个窗口内对某一个（或几个）目标进行监视、跟踪，同时带有大量的数据库信息可供查询。当需要显示某一类重要目标（如派出所）的分布时，电子地图可分层分类显示，还可以在大屏幕投影仪上显示。本系统的电子地图具有良好的可维护性，使城市新增的道路、街区能够方便地加入到原来的地图中去。

⑤信息查询功能。指挥人员通过数据库查阅任何入网用户的有关情况及背景资料，查询内容有：

a. 地理信息数据库：如城区、街道、地名等。

b. 移动目标数据库：如车辆型号、牌号、使用单位、驾驶人姓名以及车辆的档案照片等。

c. 固定目标数据库：如场所地址、名称、经营者信息、建筑物构造图、电话号码等。

d. 警力网点数据库：如派出所、治安岗亭、居委会的位置及分布。

⑥目的地（目标单位）查询导航功能。

指挥人员可通过数据库在电子地图上方便地查找到任一目的地（单位）的具体方位，查找方式有：按行政分类查询；按电话号码查询；按邮政编码查询；按字母分类查询。

当确定目的地（单位）所在位置后，电子地图全自动生成由始发地至目的地（单位）的参考路线。

⑦轨迹存储、复放功能。指挥中心控制系统可记录所监视移动目标的运动轨迹、运动速度和运动时间，并进行存储备档，需要时可重新显示。

⑧信息输出及制表打印功能。不需要对有关情况或信息进行记录时，计算机可自动将相关信息输出到打印机打印出来，对日常指挥工作可列成标准表格，由值班人员在交接班时将一天的主要情况列表打印出来。

（3）动态指挥功能　当遇有突发事件需要在行进途中或在案发现场进行动态指挥时，现场指挥台站通过自身携带的车载指挥系统的电子地图和通信设备了解全局动态，指挥调动警力，并可与地市指挥中心保持联系，协同指挥。地市指挥中心台站的基本功能，绝大部分在现场指挥中心可以实现。

（4）高层统一协调指挥功能　省指挥中心台站除了具备地市指挥中心台站的全部设备和功能外，还具有与各地市指挥中心台站相通的有线和微波专用网。因此，省指挥中心台站可调出任一地市指挥中心台站的有关信息、资料。显示在任一地市指挥中心台站屏幕上有电子地图及案发情况、警力分布等；也能同时在省指挥中心的监控屏幕上显示出来，供高层领导统一协调指挥。

指挥中心以市（地）局指挥中心为核心，全面处理各类报警信息，可根据省厅的要求及时向省厅传送有关的资料或数据。市局与省厅之间设有专用的通信网。通信传送的内容可以是数据，也可以是语音。

5. 系统的服务对象

1）公安、武警、消防、军队。

2）国宾车队、高档车辆。

3）重要物资运输车、银行运钞车、邮政车、医疗急救中心和出租车辆调度中心。

4）油田勘探指挥、机场、港口监理等需要对移动目标进行指挥调度、监控管理的单位及银行、储蓄所、信用社。

5）博物馆、金库、重要物资仓库、军火库。

6）机要档案部门。

7）商店、娱乐场所、住宅等需要防火防盗的固定目标。

案例解析

故障现象：车辆极大地偏离正确位置。

一辆威驰轿车，用户反映该车的实际位置在北京南三环刘家窑立交桥附近，而车辆上的地图却显示车辆位于北京通州区北关环岛附近，导航系统无声音引导。

经检查，该车的故障确如用户所述。起动车辆，打开 GPS 接收电源开关，并使导航系统显示出地图，然后将车辆行驶到良好视野的空旷场地上，并检查是否显示“GPS”标记。经检查发现，该车的导航系统只能显示地图，不能显示“GPS”标记。随后，根据驾驶人手册的操作步骤，修正了车辆的正确位置。

故障诊断：由于该车装备的 GPS 导航系统具备自诊断功能，所以先对导航系统进行自诊断。于是按照规定操作，将车辆停驶，并拉起驻车制动器手柄，打开点火开关到 ON 位置（ACC 位置也可），然后在多功能显示屏上按住 INFO 开关，操纵示宽灯开关，通过从 OFF—TAIL—OFF—TAIL—OFF—TAIL—OFF—TAIL—OFF，系统进入了故障诊断界面。经观察发现，系统中存在车速信号不良故障码，检查并记录故障码。

在将故障码清除后进行路试，结果故障再次发生。根据车速信号不良的故障码的提示，

查阅相关的维修手册。按照维修手册上的要求，首先应检查车辆的车速输入信号是否正常，同时与GPS自诊断系统的车速信号对比，以确认车速是否相吻合。如果存在较大的误差，需要利用示波器检查车速的波形；同时，还应进一步检查车速传感器和相关的电路是否正常。

在确认了车速信号没有问题的情况下，检查车辆上是否存在其他的光学组件（雷达测试器，是否有油雾贴在窗户上，或是否有金属物质吸附在仪表板上。经检查发现，此车装有雷达探测器，且在窗户和前风窗玻璃上贴有防爆膜。在用专用的连接线将GPS卫星接收天线引导到车外后，对该车进行路试，结果地图上显示的位置与车辆的实际位置相吻合，但导航系统仍无声音引导。

由于导航系统的声音是靠扬声器发出的，根据维修手册的要求，检查为导航系统提供声音的车辆左前侧扬声器。经使用收音机试验，扬声器能够正常地发声，利用万用表测量扬声器的电阻为4Ω，可以确定扬声器无故障；根据维修手册的要求，再检查相关的电路，但依然没有发现任何异常之处。至此，判定故障应在导航系统本身。

故障排除：更换导航系统ECU后，故障排除。

观察与思考

一、思考题

1. 汽车导航系统有哪些组成、功能和应用？
2. 如何检测汽车导航系统？
3. 汽车导航系统如何更新升级？

二、实习观察项目

1. 如何使用汽车导航系统？
2. 各种导航系统有何异同？

学习情境8　汽车音响系统功能异常

学习单元1　汽车音响系统的检修

学习目标

1）熟悉汽车音响系统的功用、类型、组成和结构特点。
2）掌握汽车音响系统的拆装方法与调试维护工艺。
3）掌握汽车音响系统的故障诊断方法与检修技能。
4）掌握常用故障诊断设备和维修工具的使用方法和技巧。
5）按照职业岗位的要求文明生产、安全操作。

工作任务

一、任务情境

在现代汽车上，大多配备有收音机、磁带放音机、CD/VCD/DVD以及大功率、多喇叭立体声环绕音响系统。和家庭音响一样，汽车音响具有比较复杂的操作按键和完善的功能，一旦操作、维护不当或选装的元件不匹配等，就可能会导致音响系统出现故障。

图8-1所示的长安福特汽车CD132音响打开音响按钮更换CD碟片时，LOAD键无作用，碟片不能进出，只好送修理店修理。

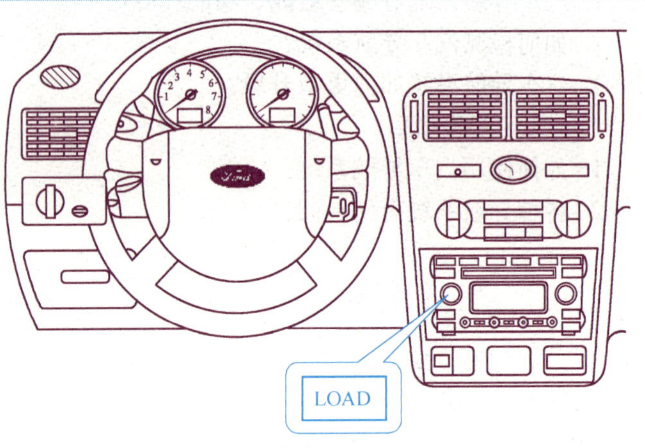

图8-1　长安福特汽车CD132音响

二、任务分析

在使用汽车音响系统的过程中，首先要了解汽车音响面板上各按钮的作用和正确的操作方法。而检修汽车音响时，首先要熟悉汽车音响系统的类型、组成和电路。

相关知识

随着技术的发展，汽车音响已从最早单一功能的AM（调幅）收音机，发展到现在具有AM/FM（调幅/调频）收音机、SW（短波）收音机、磁带放音、CD放音、DAT数码音响、DSP（数码信号处理器）、电子分音器、电视接收系统、VCD或DVD多媒体立体声影音系统的综合装置。

一、汽车音响系统的基本组成和原理

汽车音响系统的结构如图 8-2 所示，主要由天线、音源系统、功率放大器和扬声器等组成。由音源部分送来的各种信号，经音频放大器进行加工处理并放大，取得足够的功率去推动扬声器工作，发出与原声源相同且响亮得多的声音。同时，由于声音还要经过所在场所的空间才能传给听众欣赏，所以其音响效果既与音响系统的配置有关，也与听音场所的声学特性有着密切联系。

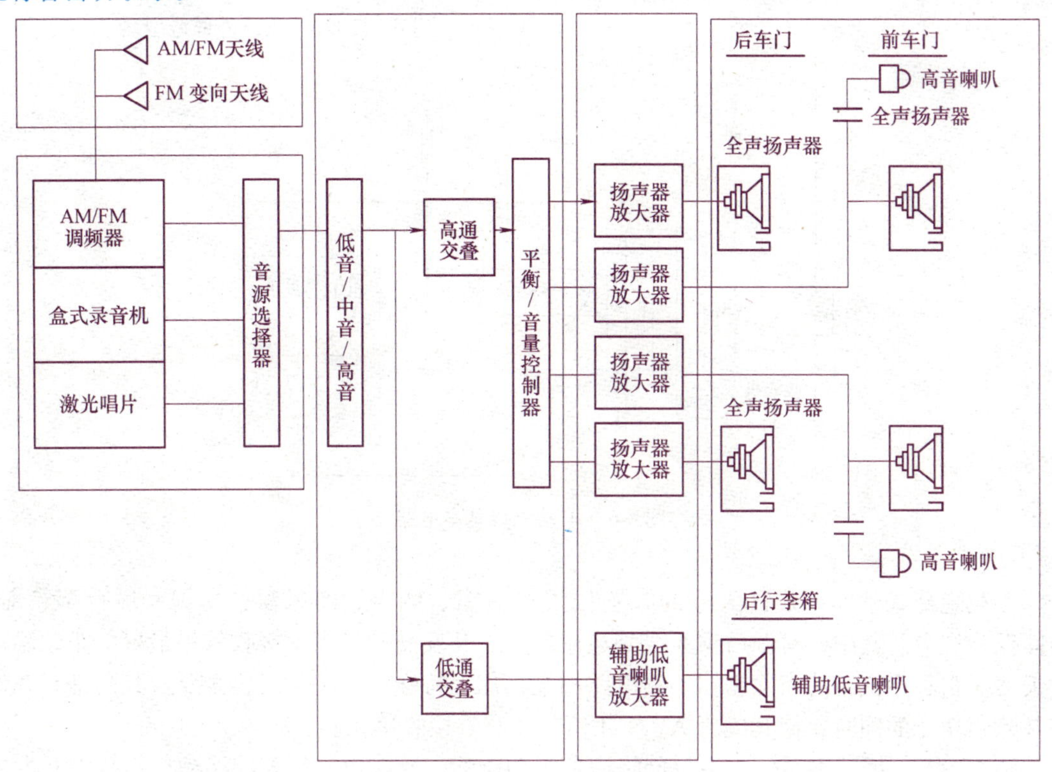

图 8-2　汽车音响系统的结构

1. 天线

天线用来接收广播电台的发射电波，一般有车身上伸出金属棒的柱式天线（图 8-3）和嵌在窗玻璃上的隐藏式天线两种。有些汽车的柱式天线采用电动天线，如图 8-4 所示；还有的做成一个外部造型，附着在车身某个部位，如图 8-5 所示。

图 8-3　柱式天线　　　图 8-4　电动天线

电动天线由开关、电动机、继电器、减速机构和天线等组成。天线的升降是通过改变电动机的旋转方向实现的。有些汽车的电动天线用独立的天线开关进行控制；多数汽车的电动天线则是由收音机开关联动控制。在收音机开关打开的同时接通电动天线控制电路，电动机转动使天线升起；在关闭收音机时，天线同时下降。电动天线基本电路如图8-6所示。

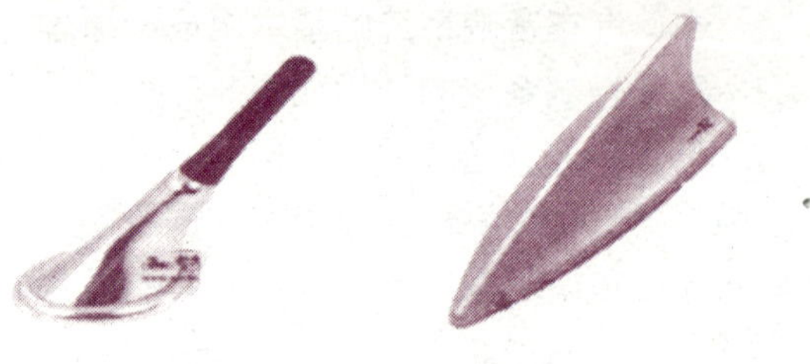

图8-5 天线外部造型

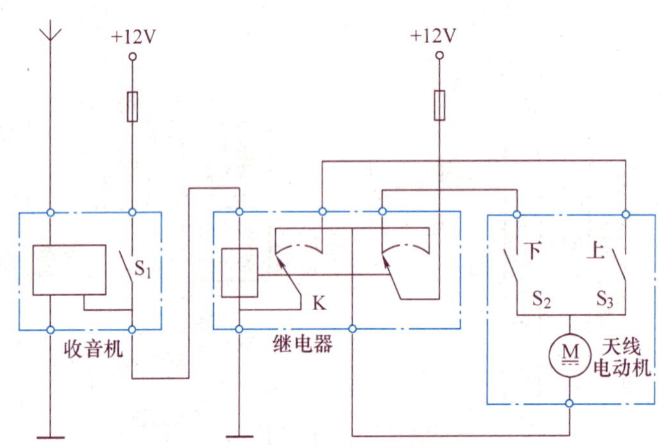

图8-6 电动天线基本电路

车载隐藏式（印刷式）天线的布置位置有后窗、侧窗、前风窗、车顶、后行李箱盖、防撞保险杠等。其中，有源后窗天线是运用最广、开发品种最多、接收效果最好的车载隐藏式天线。它利用汽车后窗除霜器印制电路图案，加上特殊设计的天线放大器及其附件，在保留其除霜功能的同时，使其成为AM/FM信号的有效接收单元。

随着GPS、因特网通信、卫星网络服务等功能的广泛应用，汽车的移动接收技术开发的重要性日益凸现，其中集成的隐藏式天线目前已成为最好的选择。

2. 音源系统

音源系统（有时称为主机）有调谐器、磁带放音机、CD唱机、VCD/DVD影碟机等。它们为音响系统提供音频或视频信号，其中，调谐器、CD唱机为最常见的配置。

（1）调谐器　调谐器是一台不包括功率放大器和扬声器的高性能收音机，其功能是接收中波段和短波段的调幅广播及调频波段的调频立体声广播，并还原成音频信号。新型调谐器采用数字调谐和数字频率显示技术，具有存储、预选及定时和频率显示等功能。

（2）CD唱机　CD唱机主要由机芯和电路两大部分组成。

机芯是CD唱机的重要部件，其基本组成如图8-7所示，主要由托盘进出机构、光盘装卸机构、光头进给机构、光盘旋转机构、夹持机构和光束聚焦与循迹机构等部分组成。机芯中的驱动电动机通常有3个，分别是加载电动机、进给电动机和主轴电动机。

CD唱机电路如图8-8所示，主要由信号处理系统、机芯伺服系统、控制显示系统和电源电路等部分组成。

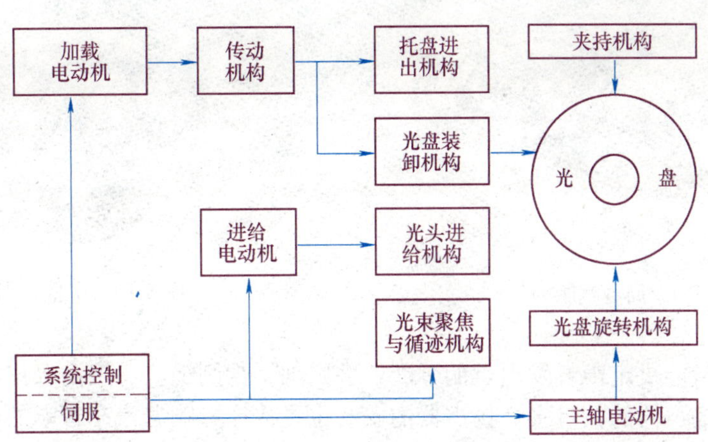

图 8-7　CD 唱机机芯基本组成

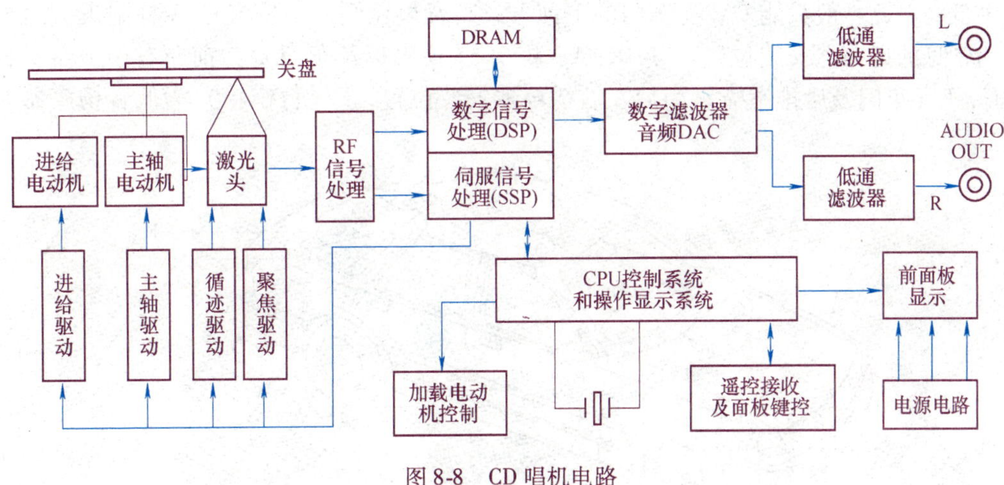

图 8-8　CD 唱机电路

3. 扬声器

扬声器（俗称喇叭）的作用是将音频电信号还原成声音，它是音响设备的一个重要组成部分，是重放声音信号的终端设备。扬声器的主要性能指标包括：功率、频率响应、指向性、标称阻抗、灵敏度、失真等。

扬声器按结构的不同可以大致分为同轴式扬声器和套装式扬声器两大类。所有的扬声器在结构上都可以看作是这两大类扬声器的变种。

同轴式扬声器是将几个发音单元布置为一体的扬声器，例如将高音单元装在中音单元内部；而套装式扬声器与同轴式扬声器正好相反，其发音单元是分开布置的，一般都会带有一个分频器，用以将输入的音频信号分离成高音、中音、低音等不同部分，然后分别送入相应的高音喇叭（图 8-9）和中低音喇叭（图 8-10）单元中重放。

扬声器作为将电能转变为“声能”的唯一器材，要想表现出极佳的音色与定位感，除了自身品质、特性等对整个音响系统的音质起着决定性作用的因素外，其数量和布置方式也是很重要的条件。

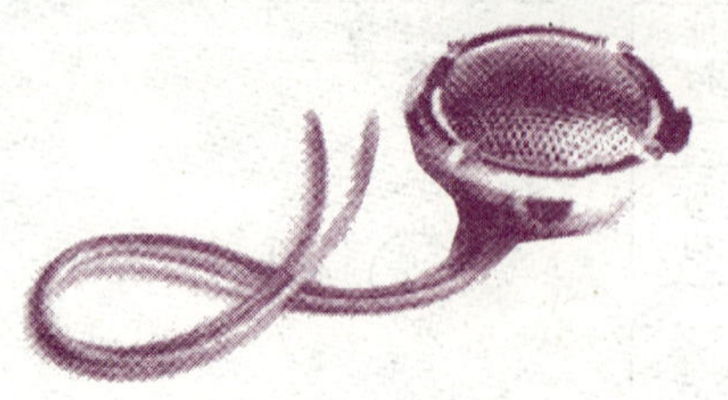

图 8-9　高音喇叭

图 8-10　中低音喇叭

扬声器的数量能决定声音发出点的分配，多则细，少则糙。一般高级汽车上扬声器的数量比普通汽车上扬声器的数量多。扬声器的安装位置往往影响着汽车音响的音质效果，同一对扬声器在不同的安装位置就会产生不同的效果，因此中高级轿车音响扬声器的安装位置要经过种种测试后才能确定下来。由于安装位置的局限，超低音单元通常只能安装在后行李箱，中低音单元一般只能安装在车门的下前方，高音单元则一般安装在 A 柱附近。图 8-11 所示为常见的扬声器安装位置，其中，A、B、C（仪表板及车门）为前左右扬声器安装位置，D、E（车门及后排座椅）为后左右扬声器安装位置，F（行李箱）为低音扬声器安装位置。

图 8-11　常见的扬声器安装位置

4. 功率放大器与分频器

大部分的汽车音响主机自身带有功率放大器，由于制造成本以及安装尺寸的限制，直接由主机驱动多个扬声器，如图 8-12 所示。然而，在高档汽车音响系统中，为了追求音质的完美，除了主机和扬声器之外，均单独配备有功率放大器和分频器，如图 8-13 所示。

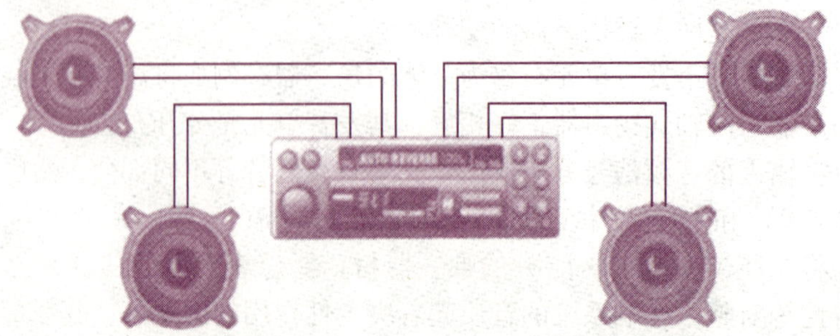

图 8-12　基本配置：主机和 4 个全音域扬声器

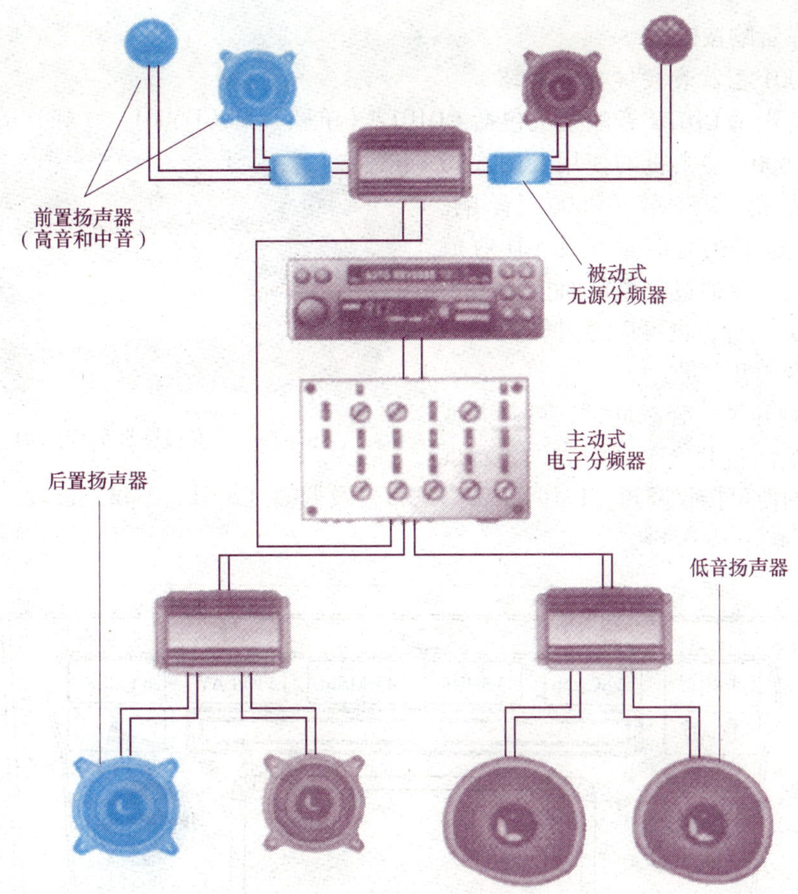

图8-13　三个功放 + 两个无源分频器 + 一个电子分频器

功率放大器俗称功放，其外形如图8-14所示，能进行不失真的音频功率放大，还能同时进行各种音质控制，以美化声音。功率放大器大多布置在后排座位下或行李箱内。

分频器又称为分音器，其外形如图8-15所示。现代高级汽车音响设备中一般采用两对或更多对口径不同的扬声器，分别担负低音域及中高音域的放音。分频器的作用是将全频带声频信号分为不同的频段，使各个扬声器均能得到合适频带的激励信号。

图8-14　功率放大器的外形

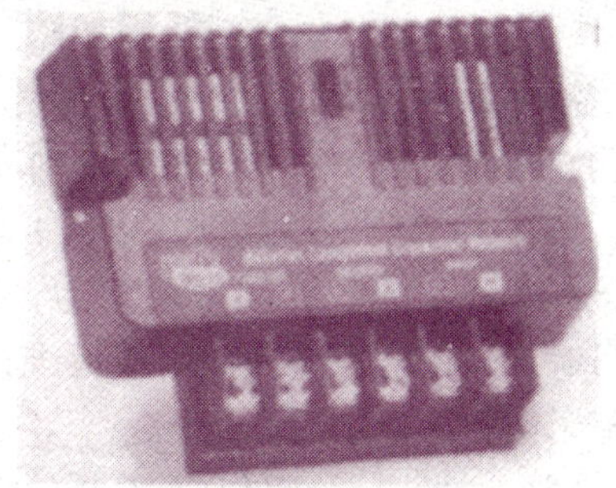

图8-15　分频器的外形

二、汽车音响按键

1. CD6001 型收音按键功能介绍

长安福特汽车 CD132 音响主机包括 CD1012（单碟）和 CD6001（6 碟）等型号，本节主要介绍 CD6001 型主机的使用。图 8-16 所示为长安福特汽车 CD6001 音响。CD6001 型音响主机为前置 6 碟 CD 收放机，音响控制可以通过收放机面板（图 8-17）上的开关进行，也可以通过转向盘下转换模块的音响开关进行。

图 8-16　长安福特汽车 CD6001 音响

（1）音响开关　轻按此键，可打开或关闭汽车音响。打开汽车音响时，显示屏亮，汽车音响便可接收调频（FM1、FM2、FM3）及调幅（AM1、AM2）波段。

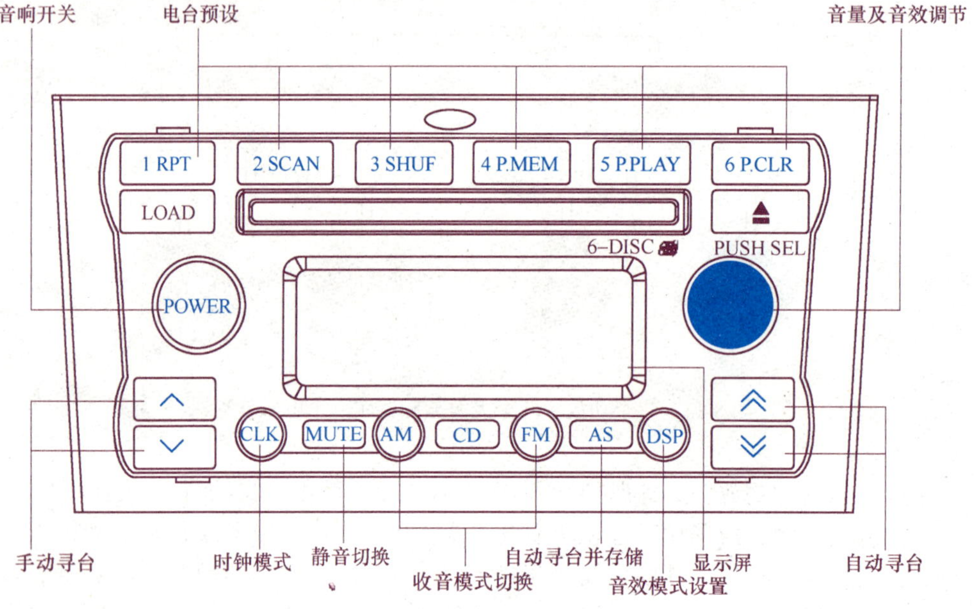

图 8-17　长安福特汽车 CD6001 型音响收音功能图示

该汽车音响打开时，显示屏默认显示调频频率。驾驶人可以在每波段存储 6 个电台，随时在相应波段选择相应数字键播放所存储的电台节目。

（2）手动寻台　按此键，可向上或向下搜寻最强电台信号。

该汽车音响的收音频率范围为：FM87.5～108MHz，AM531～1620kHz。当收到最强电台信号时，可以随意选择数字按键进行存储。当音响的输出信号瞬间中断，同时，显示屏右下角显示出相应数字后，存储完毕。

在同一波段内，如两次所选择数字按键相同，则音响将自动保存最后所存电台。

（3）自动寻台　轻按此键，汽车音响自动向上或向下搜寻当前波段的最强信号电台。

当收到最强电台信号时，可以随意选择数字按键，长按 2s 以上进行存储。当音响的输出信号瞬间中断，同时，显示屏右下角显示出相应数字后，存储完毕。再轻按此键，音响继

续搜寻下一最强电台信号，并可继续存储。

（4）收音模式切换　轻按此键，汽车音响进入调幅或调频模式。再轻按此键，可选择“AM1、AM2”或“FM1、FM2、FM3”。

（5）自动寻台并存储　长按此键至屏显变化后放开，本汽车音响自动搜寻最强电台信号，并依次自动存储。

短按此键，可自动扫描播放所存储的最强电台节目各 5s，并且屏显闪动。

（6）音效模式设置　轻按此键，可依次选中“FLAT、JAZ、POP、CLAS、ROCK、VOCAL、BT”6 种模式，并可辅以 PUSH SEL 旋钮手动调节。

（7）时钟模式　轻按此键，进入时钟模式。长按此键，等到屏显小时数字闪烁时，旋动 PUSH SEL 旋钮可调节小时数；再轻按此键，可调分钟数；再轻按此键，确认设置。

若设置完后等待 5s，汽车音响也可自动确认此设置。

（8）静音切换　轻按此键，可在静音和收音之间切换。

若静音后顺时针旋转 PUSH SEL 旋钮汽车音响将自动取消静音设置。

（9）音量及音效调节　旋动此键，可调节音量的大小。

轻按此键，可依次调节低音控制（BAS）、高音控制（TRE）、左右平衡控制（BAL）、前后控制（FAD），屏显相应功能及数字。

2. CD6001 型音响主机放音按键（图 8-18）功能介绍

该主机具有 10s 的默认自动电子抗震功能。

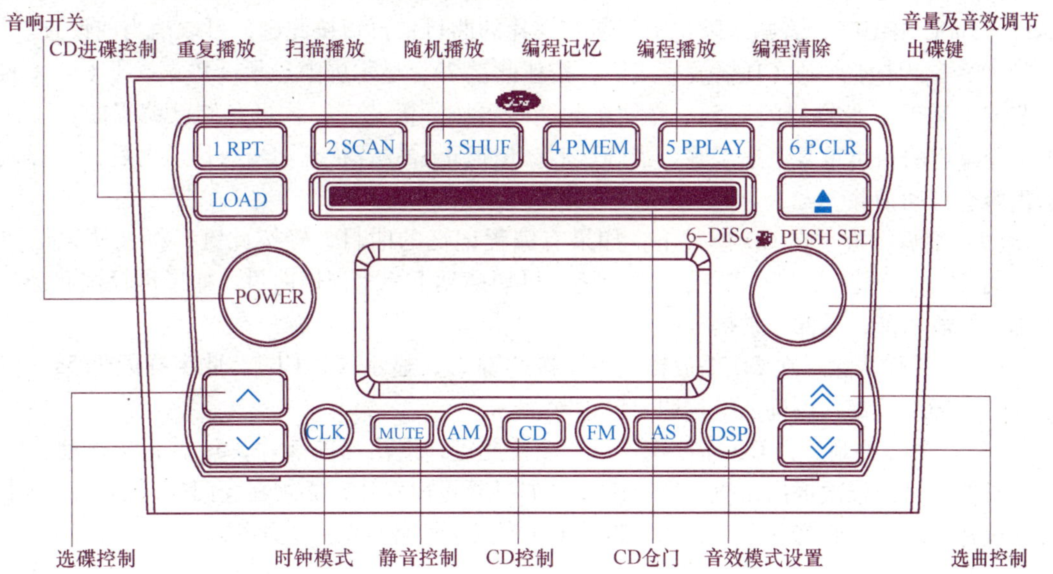

图 8-18　长安福特汽车 CD6001 型音响放音功能图示

（1）CD 进碟控制

1）单个入碟。短按 LOAD 键，仓门会自动打开一次，在这期间水平插入碟片，碟片自动吸入。如需继续进碟，再按 LOAD 键，重复以上入碟操作，直到 6 张碟片全部装入为止。

2）顺序入碟。长按LOAD键（大于3s），CD仓门打开，此时水平插入一张光碟，待光碟完全吸入后，仓门关闭。5s后，仓门自动打开，再水平插入一张碟片，碟片自动吸入，仓门关闭，直至6张碟片完全装入为止。如在仓门打开后，没有装入碟片，该主机会在10s后自动结束进碟控制。

在仓门完全打开后，应及时水平装入光碟；否则，碟片无法装入，并有可能使机芯受到损坏。装满6张碟片后按LOAD键无作用。

当反面水平插入碟片或碟片有划痕等使主机无法读碟时，主机会自动检测并使相应的碟片位号闪动。所有碟片完全装入后，主机会显示相应的碟片位号。

（2）CD控制　轻按此键，进入CD播放模式。该音响默认播放第一张碟片的第一曲目，如不按动其他按键，将默认播放完最后一张碟片。

（3）碟片选择　在CD播放模式下，轻按此键可向前或向后选择碟片播放，屏显相应碟片号。

（4）曲目控制　短按此键，可向前或向后选择碟片曲目。长按此键，可对当前碟片曲目进行快进或快倒播放。

（5）重复播放控制　短按此键，屏显“RPT”，重复播放当前曲目。长按此键，屏显“DISC RPT”，重复播放当前碟片；再短按此键，可取消当前设置。

（6）扫描播放　短按此键，屏显“SCAN”，扫描播放当前碟片上每曲曲目前10s的内容；再短按此键，可取消当前设置。

（7）随机播放　短按此键，屏显“SHUF”，音响将随机播放碟片上的曲目。长按此键，屏显“DISC SHUF”，音响将随机播放所有碟片的曲目；再短按此键，可取消当前设置。

（8）编程记忆　在CD播放模式下，按住此键2s，显示屏上显示［P. ××］（××的数据范围1～10），此字样闪烁5s；必须在此期间再按一下此键，才可存储已编程曲目。存储下一个编程曲目可重复上述步骤。当确认后，退返正常放音状态。当碟片退出后，编程记忆的内容会自动消除。

（9）编程播放　在CD模式下，如果有编程记忆的曲目，轻按此键，将会从记忆曲目P1开始播放，再轻按“︽”或“︾”键，可切换到下一个记忆曲目。如果再轻按此键，取消编程播放功能，返回正常播放次序。

（10）编程清除　在CD播放模式下，按此键2s，显示“P. CL”，此字样闪烁5s；在此期间，再轻按此键，可确认编程曲目已消除。

（11）出碟控制　在CD播放模式下，短按此键，退出当前碟片，5s后音响自动关闭仓门。长按此键，依次退出主机内所有碟片。如果要更换碟片，必须在仓门打开后，才可水平放入碟片更换。在收音状态下，也可退出CD模式下所播放的CD碟片。

3. 音响线控

（1）音响线控器（图8-19）　音响线控器位于转向盘下的操纵杆上，能方便地在音响的收音或CD模式下执行以下的一些功能：

1）音量。将“VOL＋”开关拉向转向盘，能增大音响音量；将“VOL－”开关拉向转向盘，能减小音响音量。

2）搜寻/选曲。在收音模式下，将SEEK开关移向转向盘或压向仪表盘，能自动向上/向下搜寻最强电台信号；在CD模式下，能向前/向后选曲。

（2）模式转换　短按 MODE 键，能转换收音波段；长按此键，能在收音与 CD 之间相互转换，如图 8-19 所示。

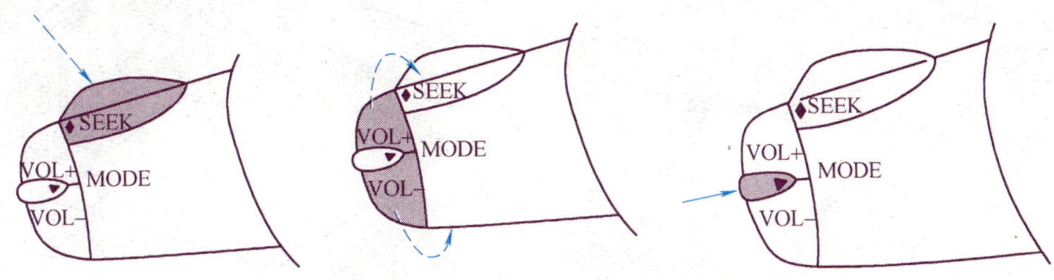

图 8-19　音响线控器及其模式转换

任务实施

一、长安福特汽车 CD132 音响主机的安装

1. 安装

1）如图 8-20 所示，先将汽车仪表内的汽车音响线束护套对应插入主机机尾的插座内（A 护套插入 A 腔，B 护套插入 B 腔，C 护套插入 C 腔），天线馈线插头插入天线孔内。

2）如图 8-21 所示，将主机机尾固定柱 D 对准固定孔位，按图中箭头所示的方向，均衡用力推进，听见弹性卡簧卡住仪表台板的声响时，表示主机已安装到位。

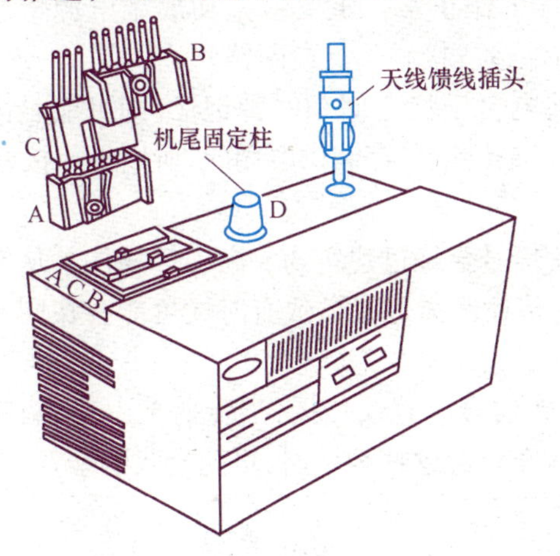

图 8-20　主机安装 1

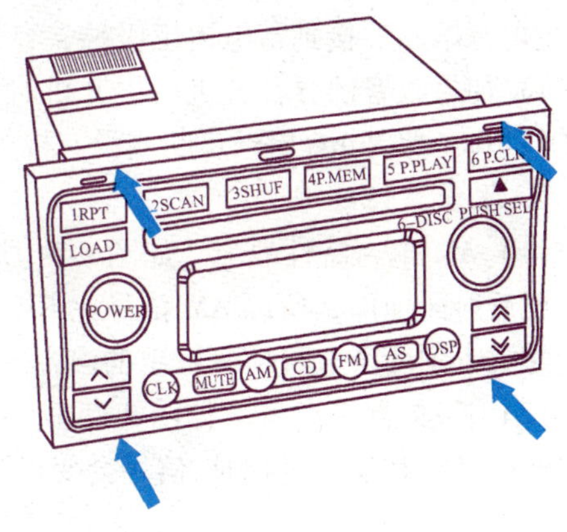

图 8-21　主机安装 2

2. 拆卸

1）如图 8-22 所示，将钥匙（汽车音响专用拆卸工具）按图示 A 方向插入汽车音响的钥匙孔，听见“咔”声，表示钥匙已插到位；然后，同时将 4 把钥匙向外用力，取出音响主机。

2）如图 8-23 所示，用大拇指将弹性卡簧朝下（F1 方向）用力压，然后将钥匙朝外（F2 方向）用力拔出。

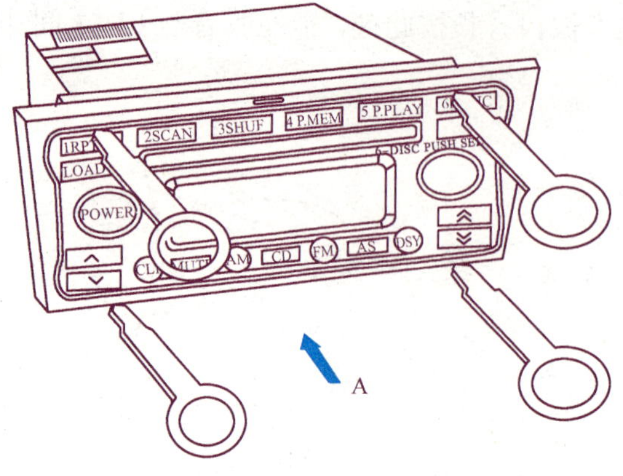

图8-22 主机拆卸1

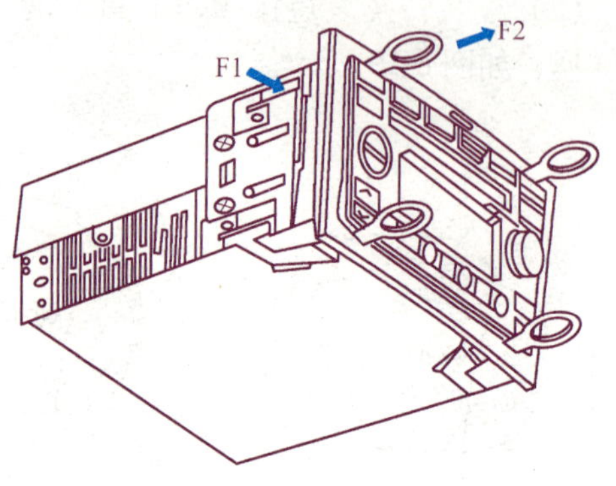

图8-23 主机拆卸2

二、长安福特汽车CD6001型音响常见故障检测

1. 电源故障

1）主机不开机或不能关机，一切按键都没有作用时，检查主机面板上各按键是否有被按死现象。如有，则是该按键问题；否则，是电路或主机问题。

2）如果收放机平时收听正常，突然没有声音和显示，说明电源没有供电，一般情况下检查收音熔断器（多数汽车收音机、点烟器和顶灯使用同一个熔断器，由于使用点烟器时点烟器内部短路造成烧断熔断器），换上新熔断器即可。

3）安装了功放的音响系统，如果主机有电且工作正常，主要检查功放主电源熔断器（因主电源熔断器接到蓄电池正极端，容易氧化腐蚀造成接触不良或断路）。

4）如果收音部分在关机后再开机时没有先前电台记忆存储和时钟记忆，则可能是因为BAT线（Battery Wire）熔丝烧断或没有接好。这条线是给记忆存储供电用的，所以必须接好。

2. 收音假性故障

（1）AM电台特性故障　如图8-24所示，AM信号会绕过建筑物、高山等物体并从空中电离层反射回地面，所以AM信号比FM信号发射传播距离远，导致有时候可能会在同一频率同时收听到两个电台信号发出的声音。

（2）抖动、跳跃杂音　如图8-25所示，由于FM信号沿直线传播，当传播至山谷、两座高楼之间或遇到其他障碍物时，信号会变得较弱，当汽车行经这些地区时，可能会收到杂音。

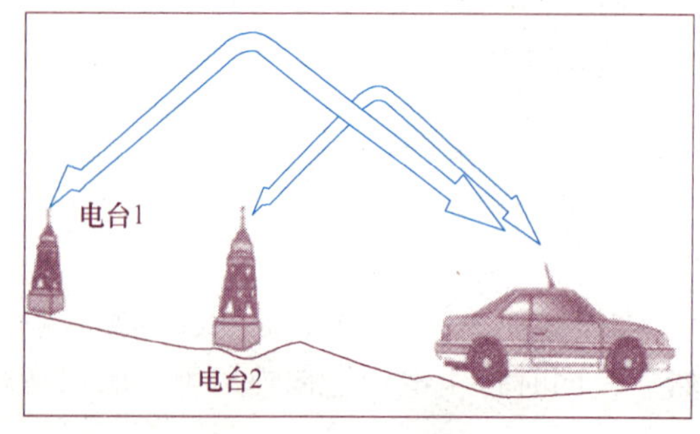

图8-24 AM电台特性

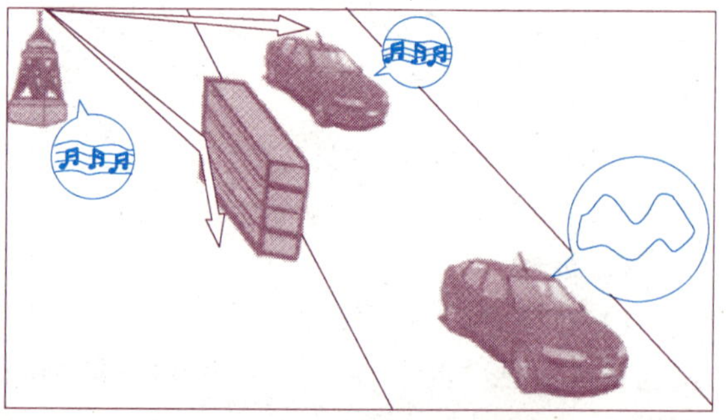

图8-25 抖动、跳跃杂音

（3）电磁干扰　如图8-26所示，当汽车行驶靠近高压线时，高压线上发射的电磁波对音响收音会有干扰。在电台信号比较弱或受到干扰时，若使用车内电喇叭、刮水器或电动后视镜等可能对收音信号有一定影响，在扬声器内可能会有一定噪声。

（4）电台偏移杂音　如图8-27所示，当汽车行驶靠近两个频率很接近且信号强的广播电台发射站高塔时，原来收听的电台信号可能暂时消失而收听到第二个电台的信号，此时由于干扰也可能会有一些杂音。

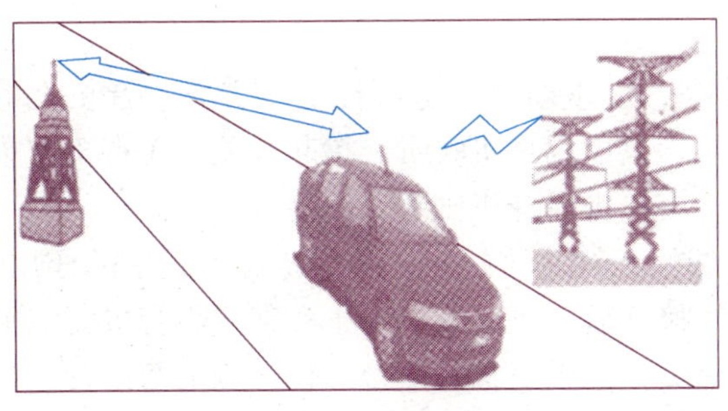
图8-26　电磁干扰

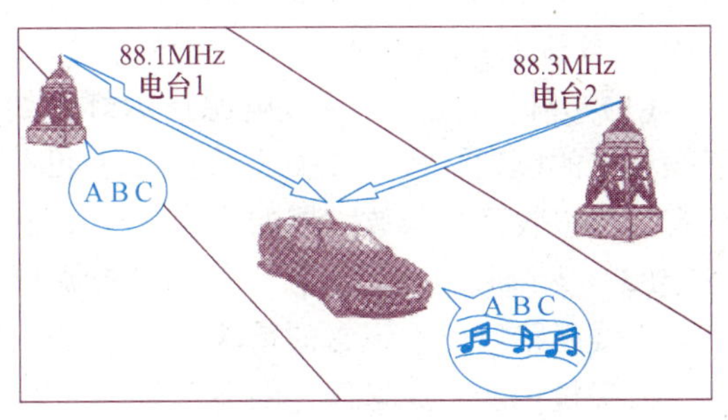

图8-27　电台偏移杂音

3. LOAD键无作用故障诊断

LOAD键无作用，表现为碟片不能进出，其可能原因有机芯被卡死（图8-28）、电路故障、用户使用不当（装入碟片不当，如异形、变形、多张等，或强行插入造成碟片错位，卡在托盘内，如图8-29所示）等。此时可以拆开面板，观察机芯内部情况，检查内部是否有异常（如机芯光头支架是否被卡死，机芯内是否有异物，碟片是否错位等）。如果一切正常，则表明是电路故障。

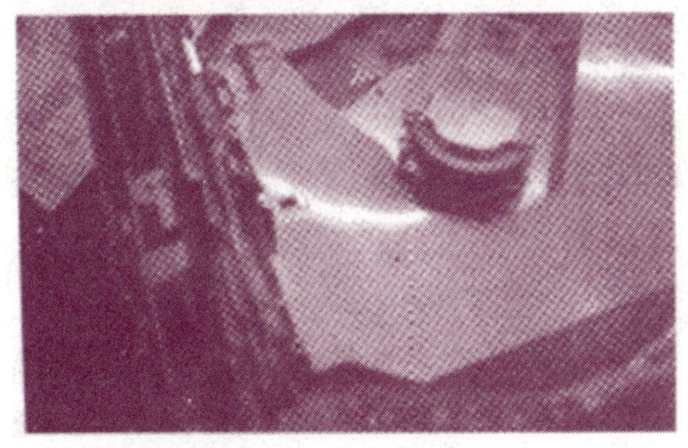
图8-28　光头支架被托盘卡死

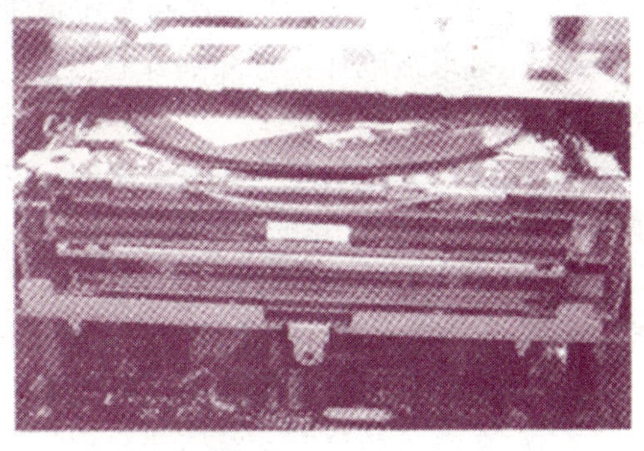
图8-29　碟片卡在主机托盘内

知识与技能拓展

汽车音响系统的技术使用与维护

一、汽车收音系统的正确使用与维护

1. 汽车收音系统的正确使用

（1）接收天线应良好可靠　汽车音响的接收天线有拉杆天线（手动和自动）和后风窗

玻璃上的条状金属膜天线两种。在接收调幅广播和调频广播时，拉杆天线应拉出，确保收听效果。天线与收音机的连线应可靠，拉杆天线应保持干燥、无锈蚀并升降灵活，手动拉杆天线要及时收回。

(2) 注意防止干扰　当汽车在电磁干扰较强的场合时（例如接近雷达、无线电发射台及电焊切割等场合），应停止使用收音机。

(3) 用好电台储存功能　数字式收音机可存储电台的频段，可以将平时经常收听的节目存储在收音机内，由于收音机的记忆作用，重新开机后，记忆便生效。

2. 收音系统的技术维护

(1) 开机后无声　检查电源指示灯，如不亮，应重新接好电源插头。查看收音机上的静噪开关的位置，按下开关表示静噪，此时无声，只能用耳机收听。抬起开关，应有正常重放音。检查收音机与放大器的连线是否良好，逐一检查后开机试听。

(2) 无调频或调幅节目　首先检查调频、调幅天线是否接好。因为金属屏蔽罩的作用，一旦天线断路，便无正常的重放声。仔细将天线接好后开机试听。对于数字式收音机，如采用定时关机功能，原来储存的电台频段记忆会消失，故无正常的电台节目，应重新设置电台的存储频段，所以应少使用定时关机功能。

(3) 放音杂声大　检查收听环境附近有无电磁波干扰；检查天线或输出信号线是否接触不良；检查调谐旋钮或音量控制钮是否过脏，若过脏可用酒精清洗，待酒精挥发后试听。

(4) 收音灵敏度下降　检查天线位置是否正确，接线是否良好，各开关是否接触不良。

二、激光唱机的技术使用与维护

1. 激光唱机的正确使用

1) 注意合理安放：激光唱机的位置应避免剧烈振动及重物碰撞。注意盖好唱片仓门。

2) 正确取放唱片：打开唱片仓盘后，要将唱片的标签面朝上放入仓盘。如唱片装反，将无法播放。

3) 不要将其他物品放到唱片盘上，也不要将两张唱片重叠在一起播放；否则，将会加重驱动系统的负担，并可能造成损坏。

4) 对于设有数字信号接口的CD唱机，应尽量使用该接口，将输出的信号送至外接的数字解码器，最后送到放大器，这样可获得更优良的音质。

5) 注意确保各接口的连接位置正确。

2. 激光唱机的操作方法

(1) 激光唱机的主要操作开关

1) 放音键，按下此键即可放音。

2) 暂停键，按下此键可暂停放音，再按此键则唱盘又转入放音状态。

3) 快进快退键，按下此键可快速找到所要的节目。

4) 程序放音键，按下此键可编辑节目顺序，按所编排的顺序放音。

5) 重复放音键，按下此键可使唱盘重复放音，再次按下后才结束重复功能。

6) 清除键，按下此键唱机停止正在执行的功能，回到原始的状态。

(2) 激光唱机的数字显示

1）接通电源并送入唱片后，就会在显示器上自动给出唱片的节目数和放音时间。

2）暂停指示，按下暂停键后，可给出暂停指示。

3）重复放音指示，按下重复放音键时，会给出重复放音指示。

4）放音指示，按下放音键后，显示器会给出正在播放的节目号，并用箭头指示。

5）快进快退指示，当唱机处于快进/快退状态时，显示器给出该指示。

6）程序播放指示，当处于程序播放时，显示器给出该指示；程序播放结束时，显示消失。

3. 激光唱机的技术维护

（1）放音无声　装好唱片，按动放音键后无声音。检查唱片是否放正，开机后如果未显示唱片的曲目数，而是显示出错符号，说明激光唱片的位置没有放好。打开唱片仓，将激光唱片重新摆正后即可放音。检查激光唱机与放大器之间的信号线，将信号线反复拔插或左右互换以判断是否接触不良或断线。

（2）放音时不进片

1）检查唱片是否损坏。可取出激光唱片对光检查，看有无漏光处或有无明显的划痕和油污。这些问题会引起激光拾音失灵，造成播放中断。

2）反复按动放音键，看能否恢复正常放音。因为激光唱机内产生的误动作也会使播放中断，重新起动几次可恢复正常。

3）上述方法不能奏效时，则要打开机壳，检查激光拾音器的光学头是否有脏物。若有脏物，可用擦镜头纸蘸酒精清洗光学头，然后开机，用一张好唱片放音试听。

4）若机内电路损坏，应检修电路。检查和清洗光学头应在断电的情况下进行，以避免激光灼伤眼睛。

（3）遥控失灵　检查遥控发射器电池供电是否正常，可换上新电池试一试；检查激光唱机附近是否有强电、强磁和强光干扰；检查遥控器的按键是否接触不良，可清洗按键触点。

案例解析

故障现象：一辆北京现代索纳塔2.7L轿车，在打开点火开关时出现仪表无指示、起动机不起动等故障，经检查发动机舱右侧80A熔丝烧断。更换后，仪表指示正常，发动机也可正常起动，但音响锁死。该车音响密码是4位密码，将密码直接输入后，音响自动解锁。车辆运行五六天后，又出现上述故障。

故障诊断：熔丝经常烧断的原因，一是电路中有搭铁处，二是用电设备中有负荷过大处。此类故障较难查找，主要是因为故障不总发生。

经检查电路中无明显的搭铁处。再检查主要的用电设备（前照灯、空调等），发现冷凝器的温度很高，压缩机电磁离合器也经常吸合、断开，此时冷凝器风扇转动，但转速不是很低，判断是风扇电动机故障。

故障排除：更换风扇电动机后，转速马上加快，冷凝器温度也明显降低；再将音响密码解开，故障排除，此后该车再没出现80A熔丝烧断的故障。

点评：该车风扇电动机负荷过大，使电路中电流增大，而电动机电路从80A熔丝经过，当电路电流过大时，80A熔丝就烧断，音响锁死。问题出在相关电路上。

观察与思考

一、思考题

1. 汽车音响系统的检测方法有哪些？检修时应注意哪些事项？
2. 如何维护汽车音响系统？
3. 音响系统在什么情况下会被锁止？如何对汽车音响防盗系统进行解码？

二、实习观察项目

1. 学生自己按电路图和技术操作规程对音响系统进行检查，发现问题及时处理。
2. 学生按电路图对音响系统进行综合故障检测、调整、诊断并排除故障。
3. 对音响系统进行维护。

学习单元 2　汽车音响的解码

学习目标

1. 熟悉汽车音响防盗系统功用、类型、组成和结构特点；
2. 掌握汽车音响解码的方法与调试维护工艺。

工作任务

一、任务情境

某些中高档汽车音响有防盗功能，一般新车交付使用时即被启用（应车主要求，音响的防盗功能可以使用也可以不使用），当音响系统电源被切断（如音响被强行盗拆、维修时，蓄电池断电或电压过低等）后，音响系统即被锁止，即使重新接通电源，也不会工作。只有输入厂家设定或由车主设定的密码，音响系统才能恢复正常的工作。如果通用汽车音响控制面板（图 8-30）的显示屏显示“LOC”，表明音响已被锁止，需输入密码才能解锁，否则音响将无法使用。本任务要求对通用汽车音响系统进行解码。

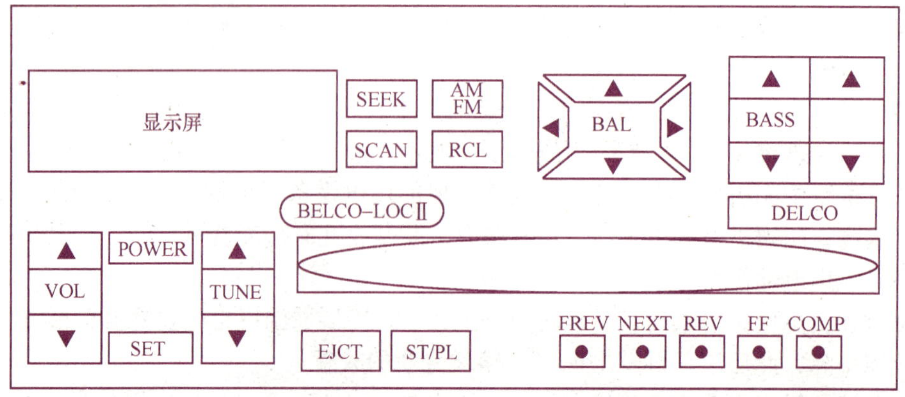

图 8-30　通用汽车音响控制面板

二、任务分析

汽车音响的防盗系统有两种类型。

一是在被盗时，汽车音响的主要部分变为不可拆或强行拆下即损坏，通常利用电磁铁及其他机械锁定装置或插卡、面板反转隐藏（图8-31）等。

图8-31　本田跑车隐藏式主机

二是设定密码，当汽车出厂后，由销售店交到客户手中时，汽车音响防盗功能即被激活，当驾驶人设定密码并进入防盗警戒状态后，只要系统电源被切断，即使重新接通电源，音响系统也不会工作（锁止）。在获知原车密码的情况下，可严格按照既定的步骤和方法按动音响面板键盘输入正确的密码；如果原车密码丢失，可利用专用解码器读出原车密码或将其修改来完成解码，音响系统才能恢复正常工作。有些汽车音响，例如上海大众帕萨特B5汽车使用便捷型收放机，同一辆汽车在拆装音响系统时不必输入密码，自动解锁，即有自学习功能。

任务实施

通用汽车公司生产的汽车大多数采用德尔柯音响。其控制面板如图8-30所示。当音响被锁止时，屏幕会显示“LOC”，表示音响已经锁止，需输入密码才能开锁。下面介绍最常见的德尔柯Ⅱ型音响防盗系统的密码解码、设定和取消方法。

一、音响解码

1）先将蓄电池电源断开，然后再接通。

2）按下设定键“SET”，屏幕上显示“000”。

3）按下搜索键“SEEK”，输入密码第1位数（0～9）。

4）按下扫描键“SCAN”，输入密码第2、第3位数（0～99）。

5）按下调频/调幅键“AM/FM”，将密码的前3位数确定，屏幕显示“000”。

6）再按下搜索键“SEEK”，输入密码第4位数（0～9）。

7）再按下扫描键“SCAN”，输入密码后两位数（0～99）。

8）再按下调频/调幅键“AM/FM”，将密码的后3位数确定。此时，屏幕上会显示时钟，音响恢复工作，开锁完成。

如果连续3次输入错误的密码，屏幕上会显示“INOP”。此时，需让电源和点火系统接通工作1h（即起动发动机并打开音响1h）后才能转为“LOC”状态。

二、取消密码

1）音响系统必须在“开锁”状态下才能取消密码。

2）同时按下预置键1“PREV”和预置键4“FF”大约4s，直到屏幕上显示“SEC”。如果此时屏幕上显示为“---”，说明防盗功能的密码已取消，不必进行以下步骤。

3）按下设定键“SET”，屏幕上显示“000”。

4）按下搜索键“SEEK”，输入密码第1位数（0～9）。

5）按下扫描键“SCAN”，输入密码第 2、第 3 位数（0 ~99）。

6）按下调频/调幅键“AM/FM”，将密码的前 3 位数确定，屏幕显示“000”。

7）再按下搜索键“SEEK”，输入密码第 4 位数（0 ~9）。

8）再按下扫描键“SCAN”，输入密码后两位数（0 ~99）。

9）再按下调频/调幅键“AM/FM”，将密码的后 3 位数确定。此时屏幕上会显示“---”，接着转为时钟显示，表示防盗功能的密码已经取消。

三、新密码设定

1）音响系统必须在“开锁”状态下才能设定新密码。

2）同时按下预置键 1“PREV”和预置键 4“FF”大约 4s，直到屏幕上显示“---”。如果此时屏幕上显示为“SEC”，说明防盗功能的密码还在起作用，应先取消旧密码后才能输入新密码。

3）按下设定键“SET”，屏幕上显示“000”。

4）按下搜索键“SEEK”，输入新密码第 1 位数（0 ~9）。

5）按下扫描键“SCAN”，输入新密码第 2、第 3 位数（0 ~99）。

6）按下调频/调幅键“AM/FM”，将新密码的前 3 位数确定，屏幕显示“000”。

7）再按下搜索键“SEEK”，输入新密码第 4 位数（0 ~9）。

8）再按下扫描键“SCAN”，输入新密码后两位数（0 ~99）。

9）再按下调频/调幅键“AM/FM”，将新密码的后 3 位数确定，屏幕上显示“VEP”。

10）显示“VEP”后，屏幕再次转为“000”，此时重复进行步骤 3）~9），即再输入 1 次新密码。新密码第 2 次正确输入后，屏幕上应显示“SEC”，接着转为时钟显示，说明新密码已设定，防盗系统已起作用。

四、用备用码解码

如果音响被锁止，而用户忘记了密码或密码丢失，可以利用制造商提供的备用码来开锁。要得到备用码，首先要调出本机代码。

本机代码的调出步骤为：先同时按下预置键 2“NEXT”和预置键 3“REV”大约 8s，屏幕上会显示本机代码的前 3 位数；再按下调频/调幅键“AM/FM”，屏幕上会显示本机代码的后 3 位数。

调出本机代码后，到代理商处取得该车的授权码（8 位数），然后打电话到音响生产商（如加拿大的德尔柯公司），该公司的计算机会提示用按键式电话机输入代理商的授权码，然后再输入本机代码，如果授权码及本机代码与德尔柯公司计算机的存储数据吻合，计算机即刻响应并调出工厂备用码。计算机提供的备用码一般为两组，若第一组仍不能将音响“开锁”，则再用第二组。有的第二组备用码全部为“0”，可按开锁步骤来处理。

知识与技能拓展

常见车型音响防盗系统的设定与解除方法

一、PASSAT（帕萨特）轿车 B4 音响防盗解码方法

1. 密码功能起动方法

1）音响开机后显示屏显示“FM190.5MHZ”，同时按下“MODEL”及“SCAN”键，首先显示“AM111070kHZ”，4s 后又显示“A1000”。

2）节目预选键 1、2、3、4、5、6 中的 1、2、3、4 为密码输入键。4 代表个位，3 代表十位，2 代表百位，1 代表千位。若想设定密码为“876”，则按 1 键 1 次千位空白显示；按 2 键 8 次，百位显示 8；按 3 键 7 次，十位显示 7；按 4 键 6 次，个位显示 6。密码输入完毕后，再次同时按下“MODEL”及“SCAN”键，若密码功能已起动，则显示屏会显示一个电台频率。此后若关闭点火开关，则音响左上角红色发光管会以 1Hz 的频率闪烁。

3）由于设计的原因，千位的数字只能是 1 或 0。

4）若同时按下“MODEL”及“SCAN”键时间太长或重复按下，音响会将 1000 误认为防盗密码输入，从而损失一次输入机会。

2. 密码输入方法

蓄电池断开、音响熔丝烧断或拆卸音响之后，已起动密码功能的机头会自动锁住。同时，液晶显示屏上会显示“SAFE”。这时在已知密码的情况下，可通过以下方法解除防盗：

1）开机，音响显示屏显示“SAFE”，同时 ANTI—THEFT 发光管会以 1Hz 的频率闪烁。

2）按照前述“密码功能起动方法”步骤 1）、2）相同操作，解开密码。

若输入的密码不正确，字母“SAFE”闪烁 5 次后显示“SAFE”。可用相同方法重新操作解码，若还是没有输对，则必须等待 1h 以后再输。

在不知道密码的情况下，可将主 CPU IC651 上方的 E2PROM IC671（即 93C46）拆下，在专用的音响解码器上或计算机编程器上拆下芯片，读出密码及状态，然后将芯片装回。输入已读出的密码或改写密码或改写密码成 CD. AB 即可无密码开机。

解码方法同样适用于帕萨特轿车 CQ—LA1410 及 Audi 轿车长面板音响、奔驰轿车 CQ—LP2610 音响等。

二、帕萨特 B5 轿车音响解码方法

上海大众汽车公司生产的新款帕萨特 B5 轿车的音响分为两种：一种为 γ 型，另一类为 β 型。但其音响防盗原理是一样的，解码的程序也是一样的。

1. 便捷型收放机密码系统

在使用此系统以前，每次卸下收放机或拆除蓄电池接线后均需人工取消防盗密码。有了此新的便捷型收放机密码系统后，情况发生了变化，首次将编码数字输入收放机后（又称首次激活），它还同时储存在车辆仪表板控制系统中。

车辆恢复供电后，汽车收放机会自动将“它的”密码数字和储存在车辆仪表板控制系统中的密码加以比较。如密码相符，则在短短几秒后收放机便可工作，不再需要人工取消电子锁定。

2. 取消电子锁定

若采用的音响不是便捷型收放机，当收放机断电或更换新的收放机后，防盗密码系统将收放机电子锁定，开机后则显示“SAFE”字样。其解码程序如下：

1）打开点火开关，再打开收放机，数字显示屏上会显示“SAFE”字样。

2）约 3s 后显示屏上会显示“1000”。

3）使用存台键将贴在“收放机资料卡”上的密码数字输入。按键“1”输入密码的第一位，按键“2”输入第 2 位，以此类推。例如密码为 2365，则应按“1”键 2 次，按“2”键 3 次，按“3”键 6 次，按“4”键 5 次。

4）输入密码后，再按搜索键或者手动调谐键，按 2s 以上直到听到“哔”的一声后松

开。

5）如果输入的密码正确，在显示屏上很快就会自动显示电台的频率，此时收放机又重新处于可工作状态。

如果在音响解码时由于疏忽，输入一个错误的密码，则显示屏上先闪现、后持续显示“SAFE”字样。此时可重复一遍整个过程，重复的次数会在显示屏上显示。

6）如再次输入错误的密码，则收放机将被锁定1h左右，即无法开机。可从显示屏左下方一个很小的“2”字识别此锁定状态。在1h的等待过程中，点火开关必须置于“ON”位置，且收放机保持开机状态。1h后，显示屏上重复次数的显示消失，此时又可根据前面的介绍再次进行人工解码的操作。

三、奥迪A6轿车音响解码操作程序

奥迪A6轿车配备了咖玛牌音响（AUDI GAMMA）。该音响具有防盗功能，可输入4位密码进行解锁，如音响一旦被盗，则会因电源曾中断过，再接通电源时就会自动呈锁止状态使音响的各种操作功能失效。如果不慎将音响锁止，可按照下述方法进行解码：

1）将音响电源开关置于“ON”位置，这时音响的液晶显示屏如显示“SAFE”字样，则表明该音响已被锁止。

2）同时按住装饰面板操作按键中的“U”键和“M”键，这时液晶显示屏会出现“1000”字样，然后松开“U”、“M”按键。注意：此后再不能同时按住“U”、“M”两按键。否则，音响内控制单元将把此项操作作为错误输入，进行一次计数。

3）音响装饰面板中的4个预置电台存储键“1”、“2”、“3”、“4”兼做音响的解码输入按键。如输入密码“1697”，则按动面板操作存储键的“1”键2次，液晶显示屏会显示1；按动面板操作存储键的“2”键7次，液晶显示屏会显示6；按动面板操作存储键的“3”键10次，液晶显示屏会显示9；按动面板操作存储键的“4”键8次，液晶显示屏会显示7。

4）输入的密码与正确的密码核对无误后，再同时按住“U”键和“M”键。待显示屏上再次出现“SAFE”字样后即可松开“U”键和“M”键，稍等片刻该显示屏上就会自动显示一个电台的频率，则表示该音响解锁成功，音响恢复原设计功能。

5）如果输入的密码是错误的，当放开“U”键和“M”键后，显示屏上的“SAFE”字样仍不消失，这时可重新输入密码。如果再次输入错误密码，则需等待1h后，才可继续输入密码。

需要注意的是，此种车型音响的密码卡片在出厂销售时贴在行李箱内，用户购买新车后，要将密码卡取出妥善保管，不可丢失，也不可放在车内。车辆转卖时，新老用户不要忘记交接密码卡片。在汽车进行维修时，在不知道音响密码的情况下，千万不要断开蓄电池的电源线，以避免音响被锁止。

四、丰田雷史萨斯轿车音响防盗系统的设置、取消、锁止和解码

1. 设置防盗系统

1）将点火开关转到“Acc”位置，将音响关闭。

2）按下左边“1”键和右边的“6”键，再按“PWR. VOL”键，直到显示屏上显示“SEC”为止。

3）先按“TUNE/SEEK”键，再按“1”键，音响放音功能指示符号将显示在显示屏上。

4）重复按“1”键、“2”键和“3”键，即可输入欲设置的3位数字的密码。如设置的密码为420，则必须依次按“1”键5次，“2”键3次，“3”键1次。

5）密码数字显示后，按下“SCAN”键，直到显示“SEC”为止。当“SEC”自行消失后，防盗系统即已设置成功。

如果按错键，在显示“SEC”之前，显示屏上便显示“Err”。此时，应从第3）步重新操作。

防盗系统一经设置，点火开关处于“OFF”位置时，防盗指示灯将亮起。点火开关转至“Acc”位置时，显示屏上将显示“SEC”。

2. 取消防盗系统

由于某种原因需要更换密码时，必须先取消防盗系统的密码设置，再重新设置新的密码。

1）按“设置防盗系统”的步骤操作一次。

2）密码显示后，按下“SCAN”键，直到显示“----”为止。“----”自行消失，表明防盗系统已被取消。如果按错键，“Err”和“SEC”将陆续显示，这时必须从“设置防盗系统”的第3）步重新开始操作。

需注意的是，显示的“Err”前面的数字表示按错了多少次键，最多可按错9次。如果第10次按错键，防盗系统将被触发，显示屏显示“HELP”，音响指示灯亮，表明音响系统彻底不能工作。此时需要与雷史萨斯轿车经销商联系。

3. 防盗系统被触发锁止后的处理方法

如果自行设置的防盗系统被触发，按下面的步骤进行操作。

1）按“设置防盗系统”中的第3）、4）步进行操作。

2）显示屏上显示密码后，按“SCAN”键，直到“SEC”自行消失后，防盗系统即被重新设置，音响系统也恢复正常。

如果按错键，在显示“SEC”之前，将显示“Err”，必须从头开始重新操作。

如果第10次按错键，防盗系统将被触发，显示屏显示“HELP”，音响系统指示灯亮，表明音响系统彻底不能工作。

五、福特（FORD）汽车音响锁止后的解码操作程序

福特汽车音响装有防盗系统，一旦汽车更换蓄电池或由于其他维修断开电路，汽车音响则会被锁止而不工作。欲使音响恢复工作，可按下面方法解锁：

1）先要获得解锁密码，用钥匙打开杂物箱，找到一张印有“DEYCODE”英文字母及4位数码的不干胶贴，此4位数码即为解锁密码。

2）打开点火开关，按音响“POWER”（电源）键，液晶显示屏上即显示4个短画线“----”并不断闪烁，表示该音响因某种原因（如音响BATT电源瞬间中断或蓄电池供电中断，及蓄电池电压过低等）已被锁止。

3）音响装饰面板中的6个预置电台存储键兼作音响的解码操纵输入按键。例如，输入密码“1866”的方法为：按面板操作存储键中的“1”键，直到液晶显示屏显示出1为止；按面板操作存储键中的“2”键，直到液晶显示屏显示出8为止；按面板操作存储键中的“3”键，直到液晶显示屏显示出6为止；按面板操作存储键中的“4”键，直到液晶显示屏显示出6为止。

4）如果以上操作输入的密码正确无误，再按音响装饰面板中的“SELECT”键，液晶显示屏上会显示出一个电台的频率，此时该音响解锁成功，音响恢复原设计功能。

5）如果输入的密码不是正确的密码，当输入完毕后，音响液晶显示屏会显示出“WAIT30m”字样，这时只能耐心等待30min以后，才可重新输入正确的密码进行解锁。

如果10次输入的密码均为错误密码，该音响将被永久锁止，屏显为“LOCK OUT”。此时，必须由福特汽车公司重新设定程序，才可输入密码。

案例解析

故障现象：一辆广州本田（奥德赛）七座轿车配置的CO—JH1930K型车载音响，在清洗激光头后出现不能开机故障。询问前期维修人员，客户送修音响时，故障为读碟不畅、易停顿、TOC读取时间较长，维修人员根据经验判断激光头可能被灰尘污染，于是拆下清洗，关机后将各电器连接件重新安装，复试，发现音响已彻底不能开机。

故障诊断：在确认音响外部电路均正常的情况下试机，无屏显，操作键均无反应。拆开音响分析，该机为逻辑轻触控制结构，采用NEC公司UPD178098GF型微处理器作为系统中央控制器。根据逻辑音响的控制特点，此类故障多数由CPU外部的电源、复位、晶振等电路损坏造成，故先检查系统电源电路。考虑到CPU引脚较多且无详细资料，首先检测外部电路中的电源复位芯片AN8065S，测量其7（Vcc）脚电源电压为0V，异常。依电路（图8-32）逆向检测，电感L602无断路，且两端均无电压，说明故障出在上级电路。依次测量二极管D704阻值，发现内部断路损坏，用现有的IN4148型二极管替换，通电复试，故障依旧；再测AN8065S的7脚电源电压，电压上升为9.5V（正常应在5～6V），且芯片表面温度过热，证明电源电压过高。为避免电路元件损坏，迅速切断电源，停止带电测量，对上级电路进行分析。观察D704前端为一典型的稳压电路，能够影响其电压输出的元件为R、D703和Q703，测量电阻R阻值为18kΩ，正常。拆下稳压二极管D703，测量其反向击穿电压为6V，正常。拆下晶体管Q703测量，集电极与发射极已击穿短路，用市场常见的BC337替换（引脚需调整），通电试机，音响开闭功能恢复正常，但CD机芯内一直有齿轮啮合转动的噪声，且无法放入碟片。怀疑CD机芯内部的机械组件定位不良或监测开关异常，于是小心地分解机芯，发现位于机芯底板前部的进仓监测触点开关已被固定螺栓压坏，测量其内部触点始终导通，从而导致CD机构一直执行误动作。

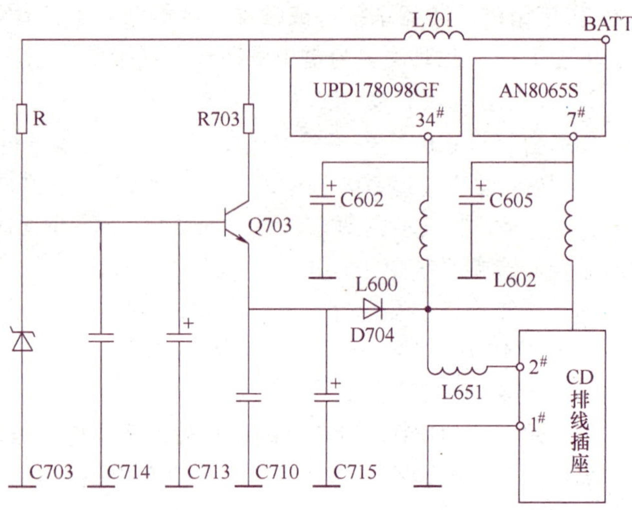

图8-32 奥德赛音响电路图

故障排除：更换新件后，音响工作正常。

故障分析与点评：通过维修人员先前反馈的症状，分析故障原因为：因广州本田汽车配

置的音响激光头易被灰尘污染，在维修中激光头清洗作业较频繁，所以音响送修时，维修人员并未重视，简单擦拭后就匆忙装机，但装配时未注意进仓监测信号开关的定位，紧固电路板时压坏了开关的触点臂，造成音响装配后 CD 机构误动作，碟片无法进仓播放。此时维修人员认为是电路部件连接不当，简单的关闭点火开关后，就直接在车上带电重新插拔电器连接件。由于该款音响电路主板 CD 连线插排中的 2（Vcc）电源脚和 1（GND）搭铁脚位置相邻，插拔时角度出现的微弱偏差，便引起电源电路短路，造成 D704 和 Q703 的烧损，最终导致故障由 CD 机构的误动作扩大为音响无法开机。通过以上案例不难看出，由于车载音响空间小、结构紧凑，在拆装、维修过程中务必要认真仔细，切忌不按规程带电作业。

观察与思考

一、思考题

1. 如何设定汽车音响系统的密码？
2. 音响系统被锁止后如何进行解码？

二、实习观察项目

1. 学生自己按电路图和技术操作规程对音响防盗系统进行检查，发现问题及时处理。
3. 对音响系统进行常规检查和维护。

学习情境9　汽车车载局域网技术

学习单元1　车身 CAN 网络的检修

学习目标

1）熟悉控制器局域网络总线（Can-bus）系统的基础知识与基本组成。

2）掌握 Can-bus 系统的故障原因和常用检测方法。

3）能够对 Can-bus 系统常见故障进行正确的诊断与排除。

工作任务

一、任务情境

一辆上海大众波罗（POLO）轿车（车身编码为 LSVFA49J822044665，配备手动变速器和两前门电动窗，无中控门锁），在某装饰部位加装一套防盗器和中控门锁后，出现电动车窗无法工作的现象。

二、任务分析

汽车车载网络系统是一种全新的汽车电控系统信息通信方式，有着自身独特的结构、工作特点以及相应的故障特点，对其性能的检测、故障的诊断和排除也应有对应的方法、步骤和注意事项。要排除以上电动车窗无法工作的故障，应先熟悉以下相关知识。

相关知识

一、车载网络的基本概念

如同计算机领域的 Intel 网或一个单位的内部网络一样，车载局域网就是一个计算机的局域网技术，里面涉及大量的计算机术语，如网络、总线、通信协议、网关、节点、多路传输等。各个电控系统的控制单元如 Intel 网中的各个终端计算机，控制单元之间的总线如同 Intel 网的网线，网关如同 Intel 网的网卡。和 Intel 网传送的一样，各个控制器间传递的是数字信息——0 或 1，在计算机网页上看到的图片及其他文件其实都是数字信息，经计算机处理后才显示出来。车载信息中各控制器间传递大量数字信息，经处理后才是车上各传感器的实际物理量，各控制单元用这些物理量信息对汽车的各电控系统进行控制。

二、车用总线与通信协议

（一）Can-bus 系统的构造

Can-bus 称为控制单元的局域网，它是车用控制单元传输信息的一种传送形式，并且能够在车载网络领域中覆盖汽车中绝大部分应用范围的总线协议。汽车电子系统呈现出一种“局部成网，结构互联”的格局，汽车各个电子系统形成子网，然后再组成局域网。根据汽车各个电控系统工作的关联情况，Can-bus 一般分为五大系统：驱动系统、舒适系统、信息系统、多功能仪表系统、诊断总线。这 5 个子网通过网关并联，如图 9-1 所示。由于 5 个子网根据内部数据通信的网络特征不同，各个子网的速率也不相同。

由于不同区域 Can-bus 总线的速率和识别代号不同，因此一个信号要从一个总线进入到另一个总线区域，必须改变它的识别信号和速率，从而能够让另一个系统接受，这个改变的任务由网关（Gateway）来完成。另外，网关还具有改变信息优先级的功能。例如当车辆发生相撞事故时，气囊控制单元会发出负加速度传感器信号，这个信号的优先级在驱动系统中非常高，但转到舒适系统后，网关调低了它的优先级，因为它在舒适系统中的功能只是打开门和灯。

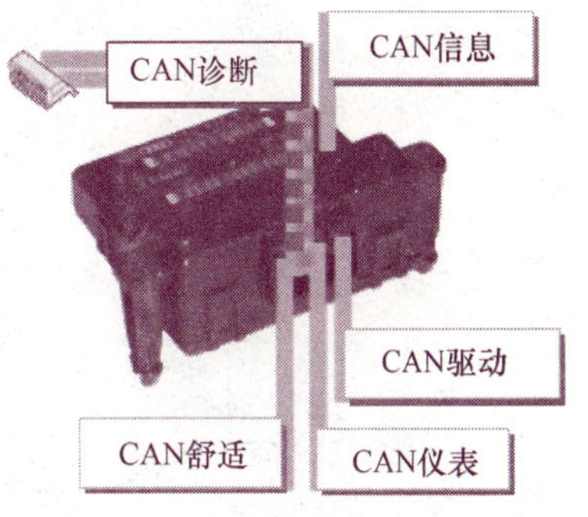

图 9-1　Can-bus 的 5 个局域网

由于控制器采用串行合用方式，因此不同控制器之间的信息传送方式是广播式传输，即每个控制单元不指定接收者，其把所有的信息都往外发送，由接收控制器自主选择是否需要接收这些信息。

（二）Can-bus 系统组成

1. CAN 收发器

CAN 收发器安装在控制器内部，同时兼具接收和发送的功能，将控制器传来的数据化为电信号（0 或 1）并将其送入数据传输线。由于绝大多数单片机都无法直接识别或处理 CAN 的总线信号，所以必须用收发器在 CMOS 电平与差分电压之间实现信号形式的转换。鉴于 CAN 的物理层有高低速之别，CAN 的收发器也相应分成两种，高速 CAN 网物理层和低速容错 CAN 网物理层可以通过电路接口进行区分。Can-bus 的收发器电路图如图 9-2 所示，其使用一个电路进行控制，这样控制单元在某一时间段只能进行发送或接收一项功能。

逻辑“1”：所有控制器的开关断开；总线电平为 5V 或 3. 5V；Can-bus 未通信。

逻辑“0”：某一控制器闭合；总线电平为 0V；Can-bus 进行通信。

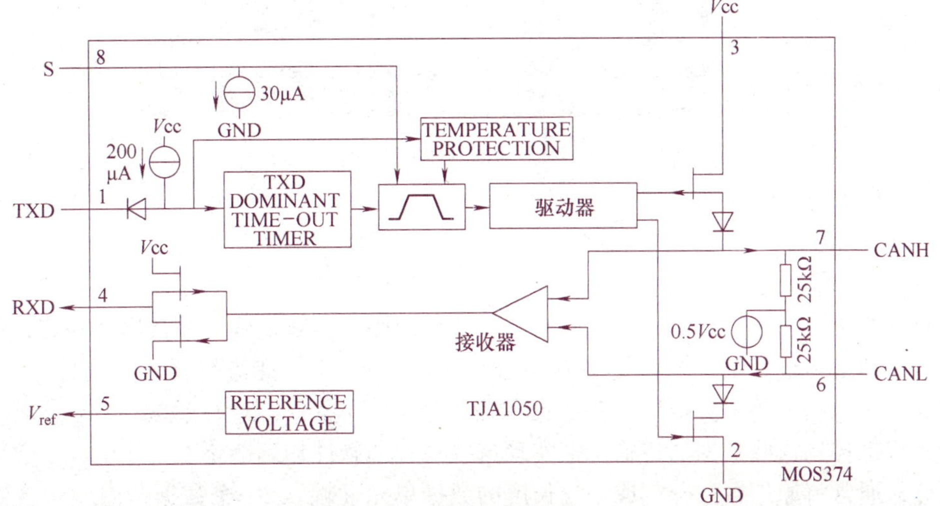

图 9-2　Can-bus 收发器电路图（TJA1050）

2. 终端电阻

数据传递终端实际是一个电阻器，如图9-3所示，其作用是避免数据传输终了反射回来，产生反射波而使数据遭到破坏。

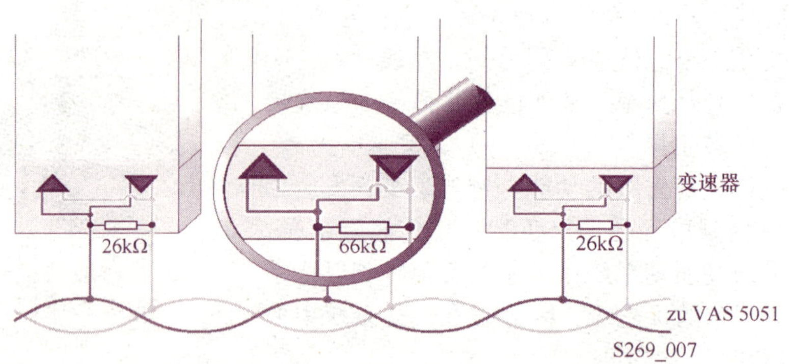

图9-3　终端电阻器

3. 系统间连接导线

车上的布线空间有限，Can-bus系统的控制单元连接方式采用铜缆串行方式，这种双绞线（图9-4）自身校验的结构，既可以防止电磁干扰对传输信息的影响，也可以防止本身对外界的干扰。系统中采用高低电平两根数据线，控制器输出的信号同时向两根通信线发送，高低电平互为镜像，并且每一个控制器都增加了终端电阻，已减少数据传送时的过调效应。收发器负责将CAN网总线的信号Can-high和Can-low翻译成无干扰的信号传入协议控制器，或者相反，将协议控制器的信号翻译成Can-high和Can-low传入CAN总线。

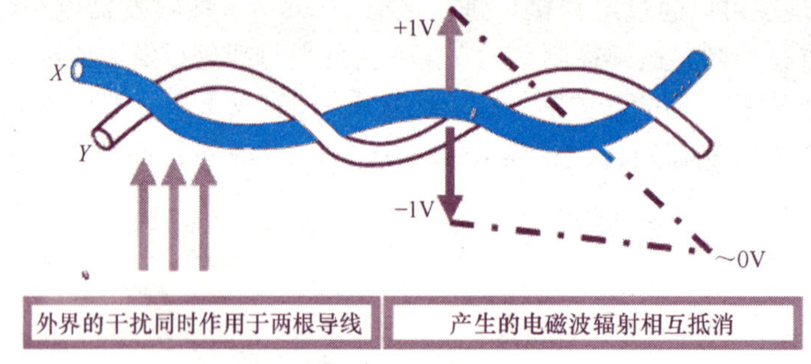

图9-4　双绞线工作形式

（三）CAN工作原理

1. 数据形式

在物理线上，由于噪声干扰、信号衰减畸变等原因，传输过程中常常出现差错，而物理层只负责透明地传输无结构的原始字节（也叫比特流），不可能进行任何差错控制。因此，当需要在一条电路上传送数据时，除了必须有一条物理电路（双绞线）外，还必须有一些必要的规程来控制这些数据的传输。把实现这些规程的软件加到链路上，就构成了数据链路层。为此，通常将原始数据分割成一定长度的数据单元（帧），一个数据帧内应包含同步信号（开始与终止）、差错控制（各类检错或纠错码，大多数采用检错重发的控制方式）、流量控制（协调发送方和接收方的速率）、控制信息、数据本身信息、寻址（在信道共享的情况下，保证每一帧都能到达正确的目的站，接收方也能知道信息来自何站）等。这些数据包的构成如图 9-5 所示，共有 7 个数据段，分别储存有开始区（1 位）、优先级别区（11 位）、检验区（6 位）数据区（64 位）、校验区（16 位）、确认区（2 位）和结束区（7 位）。

开始区表示帧结构的起始，由一个“显性”位组成，只允许同一总线上的所有 CAN 网节点是同步的。只有在总线空闲时数据才能发送，当某一控制器发送区有一个数据需要发送时，CAN 构件会检查总线上是否有源（是否正在交换别的信息或数据），必要时会等待，直至总线空闲下来为止，某一时间段内的总线电平一直为“1”的准确状态时，表示总线空闲，可以发送数据。

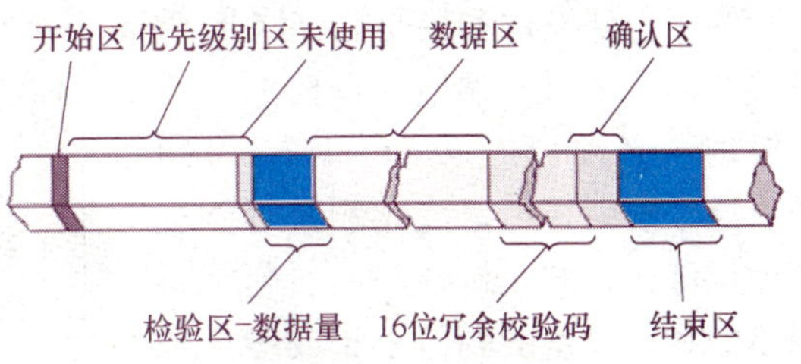

图 9-5　数据包构成

优先级别区也叫仲裁区，由 11 位 bit 码组成。如果多个控制单元同时发送信息，那么数据总线上就必然会发生数据冲突，为了避免发生这种情况，CAN 总线采用仲裁方法来处理这类冲突。在几个站点同时要发送信息时，要求快速地进行总线分配。一个快速变化的物理量，如汽车发动机运转数据，CAN 总线以数据帧为单位进行数据传递，数据帧的优先级组合在 11 位标识符中，具有最低二进制数的标识符有最高的优先级，这种优先级一旦在系统设计时被确定后就不能再更改。总线读取中的冲突可通过位仲裁来解决。例如，当3 个站同时发送数据帧时，控制器 1 的数据帧标识符为 0111111，控制器 2 的数据帧标识符为 0100110，控制器3 的数据帧标识符为0100111。通过比较3 个控制器的数据帧标识符，发现所有标识符的前面 2 个位都为 01，直到第 3 位进行比较时，控制器 1 的数据帧被放在一边，因为它的第 3 位为高电平“1”，其他两个控制器的数据帧第 3 位为低电平“0”。控制器 2 和 3 的数据帧的 4、5、6 位相同，直到第 7 位时，控制器 3 的数据才被丢置。注意，总线中的信号将持续跟踪最后获得总线读取权的控制器的数据帧。在此例中，控制器 2 的数据帧被跟踪。这种非破坏性位仲裁方法的优点在于，在网络最终确定哪个控制器的数据被传送以前，数据的起始部分已经在网络上传递了。所有未获得总线读取权的控制器都成为具有最高优先权数据的接收控制器，并且不会在总线再次空闲前发送数据。CAN 具有较高的效率是因为总线仅仅被那些请求悬而未决的控制器利用，这些请求是根据数据在整个系统中的重要性顺序处理的。这种方法在网络负载较重时有很多优点，因为总线读取的优先级已被按顺序放在每个数据帧中了，这可以保证在实时系统中较低的个体隐伏时间。对于主控制器的可靠性，由于 CAN 协议执行非集中化总线控制，所有主要数据，包括总线读取控制，在系统中分几次完成。这是实现有较高可靠性的通信系统的唯一方法。

检测区：由 6 位组成，标明传送中的数据帧的长度。

数据区：包含控制器间传送的转换后的物理量，是真正需要传送的信息。

校验区：也叫安全区，是 16 位的“循环冗余校验码”（Cycling Redundancy Check，CRC）。在发送信息时，所有数据位会产生并传递一个 16 位的检验和数，接收器按同样的规则，从所有已经接收到的数据位中计算出检验和数，随后接收到的检验和数与计算子网掩码的检验和数进行比较，如果确定无传递错误，那么连接的所有装置会给发射器一个确认回答，这个回答就是所谓的“信息收到符号”，它位于检验和数后，经控制层确认后的正确数据会到达CAN结构的接收区，这能够保证这次数据传送的安全性。

结束区：标出数据帧的结束和组成空余总线的第一部分，由7个“隐性”的位组成。

2. 发送和接受的同步

为了保证发送和接受能够同步，Can-bus规定了边沿对齐规则，如图9-6所示。也就是说接收器发现每一次电平反向的节拍不对时，必须调整边沿，以求得同步。这个规则在电平变化频繁时能有效地保证接收的正确性。当引起重新同步的相位误差的幅值小于或等于重新同步跳转宽度的设定值时，重新同步和硬件同步的作用相同。当相位错误和量级大于重新同步跳转宽度时：

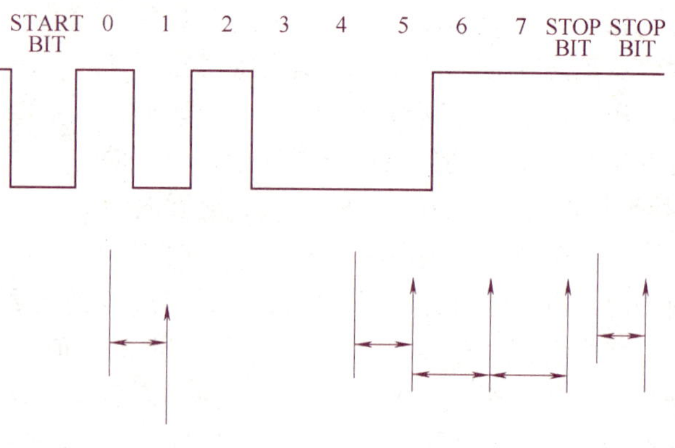

图9-6　发送和接收同步图

1）如果相位误差为正，则相位缓冲段1就增长一个与重新同步跳转宽度相等的值。

2）如果相位误差为负，则相位缓冲段2就缩短一个与重新同步跳转宽度相等的值。

同步应遵循以下规则：

1）在一个位时间里只允许一个同步。

2）仅当采样点之前探测到的值与紧跟沿之后的总线值不相符时，才把边沿用作同步。

3）总线空闲期间，有一“隐性”转变到“显性”的沿，无论何时，硬同步都会被执行。

4）符合规则1）和规则2）的所有从“隐性”转化为“显性”的沿可以用作重新同步。

例外的情况是，当发送一个显性位的节点不执行重新同步而导致一“隐性”转化为“显性”沿，此沿具有正的相位误差，不能用作重新同步。为了保证发送和接收能够同步，Can-bus规定了位填充规则，也就是说最多5位出现一样的电平信号，第六位必须有一个反向电平。这个规则能有效地保证接收的正确性。

3. 故障界定

对于故障界定（Fault Confinement），单元的状态可能为以下三种之一：“错误激活”（Fault Active），“错误认可”（Error Positive），“总线关闭”（Bus Off）。

1）“错误激活”的单元可以正常地参与总线通信并在检测到错误时发出主动错误标志。

2）“错误认可”的单元不允许发送激活错误标志。“错误认可”的单元参与总线通信，在错误被检测到时只发出认可错误标志；发送以后，“错误认可”单元将在初始化下一个发送之前处于等待状态。

3）“总线关闭”的单元不允许在总线上有任何的影响（如关闭输出驱动器）。在每一总线单元里使用两种计数以便故障界定：发送错误计数和接收错误计数。

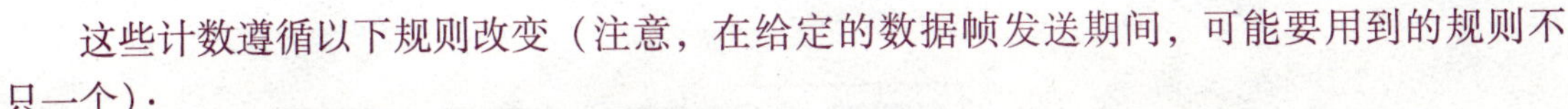

这些计数遵循以下规则改变（注意，在给定的数据帧发送期间，可能要用到的规则不只一个）：

①当接收器检测到一个错误，接收错误计数就加1。例外的情况是，在发送“激活错误”标志或过载标志期间所检测到的错误为位错误时，接收错误计数器值不改变。

②当错误标志发送以后，接收器检测到的第一个位为“显性”时，接收错误计数值加8。

③当发送器发送一个错误标志时，发送错误计数器值加8。

例外情况1：发送器为“激活错误”，并检测到一个应答错误（注：此应答错误由检测不到一“显性”位，以及当发送“认可错误”标志时检测不到一“显性”位而引起）。

例外情况2：发送器因为填充错误而发送错误标志（注：此填充错误发生于仲裁期间，由于填充位位于RTR位之前，并已作为“隐性”发送，但是却被监视为“显性”而引起）。

例外情况1和例外情况2发生时，发送错误计数值不改变。

④发送主动错误标志或过载标志时，如果发送器检测到位错误，则发送错误计数器值加8。

⑤当发送“激活错误”标志或过载标志时，如果接收器检测到位错误，则接收错误计数值加8。

⑥在发送“激活错误”标志、“认可错误”标志或过载标志以后，任何节点最多容许7个连续的“显性”位。以下的情况，每一发送器将它们的发送错误计数值加8，及每一接收器的接收错误计数值加8。

7）数据帧成功传送后（得到ACK及直接到帧末尾结束没有错误），发送错误计数器值减1，除非已经是0。

8）如果接收错误计数值介于1~127之间，在成功地接收到报文后（直到应答间隙接收没有错误，及成功地发送了ACK位），接收错误计数器值减1。如果接收错误计数器值是0，则它保持0，如果大于127，则它会设置一个介于119~127之间的值。

9）当发送错误计数器值等于或超过128时，或当接收错误计数器值等于或超过128时，控制器为“错误认可”。让控制器成为“错误认可”的错误条件致使控制器发出“激活错误”标志。

10）当发送错误计数器值大于或等于256时，控制器为“总线关闭”。

11）当发送错误计数器值和接收错误计数器值都小于或等于127时，“错误认可”的控制器重新变为“错误激活”。

12）在总线监视到128次出现11个连续“隐性”位之后，“总线关闭”的节点可以变成“错误激活”（不再是“总线关闭”），它的错误计数值也被设置为0。

基于以上报出故障码的原理，不是每出现一个错误数据帧就会报出故障码的，这也是有些CAN系统刚出现故障时并不报故障码，而是需要运行一段时间后才出现故障码的原因。

2003年，大众集团在新PQ35平台上使用了五重结构的Can-bus系统，并且出现了单线的Lin-bus，其代表车型是TOURAN（途安）。如图9-7所示，J533是改变各区域速率的网关，与其相连的5根线分别为5个CAN系统，它们是：驱动系统（由15号线激活），500kbit/s；舒适系统（由30号线激活），100kbit/s；信息系统（由30号线激活），100kbit/s；诊断系统（由30号线激活），500kbit/s；仪表系统（由15号线激活），100kbit/s。

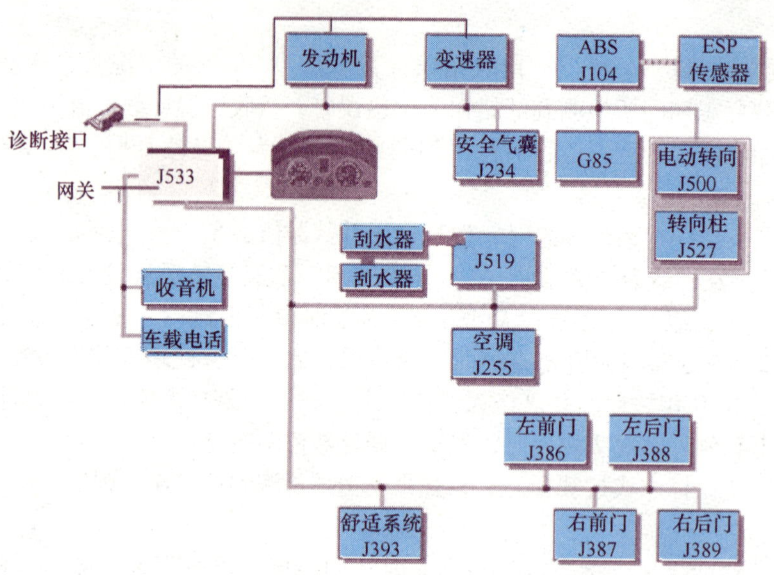

图 9-7　大众汽车 CAN 区域图

Can-bus 驱动系统由 15 号电源激活，速率是所有 Can-bus 中最高的，达到 500kbit/s，采用终端电阻结构，其中心电阻为 66Ω（发动机电阻）；并且高低 Can-bus 线为环状结构，即任一根 Can-bus 线断路，则 Can-bus 无法工作。驱动系统包括发动机控制单元 J220、变速器控制单元 J217、安全气囊控制单元 J234、ABS 控制单元 J104、转向角度传感器 G85、电动转向控制单元 J500。驱动系统信号如图 9-8 所示。Can-high 的高电平为 3. 5V，Can-high 的低电平为 2. 5V；Can-low 的高电平为 2. 5V，Can-low 的低电平为 1. 5V。实际的车上，Can-high 为橙黑色，Can-low 为橙棕色。

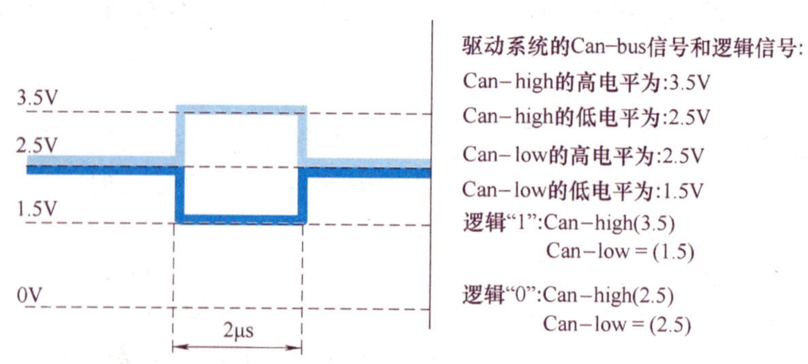

图 9-8　驱动系统的信号图

Can-bus 舒适系统由 30 号电源激活，速率达到 100kbit/s，没有终端电阻，且高低 Can-bus 线分离，即任一根 Can-bus 线断路，Can-bus 工作不受影响。舒适系统电控单元包括中央舒适系统控制单元 J393、空调控制单元 J255、电器管理控制单元 J519、转向柱控制单元 J527、各门控制单元等。舒适系统信号如图 9-9 所示。与驱动系统的 Can-bus 不同，舒适系统 Can-bus 的 Can-high 的高电平为 3. 6V，Can-high 的低电平为 0V；Can-low 的高电平为 5V，Can-low 的低电平为 1. 4V。其中 Can-high 为橙绿色，Can-low 为橙棕色。

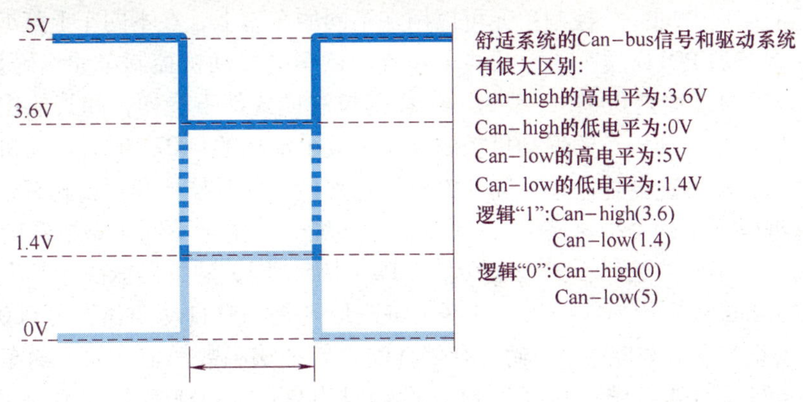

图 9-9　舒适系统信号图

信息娱乐系统由 30 号线激活，速率为 100kbit/s。该系统包括一些传统设备，如车载收音机、电话和电视、全球定位系统和语音识别及指令系统等。其中 Can-high 为橙紫色，Can-low 为橙棕色。

诊断总线由 30 号线激活，速率为 100kbit/s。诊断总线是用于诊断仪器和相应控制单元之间的信息交换，它被用来代替原来的 K 线或者 L 线的功能（废气处理控制器除外）。诊断总线目前只能在 V. A. S5051 和 V. A. S5052 下工作，而不能适用于原来的诊断工具，如 1552 等。诊断总线通过网关转接到相应的 Can-bus 上，然后再连接相应的控制器进行数据交换。随着诊断总线的使用，大众集团将逐步淘汰控制器上的 K 线存储器，而采用 CAN 线作为诊断仪器和控制器之间的信息连接线，其被称为虚拟 K 线。符合 OBD-II 标准的诊断总线接口如图 9-10 所示。

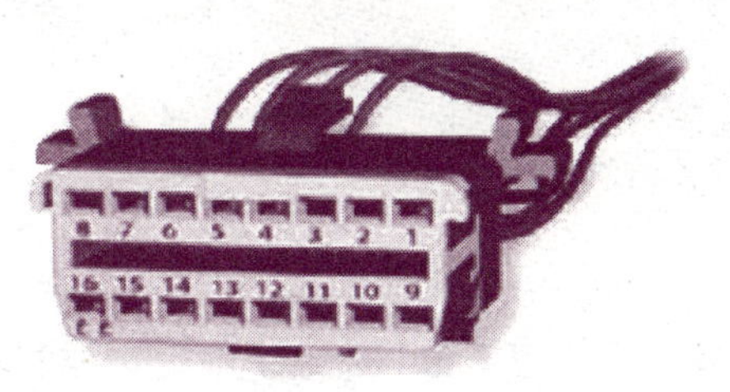

针脚号	对应的线束
1	15号线
4	搭铁
5	搭铁
6	Can-high(高)
7	k线
14	Can -low(低)
15	L线
16	30号线

图 9-10　诊断总线接口

（四）CAN 系统故障诊断

由于 Can-bus 系统及其上边传输信号的特殊性，Can-bus 系统故障现象和诊断方法也有所不同。常用的设备有示波仪、万用表、解码器等，其不同的故障原因采用不同的解决方法，下面对 Can-bus 系统的各种故障进行分析并同时给出相应的排除方法。

1. 编码不正确

由于 Can-bus 系统有许多控制单元，控制单元间的信息交换需要通信协议，这些协议就包括控制单元的编码。同一个控制单元可以用在不同的车型上，在不同车上其编码是不一样的。比如大众汽车的 POLO 轿车，手动档车和自动档车的发动机控制单元编码是不一样的，手动档是 00071，自动档是 00073，编码不一样则控制模式就不一样，和其他控制单元的信息交换也不一样，把自动档车的发动机控制单元编成手动档的 00071 时，发动机控制模式就是手动档的，和自动变速器控制单元间就没有信息交换，这时挂档和行驶就有很大的冲击。

另外一种编码不正确是指对网关（Gateway）的编码，由于不同车型搭载的电控系统不同，就需要网关有不同的编码，如大众汽车的 PassatB5，网关的编码取决于车上有哪些控制单元是通过 Can-bus 线来传递数据的，其网关编码原则是：有自动变速器为 00001，有 ABS 为 00002，有安全气囊为 00004，一辆车有哪种配置就把编码数加上。如一辆车装备有自动变速器、ABS、安全气囊系统，则网关 ECU 的编码为 00001 + 00002 + 00004 = 00007。由于车上电控系统的增加，这种简单的编码累加已不能满足需要，现在许多车型采用长编码，一长串数据中不同位置上的不同数字或字母代表相应电器设备的有无。比如大众途安轿车，其车载网络控制单元编码长达 34 个字节，每一个字节代表某四个电控制单元的开通与否，这与二进制和十六进制的换算有关，二进制的四位可转换成一个十六进制数，二进制的 0 和 1 代表功能开通与否，0 表示某电器功能关闭，1 表示该电器功能开通，这样每一字节能代表四个电控单元的开通与否。例如，一辆车的编码是 038f0f00000410000012 0c000000000000，如图 9-11 所示，第一个 0 代表四个电器的功能全部关闭（日间行驶灯、辅助行驶灯、雨水光照传感器、回家模式），对照上表，如果第一个编码为 8，则说明后三个电器功能关闭，第一个回家模式打开；如果第一位编为 F 时，则说明这四项全为 1，所有功能打开。以此类推，第二位为 3，则说明第二位的二进制数为 0011，对照图表说明 TFL/ECE 和脚部空间灯关闭，氙灯和雾灯功能打开。这样一个长编码至少能管理 34 × 4 个电器功能的开或闭。编码的不同能改变某一电器功能的开或闭，所以 Can-bus 系统中某一控制器开通与否不但看电路接通与否和控制器是否完好，还要看控制器编码是否正确。

字节0（0　3）

回家模式 7位	雨水—光照传感器 6位	辅助行驶灯 5位	日间行驶灯/NAR 4位	TFL/ECE 3位	脚部空间灯 2位	氙灯 1位	雾灯 0位
0	0	0	0	0	0	1	1

0　不可用
1　可用

字节1（8　F）

带返回刮水,带前连续刮水器 J519 7	行李箱遥控解锁功能启用 6	HDF基本型 5	加热式外后视镜 4	后部刮水器 3	电动燃油泵 2	前照灯清洗系统 1	后座椅靠背识别 0
1	0	0	0	1	1	1	1

图 9-11　编码与电器功能开闭对照图

控制器编码每个车型都有其固定的方式，在控制器不工作时，首先用解码器“读取控制单元信息”功能读取控制单元的编码，如果和该车型搭载的电器设备不匹配，应首先把控制器的编码输入正确，一般的解码器都有“控制单元编码”这一功能。控制单元编码在车辆出厂时都已设定好，不要随意更改，只有在更换新控制单元后才进行编码。

2. 电路故障

电路故障指通常的断路、短路等，可以用万用表、示波仪检测，因为电路中有很高频的脉冲信号，用万用表测量时误差很大，所以一般用示波仪。

（1）Can-low 断路（图 9-12）　在双通道的示波仪上可以看到，上部的 Can-high 波形正常，而下部的 Can-low 是一条直线，没有脉冲信号（图 9-13）。

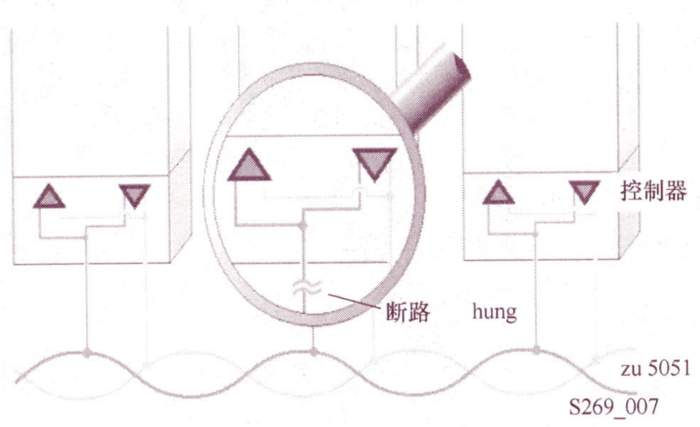

图 9-12　Can-low 断路示意图

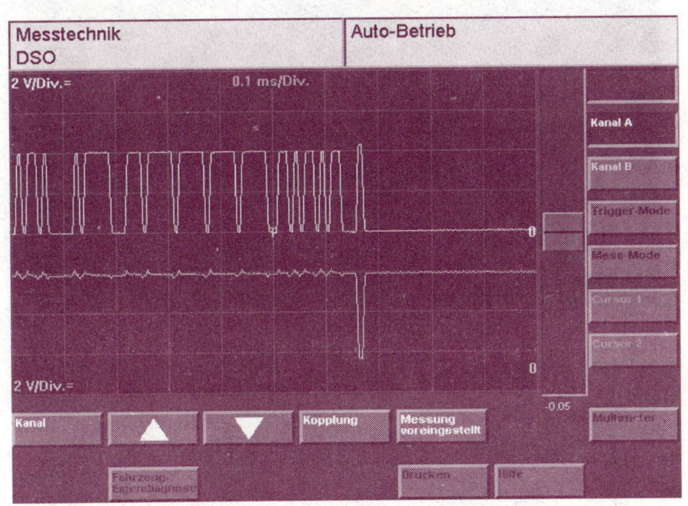

图 9-13　Can-low 断路示波仪显示波形

（2）Can-high 断路（图 9-14）在双通道的示波仪上可以看到，下部的 Can-low 波形正常，而上部的 Can-high 波形是一条直线，没有脉冲信号（图 9-15）。如果用万用表测量，则 Can-low 上为 0V，没有平均电压。

3. Can-high 与蓄电池正极短接（图 9-16）

在双通道的示波仪上可以看到（图 9-17），下部的 Can-low 波形正常，而上部的 Can-high 上波形是一条 12V 的直线，没有脉冲信号。如果用万用表测量，则 Can-high 上为 12V（Can-bus 电路上为脉冲电压，正常电路上的电压和蓄电池电压不可能一直为 0V 为 12V）。

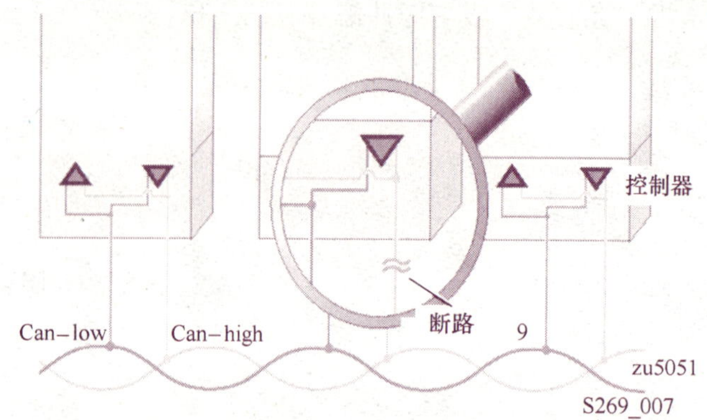

图9-14　Can-high断路示意图

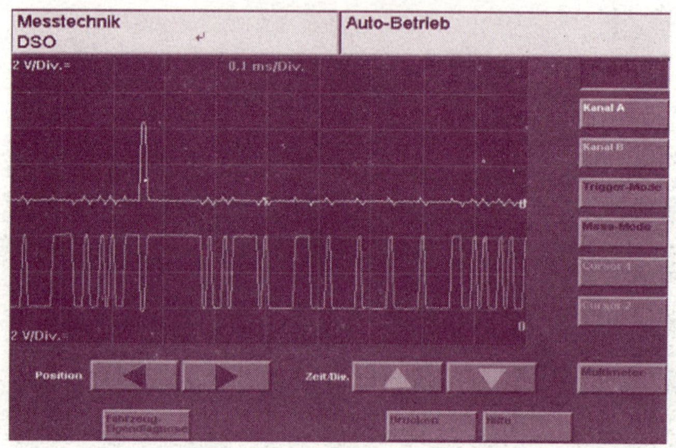

图9-15　Can-high断路波形图

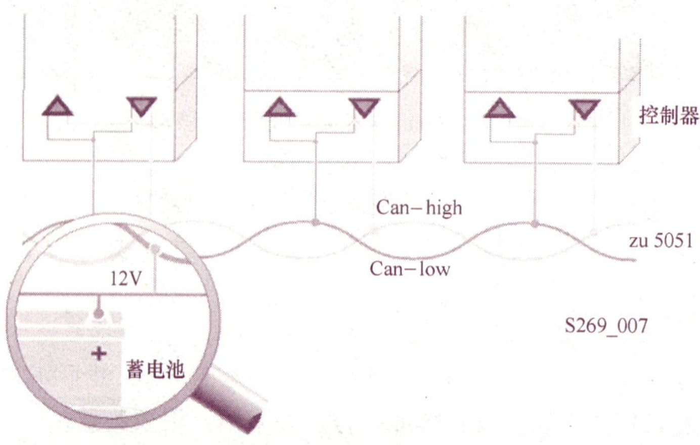

图9-16　Can-high与蓄电池正极短接示意图

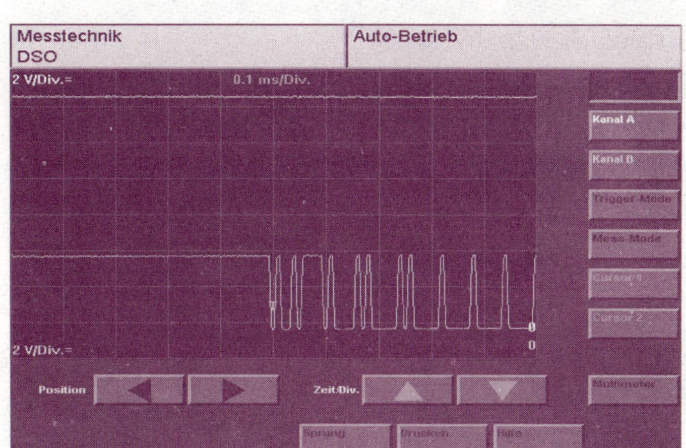

图 9-17　Can-high 与蓄电池正极短接波形

4. Can-Low 与地短接（图 9-18）

在双通道的示波仪上可以看到（图 9-19），上部的 Can-high 线上波形正常，而下部的 Can-low 线上波形是一条 0V 的直线。用万用表测量，Can-high 上有平均电压，而 Can-low 线与地短接。

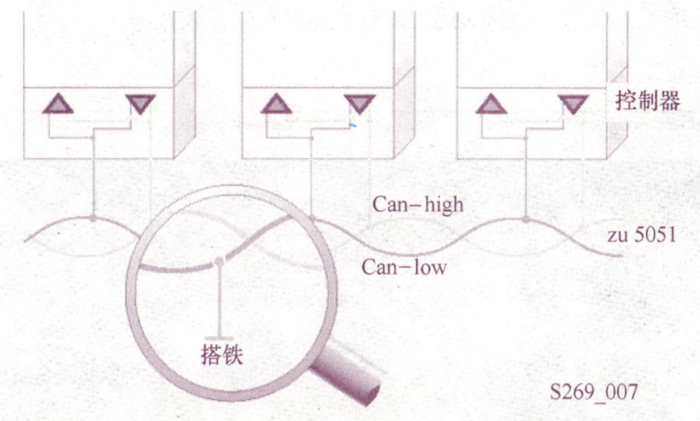

图 9-18　Can-Low 与地短接示意图

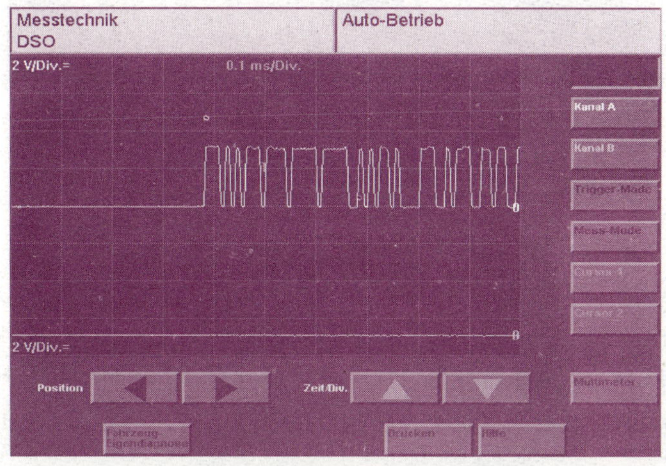

图 9-19　Can-Low 与地短接波形图

5. Can-low 与 Can-high 短接（图 9-20）

在双通道的示波仪上可以看到（图 9-21），Can-high 线上波形与 Can-low 线上波形相同。本来两条线上输出的波形互为镜像，同时发到一条短接的电路上后应为互相抵消，但 Can-bus 控制模式会关闭一个线上的输出，所以此时看到的只是一条线上的输出波形。

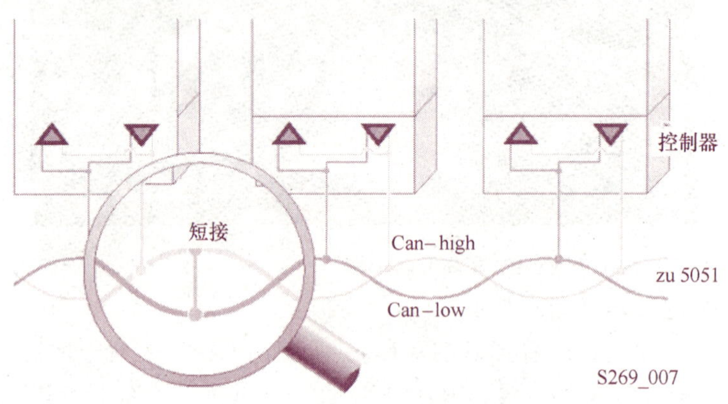

图 9-20　Can-low 与 Can-high 短接示意图

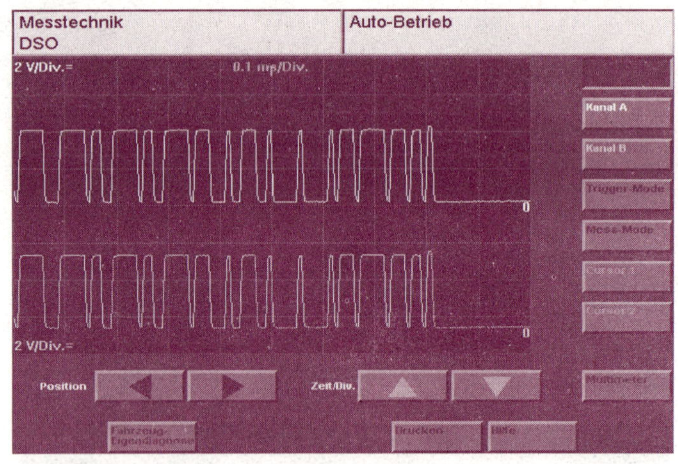

图 9-21　Can-low 与 Can-high 短接波形图

6. Can-low 与 Can-high 交叉连接（图 9-22）

在电路的某个插接器上，Can-low 线与 Can-high 线交叉连接，此时用双通道的示波仪测量，Can-low 线上的波形与 Can-high 线上的波形刚好相反（图 9-23），这种测量需要掌握该系统的 Can-high 和 Can-low 的正常波形。这种故障还可通过看电路的颜色判断，在每一车型中 Can-low 线与 Can-high 线的颜色是不一样的，在控制器的插接器上 Can-low 和 Can-high 接线应符合原车的设计。

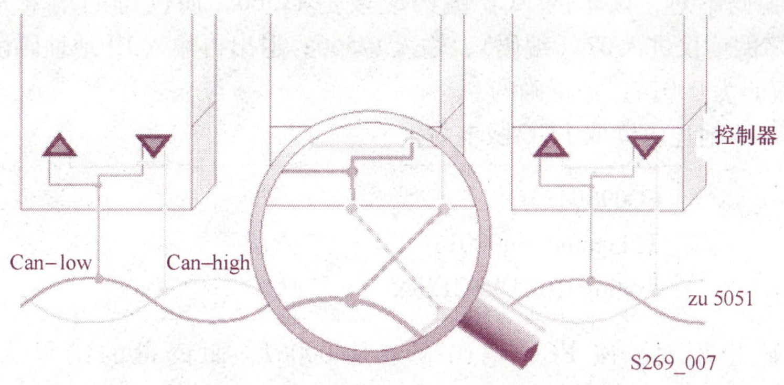

图 9-22　Can-low 与 Can-high 交叉连接示意图

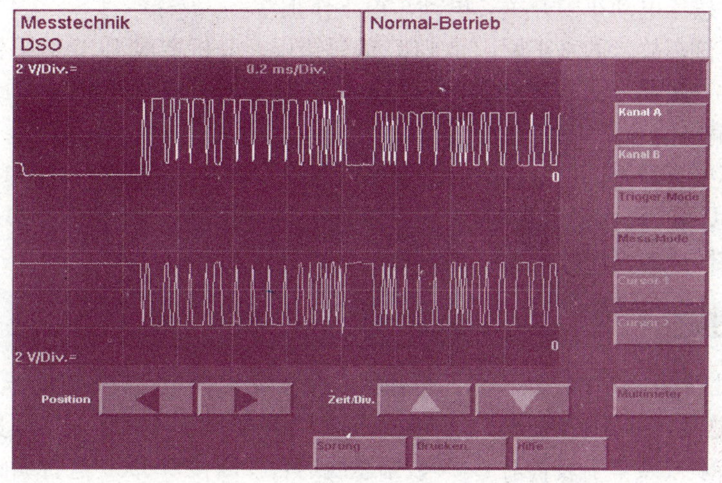

图 9-23　Can-low 与 Can-high 交叉连接波形图

任务实施

首先连接 V. A. G1552 故障阅读仪，输入 09 地址码（车载网络管理系统控制单元），利用 02 功能（查询故障存储器）读取故障码，得到两个偶发性故障码，即电源电压太低和 CAN 网络线断路。利用 05 功能（清楚故障存储器）清除故障码后，再利用 02 功能（查询故障存储器）读取故障码，没有故障码存在。利用 06 功能（结束输出），再输入 19（数据总线控制单元），利用 02 功能（查询故障存储器）读取故障码，没有故障码。再输入 46（舒适系统），利用 02 功能（查询故障存储器）读取故障码，读得的故障码是 01330，含义是：Convenience Syscontral Unit-T393 Power Supply too Small（舒适系统中央控制单元-T393 电源供给太小）。利用 05 功能（清楚故障存储器）清除故障码后，再利用 02 功能（查询故障存储器）读取故障码，没有故障码存在。按压车窗开关，没有反应。

再输入 09 地址码读取 ECU 版本为：

6Q1937049C00BN-SG 1S32 Coding09216WSC00000

发现 ECU 编码不对，该车的 ECU 编码应该是 17566，而读得的结果为 09216。利用 V. A. G1552 故障阅读仪进入 07（编码），输入 17566；退出再输入 19 地址码读取 ECU 版本，发现数据总线编码为 00014，是正确的。

退出再输入 46 地址码读取 ECU 版本为：

6Q0959433G 3Bkomfortgert0001 Coding01024WSC12345

发现该编码也不对，该 ECU 编码应该是 00067，而读得的结果为 01024。利用 V. A. G1552 故障阅读仪进入 07（编码），输入 00067。

退出系统，按压电动车窗开关，电动车窗工作正常。

故障分析：该车故障的真正原因是 ECU 编码错误。分析造成 ECU 编码错误的原因，可能是装防盗器时查找某个信号或电源时，误把试灯插头插入诊断导线 K 线或 L 线，错误地给了 ECU 一个编码信号，从而导致此故障。

出现故障不要盲目用试灯测量，因为很多汽车现在都是网络传输，如 POLO 轿车在德国装备了 15 块 ECU，上海大众（POLO）轿车装备了 14 块 ECU，全部 ECU 都是网络传输，数据共享，因此在故障检修时一定要倍加小心。

知识与技能拓展

1999 年 5 月以后生产的宝来轿车，组合仪表是接在 CAN 数据总线上的，通过组合仪表内的 CAN 数据总线自诊断接口 J533，CAN 数据总线与自诊断 K 线可以实现数据交换。更换了仪表板后，必须按照车上装备对 CAN 数据总线的自诊断接口 J533 进行编码（必须对新换上的组合仪表的数据总线自诊断接口 J533 进行编码，即使已经存在正确的编码也如此）。

1. CAN 数据总线系统的进入

CAN 数据总线自诊断接口 J533 有一个自诊断地址。

1）连接 V. A. G1551 故障阅读仪，选择“快速数据传递”，打开点火开关，输入地址码 19，故障阅读仪显示屏显示：

快速数据传递帮助 输入地址码 × ×

2）按 1 和 9 键，选择入口，故障阅读仪显示屏显示：

快速数据传递 Q 19 入口

3）按 Q 确认输入，故障阅读仪显示屏显示：

快速数据传递 Q 检测仪发送地址码 19

4）故障阅读仪显示屏显示：

6N0909901 入口 K

上一行表示控制单元，系统名称（入口 K〈-〉CAN），版本号；下一行表示代码（取决于与数据总线相连的控制单元），服务站代码。

5）按→键，故障阅读仪显示屏显示：

快速数据传递帮助 选择功能 × ×

按 HELP 键后可以打印出可选择功能一览表。可以选择的功能见表 9-1。

表 9-1　可选择功能一览表

02	查询故障存储器	07	编制控制单元代码
05	清除故障存储器	08	读取测量数据块
06	结束输出		

2. 查询故障存储器

显示的故障信息，只有在起动自诊断或用功能“05——清除故障存储器”才能不断更新。

1）在故障阅读仪显示屏显示如下的情况下，按 0 和 2 选择查询故障存储器。

快速数据传递帮助 选择功能 × ×

2）故障阅读仪显示屏显示：

快速数据传递 Q 02 查询故障存储器

3）按 Q 键确认输入，故障阅读仪显示屏显示存储的故障数量，显示方式如下：

有 × 个故障

4）如果故障阅读仪显示屏显示：

无故障！

按→键，回到起始状态，故障阅读仪显示屏显示：

快速数据传递帮助 选择功能 × ×

5）如果显示其他内容，请查阅故障阅读仪的使用说明书。

6）用 06 功能结束输出。

7）关闭点火开关并拔下自诊断插头。宝来轿车 CAN 数据总线系统故障自诊断可以输出的故障码见表 9-2。

表9-2　宝来轿车CAN数据总线系统故障码

V. A. G1551打印信息	可能的故障原因	可能的影响	故障排除方法
00778 转向角度传感器G85 -无法通信	转向角度传感器-G85通过数据总线的数据接收不正常	与数据总线相连的系统功能不正常	-检查数据总线自诊断接口的编码 -查询ABS控制单元故障存储器并排除故障 -按照电路图检查连接转向角度传感器-G85的数据总线
01044 控制单元 -编码错误	-与数据总线相连的某控制单元编码错误 -与数据总线相连的某控制单元损坏	行驶性能不良（自动变速器换档冲击，符合变化冲击）无形式动力控制	-读取测量数据块 -查询与数据总线相连的所有控制单元故障存储器，并排除故障 -检查并改正控制单元编码，如果需要更换控制单元
01312 数据总线 -损坏	-数据总线有故障 -数据总线在“BUS-OFF”状态	行驶性能不良（自动变速器换档冲击，符合变化冲击）无形式动力控制	-读取测量数据块 -检查控制单元编码 -按照电路图检查数据总线 -更换损坏的控制单元
01314 发动机控制单元 -无法通信	发动机控制单元通过数据总线的数据接收不正常	行驶性能不良（自动变速器换档冲击，符合变化冲击）无形式动力控制	-读取测量数据块 -查询变速器控制单元故障存储器，并排除故障 -按照电路图检查变速器控制单元数据总线
01315 变速器控制单元 -无法通信	变速器控制单元通过数据总线的数据接收不正常	行驶性能不良（自动变速器换档冲击，符合变化冲击）无形式动力控制	-读取测量数据块 -查询发动机控制单元故障存储器，并排除故障 -按照电路图检查发动机控制单元数据总线
01316 制动控制单元 -无法通信	制动控制单元通过数据总线的数据接收不正常	行驶性能不良（自动变速器换档冲击，符合变化冲击）无形式动力控制	-读取测量数据块 -查询ABS控制单元故障存储器，并排除故障 -按照电路图检查ABS控制单元数据总线
01317 组合仪表内控制单元J285 -无法通信	-组合仪表内控制单元-J285控制单元数据总线有故障 -组合仪表内控制单元-J285损坏	行驶性能不良（自动变速器换档冲击，符合变化冲击）无形式动力控制	-读取J553的测量数据块 -查询与数据线相连的所有控制单元故障存储器，并排除故障 -按照电路图检查数据总线
01321 安全气囊控制单元J234 -无法通信	安全气囊控制单元通过数据总线的数据接收不正常	安全气囊警告灯亮	-读取测量数据块 -查询安全气囊控制单元故障存储器，并排除故障 -按照电路图检查安全气囊控制单元数据总线

（续）

V. A. G1551 打印信息	可能的故障原因	可能的影响	故障排除方法
01324 四轮驱动控制单元 J492 -无法通信	四轮驱动控制单元通过数据总线的数据接收不正常	行驶性能不良（自动变速器换档冲击，符合变化冲击）无形式动力控制	-读取测量数据块 -查询四轮驱动控制单元故障存储器，并排除故障 -按照电路图检查四轮驱动控制单元数据总线

3. 清除故障存储器

说明：清除故障存储器后，其内容自动消失，如果无法清除故障存储器，应再次查询故障存储器并排除故障。

前提条件：已经查询过故障存储器，已经排除所有故障。

1）查询故障存储器后，故障阅读仪显示屏显示：

快速数据传递帮助 选择功能 × ×

2）按 0 和 5 键选择清除故障存储器。故障阅读仪显示屏显示：

快速数据传递 Q 05 清除故障存储器

3）按 Q 键确认输入，故障阅读仪显示屏显示：

快速数据传递→ 故障存储器已清除

这时故障存储器已被清除。

4）按→键，故障阅读仪显示屏显示：

快速数据传递帮助 选择功能 × ×

如果故障阅读仪显示屏显示：

注意！ 未查询故障存储器

说明检测顺序有错误，应严格按照检测顺序：先查询故障存储器，排除故障后再清除故障存储器。

4. 结束输出

1）在故障阅读仪显示屏显示如下的情况：

快速数据传递帮助 选择功能 × ×

按 0 和 6 键，故障阅读仪显示屏显示：

快速数据传递 Q 06 结束输出

2）按 Q 键确认输入，故障阅读仪显示屏显示：

快速数据传递帮助 输入地址码 × ×

3）关闭点火开关，拔下 V. A. G1551 插头。

5. 编制控制单元代码

更换组合仪表后，应根据车上的装备给数据总线自诊断接口-J533 编制代码。

1）故障阅读仪显示屏显示：

快速数据传递帮助 选择功能 × ×

这种情况下，按 0 和 7 键选择给控制单元编制代码，故障阅读仪显示屏显示：

快速数据传递 Q 07 给控制单元编制代码

2）按 Q 键确认输入，故障阅读仪显示屏显示：

给控制单元编制代码 输入代码 × × × × ×（0-32000）

3）按照表 9-3 所列的控制单元编码代码表组合输入代码。

表 9-3　控制单元编码代码表

总线上的控制单元	自动变速器	ABS	安全气囊
代码	00001	00002	00004

最后的代码应是一个加起来的值，例如，安全气囊 + ABS + 自动变速器为：00004 + 00002 + 00001 = 00007

4）输入控制单元代码后，故障阅读仪显示屏显示：

6N0909901 入口 K

5）按 Q 键确认输入，故障阅读仪显示屏显示：

快速数据传递帮助 选择功能 × ×

6）结束功能，按 0 和 6 键选择结束输出，故障阅读仪又回到基本功能状态。

6. 读取测量数据块

1）连接 V. A. G1551 故障阅读仪，选择快速数据传递，打开点火开关，输入地址码 17。

2）按→键，故障阅读仪显示屏显示：

快速数据传递帮助 选择功能 × ×

3）按 0 和 8 键选择读取测量数据块，故障阅读仪显示屏显示：

快速数据传递 Q 08 读取测量数据块

4）按 Q 键确认输入，故障阅读仪显示屏显示：

快速数据传递帮助 输入显示组号 × ×

5）按 0、0 和 1 键选择“显示组 001”（显示组 001 只是示例，用来说明过程），按 Q 键确认输入，故障阅读仪显示屏显示（1……4 = 显示区）：

读取测量数据块 1→ 1234

按照表 9-4 切换其他显示组。

表 9-4　其他显示组的切换

显示组	V. A. G1551	V. A. G1552
高	按 3 键	按↑键
低	按 1 键	按↓键
跳跃	按 C 键	按 C 键

6）按 C 键后，故障阅读仪显示屏显示：

快速数据传递帮助 输入显示组号 × ×

此时输入所希望的显示组号。

案例解析

故障现象：2001 款切诺基（V8）ABS 警告灯亮，车门遥控器不能锁住左前门。

故障诊断：检查车门控制系统。用遥控器（RKE）不能锁住（也不能打开）左前门而只能锁住也只能打开其他三个门（正常时用遥控器能锁住所有车门）。这一现象说明，乘客侧车门控制模块（PDM）遥控接收功能正常。PDM 能给各车门锁电动机发出指令使其工作，说明 PDM 模块本身能工作，其电源及搭铁电路没问题。左前门不能遥控打开的原因可能是驾驶人侧车门控制模块（DDM）故障，其电源及搭铁电路故障，左前车门锁电动机故障，车门锁电动机电路故障，左前车门锁机械系统故障，PDM与DDM通信系统故障。正常RKE开锁时系统信息传递如图9-24所示。

检查发现，用车门钥匙在左前门门锁开关可锁住（或打开）左前门。这说明左DDM（驾驶人侧车门控制模块）其电源及搭铁电路、左前车门锁电动机、左前车门锁机械系统、左前车门门锁电动机电路等故障基本可排除。剩下PDM与DDM通信系统故障不能排除。

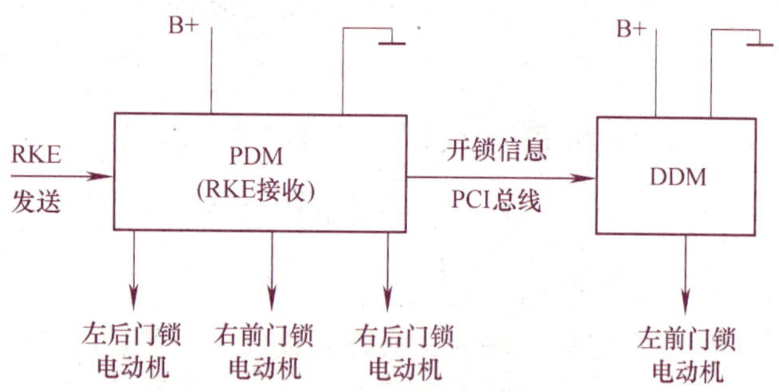

图9-24　正常RKE开锁时系统信息传递

检查车窗控制系统。发现用驾驶人侧车门主控制台上左前、左后车窗控制开关不能控制左侧前后车窗的升降；控制台上右前、右后两个车窗开关也均不能控制其相应车窗的升降。前一现象可能的原因有左前、左后车窗控制开关故障，左前、左后车窗控制开关电路故障，DDM与BCM通信系统故障等（这时DDM需通过PCI总线接收BCM点火开关位置信息才能工作，PCI为外设部件互连标准的英文缩写）。后一现象可能原因有右前、右后车窗控制开关故障；右前、右后车窗控制开关电路故障；DDM与PDM通信系统故障等。PDM与DDM及其电源及搭铁电路故障基本可排除；4个开关及其电路同时故障的可能性也较小。从以上两现象分析该故障都可能与通信系统故障有关。正常用驾驶人侧车门控制台上车窗主控开关开窗时系统信息传递如图9-25所示。

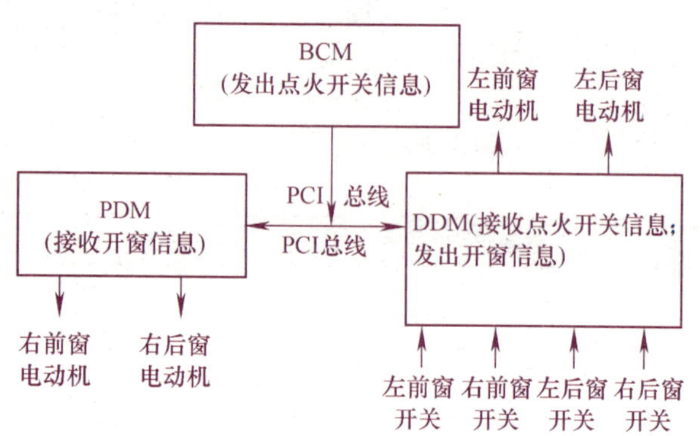

图9-25　正常用驾驶人侧车门控制台上车窗主控开关开窗时系统信息传递

验证用户所提出的防抱死制动系统（ABS）警告灯亮问题。车辆能正常运行。路试进行制动，制动踏板脉动感不明显。这说明ABS警告灯亮的指示与车辆实际状况一致，ABS确实有故障。ABS警告灯亮的原因有很多，如传感器故障、电磁阀故障、ABS ECU故障、ABS ECU及各部件电路故障、ABS ECU通信系统故障等。由此看到ABS故障也可能与通信系统故障有关。初步怀疑车辆有通信系统故障。

用专用ECU诊断仪DRBⅢ进行检测验证。DRBⅢ可进入动力控制模块（PCM），变速器控制模块（TCM）。DRBⅢ可进入车身控制模块（BCM）菜单，但不能进入驾驶人侧车门控制模块（DDM）。DRBⅢ不能进入ABS控制模块，也不能进入车辆信息中心模块（CVI）。

ECU系统检测仪无法进入某个ECU模块，说明两者无法进行通信联系，这也称为某ECU模块系统失效。

检查电控系统，如果不能利用控制系统ECU的诊断功能来找出故障出现的大概区域，而在数个ECU模块系统内盲目寻找故障，那是相当困难的。某个ECU模块失效有可能是ECU电源电路故障，搭铁电路故障，ECU本身故障，通信电路故障，也有可能为诊断仪本

身故障。

从 DRBⅢ可以进入 PCM、TCM、BCM 的情况来看，不可能是诊断仪本身有故障，这也说明诊断仪到这三个模块的通信系统正常。由于各 ECU 模块的电源是分别提供的，各 ECU 模块是分别搭铁的，故 DDM、ABS 及 CVI 控制模块同时断电或同时搭铁不良的可能性也是极小的。这也就进一步证实车辆通信系统有故障的可能。

再进一步分析发现 DDM、ABS 及 CVI 等控制模块均属于切诺基通信系统 PCI 局域网络中的信息控制子系统。而 PCM、TCM、PDM 均属于 PCI 局域网络中的动力控制子系统。BCM 则为该通信系统中的单独联系模块。

综上所述，可以看出这样一个现象：信息控制子系统不能与 PCI 局域网络系统中其他节点（模块）进行数据交换。由此可以得到这样一个结论：该子系统总线断路造成与外界联系的通信电路中断。

切诺基 PCI 局域网络通信系统为单线制。2001 款切诺基越野车信息控制子系统与局域网络中其他节点（模块）关系如图 9-26 所示。

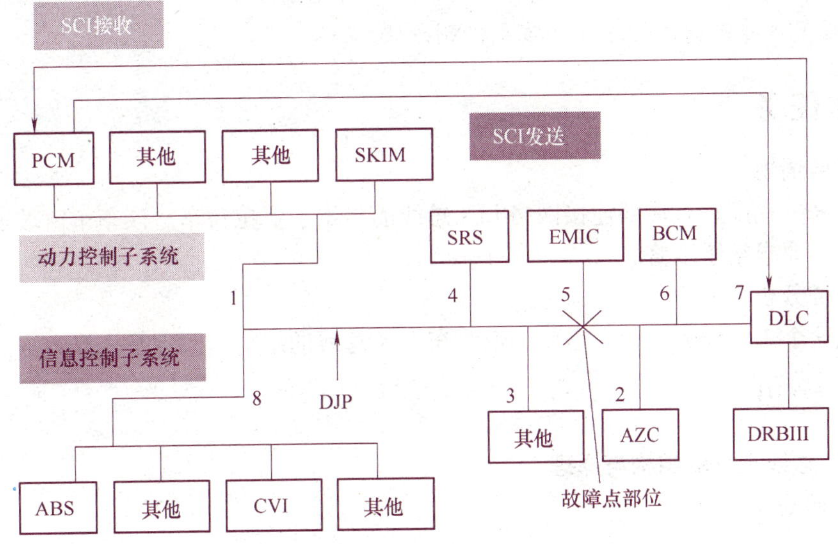

图 9-26　2001 款切诺基越野车信息控制子系统与局域网络中其他节点（模块）关系示意图

故障排除：根据电路易在电路插接器处形成故障点的经验，找到 PCI 检测诊断接口（DJP）。按压 DJP，关闭点火开关再打开，用 DRBⅢ重新检测。这时发现上述各模块均能与 DRBⅢ进行数据交换。因此故障点肯定在 DJP 处。松开 DJP，再用万用表测量 DJP2 号接口两端接线通断情况，发现有断路。

从线束上拔下 DJP，检查 2 号接口触针略有倾斜，纠正后安装好线束，点火重新复位后路试，ABS 警告灯熄灭，制动踏板脉动感明显，各车窗及遥控车门均能正常工作，故障排除。

观察与思考

一、思考题

1. 简述 Can-bus 系统的组成与工作原理。

2. 简述 Can-bus 系统的故障原因和现象。

3. Can-bus 系统故障维修的方法是什么？和传统的汽车电路检测和维修有什么异同？

二、实习观察项目

1. 研习大众 TOURAN 轿车的 Can-bus 系统，理清规律，以提高认知能力。

2. 在维修和检测 Can-bus 系统的故障时，既要参照常规电控系统的检测方法，又要分析 Can-bus 系统的特点，常常需要借助使用示波仪来进行故障检测与诊断，请观察分析其相关波形图。

学习单元 2　车身 LIN 网络的检修

学习目标

1）熟悉局域互联网络（LIN）系统的基础知识与基本组成。
2）掌握 LIN 系统的故障原因和常用检测方法。

工作任务

一、任务情境

客户送来一辆配置有局部连接网络 LIN 总线的丰田卡罗拉轿车。该车车窗玻璃升降器不能正常工作，要求给予维修。

二、任务分析

要完成这个工作任务，首先需要知道汽车 LIN 总线的结构与原理及检修方法。

相关知识

一、LIN 总线系统的结构与原理

1. LIN 的含义

局部互联网络 LIN（Local Interconnect Network）是一个汽车底层网络协议。LIN 的目标是为现有汽车网络（例如 CAN 总线）提供辅助功能，因此，LIN 总线是一种辅助的串行通信总线网络，多用于不需要 CAN 总线的带宽和多功能的场合。LIN 典型的应用是车上传感器和执行器的联网。按 SAE 的车上网络等级标准，LIN 属于汽车上的 A 级网络。

LIN 诞生的历史比较短，在汽车上的应用还是刚刚起步。从某种意义上来讲，LIN 就是 CAN 的经济版通信网络，其可定位于低于 CAN 的通信层，其车门模块示意图为图 9-27。

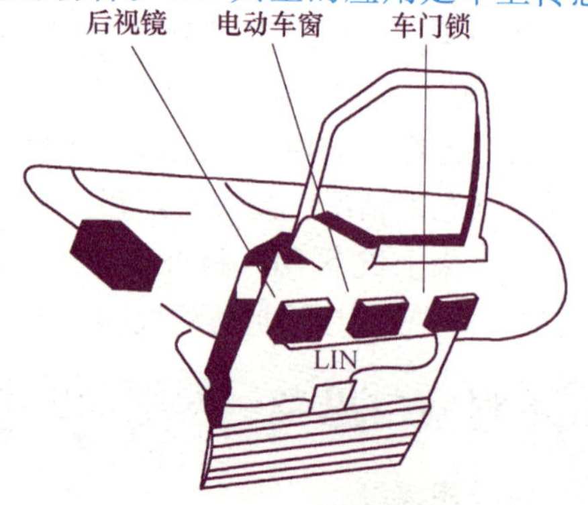

图 9-27　LIN 车门模块

2. LIN 的特点

LIN 协议是以广泛应用的 SCI（串行通信接口的英文简称）为基础定义的。它支持与这类产品的连接。LIN 采用单主/多从带信息标识的广播式信息传

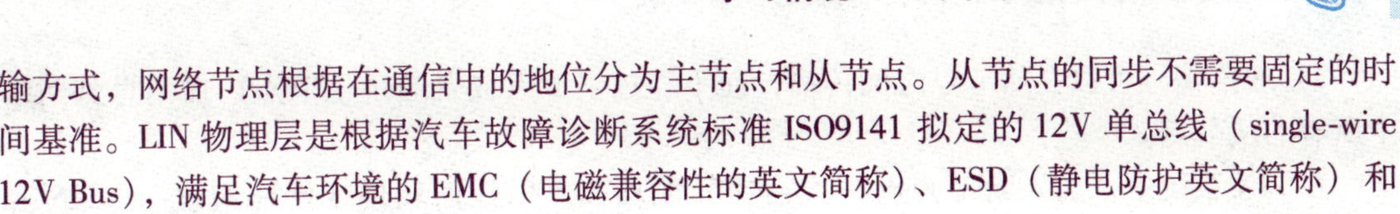

输方式，网络节点根据在通信中的地位分为主节点和从节点。从节点的同步不需要固定的时间基准。LIN 物理层是根据汽车故障诊断系统标准 ISO9141 拟定的 12V 单总线（single-wire 12V Bus），满足汽车环境的 EMC（电磁兼容性的英文简称）、ESD（静电防护英文简称）和抗噪声干扰要求。

LIN 总线的传输速率可达 20kbit/s，通常一个 LIN 网络上节点数目小于 12 个，共有 64 个标识符。

LIN 系统的特点如下：

1）单主/多从结构。

2）基于 UART（通用异步收发传输器英文缩写）/SCI 接口的廉价硬件实现。

3）从节点无振荡器的自同步功能。

4）保证延时和信号传输的正确性。

5）廉价的单总线结构。

6）数据传输速度 20kbit/s。

7）一帧信息中数据长度为 2、4 或 8B。

8）系统配置灵活。

9）带同步的广播式发送/接收方式。

10）数据累加和校验（Data-Checksum）及错误检测功能。

12）廉价的单片元器件。传送途径(按 ISO9141)为廉价的单线传送方式,最长可达 40m。

3. LIN 与 CAN 的比较

在车载网络中，LIN 处于低端，与 CAN 以及其他 B 级或 C 级网络比较，它的传输速度低、结构简单、价格低廉；在汽车上，与这些网络是互补的关系。由于汽车产品包括部件和整机，对价格和复杂性非常敏感，在汽车网络系统低端使用 LIN 会显现其必要性和优越性。

4. LIN 的结构

LIN 的网络结构如图 9-28 所示，网络由一个主节点和多个从节点构成，主节点可以执行主任务也可以执行从任务，从节点只能执行从任务。总线上的信息传送由主节点控制。

5. LIN 的协议

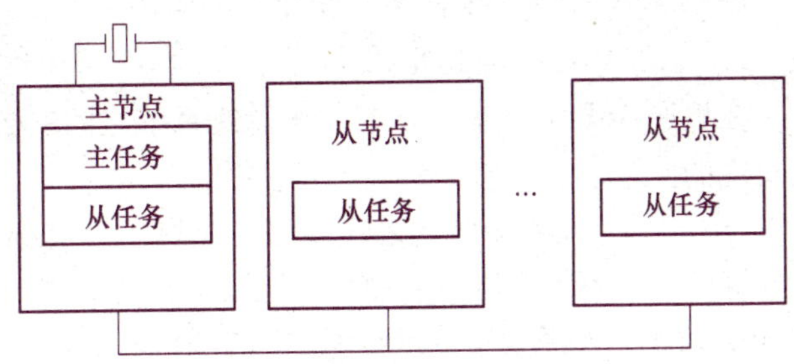

图 9-28　LIN 的网络结构

一个 LIN 的网络由一个主节点，一个或多个从节点组成。该通信任务分为发送任务和接收任务；主节点则有一个主发送任务。一个 LIN 网络上的通信总是由主节点的主发送任务所发起，主控制单元发送一个起始报文，该起始报文由同步断点、同步字节、消息标识符所组成；相应地接受并且滤除消息标识符后，一个从任务被激活并且开始本消息的应答传输。该应答由 2（或 4、8）个字节数据和一个校验码所组成，起始报文和应答部分构成一个完整的报文帧。

LIN 系统可以采用多种方式进行数据交换，主要有以下三种：

1）由主节点到一个或多个从节点。

2）由一个从节点到主节点或其他的从节点。

3）通信信号可以在从节点之间传播，而不经过主节点或者通过主节点广播消息到网络中所有的从节点。

在LIN系统中，加入新节点时，不需要其他从节点做任何软件或硬件的改动。LIN和CAN一样，传送的信息带有一个标识符，它给出的是这个信息的意义或特征，而不是这个信息传送的地址。LIN系统总线的电气性能对网络结构有很大的影响。网络节点数不仅受标识符长度的限制，而且受总线物理特性的限制。在LIN系统中，建议节点数不要超过16个，否则网络阻抗降低，在最坏工作情况下会发生通信故障。LIN系统每增加一个节点大约使网络阻抗降低3%。

LIN总线的接口如图9-29所示。电源与LIN总线间的二极管的作用是：当蓄电池电压V_{BAT}为低时（本地节点断电或断路等），防止LIN总线驱动节点电源线上的总线负载。

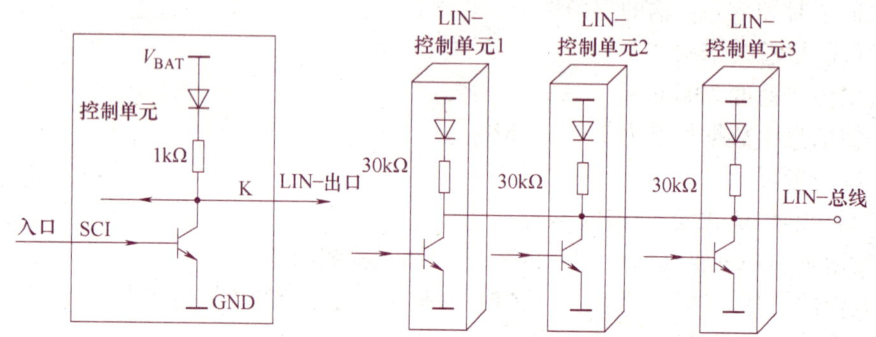

图9-29　LIN总线的接口

LIN系统支持休眠工作模式。当主节点向网络上发送一个休眠命令时，所有节点进入休眠状态，直到被唤醒之前总线上不会有任何活动。这时总线处于隐性状态，节点没有内部活动，驱动器处于接收状态。

二、LIN总线在汽车上的运用

（一）LIN总线在奥迪A6L轿车上的运用

1. 奥迪A6L轿车LIN线

在奥迪A6L上，车上各个LIN总线系统之间的数据交换是由控制单元通过CAN数据总线实现的。

LIN总线系统是单线式总线，底色是紫色，有标志色，该线的横截面面积为0.35mm^2，无需屏蔽。该系统可让一个LIN主控制单元与最多16个LIN从控制单元进行数据交换。奥迪A6L轿车LIN总线组成示意图如图9-30所示。

2. LIN总线主控制单元

LIN总线主控制单元连接在CAN数据总线上，它执行LIN的主功能，其作用有：

1）LIN总线主控单元监控数据传递及其速率，发送信息标题。

2）主控制单元的软件内已设定了一个周期，这个周期用于决定何时将哪些信息发送到LIN数据总线上多少次。

3）该控制单元在LIN数据总线与CAN总线之间起沟通作用，它是LIN总线系统中唯一与CAN数据总线相连的控制单元。

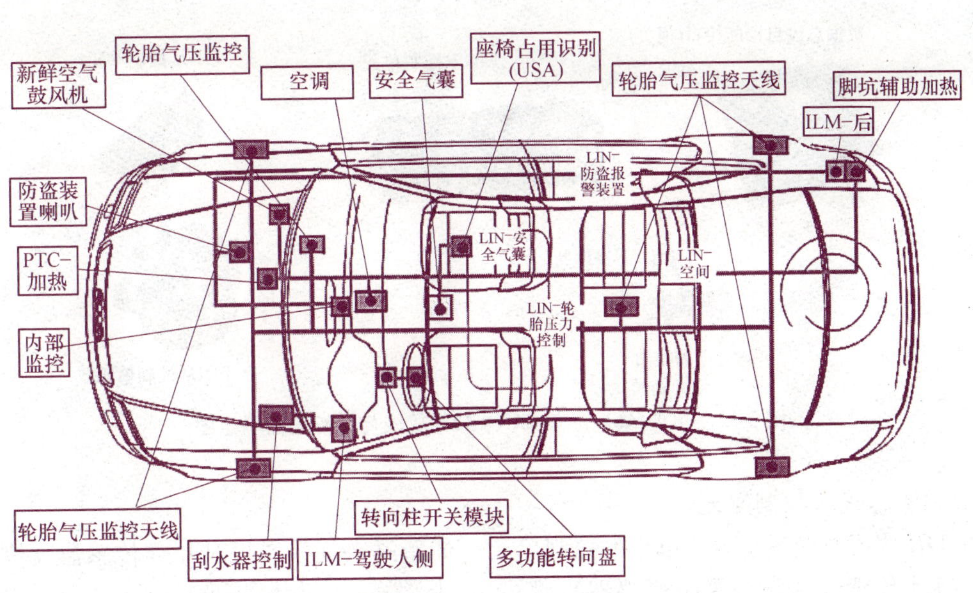

图 9-30　奥迪 A6L 轿车 LIN 总线组成示意图

4）通过 LIN 主控制单元进行与之相连的 LIN 从控制单元的自诊断。

奥迪 A6L 轿车 LIN 总线内部组成示意图如图 9-31 所示。其中有两个主控制单元，一个用于空调控制，另一个用于前部车顶模块。

风窗玻璃加热器、新鲜空气鼓风机和两个辅助加热器是空调控制单元中的从控制单元；太阳车顶电动机是车顶模块中的从控制单元。

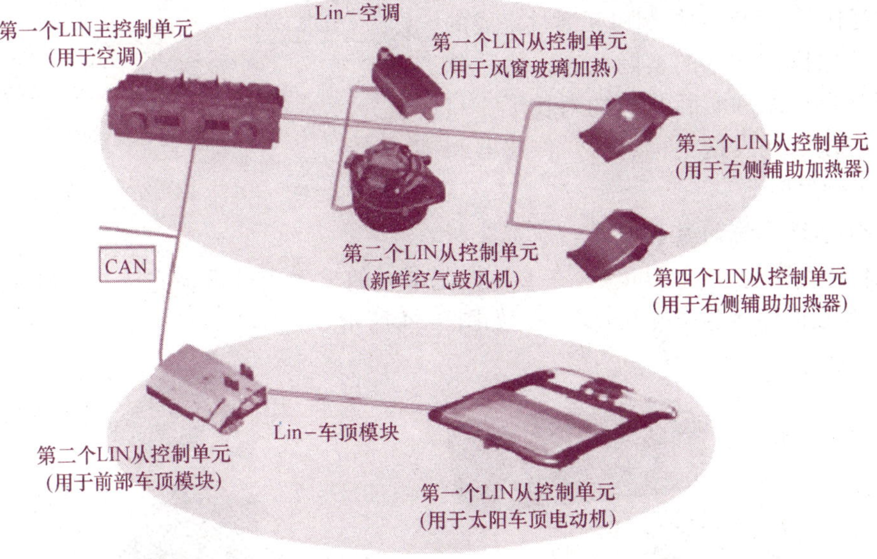

图 9-31　奥迪 A6L 轿车 LIN 总线内部组成示意图

每个 LIN 总线最多可以连接 16 个从控制器，从控制器主要是接收或传送与主控制器的查询或指定有关的数据，图 9-32 为奥迪 A6L 轿车 CAN、LIN 总线与从控制器示意图。

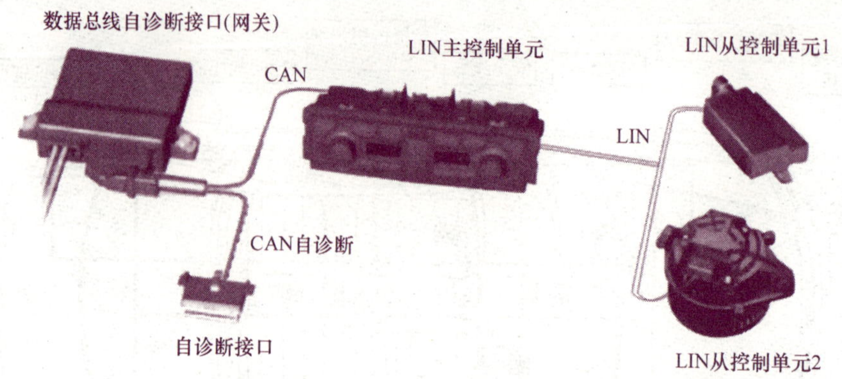

图 9-32　奥迪 A6L 轿车 CAN、LIN 总线与从控制器示意图

3. LIN 总线从控制单元

在 LIN 数据总线系统内，单个的控制单元（如新鲜空气鼓风机时）或传感器及执行元件（如水平传感器及防盗警报蜂鸣器）都可看作 LIN 从控制单元，如图 9-33 所示。

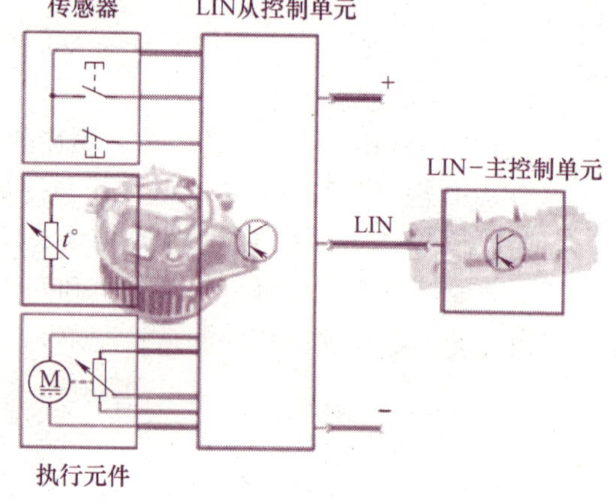

图 9-33　LIN 总线从控制单元

传感器内集成中有一个电子装置，该装置对测量值进行分析。数值作为数字信号通过 LIN 总线传递。有些传感器和执行元件只使用 LIN 主控制单元插口上的一个针脚。

LIN 执行元件都是智能型的电子或机电部件，这些部件通过 LIN 主控制单元的 LIN 数字信号接受任务。LIN 主控制单元通过集成的传感器来获知执行元件的实际状态，然后就可以进行规定状态和实际状态的对比了。只有当 LIN 主控单元发送出标题后，传感器和执行元件才会反应。

4. LIN 总线系统的数据传递与波形分析

数据传递速率为 1 ~ 20kbit/s，在 LIN 控制单元的软件内已设定完毕，该速率最大能达到舒适 CAN 数据传递速率的五分之一，如图 9-34 所示。

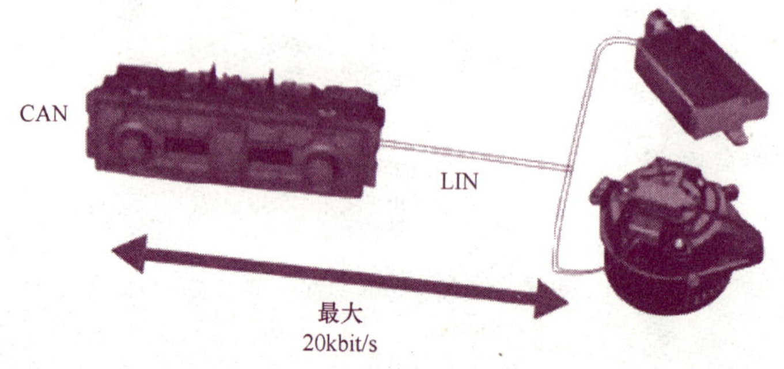

图 9-34　LIN 总线系统的数据传递

（1）信号　信号波形如图 9-35 所示。

1）隐性电平。如果无信息发送到 LIN 数据总线上或者发送到 LIN 数据总线上的是一个隐性位，那么数据总线导线上的电压就是蓄电池电压。

2）显性电平。为了将显性位传到 LIN 数据总线上，发送控制单元内的收发报机数据总线导线搭铁。

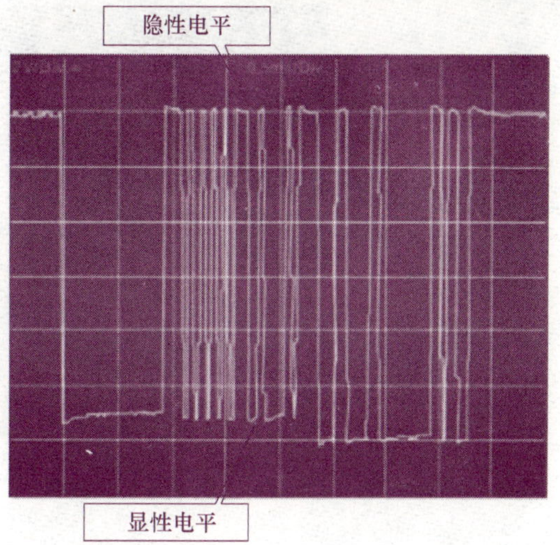

图 9-35　信号波形

（2）传递安全性　在隐性电平和显性电平的收发时，通过预先设定公差（允许电压范围）来保证数据传输的稳定性。图 9-36 所示为发送的允许电压范围。为了能在有干扰辐射的情况下仍能收到有效的信号，接收的允许电压范围要宽一些，如图 9-37 所示。

（3）信息　信息波形如图 9-38 所示。

1）带有从控制单元发送的信息标题内包含这样一些信息，如开关状态或测量值。该回应由 LIN 从控制单元来发送。

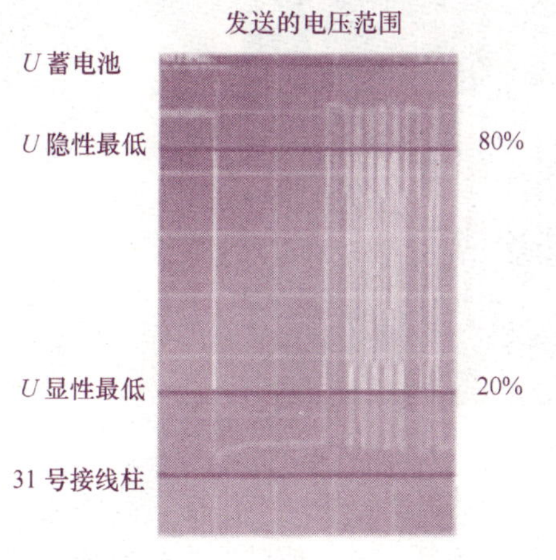

图 9-36　发送的允许电压范围

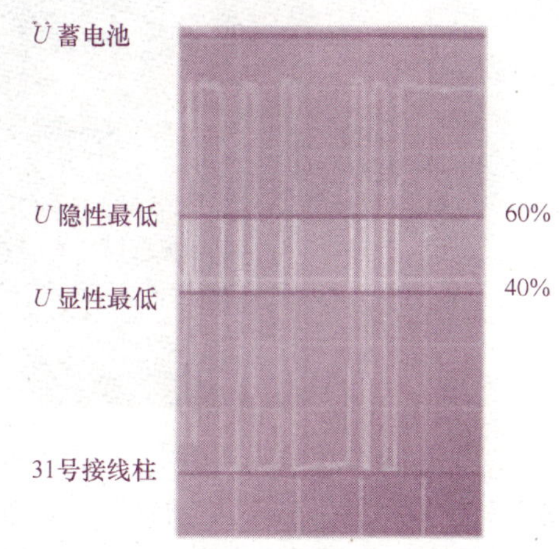

图 9-37　接收的允许电压范围

2）带有主控制单元命令的信息。LIN 主控制单元通过标题内的标志符要求 LIN 从控制单元使用包含在回应内的数据。该回应由 LIN 主控制单元来发送。

（4）信息标题　信息标题由 LIN 主控制单元按周期发送，信息标题分为四部分：同步暂停区、同步分界区、同步区和识别区，如图 9-39 所示。

1）同步暂停区：同步暂停区的长度至少为 13 位（二进制），它以显性电平发送。这样才能准确地通知所有的 LIN 从控制单元有关信息的起始点情况。其他的信息是以最长为 9 位（二进制）显性电平来一个接一个传递的。

2）同步分界区：长度至少为一位（二进制），且为隐性。

3）同步区：由 0101010101 这个二进制位序构成，所有的 LIN 从控制单元通过这个二进

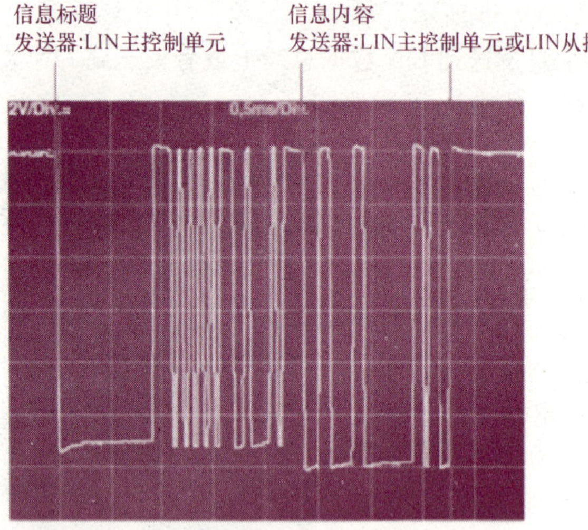

图 9-38　信息波形

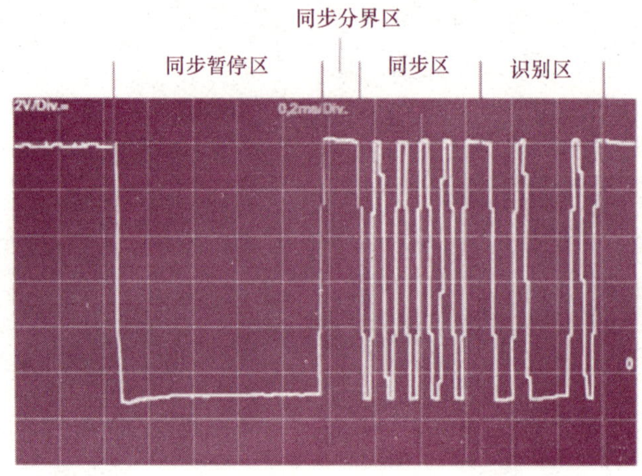

图 9-39　信息标题波形

制位序来与 LIN 主控制单元进行匹配（同步）。所有控制单元同步对于保证正确的数据交换是非常必要的。如果失去同步性，那么接收到的信息中的某一数位值就会发生错误，该错误会导致数据传递错误。

4）识别区：识别区的长度为 8 位（二进制），前 6 位是回应信息识别码和数据区的个数，回应数据区的个数在 0 ~ 8 之间；后两位是校验位，用于检查数据传递是否有错误。当出现识别码传递错误时，校验可防止与错误的信息适配。

（5）信息内容（回应）　对于带有从控制单元回应的信息，LIN 从控制单元会根据识别码给这个回应提供信息，如图 9-40 所示。

对于主控制单元带有数据请求的信息，LIN 主控制单元会提供回应。根据识别码的情况，相应的 LIN 从控制单元会使用这些数据去执行各种功能，如图 9-41 所示。

这个回应由 1 ~ 8 个数据区构成，每个数据区为 10 个二进制位，其中一位是显性起始位，一个是包含信息的字节和一个隐性停止位。起始位和停止位用于再同步，从而避免传递错误。有回应的信息波形如图 9-42 所示。

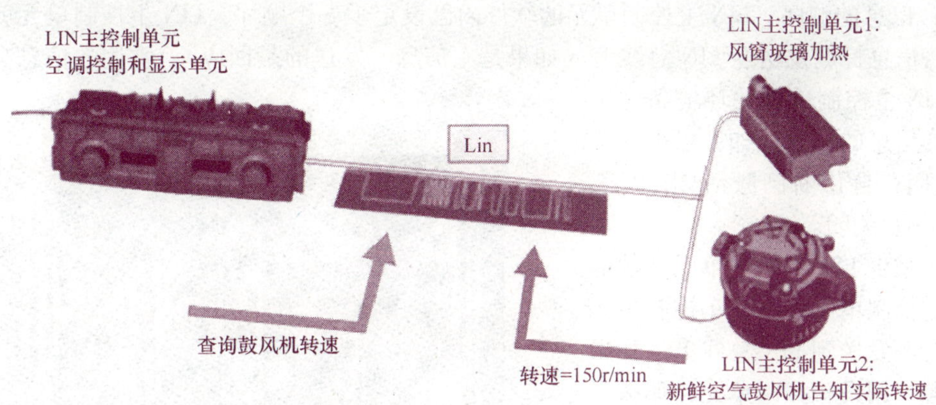

图 9-40　从控制单元给回应提供信息

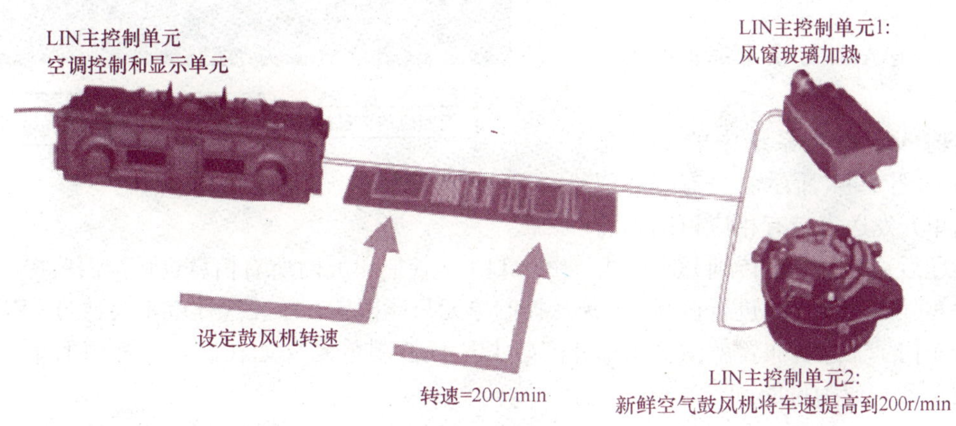

图 9-41　从控制单元使用数据执行各种功能

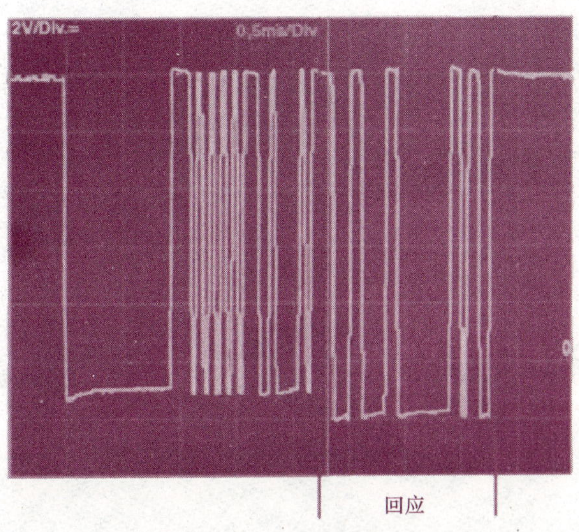

图 9-42　有回应的信息波形

(6) 信息的顺序　LIN 主控制单元的软件内已设定了一个顺序，LIN 主控制单元就按这个顺序将信息标题发送至 LIN 总线上（如果是主信息，发送的是回应）。常用的信息会多次传递。LIN 主控制单元的环境条件可能会改变信息的顺序。如：点火开关接通/关闭；自诊断已激活/未激活；停车灯接通/关闭。

为了减少 LIN 主控制单元部件的种类，主控制单元将装备车控制单元的信息标题发送到 LIN 总线上。如果没有安装专用设备控制单元，那么在示波器屏幕会出现没有回应的信息标题（图 9-43），但这并不影响系统的功能。

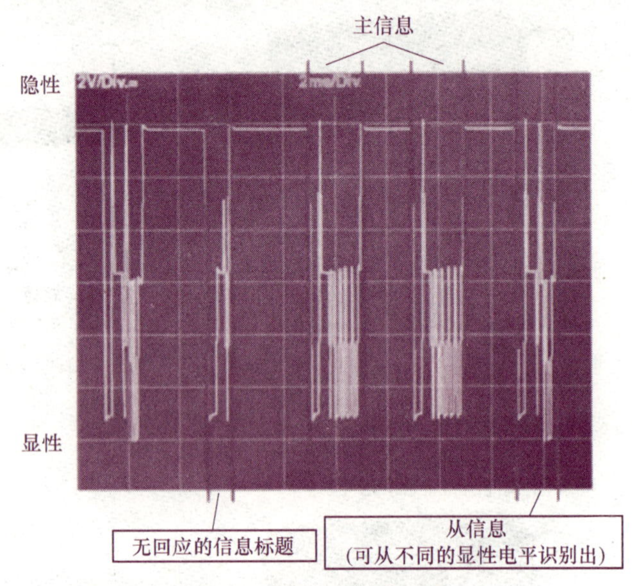

图 9-43　没有回应的信息波形

5. 奥迪 A6L 防盗系统中的 LIN 总线系统

奥迪 A6L 防盗系统中的 LIN 总线系统如图 9-44 所示。只有当 LIN 主控制单元发送出带有相应识别码的信息标题后，数据才会传到 LIN 总线。由于 LIN 主控制单元对所有信息进行全面监控，所以能够对车外的 LIN 导线进行控制。LIN 从控制单元只能回应，单元这样就不会通过 LIN 总线而打开车门了。这种布置就使得在车外安装 LIN 从控制单元（如在前保险杠内的车库门开启控制单元）成为可能。

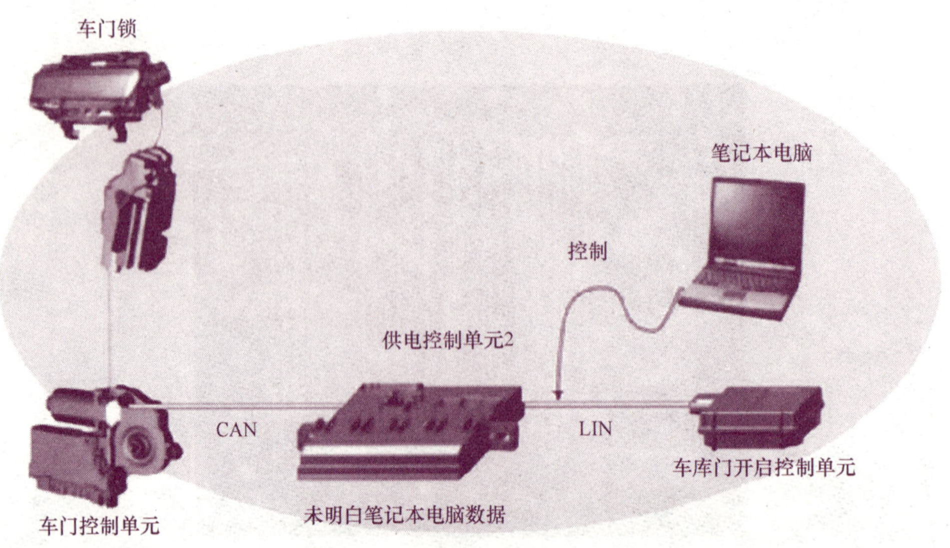

图 9-44　奥迪 A6L 防盗系统中的 LIN 总线系统

(二) LIN 总线在丰田卡罗拉轿车上的运用

在卡罗拉轿车上，多路通信系统（LIN）用来控制车身系统 ECU 之间的通信，主要包括车门系统 LIN 通信系统（图 9-46）、认证系统 LIN 通信系统（图 9-45）和空调系统 LIN 通信系统（图 9-47）。

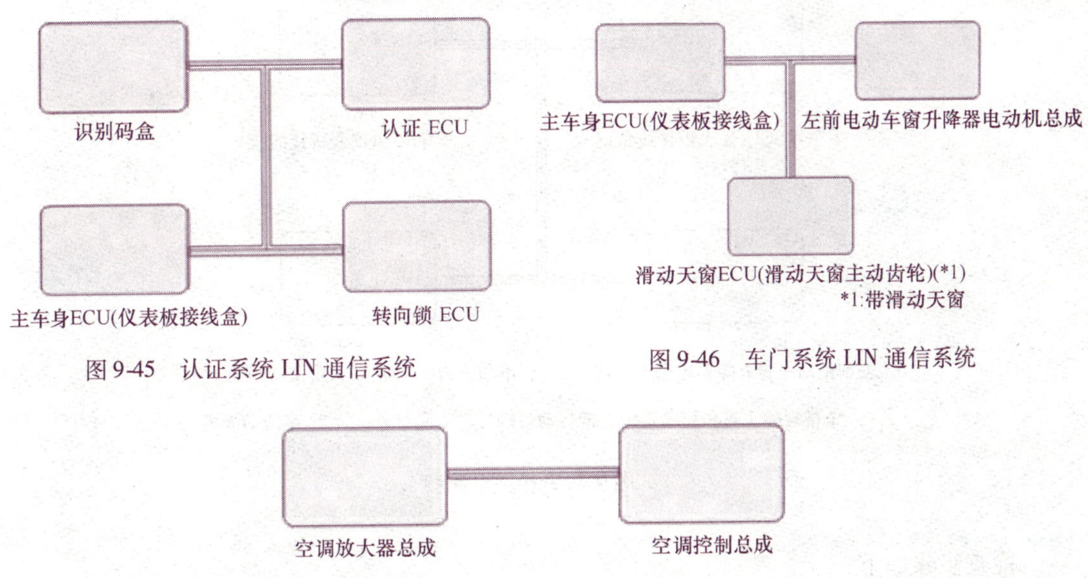

图 9-45　认证系统 LIN 通信系统

图 9-46　车门系统 LIN 通信系统

图 9-47　空调系统 LIN 通信系统

任务实施

对于丰田卡罗拉 LIN 总线故障，可以按流程图 9-48 进行故障排除。

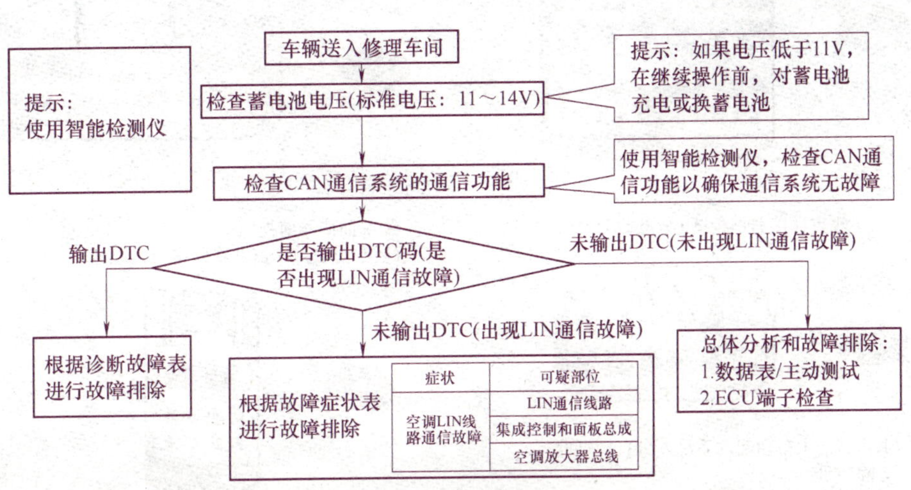

图 9-48　丰田卡罗拉 LIN 总线故障排除流程图

主车身 ECU 监视所有连接到车门系统 LIN 总线的 ECU 之间的通信。若主车身 ECU 以 2.6s 间隔连续 3 次检测到任何连接到车门系统 LIN 总线的 ECU 出现通信错误，会输出故障码 B2325。故障部位主要在于左前电动车窗升降器电动机总成、滑动天窗 ECU（带滑动天窗）、主车身 ECU、线束或插接器。相关电路如图 9-49 所示。

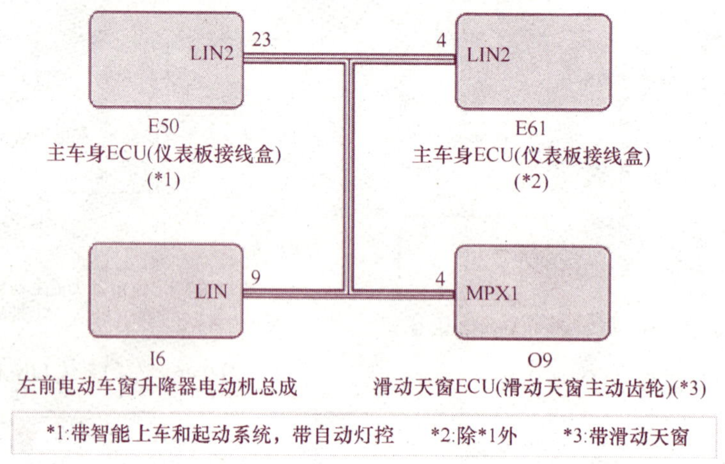

图 9-49　相关电路图

检查步骤如下：

1）清除故障码。

2）检查故障码，如输出故障码 B2325，则进行下一步的检查。

3）检查线束和插接器（主车身 ECU 和各 ECU），线束接口如图 9-50 所示。

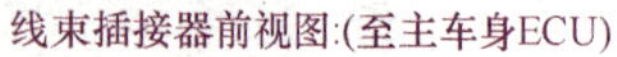

线束插接器前视图:(至主车身ECU)

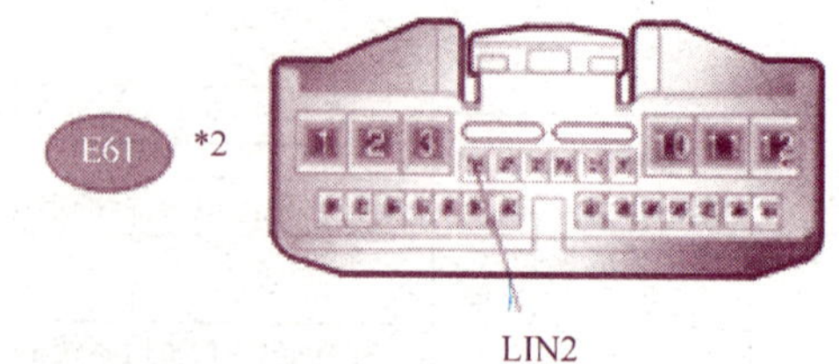

线束插接器前视图:(至滑动天窗ECU)

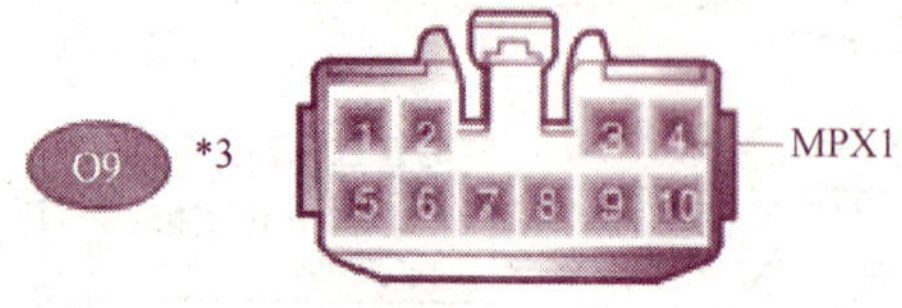

*1:带智能上车和起动系统，带自动灯控
*2:除*1外
*3:带滑动天窗

线束插接器前视图:
(至左前电动车窗升降器电动机总成)

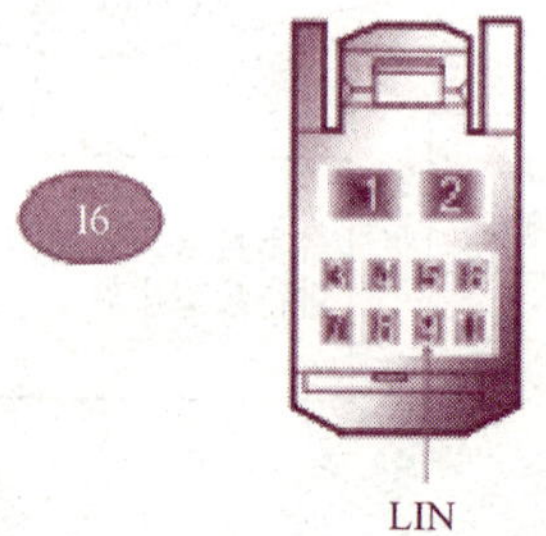

图 9-50　线束接口

①断开插接器 E50 或 E61。

②断开插接器 I6。

③断开插接器 O9。

④根据表 9-5 中的值测量电阻。

表 9-5　测量标准值

检测仪连接	条　件	规定状态
E50-23（LIN2）-16-9（LIN） E61-4（LIN2）-16-9（LIN）	始终	小于 1Ω
E50-23（LIN2）-O9-4（MPX1） E61-4（LIN2）-O9-4（MPX1）	始终	小于 1Ω
E50-23（LIN2）-车身搭铁 E61-4（LIN2）-车身搭铁	始终	10kΩ 或更大

如果有异常，则需维修或更换线束或插接器。

4）系统检查。根据车辆的规格进行检查，对于带滑动天窗的车型，进行 5）的检查，对于不带滑动天窗的车型，进行第 6）部分的检查。

5）检查故障码。重新连接插接器 E50、E62 和 I6，检查有无故障输出。如输出 B2325 故障，则转入第 6）部分的检查；如未输出 B2325 故障，则转入第 7）部分的检查。

6）检查故障码。断开插接器 I6，重新检查有无故障码。如输出故障码 B2325，则转入第 9）部分的检查，如未输出故障码，则更换主车身 ECU（仪表板接线盒）。

7）更换滑动天窗主动齿轮。

8）重新检查故障码。如再次输出故障码，则更换主车身 ECU；如未输出故障码，则检查步骤结束。

9）更换左前电动车窗升降器电动机总成。

10）再检查故障码。如输出故障码 B2325，则更换主车身 ECU，如未输出故障码，则检查结束。

当左前电动车窗升降器电动机总成和主车身 ECU 之间的 LIN 通信中止 10s 以上时，会输出故障码 B2321，故障部位主要在左前电动车窗升除器电动机总成、主车身 ECU、线束或插接器。相关电路如图 9-51 所示。

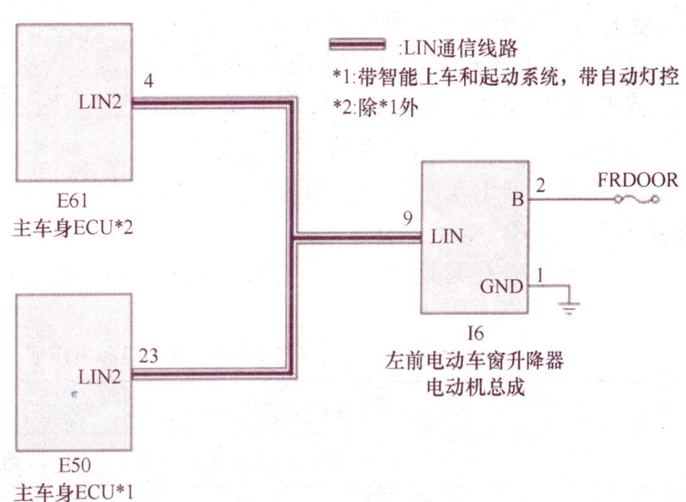

图 9-51　相关电路

驾驶人侧车门 ECU 通信中止故障的排除方法检查步骤如下：

1）清除 DTC。

2）检查 DTC。重新检查

有无 DTC，如未输出 B2321 故障码，说明系统正常，如输出 B2321 故障码，则进行下一步检查。

3）检查线束和插接器（主车身 ECU-左前电动车窗升降器电动机），如图 9-52 所示。

线束插接器前视图:(至主车身ECU)

线束插接器前视图:
(至左前电动车窗升降器电动机总成)

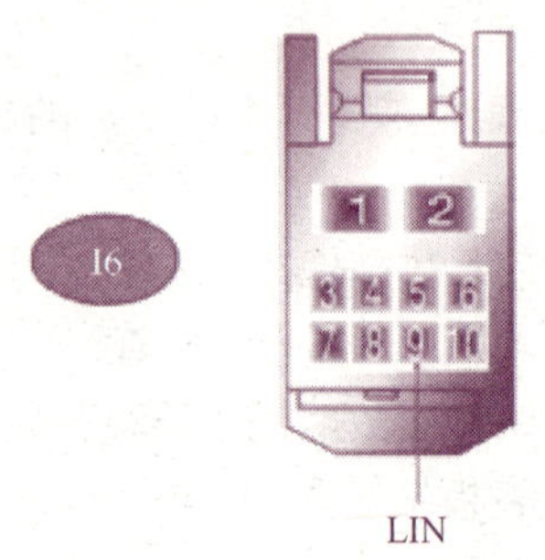

线束插接器前视图:(至主车身ECU)

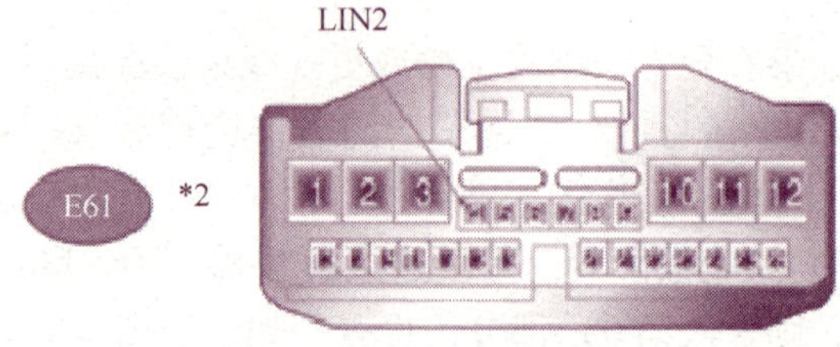

*1:带智能上车和起动系统，带自动灯控

*2:除*1外

图 9-52 线束插接器

①断开插接器 E50＊$_1$ 或 E61＊$_2$。

②断开插接器 I6。

③根据下表 9-6 的值测量电阻。

④检查左前电动车窗升降器电动机总成。

⑤断开插接器 I6，如图 9-53 所示。

⑥根据表 9-6 中的值测量电阻和电压。

如果有异常，维修或更换线束或插接器。

4）更换左前电动车窗升降器电动机总成，清除诊断故障码（DTC）。

线束插接器前视图:
(至左前电动车窗升降器电动机总成)

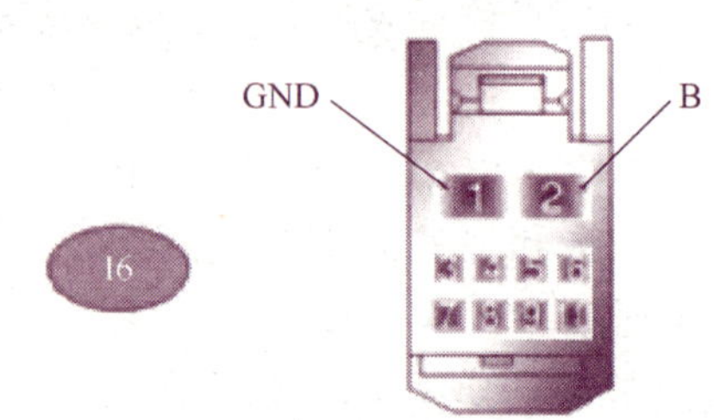

图 9-53 线束插接器

5）重新检查有无 DTC 码，如输出 B2321，则更换主车身 ECU（仪表接线盒）。

表 9-6 标准电阻和电压值

名称	检测仪连接	条　件	规定状态
标准电阻	I6-1（GND）-车身搭铁	始终	小于 1Ω
标准电压	I6-1（GND）-车身搭铁	始组	11～14V

知识与技能拓展

一、丰田汽车开发和应用汽车网络——LAN的意义

近年来，全世界对加强汽车电子控制技术的要求日渐增长，但是，在电子控制装置ECU增加的同时，电器配线和信号配线也愈来愈多，许多汽车的线束质量和线束直径已分别达到甚至超过40kg和60mm。由于导线太多，严重地干扰了汽车零部件的设计、布局和制造，另外，对汽车的维修也带来许多不便，反过来制约了电子控制技术在汽车上的广泛应用。因此，在汽车上迫切需要开发和应用LAN，使几个ECU中的各种数据进行交换，以此促成对汽车性能的精确、高速控制和减少配线。

针对改善汽车运行、安全和经济性能，目前最有前景的就是对电子燃油喷射、防抱死制动系统和悬架系统等的综合控制，因为这些系统到目前为止大多是相互独立的。实现综合控制各个ECU，使之能相互交换各种数据，这是LAN的关键技术。

汽车内的LAN是在多路复用通信的基础上建立的。为了实现多路复用通信，又需要开发专用的集成电路，这是近年来半导体厂商必须承担的艰巨任务。汽车多路复用系统，包括连接到通信集成电路总线上的多个ECU的接口，这属于微机在汽车上应用的关键技术之一。

1. 丰田汽车上开发的两种供多路复用通信需要的集成电路

一种是通信控制（IC），另一种是总线驱动器/接收器IC。两种IC都是根据SAEJ1850标准的编码格式（PWM）作为基础的通信协议。

通信控制IC的设计有与众不同的特性，如有较高的故障自动防护操作和能减少施加在ECU-CPU上的额外通信量的特性。该IC用CMOS（互补金属氧化物半导体英文缩写）技术制造，芯片尺寸为5.5mm×5.5mm，芯片上约有14000个晶体管。

总线驱动器/接收器IC也有两个特点，一是在数据传输周期中，能让进入总线扭绞对线的其中一对线芯的电流，与总线中另一对线芯的返回电流精确匹配。这种电流输出和返回的精确匹配技术，能抵御电磁干扰，对车内的无线电接收极为有利；另一个特点是数据接收周期中，当总线扭绞对线中的任一对线芯出现故障时，具有改变数据接收阈值电压电平的能力。该IC采用双极技术制造，在3.0mm×5.7mm的芯片上约有700个元件。

2. 丰田公司选用SAEJ1850标准的脉宽调制（PWM）编码作为两种集成电路通信协议的基础的原因

从电子控制的角度出发，通信速率越高，汽车的控制性能越好，大量的数据能在一个单位时间内传送和交换，并让数据通信延迟保持在最低级别。但由此将造成较高的通信速率在高频区不可避免地伴随着辐射噪声能级的增大，从而在车内引起无线电接收噪声。当然，采用同轴电缆或光纤等可对辐射噪声能级有所限制，但目前这些技术的成本和可靠性等问题尚待解决。所以，从实用角度出发，选择J1850-PWM作为通信控制IC和驱动器/接收器IC通信协议的基础。J1850是SAE目前推荐的作为B级通信的标准，即为专供汽车LAN在中等通信速率下运行的标准，也可用作汽车故障诊断的接口协议基础。

二、车身电子稳定控制系统（ESP）

车身电子稳定系统（Electronic Stability Program，ESP），是博世（Bosch）公司的专利。在博世公司之后，也有很多公司研发出了类似的系统，如日产研发的车辆行驶动力

学调整系统（Vehicle Dynamic Control，VDC），丰田研发的车辆稳定控制系统（Vehicle Stability Control，VSC），本田研发的车辆稳定性控制系统（Vehicle Stability Assist Control VSA），宝马研发的动态稳定控制系统（Dynamic Stability Control，DSC）等。ESP的作用如图9-54所示。

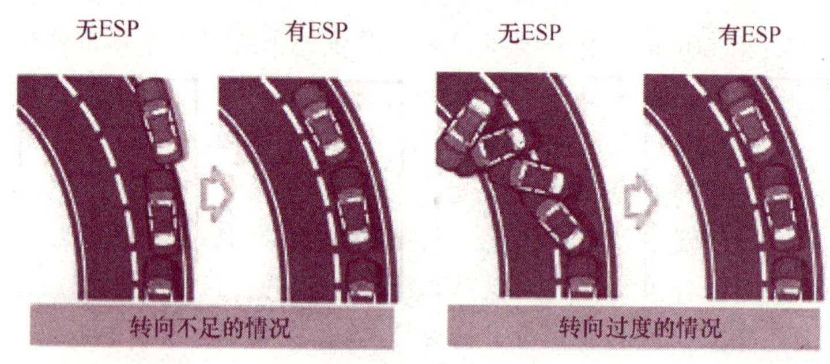

图9-54　ESP的作用

ESP实际是一种牵引力控制系统，与其他牵引力控制系统比较，ESP不但可以控制驱动轮，而且可控制从动轮。如后轮驱动汽车常出现的转向过多情况，此时后轮因失控而甩尾，ESP便会制动外侧的前轮来稳定汽车；在转向过少时，为了校正循迹方向，ESP则会制动内后轮，从而校正行驶方向。

ESP包含防抱死制动系统（ABS）及防侧滑系统（ASR），是这两种系统功能上的延伸。ESP由控制单元及转向传感器（监测转向盘的转向角度）、车轮传感器（监测各个车轮的速度转动）、侧滑传感器（监测车体绕垂直轴线转动的状态）、横向加速度传感器（监测汽车转弯时的离心力）等组成。控制单元通过这些传感器的信号对车辆的运行状态进行判断，进而发出控制指令。有ESP与只有ABS及ASR的汽车，它们之间的差别在于ABS及ASR只能被动地做出反应，而ESP则能够探测和分析车况并纠正驾驶错误，防患于未然。ESP对过度转向或不足转向特别敏感，例如汽车在路滑时左拐过度转向（转弯太急）时会产生向右侧甩尾，传感器感觉到滑动就会迅速制动右前轮使其恢复附着力，同时产生一种相反的转矩使汽车保持在原来的车道上。当然，如果驾驶人盲目开快车，现在的任何安全装置都难以保证其安全。

（一）ESP的功能

ESP能保证在转向状态下车辆的稳定性（横向），避免车辆产生侧滑。ESP能以25次/s的频率对驾驶人的行驶意图和实际行驶情况进行检测，在转向状态下，能自动根据车辆的状态，有针对性地单独制动各个车轮，或控制发动机、自动变速器的状态，使车辆保持稳定行驶。

1）直线行驶车轮滑移的控制。当汽车在湿滑的路面上做直线起步或加速行驶，ESP-ECU一旦通过车轮转速传感器检测到某个或全部车轮滑移率大于某设定值时，便立即通过ASR向发动机ECU发出减小喷油量的指令，降低发动机的动力输出，使驱动轮不再打滑。

2）前轮侧滑的纠偏。当汽车高速转弯产生前轮侧滑时，ESP-ECU便首先通过ASR向

发动机 ECU 发出减小喷油量的指令，降低发动机的动力输出，并采用反向平衡的原理，同时向 ABS-ECU 发出先制动内后轮的纠偏指令，使车身得到向内转的运动，然后对四个车轮进行制动，使车速降到某一水平并抑制汽车的侧滑，汽车便按照驾驶人的意图，回复到正确的轨道。

3）后轮甩尾的纠偏。当汽车转弯产生后轮甩尾时，ESP-ECU 同样采用反向平衡原理，首先通过 ASR 向发动机 ECU 发出减小喷油量的指令，降低发动机的动力输出，并同时向 ABS-ECU 发出先制动外前轮的纠偏指令，使车身得到向外转的运动，然后对四个车轮进行制动，使车速降低到某一水平，抑制汽车的甩尾，汽车便按照驾驶人的意图，回复到正确的轨道。

（二）ESP 的组成部分

ESP 的组成部分和主要部件如图 9-55、图 9-56 所示。

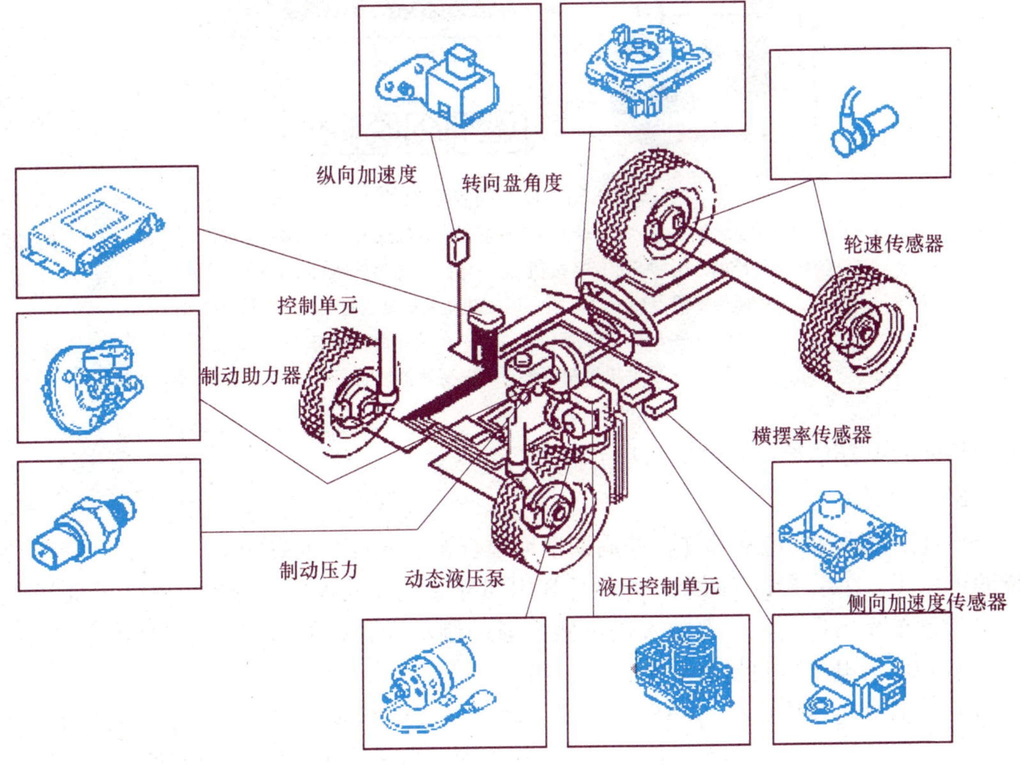

图 9-55　ESP 的组成

1. 传感器

ESP 主要包含转向传感器、车轮传感器、侧滑传感器、横向加速度传感器、转向盘及制动踏板传感器等，这些传感器负责采集车身状态的数据。

2. 执行器

ESP 的执行器就是四个车轮的制动系统，其实 ESP 就是帮驾驶人踩制动。与没有 ESP 的车不同的是，装备有 ESP 的车的制动系统具有蓄压功能。简单地说蓄压就是 ECU 可以根据需要，在驾驶人没踩制动的时候替驾驶人向某个车轮的制动油管加压好让这个车轮产生制

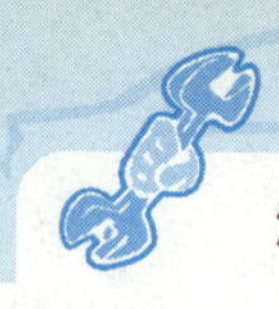

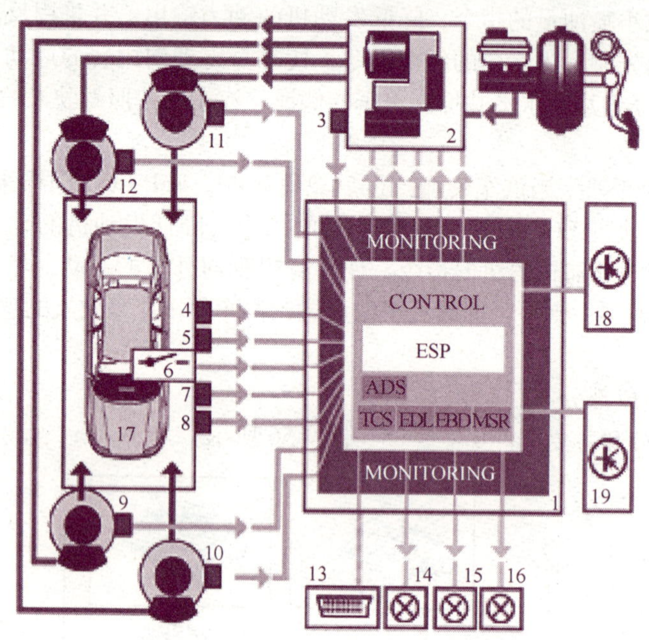

图9-56　ESP的主要部件

1—ESP控制单元　2—液压控制单元　3—制动压力传感器　4—侧向加速度传感器
5—偏转率传感器　6—ASR/ESP按钮　7—转向盘转角传感器　8—制动灯开关
9～12—轮速传感器　13—自诊断　14—制动系统警告灯　15—ABS警告灯
16—ASR/ESP警告灯　17—车辆和驾驶状态
18—发动机控制调整　19—变速器控制调整

动力。另外ESP还能控制发动机的动力输出。

3. ESP控制单元

ESP监控着所有的电器部件，并周期性地检查系统的每个电磁阀工作情况。同时为保障系统的可靠性，在系统中有两个处理器，其用同样的软件处理信号数据，并相互监控比较。若ESP控制单元出现故障，驾驶人仍可做一般的制动操作，但ABS/EBS/ASR/ESP功能失效，其中EBS为电子控制制动系统。

（1）转向盘转角传感器（G85）　G85一般安装于汽车转向柱上，位于转向灯开关和转向盘之间，与安全气囊时钟弹簧集为一体。其作用是向带有EDL（电子差速器）/TCS（牵引力控制系统）/ESP的ABS控制单元传送转向盘转动角信号，测量的角度为±720°，对应转向盘转4圈。无该传感信号的车辆无法确定行驶方向，ESP失效。

（2）组合传感器　组合传感器包括横向加速度传感器G200（一般安装在驾驶人座椅下的放脚空间）和偏转率传感器G202（一般安装于转向柱下方偏右侧），集中在一个舱盒内，位于副仪表台内烟灰缸下方，此处为整车的重心位置。

1）横向加速度传感器：确定车辆是否受到使车辆发生滑移作用的侧向力，以及侧向力的大小。无该信号控制单元将无法计算出车辆的实际行驶状态，ESP功能失效。

2）偏转率传感器：确定车辆是否沿垂直轴线发生转动，并提供转动速率。没有横摆率测量值，控制单元无法确定车辆是否发生转向，ESP功能失效。

(3) 制动压力传感器　安装于行驶动力调节液压泵中。其功能是向控制单元传送制动系统的实际压力，控制单元相应计算出作用在车轮上的制动力和整车的纵向力大小（即控制预压力）。如果ESP正在对不稳定状态进行调整，控制单元将这一数值包含在侧向力计算范围之内。没有制动力压力信号系统无法计算出正确的侧向力，故ESP失效。

(4) ASR/ESP按钮开关　按下该按钮，ESP功能关闭。通过再次按该按钮，ESP功能重新激活。重新起动发动机，该系统也可自动激活。但是在下列情况下，应该关闭ESP功能。

1）在积雪路面或松软路面上，让车轮自由转动、前后移动的车辆。

2）安装防滑链的车辆。

3）在车辆处于功率测试状态下行驶。

如果ASR /ESP按钮出现故障后ESP无法关闭，组合仪表上的ESP警告灯有警报显示。

(5) 动力调节液压泵　其功能是在制动踏板力较小或没有压力的情况下，弥补回油泵的不足，给加油泵吸入端提供所需的初压力。

(6) 回油泵　其分为单级和双级。

(7) 液压控制单元　制动分泵通过液压控制单元的电磁阀控制，通过制动分泵的入口阀和出口阀的控制，建立了建压、保压和卸压三个工作状态。当电磁阀功能出现不可靠故障，整体系统关闭。

（三）ESP工作原理与工作过程

1. ESP工作原理

ABS/TCS就是要防止在车辆加速或制动时出现所不期望的纵向滑移；而ESP就是要控制横向滑移。ESP是各种工况下的一个主动安全系统，处理各种异常情况，可以减轻驾驶人的精神紧张及身体疲劳。只要ESP识别出驾驶人的输入与车辆的实际运动不一致，它就马上通过有选择地制动发动机来干预并稳定车辆。ESP首先通过转向盘转角传感器及各车轮转速传感器识别驾驶人转弯方向（驾驶人意愿）；其次，ESP通过横摆角速度传感器，识别车辆绕垂直于地面轴线方向的旋转角度，并通过侧向加速度传感器来识别车辆实际运动方向。ESP对危急驾驶情况做出反应前，必须获得两个问题的应答（图9-57）。

汽车行驶时，四个轮速传感器9～12（图9-55），不断向电子控制单元1提供车轮的转速数据。同时，转向盘转角传感器7又把所得的数据通过CAN总线传给电子控制单元，由此，电子控制单元根据这两种传感器的信息计算出汽车所需的转向和行驶状态。与此同时，横向加速度传感器4也在向电子控制单元传送侧向的偏转信息；偏转率传感器5则传送着汽车的离心趋势，因此，电子控制单元根椐这两种传感器的信息同时又算出汽车的实际行驶状态。之后，电子控制单元将刚才算出的所需值与实际状态进行比较，检测是否有偏差，如有偏差（也即汽车有发生翻转或者偏离驾驶人需求的行驶路线的趋势），ESP则进行调节。调节过程中，ESP会决定着哪只车轮应制动或加速以及发动机转矩是否该减小，在装有自动变速器的汽车上，还决定着是否需要使用变速器电子控制单元。当ESP调节完成后，电子控制单元根据各传感器的检测数据，检查调节作用是否有成效。如果有成效，则ESP停止工作，并继续观察汽车的运行状态；如果没有成效，则ESP重新工作。ESP工作时，ESP指示灯亮，提示驾驶人注意。

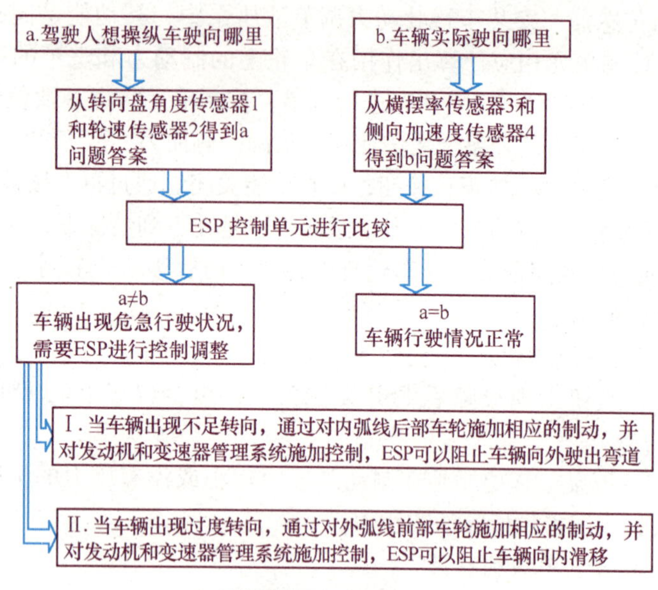

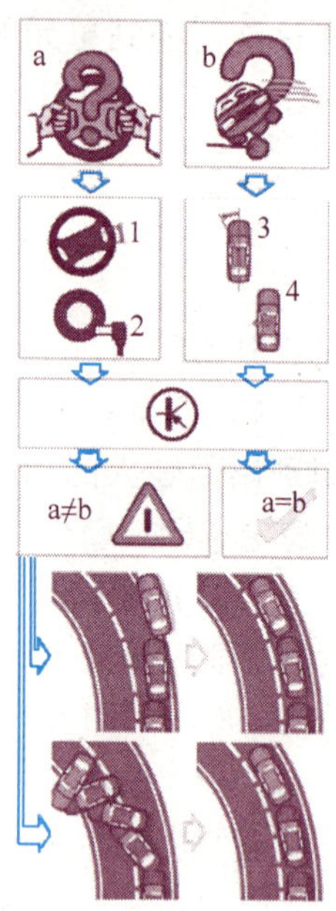

图 9-57　ESP 的工作原理及工作过程

案例解析

故障现象：一辆 2006 年产 POLO1. 4L 手动档轿车，玻璃升降器不能正常工作。用左前门上的玻璃升降器组合开关不能控制其他 3 个车门玻璃，但是各个车门上的玻璃升降器开关却可以控制玻璃的升降。客户反映，此故障曾在几家修理厂检修过，都没能解决问题。

故障诊断：该车舒适系统与老款 POLO 有所不同。老款 POLO 的舒适系统采用 Can-bus 总线连接，如果有一根高位线或低位线断路，不会影响整个舒适系统的工作。而新款 POLO 舒适系统内部通信用的是 Lin-bus 总线单线连接，如果 Lin-bus 断路，舒适系统的控制信号将会受到影响。除此之外，新老 POLO 各个车门的控制单元都是共用一个熔断器提供正极电源。新款 POLO 各个车门相互之间及与舒适系统控制单元之间的信息交换，就是靠 LIN-bus 总线，所以该车故障可能就出现在这条电路上面。

由于其他车门的开关可以控制各自玻璃的升降，说明电源没问题，故障应该出在总开关、电路或舒适系统控制单元上。

用万用表测量电路，发现驾驶人侧车门控制单元与其他车门控制单元和舒适系统控制单元之间的 Lin-bus 不通，测量电阻值为无穷大。而舒适系统及其他 3 个车门之间的 Lin-bus 正常，看来故障就在这条通信电路上面。顺着电路的布置方向检查，在左前车门与 A 柱连接插头处发现插头已经严重锈蚀。原来该车曾经安装过防盗报警器，把插头上的防尘罩给破坏了，造成密封不良。由于雨水或洗车等原因导致此处插头进水，时间长了产生氧化现象，造成左前门控制单元与舒适系统其他控制单元之间的通信中断。

故障排除： 更换线束或者用专用的线束修理工具把损坏的插头修复。

观察与思考

一、思考题

1. LIN 总线具有哪些特点？
2. 试比较 LIN 总线与 CAN 总线。
3. 简述汽车 ESP 的组成和工作过程。

二、实习观察项目

1. 学生自己按技术操作规程和电路图对 LIN 总线系统进行检测，发现问题及时处理。
2. 指导教师模拟设置 LIN 系统故障，让学员进行系统检测、编码匹配、故障诊断并排除故障。
3. 试用汽车故障诊断仪检测 ESP。

参考文献

[1] 罗富坤. 汽车故障诊断技术［M］. 北京：化学工业出版社，2009.
[2] 汪立亮，等. 现代汽车电子巡航控制系统原理与检修［M］. 北京：电子工业出版社，2000.
[3] 李传志. 汽车车身电子控制系统［M］. 北京：机械工业出版社，2005.
[4] 郝军. 汽车空调［M］. 北京：机械工业出版社，2004.
[5] 张凤山，王颖. 新型轿车防盗及安全保护系统构造与维修［M］. 北京：人民邮电出版社，2005.
[6] 陈家瑞. 汽车构造［M］. 3版. 北京：机械工业出版社，2009.
[7] 丁鸣朝，魏俊强，等. 国产轿车使用维修问答丛书—帕萨特［M］. 北京：北京理工大学出版社，2002.
[8] 毛峰. 汽车车身电控技术［M］. 北京：机械工业出版社，2005.
[9] 李春明. 汽车车身电子技术［M］. 北京：北京理工大学出版社，2003.
[10] 董宏国，等. 汽车电路分析［M］. 北京：北京理工大学出版社，2006.
[11] 张凤山，等. 国产轿车故障诊断与排除实例精选［M］. 北京：机械工业出版社，2013.
[12] 马东宵，等. 汽车维修实训教程［M］. 北京：人民邮电出版社，2002.
[13] 周立志，等. 进口汽车故障诊断手册［M］. 沈阳：辽宁科学技术出版社，2000.
[14] 李洪港. 亚洲车系维修案例及技术通报［M］. 北京：机械工业出版社，2005.
[15] 黄林彬. 欧洲车系维修案例及技术通报［M］. 北京：机械工业出版社，2005.
[16] 廖发良. 汽车典型电控系统的结构与维修［M］. 北京：电子工业出版社，2005.
[17] 付百学. 汽车车载网络技术［M］. 北京：机械工业出版社，2012
[18] 凌永成. 车载网络技术［M］北京：机械工业出版社，2013.
[19] 屈敏. 汽车车载网络技术原理与应用［M］. 北京：国防工业出版社，2012.
[20] 刘春晖. 刘宝君. 汽车车载网络技术详解［M］. 北京：机械工业出版社，2013.
[21] 李雷. 汽车车载网络系统检修［M］. 北京：人民邮电出版社，2009.

目　　录

任 务 工 单

任务工单 1.1

任务名称	汽车空调系统不制冷	工　时		日　期	
学生姓名		班　级		学　号	
实训设备	专用工具、量具，故障汽车			实训场地	
任务目标	按客户要求，恢复汽车空调制冷系统的技术状态				
过程要求	检测方法正确，工具使用熟练，能够根据技术要求排除汽车空调制冷系统的故障				

一、资讯

1. 汽车空调制冷系统由哪几部分组成？其工作原理是什么？

2. 汽车空调制冷系统的常见故障及原因有哪些？

3. 汽车空调制冷系统怎样抽真空？加注制冷剂的方法有哪些？

二、决策

结合咨询情况和具体任务要求，决策如下：

三、计划

根据任务要求，确定所需要的设备、工具，并对维修小组成员进行分工，工作计划如下：

1. 讨论确定维修汽车自动空调制冷系统不制冷所需要的设备、工具、故障检测仪。

2. 小组成员分工。

3. 工作计划。

4. 操作步骤。

5. 注意事项。

四、实施

1. 汽车空调制冷系统的常规检查。

2. 汽车空调电路的检测。

3. 汽车制冷系统的制冷量检测。

五、检查

1. 检查汽车空调制冷系统制冷剂有无泄漏。

____

____

2. 检查汽车空调电磁离合器的运行技术状况。

____

____

3. 检查汽车自动空调系统的工作状况并读取故障码。

____

____

六、评估

1. 请根据任务完成的情况，对自己的工作进行评估，提出努力方向。

____

____

2. 维修小组成员进行互评，并提出改进建议。

____

____

3. 指导教师对小组工作情况进行整体评估和个别点评。

____

____

本次任务综合评价成绩：______________

指导教师______________

年　　月　　日

任务工单1.2

任务名称	自动空调系统的检修	工　时		日　期	
学生姓名		班　级		学　号	
实训设备	专用工具、量具，故障汽车			实训场地	
任务目标	按客户要求，恢复汽车自动空调制冷系统的技术状态				
过程要求	检测方法正确，工具使用熟练，能够根据技术要求排除汽车自动空调系统故障				

一、资讯

1. 汽车自动空调制冷系统由哪几部分组成?

____

____

2. 汽车自动空调制冷系统的常见故障及原因有哪些?

____

____

3. 汽车自动空调制冷系统如何进行自诊断?

____

____

二、决策

结合咨询情况和具体任务要求，决策如下：

____

____

三、计划

根据任务要求，确定所需要的设备、工具，并对维修小组成员进行合理分工，工作计划如下：

1. 讨论确定维修汽车自动空调制冷系统不制冷所需要的设备、工具、故障检测仪。

2. 小组成员分工。

3. 工作计划。

4. 操作步骤。

5. 注意事项。

四、实施

1. 汽车自动空调制冷系统的常规检查。

2. 汽车自动空调的电路检查。

3. 汽车自动空调系统的检测和故障自诊断。

五、检查

1. 检查汽车自动空调制冷系统制冷剂有无泄漏。

____

____

2. 检查汽车自动空调电磁离合器的运行技术状况。

____

____

3. 检查汽车自动空调系统的工作状况并读取故障码、数据流。

____

____

六、评估

1. 请根据任务完成的情况，对自己的工作进行评估，提出努力方向。

____

____

2. 维修小组成员进行互评，并提出改进建议。

____

____

3. 指导教师对小组工作情况进行整体评估和个别点评。

____

____

本次任务综合评价成绩：______________

指导教师______________

年　　月　　日

任务工单2.1

<table>
<tr><td>任务名称</td><td>电动门窗系统的检修</td><td>工　时</td><td></td><td>日　期</td><td></td></tr>
<tr><td>学生姓名</td><td></td><td>班　级</td><td></td><td>学　号</td><td></td></tr>
<tr><td>实训设备</td><td colspan="3">专用工具、量具，故障汽车</td><td>实训场地</td><td></td></tr>
<tr><td>任务目标</td><td colspan="5">按客户要求，恢复汽车电动门窗升降的技术状态</td></tr>
<tr><td>过程要求</td><td colspan="5">检测方法正确，使用工具熟练，能够根据技术要求排除汽车电动门窗失灵故障</td></tr>
</table>

一、资讯

1. 汽车电动门窗有哪几种？各有何特点？

____

____

2. 汽车电动门窗的检修要点有哪些？

____

____

3. 汽车电动门窗的拆装、调试技术要求和注意事项有哪些？

____

____

二、决策

结合咨询情况和具体任务要求，决策如下：

____

____

三、计划

根据任务要求，确定所需要的设备、工具，并对维修小组成员进行合理分工，工作计划如下：

1. 讨论确定检测维修汽车电动门窗失灵所需要的设备、工具。

2. 小组成员分工。

3. 工作计划。

4. 操作步骤。

5. 注意事项。

四、实施

1. 汽车电动门窗的常规检查。

2. 汽车电动门窗的电路检测。

3. 汽车电动门窗机械连接机构的联动检查。

五、检查

1. 检查汽车电动门窗电路和电器元件的连接是否正确。

____

____

2. 检查汽车电动门窗机械联动机构的运行技术状况。

____

____

3. 检查汽车电动门窗的整体运行和升降情况。

____

____

六、评估

1. 请根据任务完成的情况，对自己的工作进行评估，提出努力方向。

____

____

2. 维修小组成员进行互评，并提出改进建议。

____

____

3. 指导教师对小组工作情况进行整体评估和个别点评。

____

____

本次任务综合评价成绩：______________

指导教师______________

年　　月　　日

任务工单 2.2

<table>
<tr><td>任务名称</td><td>电动天窗系统的检修</td><td>工　　时</td><td></td><td>日　　期</td><td></td></tr>
<tr><td>学生姓名</td><td></td><td>班　　级</td><td></td><td>学　　号</td><td></td></tr>
<tr><td>实训设备</td><td colspan="3">专用工具、量具，故障汽车</td><td>实训场地</td><td></td></tr>
<tr><td>任务目标</td><td colspan="5">按客户要求，恢复汽车电动天窗升降的技术状态</td></tr>
<tr><td>过程要求</td><td colspan="5">检测方法正确，使用工具熟练，能够根据技术要求排除汽车电动天窗失灵故障</td></tr>
</table>

一、资讯

1. 汽车电动天窗有哪几种？各有何特点？

____

____

2. 汽车电动天窗的检修要点有哪些？

____

____

3. 汽车电动天窗的拆装、调试技术要求和注意事项有哪些？

____

____

二、决策

结合咨询情况和具体任务要求，决策如下：

____

____

____

三、计划

根据任务要求，确定所需要的设备、工具，并对维修小组成员进行合理分工，工作计划如下：

1. 讨论确定检测维修汽车电动天窗失灵所需要的设备、工具。

2. 小组成员分工。

3. 工作计划。

4. 操作步骤。

5. 注意事项。

四、实施

1. 汽车电动天窗的常规检查。

2. 汽车电动天窗的电路检测。

3. 汽车电动天窗机械连接机构的联动检查。

五、检查

1. 检查汽车电动天窗电路和电器元件的连接是否正确。

____

____

2. 检查汽车电动天窗机械联动机构的运行技术状况。

____

____

3. 检查汽车电动天窗的整体运行和升降情况。

____

____

六、评估

1. 请根据任务完成的情况，对自己的工作进行评估，提出努力方向。

____

____

2. 维修小组成员进行互评，并提出改进建议。

____

____

3. 指导教师对小组工作情况进行整体评估和个别点评。

____

____

本次任务综合评价成绩：______________

指导教师______________

年　　月　　日

任务工单 3.1

<table>
<tr><td>任务名称</td><td>电动座椅失调的检修</td><td>工　时</td><td></td><td>日　期</td><td></td></tr>
<tr><td>学生姓名</td><td></td><td>班　级</td><td></td><td>学　号</td><td></td></tr>
<tr><td>实训设备</td><td colspan="3">专用工具、量具，故障汽车</td><td>实训场地</td><td></td></tr>
<tr><td>任务目标</td><td colspan="5">按客户要求，恢复汽车电动座椅调节的技术状态</td></tr>
<tr><td>过程要求</td><td colspan="5">检测方法正确，使用工具熟练，能够根据技术要求排除汽车电动座椅失调故障</td></tr>
<tr><td colspan="6">

一、资讯

1. 汽车电动座椅有哪几种？各有何特点？

____

____

2. 汽车电动座椅的检修要点有哪些？

____

____

3. 汽车电动座椅的拆装、调试技术要求和注意事项有哪些？

____

____

二、决策

结合咨询情况和具体任务要求，决策如下：

____

____

____

三、计划

根据任务要求，确定所需要的设备、工具，并对维修小组成员进行合理分工，工作计划如下：

</td></tr>
</table>

1. 讨论确定检测维修汽车电动座椅失调所需要的设备、工具。

2. 小组成员分工。

3. 工作计划。

4. 操作步骤。

5. 注意事项。

四、实施

1. 汽车电动座椅的常规检查。

2. 汽车电动座椅的电路检测。

3. 汽车电动座椅机械连接机构的联动检查。

五、检查

1. 检查汽车电动座椅电路和电器元件的连接是否正确。

____

____

2. 检查汽车电动座椅机械联动机构的运行技术状况。

____

____

3. 检查汽车电动座椅的整体运行和调节情况。

____

____

六、评估

1. 请根据任务完成的情况，对自己的工作进行评估，提出努力方向。

____

____

2. 维修小组成员进行互评，并提出改进建议。

____

____

3. 指导教师对小组工作情况进行整体评估和个别点评。

____

____

本次任务综合评价成绩：______________

指导教师______________

年　　月　　日

任务工单 3.2

任务名称	电动后视镜失调的检修	工　　时		日　　期	
学生姓名		班　　级		学　　号	
实训设备	专用工具、量具，故障汽车			实训场地	
任务目标	按客户要求，恢复汽车后视镜调节的技术状态				
过程要求	检测方法正确，使用工具熟练，能够根据技术要求排除汽车电动后视镜失调故障				

一、资讯

1. 汽车后视镜有哪几种？各有何特点？

____

____

2. 汽车后视镜的检修要点有哪些？

____

____

3. 汽车后视镜的拆装、调试技术要求和注意事项有哪些？

____

____

二、决策

结合咨询情况和具体任务要求，决策如下：

____

____

____

____

三、计划

根据任务要求，确定所需要的设备、工具，并对维修小组成员进行合理分工，工作计划如下：

1. 讨论确定检测维修汽车电动后视镜失调所需要的设备、工具。

2. 小组成员分工。

3. 工作计划。

4. 操作步骤。

5. 注意事项。

四、实施

1. 汽车电动后视镜的常规检查。

2. 汽车电动后视镜的电路检测。

3. 汽车电动后视镜电动机双向运转试验。

____

____

五、检查

1. 检查汽车电动后视镜电路和电器元件的连接是否正确。

____

____

2. 检查汽车电动后视镜的整体运行和调节情况。

____

____

六、评估

1. 请根据任务完成的情况，对自己的工作进行评估，提出努力方向。

____

____

2. 维修小组成员进行互评，并提出改进建议。

____

____

3. 指导教师对小组工作情况进行整体评估和个别点评。

____

____

本次任务综合评价成绩：______________

指导教师______________

年　月　日

任务工单 4.1

<table>
<tr><td>任务名称</td><td>电子巡航系统的检修</td><td>工　　时</td><td></td><td>日　　期</td><td></td></tr>
<tr><td>学生姓名</td><td></td><td>班　　级</td><td></td><td>学　　号</td><td></td></tr>
<tr><td>实训设备</td><td colspan="3">专用工具、量具，故障汽车</td><td>实训场地</td><td></td></tr>
<tr><td>任务目标</td><td colspan="5">按客户要求，恢复汽车电子巡航系统的技术状态</td></tr>
<tr><td>过程要求</td><td colspan="5">检测方法正确，使用工具熟练，能够根据技术要求排除汽车电子巡航系统的故障</td></tr>
<tr><td colspan="6">

一、资讯

1. 汽车电子巡航系统有何特点?

____

____

2. 汽车电子巡航系统的检修要点有哪些?

____

____

3. 汽车电子巡航系统的拆装、调试技术要求和注意事项有哪些?

____

____

二、决策

结合咨询情况和具体任务要求，决策如下：

____

____

____

三、计划

根据任务要求，确定所需要的设备、工具，并对维修小组成员进行合理分工，工作计划如下：

</td></tr>
</table>

1. 讨论确定检测维修汽车电子巡航系统所需要的设备、工具。

2. 小组成员分工。

3. 工作计划。

4. 操作步骤。

5. 注意事项。

四、实施

1. 汽车电子巡航系统的常规检查。

2. 汽车电子巡航系统的电路检测。

3. 汽车电子巡航系统的元件检测。

五、检查

1. 检查汽车电子巡航系统电路和电器元件的连接是否正确。

____

____

2. 检查汽车电子巡航系统的运行技术状况。

____

____

六、评估

1. 请根据任务完成的情况，对自己的工作进行评估，提出努力方向。

____

____

2. 维修小组成员进行互评，并提出改进建议。

____

____

3. 指导教师对小组工作情况进行整体评估和个别点评。

____

____

____

____

本次任务综合评价成绩：______________

指导教师______________

年　　月　　日

任务工单4.2

任务名称	防碰撞系统的检修	工　时		日期	
学生姓名		班　级		学　号	
实训设备	专用工具、量具，故障汽车			实训场地	
任务目标	按客户要求，恢复汽车防碰撞系统的技术状态				
过程要求	检测方法正确，使用工具熟练，能够根据技术要求排除防碰撞系统失灵故障				

一、资讯

1. 汽车防碰撞系统有哪几种？各有何特点？

____

____

2. 汽车防碰撞系统的检修要点有哪些？

____

____

3. 汽车防碰撞系统的拆装、调试技术要求和注意事项有哪些？

____

____

二、决策

结合咨询情况和具体任务要求，决策如下：

____

____

____

____

____

三、计划

根据任务要求，确定所需要的设备、工具，并对维修小组成员进行合理分工，工作计划如下：

1. 讨论确定检测维修汽车防碰撞系统失灵所需要的设备、工具。

____

____

2. 小组成员分工。

____

____

3. 工作计划。

____

____

____

4. 操作步骤。

____

____

5. 注意事项。

____

____

四、实施

1. 汽车防碰撞系统的常规检查。

____

____

2. 汽车防碰撞系统的电路检测。

____

____

3. 汽车防碰撞系统机械安装情况检查。

____

____

五、检查

1. 检查汽车防碰撞系统电路和电器元件的连接安装是否正确。

____

____

2. 检查汽车防碰撞系统的运行技术状况。

____

____

六、评估

1. 请根据任务完成的情况，对自己的工作进行评估，提出努力方向。

____

____

2. 维修小组成员进行互评，并提出改进建议。

____

____

3. 指导教师对小组工作情况进行整体评估和个别点评。

____

____

本次任务综合评价成绩：______________

指导教师______________

年　　月　　日

任务工单 5.1

<table>
<tr><td>任务名称</td><td>中控门锁与防盗系统的检修</td><td>工　　时</td><td></td><td>日　　期</td><td></td></tr>
<tr><td>学生姓名</td><td></td><td>班　　级</td><td></td><td>学　　号</td><td></td></tr>
<tr><td>实训设备</td><td colspan="3">专用工具、量具，故障汽车</td><td>实训场地</td><td></td></tr>
<tr><td>任务目标</td><td colspan="5">按客户要求，恢复汽车中控门锁与防盗系统的技术状态</td></tr>
<tr><td>过程要求</td><td colspan="5">检测方法正确，使用工具熟练，能够根据技术要求排除中控门锁与防盗系统功能异常故障</td></tr>
</table>

一、资讯

1. 汽车中控门锁与防盗系统有哪几种？各有何特点？

____

____

2. 汽车中控门锁与防盗系统的检修要点有哪些？

____

____

3. 汽车中控门锁与防盗系统的拆装、调试技术要求和注意事项有哪些？

____

____

二、决策

结合咨询情况和具体任务要求，决策如下：

____

____

____

____

三、计划

根据任务要求，确定所需要的设备、工具，并对维修小组成员进行合理分工，工作计划如下：

1. 讨论确定检测维修汽车中控门锁与防盗系统故障所需要的设备、工具。

____

____

2. 小组成员分工。

____

____

3. 工作计划。

____

____

4. 操作步骤。

____

____

____

5. 注意事项。

____

____

四、实施

1. 汽车中控门锁与防盗系统的常规检查。

____

____

2. 汽车中控门锁与防盗系统的电路检测。

____

____

3. 汽车中控门锁与防盗系统的元件检测。

____

____

五、检查

1. 检查汽车中控门锁与防盗系统的电路和电器元件的连接是否正确。

____

____

2. 检查汽车中控门锁与防盗系统的运行技术状况。

____

____

六、评估

1. 请根据任务完成的情况，对自己的工作进行评估，提出努力方向。

____

____

2. 维修小组成员进行互评，并提出改进建议。

____

____

3. 指导教师对小组工作情况进行整体评估和个别点评。

____

____

____

本次任务综合评价成绩：________________

指导教师________________

年　　月　　日

任务工单 5.2

任务名称	电子防盗系统的检修	工　　时		日　　期	
学生姓名		班　　级		学　　号	
实训设备	专用工具、量具，故障汽车			实训场地	
任务目标	按客户要求，恢复汽车电子防盗系统的技术状态				
过程要求	检测方法正确，使用工具熟练，能够根据技术要求对汽车电子防盗系统进行检修				

一、资讯

1. 汽车电子防盗系统有哪几种？各有何特点？

____

____

2. 汽车电子防盗系统的检修要点有哪些？

____

____

3. 汽车电子防盗系统如何解码？

____

____

二、决策

结合咨询情况和具体任务要求，决策如下：

____

____

____

____

三、计划

根据任务要求，确定所需要的设备、工具，并对维修小组成员进行合理分工，工作计划如下：

1. 讨论确定对汽车电子防盗系统检修所需要的设备、工具。

____

____

2. 小组成员分工。

____

____

3. 工作计划。

____

____

4. 操作步骤。

____

____

5. 注意事项。

____

____

四、实施

1. 汽车电子防盗系统的常规检查。

____

____

2. 汽车电子防盗系统的电路检测。

____

____

3. 汽车电子防盗系统的元件检测。

____

____

五、检查

1. 检查汽车电子防盗系统电路和电器元件的连接是否正确。

____

____

2. 检查汽车电子防盗系统的运行技术状况。

____

____

六、评估

1. 请根据任务完成的情况，对自己的工作进行评估，提出努力方向。

____

____

2. 维修小组成员进行互评，并提出改进建议。

____

____

3. 指导教师对小组工作情况进行整体评估和个别点评。

____

____

本次任务综合评价成绩：________________

指导教师________________

年　　月　　日

任务工单 6.1

任务名称	安全气囊系统的检修	工　　时		日　　期	
学生姓名		班　　级		学　　号	
实训设备	专用工具、量具，故障汽车			实训场地	
任务目标	按客户要求，恢复汽车安全气囊的技术状态				
过程要求	检测方法正确，使用工具熟练，能够根据技术要求排除汽车安全气囊失灵故障				

一、资讯

1. 汽车安全气囊的传感器有哪几种？各有何特点？工作原理是什么？

____

____

2. 汽车安全气囊的使用注意事项有哪些？

____

____

3. 汽车安全气囊的安全操作规范有哪些？

____

____

4. 汽车安全气囊怎样进行拆卸、安装？

____

____

二、决策

结合咨询情况和具体任务要求，决策如下：

____

____

____

____

三、计划

根据任务要求，确定所需要的设备、工具，并对维修小组成员进行合理分工，工作计划如下：

1. 讨论确定检测维修汽车安全气囊失灵所需要的设备、工具。

____

____

2. 小组成员分工。

____

____

3. 工作计划。

____

____

4. 操作步骤。

____

____

5. 注意事项。

____

____

四、实施

1. 汽车安全气囊的常规检查。

____

____

2. 汽车安全气囊的电路检测。

____

____

3. 汽车安全气囊整体性能检查。

____

____

五、检查

1. 检查汽车安全气囊电路和电器元件的连接是否正确。

____

____

2. 检查汽车安全气囊的整体技术状况。

____

____

六、评估

1. 请根据任务完成的情况，对自己的工作进行评估，提出努力方向。

____

____

2. 维修小组成员进行互评，并提出改进建议。

____

____

3. 指导教师对小组工作情况进行整体评估和个别点评。

____

____

本次任务综合评价成绩：________________

指导教师________________

年　　月　　日

任务工单6.2

任务名称	安全带系统的检修	工　　时		日　　期	
学生姓名		班　　级		学　　号	
实训设备	专用工具、量具，故障汽车			实训场地	
任务目标	按客户要求，恢复安全带系统的技术状态				
过程要求	检测方法正确，使用工具熟练，能够根据技术要求排除安全带系统失灵故障				

一、资讯

1. 汽车安全带系统由哪几部分组成？

2. 汽车安全带收紧器的工作原理是什么？

3. 装备安全带收紧器的安全气囊的工作原理是什么？

4. 如何检查安全带收紧器？

5. 安全带系统怎样进行拆卸和安装？

6. 汽车安全带系统应如何检查？

二、决策

结合咨询情况和具体任务要求，决策如下：

____

____

三、计划

根据任务要求，确定所需要的设备、工具，并对维修小组成员进行合理分工，工作计划如下：

1. 讨论确定检修安全带失灵所需要的设备、工具。

____

____

2. 小组成员分工。

____

____

3. 工作计划。

____

____

4. 操作步骤。

____

____

5. 注意事项。

____

____

四、实施

1. 安全带收紧器的检查。

____

____

2. 汽车安全带系统整体性能检查。

____

____

五、检查

1. 检查安全带收紧器是否能自如地拉出。

____

____

2. 检查安全带系统的技术状况。

____

____

六、评估

1. 请根据任务完成的情况，对自己的工作进行评估，提出努力方向。

____

____

2. 维修小组成员进行互评，并提出改进建议。

____

____

3. 指导教师对小组工作情况进行整体评估和个别点评。

____

____

本次任务综合评价成绩：______________

指导教师______________

年　　月　　日

任务工单 7.1

<table>
<tr><td>任务名称</td><td>信息显示系统的检修</td><td>工　时</td><td></td><td>日　期</td><td></td></tr>
<tr><td>学生姓名</td><td></td><td>班　级</td><td></td><td>学　号</td><td></td></tr>
<tr><td>实训设备</td><td colspan="3">专用工具、量具，故障汽车</td><td>实训场地</td><td></td></tr>
<tr><td>任务目标</td><td colspan="5">按客户要求，恢复汽车电子仪表的技术状态</td></tr>
<tr><td>过程要求</td><td colspan="5">检测方法正确，使用工具熟练，能够根据技术要求排除汽车电子仪表显示失灵故障</td></tr>
</table>

一、资讯

1. 汽车电子仪表有哪几种？各有何特点？

____

____

2. 汽车电子仪表的检修要点有哪些？

____

____

3. 汽车电子仪表的拆装、调试技术要求和注意事项有哪些？

____

____

二、决策

结合咨询情况和具体任务要求，决策如下：

____

____

三、计划

根据任务要求，确定所需要的设备、工具，并对维修小组成员进行合理分工，工作计划如下：

1. 讨论确定检测维修汽车电子仪表显示失灵所需要的设备、工具。

____

____

2. 小组成员分工。

____

____

3. 工作计划。

____

____

4. 操作步骤。

____

____

5. 注意事项。

____

____

四、实施

1. 汽车电子仪表的常规检查。

____

____

2. 汽车电子仪表的电路检测。

____

____

3. 汽车电子仪表安装情况检查。

____

____

五、检查

1. 检查汽车电子仪表电路和电器元件的连接是否正确。

2. 检查汽车电子仪表安装情况。

3. 检查汽车电子仪表的显示情况。

六、评估

1. 请根据任务完成的情况，对自己的工作进行评估，提出努力方向。

2. 维修小组成员进行互评，并提出改进建议。

3. 指导教师对小组工作情况进行整体评估和个别点评。

本次任务综合评价成绩：________

指导教师________

年　月　日

任务工单7.2

任务名称	电子导航系统的检修	工 时		日 期	
学生姓名		班 级		学 号	
实训设备	专用工具、量具，故障汽车			实训场地	
任务目标	按客户要求，检测电子导航系统				
过程要求	检测方法正确，使用工具熟练，能够根据技术要求排除汽车电子导航系统的故障				

一、资讯

1. 汽车电子导航系统有哪几种？各有何特点？

____

____

2. 汽车电子导航系统的检修要点有哪些？

____

____

3. 汽车电子导航系统的拆装、调试技术要求和注意事项有哪些？

____

____

二、决策

结合咨询情况和具体任务要求，决策如下：

____

____

三、计划

根据任务要求，确定所需要的设备、工具，并对维修小组成员进行合理分工，工作计划如下：

1. 讨论确定检测维修汽车电子导航系统故障所需要的设备、工具。

2. 小组成员分工。

3. 工作计划。

4. 操作步骤。

5. 注意事项。

四、实施

1. 汽车电子导航系统的常规检查。

2. 汽车电子导航系统故障码的读取。

3. 汽车电子导航系统的电路检测。

五、检查

1. 检查汽车电子导航系统电路和电器元件的连接是否正确。

2. 检查汽车电子导航系统的运行情况。

六、评估

1. 请根据任务完成的情况，对自己的工作进行评估，提出努力方向。

2. 维修小组成员进行互评，并提出改进建议。

3. 指导教师对小组工作情况进行整体评估和个别点评。

本次任务综合评价成绩：________________

指导教师________________

年　　月　　日

任务工单8.1

<table>
<tr><td>任务名称</td><td>汽车音响系统的检修</td><td>工　　时</td><td></td><td>日　　期</td><td></td></tr>
<tr><td>学生姓名</td><td></td><td>班　　级</td><td></td><td>学　　号</td><td></td></tr>
<tr><td>实训设备</td><td colspan="3">专用工具、量具，故障汽车</td><td>实训场地</td><td></td></tr>
<tr><td>任务目标</td><td colspan="5">按客户要求，恢复汽车音响系统的技术状态</td></tr>
<tr><td>过程要求</td><td colspan="5">检测方法正确，使用工具熟练，能够根据技术要求排除汽车音响系统的故障</td></tr>
</table>

一、资讯

1. 汽车音响系统有哪几种？各有何特点？

____

____

2. 汽车音响系统的检修要点有哪些？

____

____

3. 汽车音响系统的拆装、调试技术要求和注意事项有哪些？

____

____

二、决策

结合咨询情况和具体任务要求，决策如下：

____

____

____

____

三、计划

根据任务要求，确定所需要的设备、工具，并对维修小组成员进行合理分工，工作计划如下：

1. 讨论确定检测维修汽车音响系统所需要的设备、工具。

2. 小组成员分工。

3. 工作计划。

4. 操作步骤。

5. 注意事项。

四、实施

1. 汽车音响系统的常规检查。

2. 汽车音响系统的电路检测。

3. 汽车音响系统的匹配安装情况。

五、检查

1. 检查汽车音响系统的连接是否正确。

____

____

2. 检查汽车音响系统的运行情况。

____

____

六、评估

1. 请根据任务完成的情况，对自己的工作进行评估，提出努力方向。

____

____

2. 维修小组成员进行互评，并提出改进建议。

____

____

3. 指导教师对小组工作情况进行整体评估和个别点评。

____

____

本次任务综合评价成绩：______________

指导教师______________

年　　月　　日

任务工单 8.2

任务名称	汽车音响的解码	工　　时		日　　期	
学生姓名		班　　级		学　　号	
实训设备	专用工具、量具，故障汽车			实训场地	
任务目标	按客户要求，恢复汽车音响的技术状态				
过程要求	检测方法正确，使用工具熟练，能够根据技术要求对汽车音响进行解码				

一、资讯

1. 汽车音响有哪几种？各有何特点？

____

____

2. 汽车音响解码的要点有哪些？

____

____

3. 汽车音响解码的解码、调试技术要求和注意事项有哪些？

____

____

二、决策

结合咨询情况和具体任务要求，决策如下：

____

____

____

____

三、计划

根据任务要求，确定所需要的设备、工具，并对维修小组成员进行合理分工，工作计划如下：

1. 讨论确定检测维修汽车音响解码所需要的设备、工具。

2. 小组成员分工。

3. 工作计划。

4. 操作步骤。

5. 注意事项。

四、实施

1. 汽车音响的常规检查。

2. 汽车音响的电路检测。

3. 汽车音响解码。

五、检查

1. 检查汽车音响电路和电器元件的连接是否正确。

____

____

2. 检查汽车音响的运行技术状况。

____

____

六、评估

1. 请根据任务完成的情况，对自己的工作进行评估，提出努力方向。

____

____

2. 维修小组成员进行互评，并提出改进建议。

____

____

3. 指导教师对小组工作情况进行整体评估和个别点评。

____

____

本次任务综合评价成绩：________________

指导教师________________

年 月 日

任务工单9.1

任务名称	车身舒适 CAN 总线检测	工　　时		日　　期	
学生姓名		班　　级		学　　号	
实训设备	专用工具、量具、故障车			实训场地	
任务目标	按客户要求，恢复舒适 CAN 总线系统的技术状态				
过程要求	检测方法正确，使用工具熟练，能够根据技术要求对汽车车身总线系统进行检测				

一、资讯

1. 低速 Can-bus 有何特点？

____

____

2. 低速 Can-bus 的信号波形与高速 Can-bus 信号波形有何区别？

____

____

3. 大众宝来轿车舒适系统中央控制单元的作用是什么？

____

____

二、决策

结合咨询情况和具体任务要求，决策如下：

____

____

____

____

三、计划

根据任务要求，确定所需要的设备、工具，并对维修小组成员进行合理分工，工作计划如下：

1. 讨论确定检测维修汽车舒适 CAN 所需要的设备、工具。

2. 小组成员分工。

3. 工作计划。

4. 操作步骤。

5. 注意事项。

四、实施

1. 汽车舒适 CAN 系统的常规检查。

2. 汽车舒适 CAN 系统的电路检测。

3. 对汽车舒适 CAN 电控模块进行编码。

五、检查

1. 检查汽车舒适 CAN 模块的编码是否正确。

____

____

2. 检查汽车舒适 CAN 系统的运行技术状况。

____

____

六、评估

1. 请根据任务完成的情况，对自己的工作进行自我评估，提出努力方向。

____

____

2. 维修小组成员进行互评，并提出改进建议。

____

____

3. 指导教师对小组工作情况进行整体评估和个别点评。

____

____

本次任务综合评价成绩：__________

指导教师__________

年　　月　　日

任务工单 9.2

任务名称	汽车车身 LIN 总线检测	工　　时		日　　期	
学生姓名		班　　级		学　　号	
实训设备	专用工具、量具、故障车			实训场地	
任务目标	按客户要求，恢复汽车 LIN 系统的智能刮水系统技术状态				
过程要求	检测方法正确,使用工具熟练,能够根据技术要求对智能刮水系统进行检测				

一、资讯

1. Lin-bus 的特点和应用场合有哪些?

____

____

2. Lin-bus 的组成部分有哪些？分别有什么作用?

____

____

3. 智能刮水器控制线路的控制过程是怎样的?

____

____

二、决策

结合咨询情况和具体任务要求，决策如下：

____

____

____

____

三、计划

根据任务要求，确定所需要的设备、工具，并对维修小组成员进行合理分工，工作计划如下：

1. 讨论确定检测维修汽车 LIN 系统所需要的设备、工具。

2. 小组成员分工。

3. 工作计划。

4. 操作步骤。

5. 注意事项。

四、实施

1. LIN 系统的万用表测量记录。

2. LIN 系统示波器测量记录。

3. LIN 系统解码器测量记录。

五、检查

1. 检查汽车 LIN 控制系统元件的连接是否正确。

____

____

2. 检查汽车 LIN 控制系统的运行技术状况。

____

____

六、评估

1. 请根据任务完成的情况，对自己的工作进行自我评估，提出努力方向。

____

____

2. 维修小组成员进行互评，并提出改进建议。

____

____

3. 指导教师对小组工作情况进行整体评估和个别点评。

____

____

本次任务综合评价成绩：________________

指导教师________________

年　　月　　日